SEGELFLIEGEN
FÜR ANFÄNGER

Alexander Willberg

Motor
buch
Verlag

Einbandgestaltung: Joachim Schreiber

Bildnachweis: Sofern nicht anders vermerkt stammen die Bilder vom Autor bzw. aus dessen Archiv

ISBN 978-3-613-04459-3

1. Auflage 2022

Sie finden uns im Internet unter www.Motorbuch.de

Innengestaltung: Alexander Willberg und Joachim E. Baisch, Böblingen
Satz: Alexander Willberg, Giesensdorf
Druck und Bindung: Appel & Klinger, 96277 Schneckenlohe
Printed in Germany

Inhalt

Einführung

Ich bin der festen Überzeugung, dass Segelfliegen eine wunderschöne Sportart ist. Wenn ich es nicht schon könnte, würde ich es glatt lernen. Liebe Leser, hier halten Sie also das Buch von einem Überzeugungstäter in den Händen. Obwohl ich schon seit mehr als vierzig Jahren fliege, wurde es niemals langweilig und es macht immer wieder Spaß. Das hängt sicher auch mit den großartigen Fliegerkolleginnen und Kollegen zusammen, die meinen Spleen teilen.

Damit willkommen in der Welt der Flieger. Glückwunsch zu der Entscheidung es zumindest einmal zu probieren. Übrigens sprechen sich Segelflieger untereinander mit „du" an, also mache ich dies auch in diesem Buch. Also zweiter Versuch: Das ist ein Buch für dich!

Ziel des Buches ist es, alle die zu unterstützen, die mit der Ausbildung beginnen wollen oder bereits begonnen haben. Es begleitet dich auf dem Weg über den Alleinflug bis hin zur Schulung für Fortgeschrittene. Neben der notwendigen Vermittlung der „Basics" war meine Absicht, mit Hilfen, Übungen und Tipps alles zu nutzen, was die Lernfortschritte fördert. Angesprochen sind somit Segelflugschüler und deren Lehrer, ob in Vereinen oder an einer Flugschule.

Vieles ist aber auch bei den Profis im Lauf der Jahre in Vergessenheit geraten. Ich habe mich selbst dabei erwischt, als ich bei meinen jährlichen Checkflügen von meinem Fluglehrer daran erinnert wurde, dass ich vorm Einleiten der Kurve nicht geguckt hatte. Genau hier liegt das Problem. Man wird nachlässig und ich fasse mich durchaus hier an die eigene Nase.

Eigentlich erhältst du zwei Bücher zum Preis von einem. So behandeln die linken Seiten jeweils überwiegend die Praxis, die rechts gegenüberliegenden die hierfür notwendige Theorie. Alle Menschen lernen anders. Manche möchten lieber anhand von praktischen Beispielen gelenkt werden, für andere sind die Hintergründe eher maßgeblich. Jeweils der Text im Lernfeld „Praxis" und „Theorie" ist fortlaufend. Man muss also seine Lesegewohnheiten umstellen.

Es wurde versucht, die Aufteilung zwischen Praxis und Theorie so darzustellen, dass ein behandeltes Thema sich meist auf gleicher Höhe jeweils auf den linken und rechten Seiten befindet. Die farbliche und typografische Gestaltung unterstützt dies. Das Buch ermuntert zum Üben und Hinterfragen, es soll Eigeninitiative wecken und den Spaß am Segelflug fördern. Bindeglied zwischen der rechten und linken Seite sind jeweils die Abbildungen, sie stellen gleichsam die Brücke zwischen den beiden Textbestandteilen dar. Als Pädagoge setze ich mich laufend mit den Fragen und Anforderungen von Didaktik und Methodik auseinander, das Buch ist meine „momentane" Antwort. Das wohl wissend, dass es keine abschließenden Lösungen geben wird. Absicht war, dass jede und jeder das eigene Lernverhalten so steuert, dass es dem eigenen Lernerfolg am besten dient.

Die Gliederung orientiert sich an der praktischen Ausbildung. Das Buch dient sowohl der Vorbereitung von Flugübungen als auch der Nachbereitung am Ende eines Flugtages. Es wird grundsätzlich nur geringes Hintergrundwissen vorausgesetzt, die erforderliche Theorie wird umfassend vermittelt. Auch Fluglehrer und „fertige" Piloten werden nützliche Hinweise und Tipps finden. Vermutlich werde ich heftigen Widerspruch von Vereinen und deren Lehren ernten, weil ich in das Kapitel über den Alleinflug Anmerkungen zur Pädagogik aufgenommen habe. Aber nach mehr als vierzig Jahren berufspädagogischer Erfahrung besitze ich an dieser Stelle ein dickes Fell. Letztlich dient alles Wissen und alle Technik nur einem Zweck: Segelfliegen als wunderbaren Sport zu erleben und zu ermöglichen.

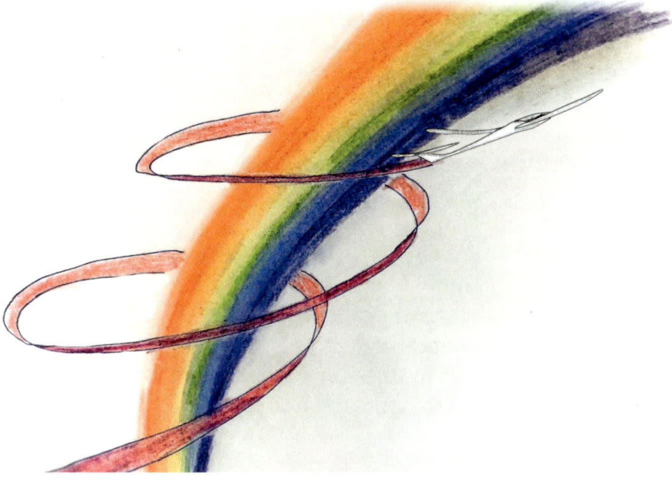

Die erste Fassung des Buchs erschien bereits 1996 beim Motorbuchverlag. Vorausgegangen war, dass ich einige Zeit in meinem Beruf als Sozialpädagoge pausiert hatte. Da ich nach mehreren Jahren beruflicher Tätigkeit, in denen ich als Sozialpädagoge im Strafvollzug für Drogenabhängige zuständig war, brauchte ich einfach Abstand. Täglich damit konfrontiert, dass gelogen, betrogen und gegenseitig ausgespielt wurde, war mir das Vertrauen in andere Menschen abhandengekommen.

So nahm ich die Auszeit und arbeitete als hauptamtlicher Fluglehrer an verschiedenen Segelflugschulen in Deutschland. Fluglehrer sein bedeutet, dass vollkommene Vertrauen in die Fähigkeit der Flugschüler zu haben. Seit dem ersten Erscheinen erhielt ich von ihnen Rückmeldungen und auch Tipps zur Verbesserung. Viele flossen in die Überarbeitung ein. Für die aktuelle Ausgabe wurden sowohl der Inhalt als auch alle Bilder überarbeitet. Weil dieses Buch von seinen Abbildungen lebt, blieb an zahlreichen Stellen „kein Stein auf dem anderen".

Begonnen wird mit den Vorbereitungen für die Segelflugausbildung und den ersten Schritten auf dem Fluggelände. Auf den Alleinflug folgen die weiteren Ausbildungsschritte und jeder Schüler wird auf dem Weg vom „Fußgänger zum Segelflieger" begleitet. Mit einbezogen wurde die Zusammenstellung der Segelflugtheorie der Bundeskommission Segelflug im Deutschen Aero-Clubs, an der ich mit vierzig anderen Fluglehrern mitwirken durfte.

Hier sollen keine „trockenen" Lerninhalte vermittelt werden. Zahlreiche Abbildungen unterstützen anschaulich den Text. Gerade hierin steckt viel Arbeit, gilt es doch Kompliziertes einfach darzustellen. Ein Bild sagt meist mehr als tausend Worte. Insofern ist „Segelfliegen für Anfänger" ebenfalls ein Bilderbuch.

Kurz eingehen möchte ich auch darauf, dass dieses Buch nicht gegendert ist. Zum einen wäre die Aufteilung der Seiten vollkommen durcheinandergeraten. So ich von „Schülern" spreche, meine ich alle Geschlechter. Tatsächlich wünsche ich mir viel mehr nicht männliche Schüler, dann nach einigen hundert Auszubildenden zeigt meine Erfahrung, dass sich aus dem Geschlecht nicht die Schlussfolgerung ziehen lässt, besonders begabt zu sein. Aber als Begleiter vieler Benachteiligter (durch meinen Beruf) lernte ich, dass umformulierte Sprache genau die ausgrenzt, für die aktuell andere Aufgaben im Vordergrund stehen.

Das Buch wäre nicht denkbar ohne die Unterstützung von Freunden. Joachim Baisch hat das Layout komplett „aufgefrischt", durchgängig gestaltet und meinen eigenen Ansätzen die Klarheit gegeben, die Leser in dieser Ausgabe finden. Und Volker Tank hat – obwohl selbst „nur" Flugzeugtechniker und -prüfer – oft hinterfragt. Seine richtigen Fragen verhalfen zu einer noch stringenteren Methodik. Nach stundenlangen Besprechungen wurde Vieles überarbeitet. Nicht zuletzt Bernd Junker hat da geholfen, wo ich ratlos vor Problemen stand.

Mein besonderer Dank gilt dem Motorbuchverlag. 1995 gab er mir als unbekanntem Autor die Chance. Ich schätze die Unterstützung von Alexander Burden als Programmleiter für Luft-und Raumfahrt und seine positive Projektbegleitung.

Danken möchte ich nicht zuletzt meiner Frau Yvonne. Sie stärkt mir den Rücken und ist meine gründlichste Kritikerin, aber auch Fördererin. Liebe Flugschüler, nur so konnte „Segelfliegen für Anfänger" entstehen.

Alexander Willberg

Giesensdorf, im Januar 2022

Kapitel 1
Die ersten Schritte

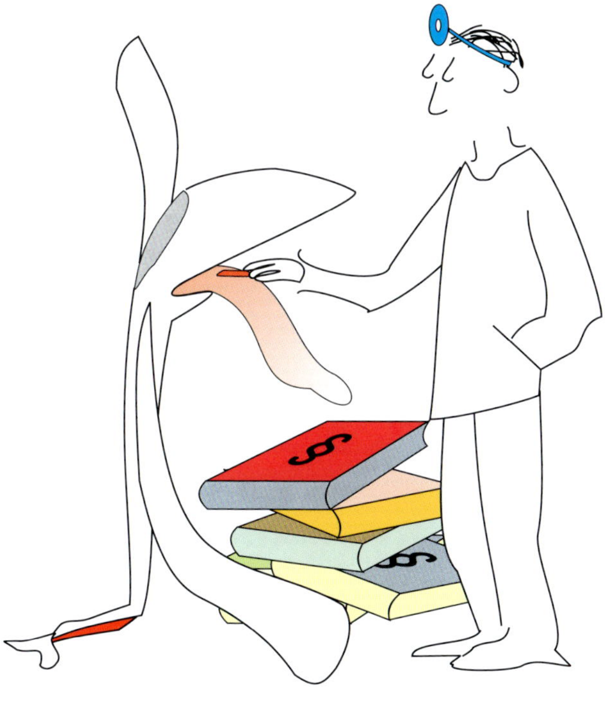

01

Die ersten Schritte
Willkommen!

Willkommen unter den Segelfliegern! Schön, dass dich dieser Sport interessiert. Und als Autor beneide ich Dich, denn nach allen Mühen auf dem Weg vom Fußgänger zum Piloten steht dir das unvergleichliche Erlebnis des ersten Alleinfluges bevor. Ganz gleich, was du später in Deiner Karriere als Segelflieger erlangst, so schön und ermutigend wie der erste Alleinflug wird es wahrscheinlich kaum mehr. Deshalb freue ich mich, mit diesem Buch ein Stück begleiten zu dürfen. Es ist nicht für den Schrank gedacht, sondern gehört zu Deiner Ausrüstung, wenn du morgens zum Flugplatz kommst.

Vor die Fliegerei ist eine fliegerärztliche Untersuchung gestellt. Während du im Verlauf der Segelflugausbildung feststellen wirst, dass am Boden Teamarbeit gefordert ist, ist man in der Luft auf sich gestellt. Schon im eigenen Interesse sollten mögliche fliegerische Einschränkungen frühzeitig erkannt werden, auch wenn die Anzahl der Flugunfälle aus medizinischen Gründen extrem gering ist.[1]

Größtes Problem in der Fliegerei ist die Gefahr der Selbstüberschätzung.
Es gibt mutige Piloten, es gibt alte Piloten. Es gibt aber keine mutigen alten Piloten.

Bist du zum ersten Mal dort, so wird zusätzlich eine augenärztliche Untersuchung von einem Facharzt gefordert. Bist du gesund, so erhältst du ein Fliegertauglichkeitszeugnis. Während das Gesetz das Tauglichkeitszeugnis vor dem ersten Alleinflug verlangt, ist es in zahlreichen Ausbildungsstätten zu Beginn der Ausbildung vorzulegen. Bist du jünger als 18 Jahre (immerhin kann man mit 14 den ersten Alleinflug in einem Segelflugzeug durchführen), so benötigst du zusätzlich eine Einverständniserklärung der Eltern.

Natürlich gibt es auch die Möglichkeit, an einem sogenannten „Schnupperkurs" teilzunehmen, der bis zu einer Woche Unterricht ausgedehnt werden kann. Am Ende steht allerdings kein Alleinflug. Viele Vereine, aber auch Segelflugschulen, bieten dies für diejenigen an, die erst später entscheiden möchten, ob Segelfliegen der richtige Sport für sie ist.

Damit stellt sich gleich die Frage: „Wo lerne ich besser, in der Schule oder im Verein?" Die Ausbildung im Verein ist grundsätzlich preiswerter, dafür dauert sie aber erheblich länger. Geflogen wird in der Regel nur am Wochenende und du musst viel Zeit mitbringen. Nachteilig ist, dass du zwischen den Wochenenden wieder etwas verlernst. Auch lässt sich kritisieren, dass große Vereine mit zahlreichen Fluglehrern den Schüler „herumreichen". Ich mache an dieser Stelle keinen Hehl daraus, dass ich gegen häufigen Lehrerwechsel in der Anfängerausbildung bin, weil natürlich jeder andere Akzente setzt. Doch darf nicht vergessen werden, dass die Vereinsfluglehrer ihre Tätigkeit ehrenamtlich versehen und auch das Recht auf ein Privatleben haben.

---

1 Die Regelungswut der Verwaltung ist aber gerade bei der flugmedizinischen Tauglichkeit weit über das Ziel hinaus geschossen. Würden die gleichen Richtlinien auf Autofahrer angewendet, müsste die Verkehrsdichte auf deutschen Straßen rapide abnehmen...

Die ersten Schritte
Was man noch so wissen sollte

Segelfliegen ist eine interessante und schöne Sportart. Sport und Natur sind hier keine Gegensätze sondern können sich hervorragend ergänzen. Ein Segelflugzeug, vom Kraftaufwand des Starts abgesehen, kann allein mit der Energie der Sonne stundenlang in der Luft bleiben. Wenige andere Sportarten behandeln die Umweltressourcen ähnlich schonend. Darüber hinaus ist der Segelflug nahezu geräuschlos, so dass sich kaum jemand über Lärmeinwirkungen beschweren kann.

Wegen der erhöhten körperlichen Belastung und der notwendigen Leistungsfähigkeit ist vor Beginn der Ausbildung der Gang zum Fliegerarzt unverzichtbar. Adressen dieser Ärzte kannst du über den Deutschen Aero-Club in Braunschweig oder die örtlichen Vereine erhalten. Sie sind auch im Anhang in einer Aufstellung der Internetlinks enthalten. In einigen Branchentelefonbüchern sind Fliegerärzte gesondert aufgeführt. Die fliegerärztliche Untersuchung ist abhängig vom Alter regelmäßig zu erneuern.

> Tipp: Auch beim gesunden Menschen sind der menschlichen Leistungsfähigkeit Grenzen gesetzt. Siehe auch Kapitel 6: Tipps und Tricks

Die meisten Segelflugzeugmuster haben eine Höchstzuladung von 100 Kilogramm im Pilotensitz. Bist du schwerer, so musst du etwas abnehmen, der Gesundheit kommt dies durchaus zugute.

Entschließt du Dich, eine Segelflugausbildung zu beginnen und den Pilotenschein zu erwerben, darf die gesamte Ausbildung nicht länger als vier Jahre dauern, denn sonst verfallen alle Flüge, die vor diesem Zeitraum lagen. Die Grundausbildung selbst ist relativ preiswert. An einer Segelflugschule betragen die Kosten bei normaler Eignung bis zum Alleinflug etwa zwischen 900 bis 1.200 Euro, sofern an einer Winde gestartet wird. Die Ausbildung im Flugzeugschleppstart ist etwas teurer, da die Kosten für Unterhalt und Betrieb eines Motorflugzeuges erheblich höher sind. Die Kosten an einer Schule für die weiteren Ausbildungsabschnitte liegen etwa bei je 400 Euro.

Die Kosten sind in einem Verein grundsätzlich geringer, doch ist die Länge der Grundausbildung (siehe links) zu berücksichtigen. Bist du nicht nur an der reinen Segelflugausbildung interessiert, sondern möchtest bei der Wartung und Pflege der Segelflugzeuge mithelfen, so wirst du in zahlreichen Vereinen eine preiswerte Alternative finden. Auf jeden Fall solltest du dich vor Ort informieren, da bei der Wahl eines Vereins nicht nur finanzielle Gründe, sondern auch die Zahl und Qualität der Segelflugzeuge sowie Sympathien für eine Entscheidung wichtige Kriterien sind.

01

Die Ausbildung an einer Schule ist kürzer, geradliniger und teurer. Wenn das Wetter mitmacht (immerhin ist Segelfliegen eine Sportart, die nicht in der Halle stattfindet), dauert die Grundausbildung einschließlich der Alleinflüge zwei Wochen. Dies entspricht etwa 50 Starts. Aber denk daran: In der Anmeldegebühr ist keine Garantie für den Alleinflug enthalten! Wenn du erwartest, dass für ca. 1000 Euro der Alleinflug zu kaufen ist, so solltest du das Geld anders investieren!

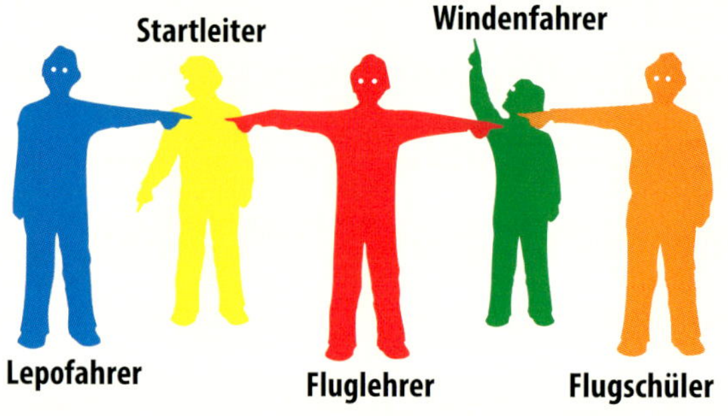

Bild 1.01
Für die Schulung sind mindestens fünf Personen erforderlich

Egal, ob Verein oder Schule: Am Boden ist Segelfliegen Teamarbeit! Hilf in Deiner Gruppe mit, Flugzeuge aus der Landegasse zu schieben oder für eine zügige Startabwicklung zu sorgen. In der Gruppe geht es nicht darum, sich selbst gegenüber anderen zu beweisen und besser zu sein. Helfen und Unterstützen ist für alle zum Vorteil! So, wie du erwartest, dass du Hilfe erhältst, solltest du auch mitarbeiten.

Segelfliegen ist keine Männerdomäne! Einem Segelflugzeug und der Physik ist es gleichgültig, wer hinter dem Steuer sitzt. In meiner Tätigkeit als Fluglehrer hatte ich zahlreiche Schülerinnen, die oft besser und konstanter als ihre männlichen Kollegen flogen. Immerhin gibt es im Deutschen Aero-Club (DAeC) auch eine weibliche Nationalmannschaft, die im internationalen Vergleich hervorragend abschneidet. Noch sind sicher die Männer in dieser Sportart in der Überzahl, doch was hindert die Frauen, sie zu überfliegen? Übrigens, auch Vereine benötigen sicher weibliche Vorsitzende.

Hast du dich für Verein oder Schule entschieden, so wirst du bald das erste Mal auf dem Flugfeld sein. Da Segelfliegen eine nahezu lautlose Sportart ist, haben Segelflugzeuge die Unart, dass man sie sieht, aber nicht hört!

Deshalb überlege dir vor jedem Schritt:

Erst gucken, dann gehen!

Vor startbereiten Segelflugzeugen haben wir uns ebenso wenig aufzuhalten, wie in der Landegasse, es sei denn, du hilfst mit, ein Segelflugzeug zu schieben. Aber bitte erst gucken, bevor du die Landegasse betrittst!

An vielen Segelfluggeländen wird wechselweise in der Gruppe das Seilrückholfahrzeug bedient. Man nennt es LEPO, weil früher auf dem Segelfluggelände Wasserkuppe ein alter Opel die Seile von der Startwinde zurück zum Start brachte. Man drehte also Opel um und der Lepo war geboren. Egal, was die Seile zurückbringt, alles heißt heute Lepo.

Auch ist Segelfliegen keine elitäre Sportart für Begüterte. Viele Schüler, Auszubildende und Studenten sind in Vereinen vertreten (auch wenn zugegeben werden muss, dass wie in jedem Verein einige „Platzhirsche" sich auf Kosten der übrigen Mitglieder profilieren wollen). Trotzdem bieten nur wenige andere Sportarten die Möglichkeit, sowohl Teamgeist zu erleben als auch die individuelle Freude, die „Schwerkraft überwinden" zu können. Wenn du dir zutraust, mit offenen Augen Deine Umwelt zu erleben und an ihr teilzuhaben, dann ist dieser Sport genau richtig für Dich!

Links ist erwähnt, dass Segelfliegen Teamgeist erfordert. Dies bedeutet, man hilft sich in der Ausbildung gegenseitig und unterstützt einander. Ohne die Mitarbeit anderer kommt man nicht „in die Luft", so werden doch zumindest Windenfahrer, Seilrückholer, Startleiter, Fluglehrer und Flugschüler benötigt.

Ein Segelflugzeug ist ein Hilfsmittel, dass uns hilft zu fliegen. Im Verlauf der Ausbildung wirst du ein Gerät kennenlernen, dass willig Deinen Steuerbefehlen folgt, aber nur so gut fliegt, wie es bedient wird. Du musst dich also trauen, zu handeln. Mit der Bedienung der Steuerung machst du nichts kaputt. Auf der anderen Seite kannst du von einem Segelflugzeug als Anerkennung Deines guten Willens kein Wohlverhalten erwarten, es ist kein Lebewesen. Fliegen lernen, bedeutet eine neue Fähigkeit zu lernen, zu trainieren und einzuüben.

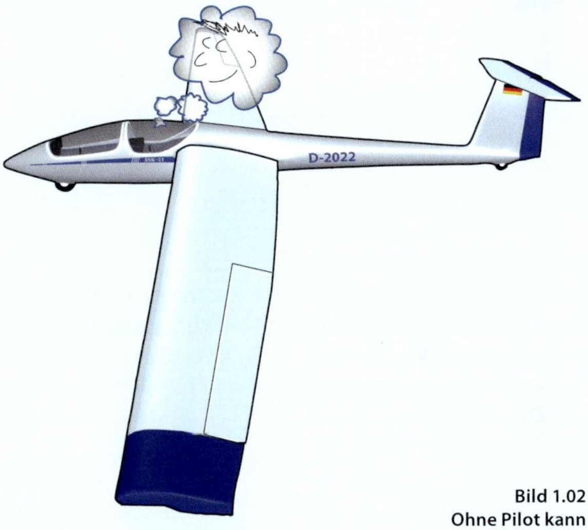

Bild 1.02
Ohne Pilot kann ein Segelflugzeug nichts

Wenn zu Beginn erwähnt wurde, dass Segelfliegen eine nahezu lautlose Sportart ist, so gilt besonders vor jedem Schritt auf dem Fluggelände:

Erst gucken, dann gehen!

Wir haben uns keinesfalls vor landenden oder startbereiten Segelflugzeugen aufzuhalten! Schnell ist ein Windenseil übersehen, das höchst gefährlich ist und beim Einziehen selbst massive Gegenstände durchsägen kann! Während eines Windenstarts haben wir uns auch nicht neben oder hinter der Winde aufzuhalten, denn bei einem Seilriss wirkt das zurückschnellende Ende wie eine riesige Peitsche.

Die links beschriebenen Seilrückholfahrzeuge sind nicht für Privatfahrten auf dem Fluggelände gedacht. Andere Personen als der Fahrer sind in der Regel nicht versichert.

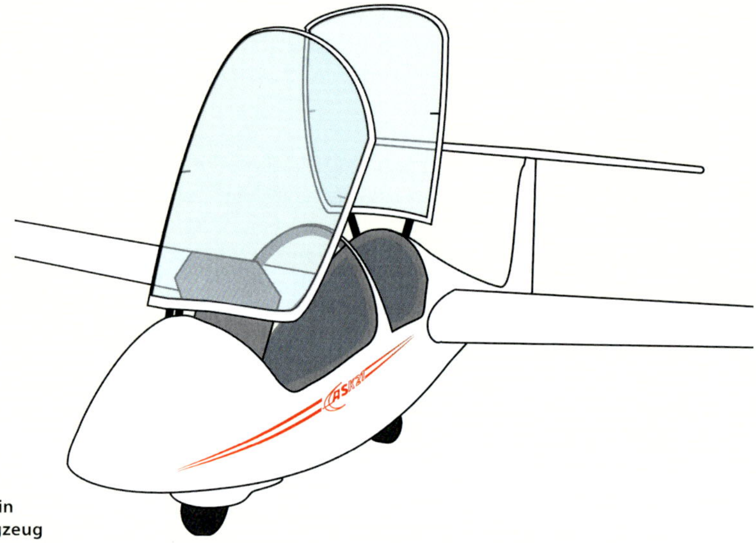

Bild 1.03
Der Einstieg in ein Segelflugzeug

Nun zum Einstieg in das Segelflugzeug: Du kannst dich mit den Händen auf dem umlaufenden Rahmen abstützen, keinesfalls im Rahmen der Plexiglashaube! Viele ältere Segelflugzeugmuster (wie K 7, ASK-13, Bergfalke) besitzen einen bespannten Stahlrohrrumpf. Deshalb Vorsicht beim Einsteigen, schnell führt Unachtsamkeit zu Schäden. Unsere Schuhe säubern wir vorher von Schmutz oder Sand, damit wir keine Fremdkörper ins Flugzeug tragen. Bitte beachte auch, dass du mit dem Fallschirm nicht in der Halteleine der Haube hängen bleibst (also beim Einstieg leicht vorbeugen), denn sonst fällt dir die Haube ins Genick.

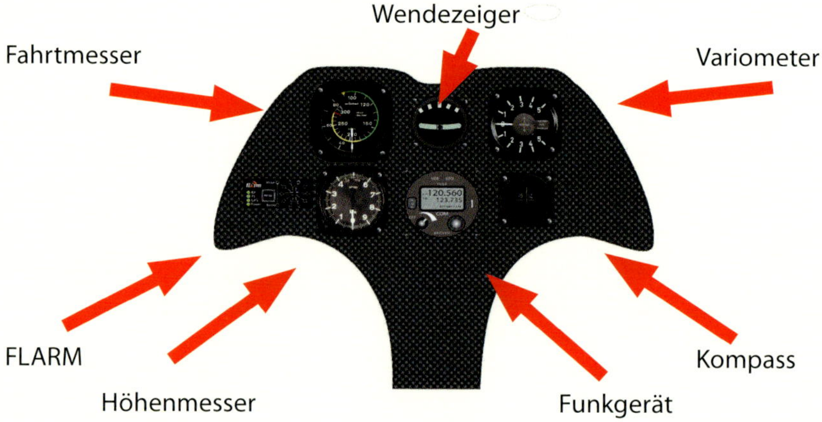

Bild 1.05
Ein Instrumentenbrett

Auch wenn auf vielen Segelfluggeländen die Straßenverkehrsordnung nicht gilt, sollte ein Lepo aus versicherungstechnischen Gründen nur von Personen mit Führerschein bedient werden. Oft ist die Praxis anders, es gibt auch hervorragende Vierzehnjährige Seilrückholfahrer.

Nun zur Ausbildung selbst. Segelflugzeuge sind (siehe links) aus leichten Werkstoffen aufgebaut. Besonders die Haube ist gegen Kratzer und Verschmutzung empfindlich. Sie ist nicht dazu geeignet, sich in oder auf ihr abzustützen. Dies gilt gerade beim Einstieg. Beispielsweise kostet die Haube einer ASK-21 einige tausend Euro, ganz abgesehen von der Warterei, wenn ein Segelflugzeug für den Schulbetrieb ausfällt. Das Bild links zeigt Dir, wo du dich beim Einstieg abstützen darfst.

Trimmplan

Zuladung im	Vorderen	Hinteren	(Fallschirm mitgerechnet)
maximal	110	110	
oder minimal	70		

Leichtere Führer müssen die fehlenden Masse durch Ballast ergänzen

Bild 1.04
Trimmplan in einen Segelflugzeug

Segelflugzeuge benötigen je nach Baumuster eine bestimmte Mindestzuladung im Pilotensitz. Ein Schild im Cockpit gibt Auskunft über Gewichte und Betriebsgrenzen. Leichtere Menschen müssen fehlendes Gewicht durch Bleigewichte ergänzen. Diese werden fest im Segelflugzeug montiert. Du bist selbst dafür verantwortlich, jedes mal die entsprechenden Gewichte bereit zu halten. Bist du an der Reihe, sollte jetzt nicht erst die Suche beginnen. Für kleiner gebaute Leute gibt es spezielle Sitzkissen. Sie werden so in den Pilotensitz gelegt und mit ihm fest verbunden, ohne dass die Steuerung behindert wird. Weitere Anmerkungen findest du in Kapitel 6 (Tipps und Tricks).

Du bist nun eingestiegen und du siehst noch ergänzende Symbole. Zentral ist das Instrumentenbrett vor dir. Während links erklärt ist, welche ***Flugüberwachungsinstrumente*** in einem Segelflugzeug sind, soll hier kurz erklärt werden, wie sie funktionieren:

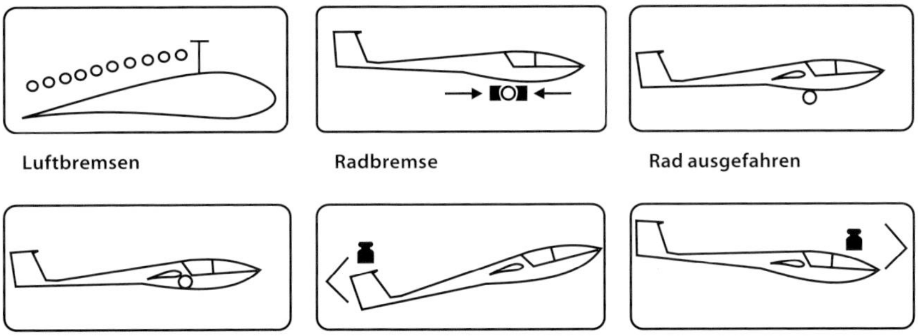

Bild 1.06
Symbole im Cockpit:
Luftbremsen **Radbremse** **Rad ausgefahren**
Rad eingefahren **Trimmung schwanzlastig** **Trimmung kopflastig**

Hast du Platz genommen, sieht du Instrumente und verschiedenfarbige Griffe innerhalb des Cockpits. Vor Dir, im Instrumentenbrett, sind vier wichtige Instrumente zu nennen: **Fahrtmesser**, **Höhenmesser**, **Variometer** *und* **Kompass**. *Die Erklärung der Funktionsweisen findest du auf der rechten Seite.*

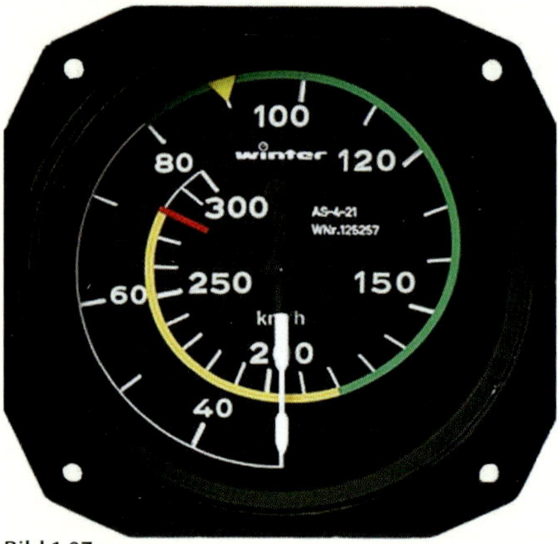

Bild 1.07
Fahrtmesser...

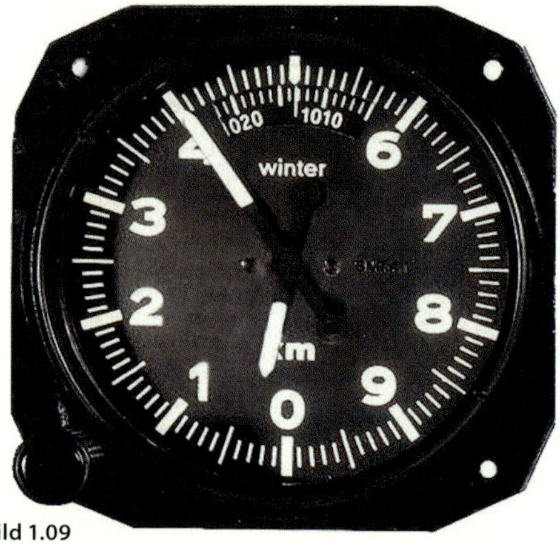

Bild 1.09
Höhenmesser

Der **Fahrtmesser** *gibt die geflogene Geschwindigkeit des Flugzeuges gegenüber der Luft an. Der* **Höhenmesser** *zeigt die Flughöhe und wird vor jedem Start mit dem Einstellrad in die Nullstellung gedreht. Im oberen Fenster ist der Luftdruck auf dem Flugfeld abzulesen.*

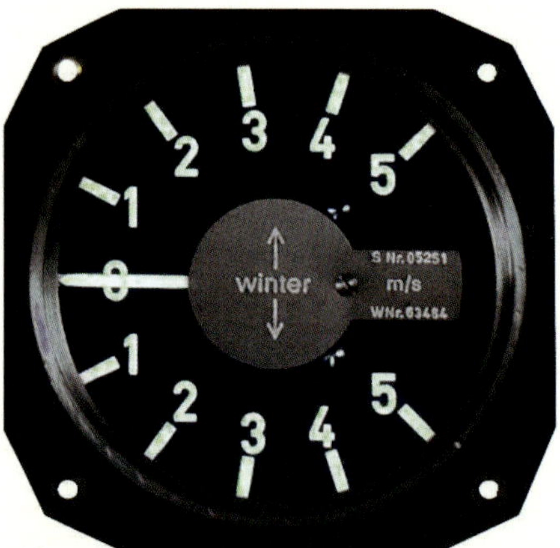

Bild 1.11
Variometer...

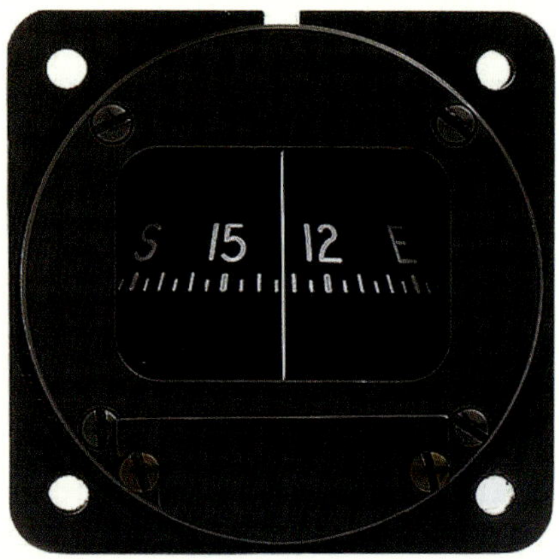

Bild 1.13
Kompass

Das **Variometer** *liefert Angaben über das Steigen und Sinken in Meter pro Sekunde, ein Zeigerausschlag nach oben bedeutet, dass das Segelflugzeug Höhe gewinnt. Der* **Kompass** *gibt die Flugrichtung an.*

Der ***Fahrtmesser*** zeigt die Druckdifferenz (Staudruck) zwischen der beschleunigten (Gesamtdruck) und ruhenden (Statischer Druck) Luft. Bei der ASK-21 ist der Einlass für den Gesamtdruck in der Regel in der Rumpfspitze untergebracht, die Düsen für den Statischen Druck sind als winzige Löcher links und rechts am Rumpf zu erkennen. Diese Düsen dürfen nicht verschmutzen!

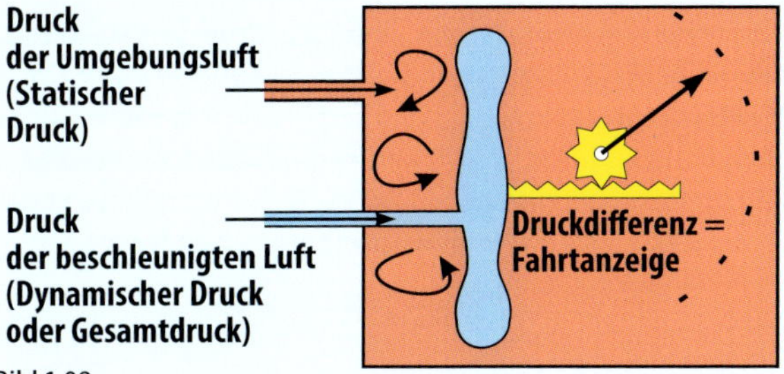

Bild 1.08
Funktionsweise des Fahrtmessers (Prinzipbild)

Der ***Höhenmesser*** ist prinzipiell nichts anderes als ein umgebautes Barometer. Die Wände der geschlossenen Aneoriddose (so nennt man eine luftleere Dose) werden mit einer im Inneren angebrachten Feder auseinandergedrückt. Sinkt der Luftdruck (in Bodennähe je 8 Höhenmeter um 1 Hektopascal, das Segelflugzeug steigt) mit zunehmender Höhe, wird dies über das Hebelwerk angezeigt. Sinkt das Segelflugzeug, steigt der Luftdruck: Die Dose wird zusammengedrückt. Der Höhenmesser wird vor jedem Start auf Null gestellt. Im kleinen Fenster des Instrumentes ist der Luftdruck auf dem Flugplatz abzulesen (QFE). Bei Überlandflügen wird der Luftdruck in Meereshöhe eingestellt (QNH), die Höhenanzeige gibt dann die Höhe über Meeresspiegel wieder.

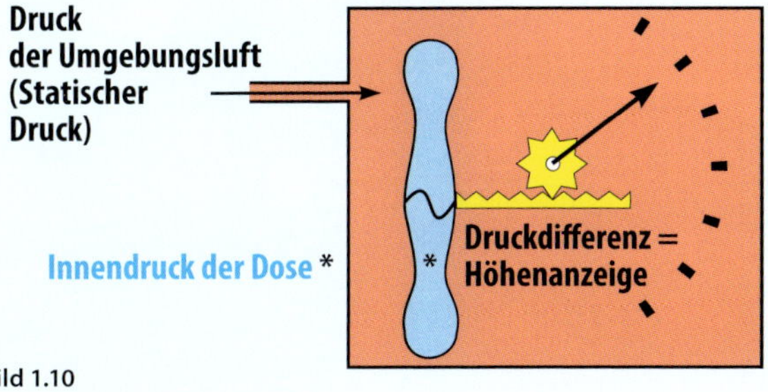

Bild 1.10
Prinzipbild des Höhenmessers

Das ***Variometer*** besitzt wie der Fahrtmesser zwei Anschlüsse, neben dem für den statischen Druck (Druck der Umgebungsluft) führt der zweite in ein Ausgleichsgefäß. Steigt das Segelflugzeug, so strömt die Luft aus dem Ausgleichsgefäß in die Dose und wölbt sie nach außen. Das Zeigerwerk registriert dies als Steigen. Durch eine Kapillare gleicht sich mit der Zeit der Überdruck im Variometergehäuse aus. So geht der Zeiger (bewegt durch eine Feder) wieder in die Nullstellung, solange das Segelflugzeug seine Höhe nicht verändert. Im Sinkflug kehrt sich der Prozess um. Neben dem Stauscheibenvariometer werden auch noch trägere Dosenvariometer benutzt.

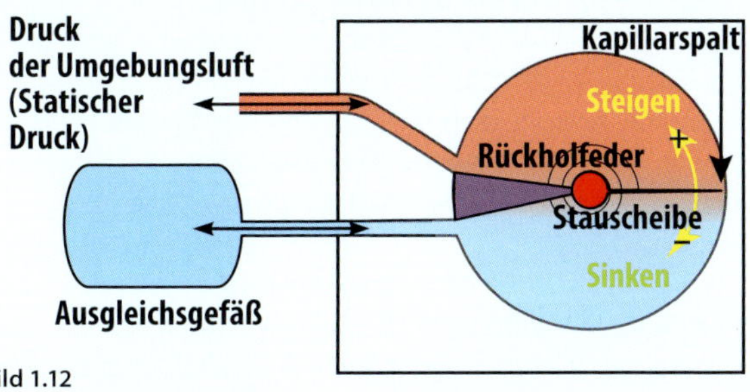

Bild 1.12
Aufbau eines Variometers

01

Zwischen Deinen Beinen befindet sich der **Steuerknüppel**. *Er wird nur mit der rechten Hand bedient. Du wirst später feststellen, dass man sich hieran nicht festhalten muss. Profis fliegen nur mit zwei oder drei Fingern! Eine Bewegung vor- und rückwärts steuert das* **Höhenruder**, *links und rechts das* **Querruder**. *Die Füße stellst du in die Seitenruderpedale. Sie sind die Steuerung für das* **Seitenruder** *(oder hast du sie für Fußablagen gehalten?). Die Funktions- und Wirkungsweise der Ruder wird in Kapitel 3 beschrieben.*

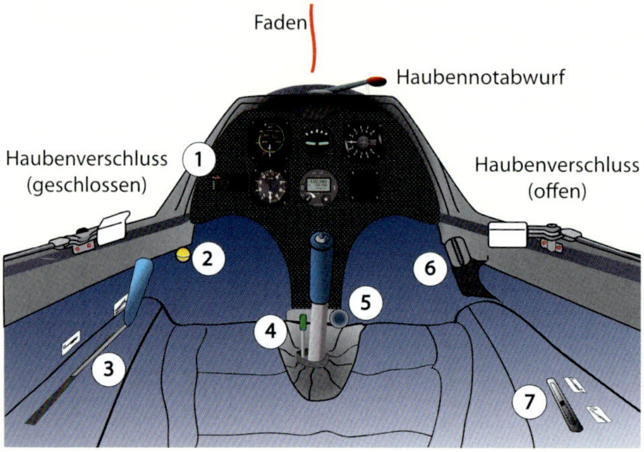

Bild 1.14
Das Cockpit von innen, Blick nach vorne

Was hat es mit den verschiedenfarbigen Griffen auf sich? Links von dir ist der blaue Hebel ③ für die Luftbremsen (oft auch missverständlich Bremsklappen genannt). Sie sind mit einer Verknieung gegen unbeabsichtigtes Ausfahren gesichert. Dies merkst du, wenn du den Hebel nach hinten bewegst, denn erst nach Überwinden eines Widerstands fahren sie aus den Flügeln aus. Vor dem Start werden sie eingefahren und eingerastet (also über den Widerstand hinaus bewegt). Die **Luftbremsen** *fahren auf der Oberseite der Flügel aus, bei einigen Baumustern zusätzlich an der Unterseite; hierbei vernichtet der Luftspalt zusätzlich (siehe Kapitel 2) Auftrieb. Ältere Baumuster besitzen auf der Oberseite der Flügel Bremsklappen, die um eine Drehachse aufgestellt werden. Je nach Bauart der Luftbremsen tritt eine Lastigkeitsänderung ein. Einige Segelflugzeuge werden mit ausgefahrenen Bremsen schneller, andere langsamer. Die Besonderheiten Deines Segelflugzeuges wird dir der Fluglehrer während der praktischen Übungen vorstellen.*

Links unterhalb des Instrumentenbretts oder seitlich davon befindet sich ein **gelber Knauf** ②, *wird er bis zum Anschlag (!) gezogen, öffnet sich die* **Schleppkupplung**. *Die roten Knöpfe rechts auf dem Haubenrahmen sind der* **Haubennotabwurf**, *ziehst du sie zusammen mit der Haubenverriegelung (links am Haubenrahmen, entweder ebenfalls rot oder schwarz) nach hinten, löst sich die Haube für den Notausstieg aus dem Segelflugzeug. Je nach Segelflugzeugmuster muss im Falle eines Haubennotabwurfs die Haube entweder nach oben oder vorne fortgeschoben werden. Dein Fluglehrer wird dich in die Besonderheiten des von dir geflogenen Musters einweisen (siehe rechts).*

Die weiteren Bezeichnungen im Bild oben sind: ① Flarm (Erklärung folgt), ④ Rudertrimmung, ⑤ Lüftung, ⑥ Lüftungsauslass, ⑦ Trimmanzeige. Je nach Baumuster kann sich dies von Segelflugzeug zu Segelflugzeug unterscheiden, die Farbbezeichnungen sind jedoch immer gleich!

Um die durch Ziehen und Drücken am Höhenruder hervorgerufenen Höhenänderungen auszuschließen, werden die Variometer oft mit einer Kompensationsdüse versehen, die zum Beispiel am Leitwerk angebracht werden kann. Kompensierte Variometer zeigen nur dann Steigen an, wenn das Segelflugzeug ohne Längsneigungsänderung an Höhe gewinnt.

Mit dem ***Kompass*** kannst du die Richtung der Längsachse kontrollieren. Selbst für dich als Anfänger ist er wichtig, wenn du nach zahlreichen Kurven während der folgenden Ausbildungsflüge einmal die Orientierung verlierst und den Flugplatz suchst. Eine genauer Erklärung zum Kompass findest du in Kapitel 10.

Alle Flugüberwachungsinstrumente zeigen aber nur dann genau an, wenn die Bedingungen der Standardatmosphäre (unter anderem 15° Celsius in Meereshöhe bei einem Druck von 1013,2 hPa) erfüllt sind. Die Standardatmosphäre ist die rechnerische Umsetzung der im Mittel auf der Erde gemessenen atmosphärischen Bedingungen, wie Druck, Temperatur, Luftdichte und so weiter. Sie ist die Eichgrundlage für alle Instrumente im Flugzeugbau. Jede Abweichung der aktuellen meteorologischen Bedingungen führt zu einer Fehlanzeige, eine genauere Betrachtung ist für die Segelfluggrundausbildung bis auf einen Punkt nicht so wichtig. Dieser eine Punkt sind die Druckschwankungen verursacht durch Hoch- und Tiefdruckgebiete. Daher muss vor jedem Flug am Höhenmesser der aktuelle Luftdruck eingestellt werden.

Der ***Steuerknüppel*** zwischen Deinen Beinen bedient mit der Vor- und Rückwärtsbewegung das Höhenruder, die Füße kommen in die ***Seitenruderpedale***. Die Funktionsweise der Ruder ist in Kapitel 3 beschrieben. Die Seitenruder können in der Länge auf deine Körpergröße eingestellt werden. Achte darauf, dass beide Seitenruderpedale auf die gleiche Länge eingestellt sind.

Die Funktion der ***Luftbremsen*** (siehe links) wird in späteren Kapiteln an praktischen Beispielen ausführlicher erläutert werden. Wichtig zu diesem Zeitpunkt ist für Dich, dass sie bei den meisten Baumustern im letzten Teil des Weges mit der Radbremse für das Hauptrad gekoppelt sind. Wie du weiter hinten lesen kannst, müssen wir aufpassen, dass die Radbremse nur dann betätigt wird, wenn wir dies vorhaben.

Die Funktionsprüfung der ***Ausklinkvorrichtung*** (gelber Knopf) wird vor dem ersten Start an einem Flugtag durchgeführt. Ein Flugschüler klinkt das Seil ein (siehe Kapitel 3) und zieht anschließend daran. Zur Kontrolle klinken wir unter dieser Zugspannung aus. Bei der zweiten Probe zieht der Flugschüler nach dem Einklinken das Seil von hinten aus der Schwerpunktkupplung. Damit lässt sich überprüfen, ob beim Windenstart das Seil oberhalb der Winde allein aus der Sicherheitskupplung ausklinkt. Die in der Rumpfspitze angebrachte Kupplung für den Flugzeugschlepp hat dagegen keine automatische Vorrichtung.

01

Ein deutlicher Gewinn für die Flugsicherheit ist das **FLARM**. *Auf GPS-Basis übermittelt es anderen Segelflugzeugen Position, Höhe und Flugrichtung. Sind andere Flugzeuge ebenfalls damit ausgestattet, empfängt das Gerät deren Signal und setzt sie optisch und akustisch in einer Zusammenstoßwarnung um (die genauere Funktionsweise wird links erklärt).*

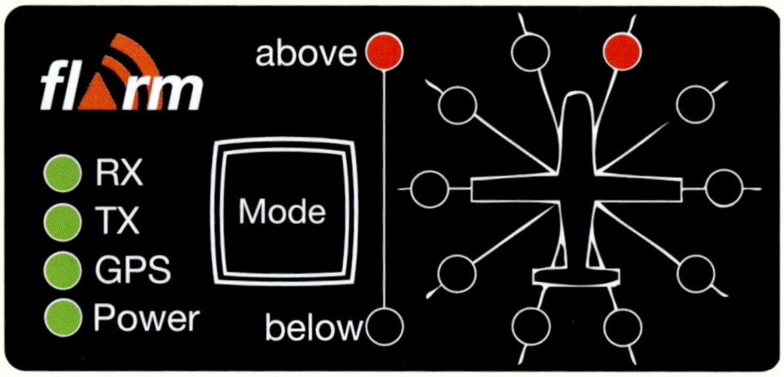

Bild 1.15
Die Standardanzeige des FLARM (Abkürzung von FLight alARM)

Die Anzeige des FLARM zeigt das eigene Segelflugzeug als Symbol. Es zeigt andere, ebenfalls mit einem FLARM ausgerüstete Flugzeuge an und bildet ihre Position in der rechten Anzeige ab. Bitte dabei beachten, dass sich sowohl das eigene, als auch andere Flugzeuge bewegen, dies gilt besonders im Kreisflug! Im Falle einer wahrscheinlichen Kollision kommt eine akustische Warnung hinzu und die roten Anzeigen blinken (heftig). Außerdem zeigt das Gerät, ob das empfange Signal oberhalb (above) oder unterhalb (below) des eigenen Flugwegs liegt.

Das FLARM ersetzt keine Luftraumbeobachtung. Aber es unterstützt sehr, Segelfliegen ist unter Beachtung der Flugphysik sicher keine besonders gefährliche Sportart. Aber auch wenn der Himmel weit und leer erscheint:

Zu einem Zusammenstoß gehören nur zwei Flugzeuge!

Als nächstes folgen die **Anschnallgurte**. *Sie werden in der Reihenfolge: linker Beckengurt, rechter Beckengurt, linker Schultergurt, rechter Schultergurt angelegt, zentral zusammengesteckt und gesichert (zu Beginn wird dir dein Lehrer helfen). Im Falle eines Notausstieges bedarf es nur eines Handgriffes, um sich von allen Gurten zu befreien.*

Als letztes bliebe der **Rettungsschirm**: *Er wird vor dem Einstieg in das Segelflugzeug wie eine Jacke übergezogen. Anschließend werden zwei Gurte zwischen den Beinen durchgeführt und in seitlich angebrachte Karabinerhaken eingeklinkt, damit im Falle eines Falles der Pilot nicht nach unten herausrutscht. Als letztes wird ein über die Brust führender Gurt geschlossen. Die Reißleine von Automatikschirmen muss an der dafür vorgesehenen Einrichtung befestigt werden. Im Falle eines Absprunges zieht sie den Schirm aus dem Packsack. Bei manuellen Schirmen befindet sich auf der linken Seite des Gurtzeugs ein gelber Griff, der zur Auslösung kräftig mit der rechten Hand nach unten herausgezogen werden muss. Der Rettungsschirm ist jedoch wirklich nur für den Notfall gedacht. Die Fallgeschwindigkeit beträgt noch zwischen 3–5 m/s^2, dies würde einer drei bis fünf Meter hohen Mauer entsprechen, von der man freiwillig herunterspringt.*

Das Kollisionswarngerät ***FLARM*** (eine Zusammenstellung von ***FL**ight al**ARM***) ist ein mit einen GPS (Global Positioning System, basiert auf Satellitenempfang) Sender und Empfänger ausgestattet und übermittelt Höhe, Richtung (erwarteter Flugweg der nächsten 18 Sekunden) und Position per Funksignal. Gleichartige Empfänger erkennen dies und setzen es in eine optische und akustische Anzeige um. Idee ist dabei, die Piloten so wenig wie möglich von ihrer Aufgabe abzulenken. Das FLARM soll lediglich bei der Luftraumbeobachtung unterstützen!

Ein integrierter Drucksensor verbessert die Höhengenauigkeit und jede Sekunde sendet (und empfängt) das Gerät mit recht geringer Funkleistung. Die vier grünen Leuchtdioden weisen auf die korrekte Funktion hin: RX = empfängt, TX = sendet, GPS = Funktionskontrolle GPS, Power = Gerät hat Strom.

Die modernere Variante kann sogar die Signale von mit einem Transponder (ein Gerät für Motorflugzeuge, welches der Bodenkontrolle jederzeit Postion, Höhe und Richtung anzeigt) empfangen. Für die Bedürfnisse in einem Segelflugzeug ist die Anzeige jedoch zu vielfältig, man wird sie daher eher selten im Schulflugzeug zu Gesicht bekommen. Aber als Fluginformation ist es eine wichtige Hilfe.

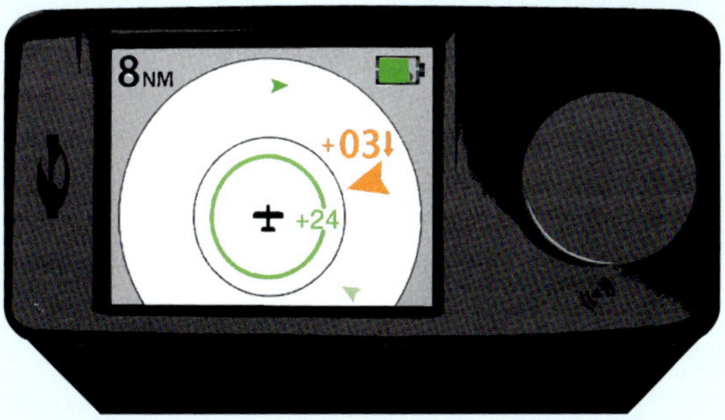

Bild 1.16
Die Anzeige auf einem Power-FLARM

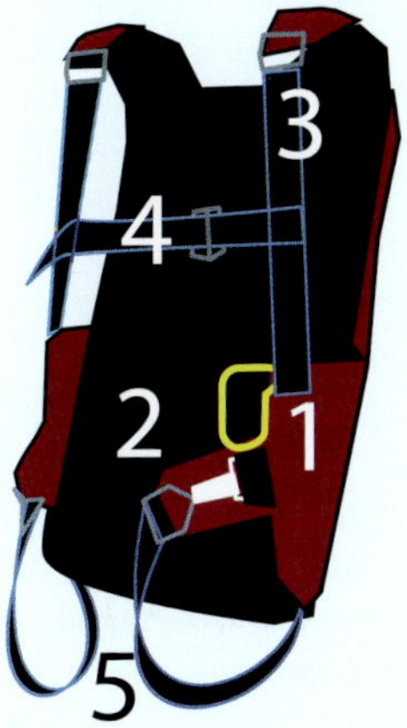

Bild 1.17
Aufbau eines manuellen Fallschirmes

Der Aufbau eines ***Rettungsfallschirmes*** ist in der Abbildung 1.17 erklärt. Gegenüber den normalen Schirmen der Sportspringer ist die Sinkgeschwindigkeit erheblich höher, da die Größe eines Rettungsschirmes wegen des in einem Segelflugzeug zur Verfügung stehenden Raumes begrenzt ist. Die Mindestöffungshöhen betragen bei Automatikschirmen etwa 80 Meter, bei manuellen Schirmen 120 Meter. Hinzuzurechnen ist die Höhe, die benötigt wird, um aus einem Segelflugzeug im Notfall auszusteigen. Haubennotabwurf und Ausstieg können schnell mehr als 200 Meter Höhe kosten! Ein Rettungsschirm nützt demnach nur in größeren Höhen; es wäre trügerisch zu glauben, dass ein Fallschirm Luftraumbeobachtung (siehe Kapitel 3, 5 und 7) ersetzen kann!

Die in Bild 1.17 gekennzeichneten Teile sind: (**1**) Aufziehgriff (gelb markiert), (**2**) Rückenkissen und Schirm, (**3**) Schultergurte, (**4**) Brustgurt und (**5**) Beckengurte. Bei automatischen Schirmen ist der Aufziehgriff durch eine gelbe Reißleine (direkt aus dem Packsack kommend) ersetzt.

01

In den weiteren Kapiteln werden dir Aufbau und Steuerung eines Segelflugzeuges erklärt. An dieser Stelle einige Grundsätze vorweg:

Jedes Segelflugzeug besteht aus Rumpf, Flügeln und Leitwerk. Zur Gewichtsersparnis sind sie aus leichten Materialien gebaut. Einige Segelflugzeuge besitzen einen Stahlrohrrumpf mit Holzflügeln (Gemischtbauweise), andere sind aus Kunststoff gefertigt. Auch noch so stabil aussehende Segelflugzeuge aus Kunststoff oder Metall sind empfindlich und besitzen eine dünne Oberfläche. Es ist zum Beispiel mehr als eine Unsitte, sich auf die Flügel zu setzen.

Die Flügel besitzen als tragende Einheit jeweils einen Holm. Sie ragen ein Stück über den Rumpfanschluss hinaus und sind im Rumpf mit Bolzen verbunden. Wie die Flügel, ist auch das Höhenleitwerk abnehmbar. Bei der täglichen Kontrolle achten wir deshalb darauf, dass sämtliche lösbaren Verbindungen (zum Beispiel mit Fokkernadeln) gesichert sind und die Steuerorgane sinnrichtig angeschlossen wurden.

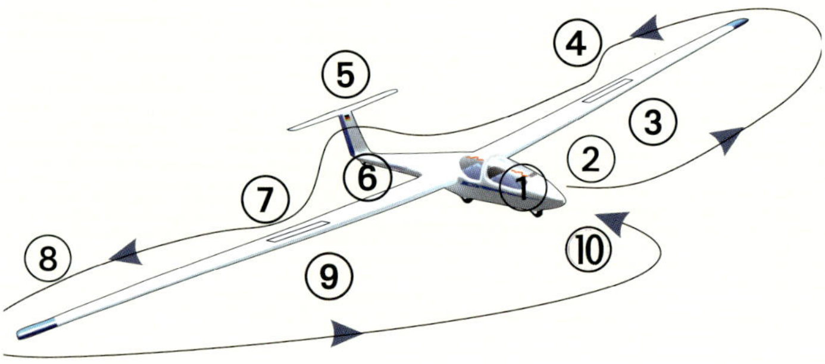

Bild 1.18
Die tägliche Kontrolle des Segelflugzeuges

Links die einzelnen Stationen eines Tageschecks: Wir beginnen unseren Check im Cockpit (1: Batterie, Funk mit Frequenz und Sprechprobe, Instrumente, Gurtzeug, Flügelanschluss, Ruderanschlüsse, Spannschlösser, Kronenmuttern, Splinte, keine Fremdkörper?) und führen unseren Kontrollgang um das Segelflugzeug fort (2: Luftdruck im Reifen, Schleppkupplung in Ordnung?). Als nächstes folgt der linke Flügel (3: Luftbremsen, Oberfläche Tragfläche, Bespannung, Lackierung), anschließend die Querruder (4: Gängigkeit, kein Wackeln in den Gelenken). Darauf folgt die Kontrolle des Höhen- und Seitenleitwerks (5: Höhenruder und Gestänge angeschlossen und gesichert, Höhen- und Seitenruder freigängig, Splinte in den Rudern gesichert, sofern vorhanden Trimmruder angeschlossen).der Flügelanschluss von außen überprüft (6: Kontrolle des Rumpf/Flügelüberganges: kein Spalt, bei einigen Baumustern Überprüfung, ob die Flügel in die hintere Befestigung eingeschoben sind), Wir fahren mit der Überprüfung der Luftbremsen und des Querruders fort (7, 8). Nun werden die Luftbremsen des linken Flügels kontrolliert (9). Als letztes lässt du von einem Mitschüler einen Flügel anheben und waagerecht halten. In einigen Metern Abstand vom Segelflugzeug stellst du dich vor die Rumpfspitze und überprüfst den symmetrischen Aufbau, um Schäden durch Verziehung zu erkennen (10).

Auf der linken Seite findest du in Grundzügen die Baugruppen eines Segelflugzeuges. Immer vor Flugbeginn, nach einem Zusammenbau und beispielsweise nach einer harten Landung wird das Segelflugzeug gründlich gecheckt. Mitzuführen sind das Bordbuch mit Eintragungsschein, das Flug- und Betriebshandbuch, der jährliche Nachprüfschein und das Lufttüchtigkeitszeugnis, die Zulassung als Luftfunkstelle sowie der Versicherungsnachweis. Im Platzbetrieb können die Papiere am Boden aufbewahrt werden, sie müssen jederzeit zugänglich sein. Als Schüler in einer Ausbildungsgruppe bist du mit dafür verantwortlich, dass vor Flugbeginn auch die Bordpapiere vollständig vorhanden sind. Bei der Ausbildung an einer Flugschule reicht es aus, wenn das persönliche Flugbuch beim Ausbildungsbetrieb vorliegt.

Bild 1.19
Eine rechte Tragfläche mit Holm, Ruderanschlüssen und Luftbremsen. Der Flügel ist teilweise aufgeschnitten, so dass sich Rippen, Hauptholm und das Steuergestänge für die Ruder erkennen lassen. Ab dem Hauptholm ist die Tragfläche (z.B. beim Typ ASK 13) nur bespannt. Die Hinterkante des Flügels besteht aus dünnen Holzleisten und kann leicht beschädigt werden. Hier nie schieben oder ziehen!

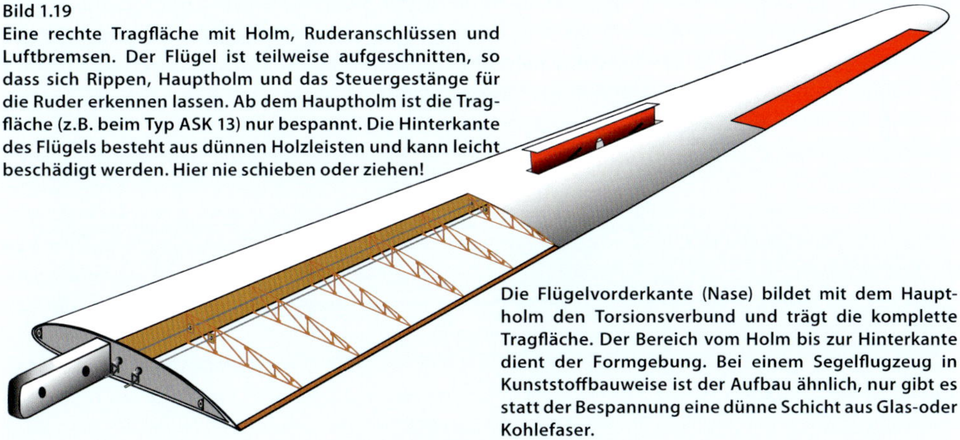

Die Flügelvorderkante (Nase) bildet mit dem Hauptholm den Torsionsverbund und trägt die komplette Tragfläche. Der Bereich vom Holm bis zur Hinterkante dient der Formgebung. Bei einem Segelflugzeug in Kunststoffbauweise ist der Aufbau ähnlich, nur gibt es statt der Bespannung eine dünne Schicht aus Glas-oder Kohlefaser.

Flug- und Betriebshandbuch beschreiben die Betriebsgrenzen eines Segelflugzeuges. Hier kannst man nachschlagen, welches die höchstzulässigen Geschwindigkeiten in der jeweiligen Startart sind, wie hoch die empfohlene Anfluggeschwindigkeit bei der Landung ist und welche Beladungsgrenzen eingehalten werden müssen. Im Cockpit sind auf einem Schild die Betriebsgrenzen gleichfalls angebracht. Um das Segelflugzeugmuster, auf dem du lernst, besser kennenzulernen, lohnt es sich durchaus, einmal das Flug- und Betriebshandbuch zu lesen. Bei Verständnisschwierigkeiten wird dir der Fluglehrer helfen.

Besonders die Gewichtstoleranzen sind genau einzuhalten. Es ist deine eigene Verantwortung daran zu denken, Zusatzgewichte zum Segelflugzeug mitzubringen, falls du (inklusive Fallschirm) leichter als das zulässige Mindestgewicht wiegst. Es hält nur den Flugbetrieb auf, wenn nach den Gewichten gesucht werden muss.

Oder zu bist ein wenig zu schwer. Da hilft wirklich nur abnehmen, denn die zulässige Last würde sonst überschritten. Es bestünde die Gefahr, dass das Segelflugzeug nicht mehr flugfähig ist. Es ist keine „Laune“ von Fluglehrern, wenn die den Ausbildungsflug verweigern. Auch sie wollen wieder heil und an einem Stück laden.

Nach Beendigung des Rundganges wird eine Ruderprobe durchgeführt. Ein Mitschüler setzt sich in das Segelflugzeug und bewegt die Ruder (Vollausschläge), während ein zweiter an den jeweiligen Rudern steht und die sinnrichtigen Ausschläge überprüft. Bei einem zweiten Durchgang werden die Ruder festgehalten, um zu überprüfen, ob unter Belastung ein Fehler (Gestänge nur lose eingesteckt, aber nicht angeschlossen und gesichert) auftritt.

Eine Anmerkung sei gestattet: Im Verlauf der Segelflugausbildung gibt es sicherlich zahlreiche Anlässe, abends gemeinsam mit Fliegerkollegen zu feiern. Oft dauert dies bis spät in die Nacht, und es gibt genügend alkoholische Getränke. Am nächsten Tag wird wieder geflogen. Beim Fliegen gilt jedoch die „Null-Promille-Grenze"! Auch mit Restalkohol darf nicht geflogen werden. So sind die Wahrnehmungsfähigkeiten eingeschränkt und der Lernerfolg ist nicht besonders groß. Die unter Alkohol- oder Medikamenteneinfluss gemachten Ausbildungsflüge sind verlorene Mühe und du musst dich nicht wundern, wenn zum Ende der Ausbildung der Fluglehrer dich nicht zum Alleinflug zulässt, weil der Ausbildungsstand zu gering ist. Ich möchte dich keinesfalls vom Feiern abhalten, sondern gönne dir mit Sicherheit Deine Feier, die du nach dem ersten Alleinflug machen möchtest.

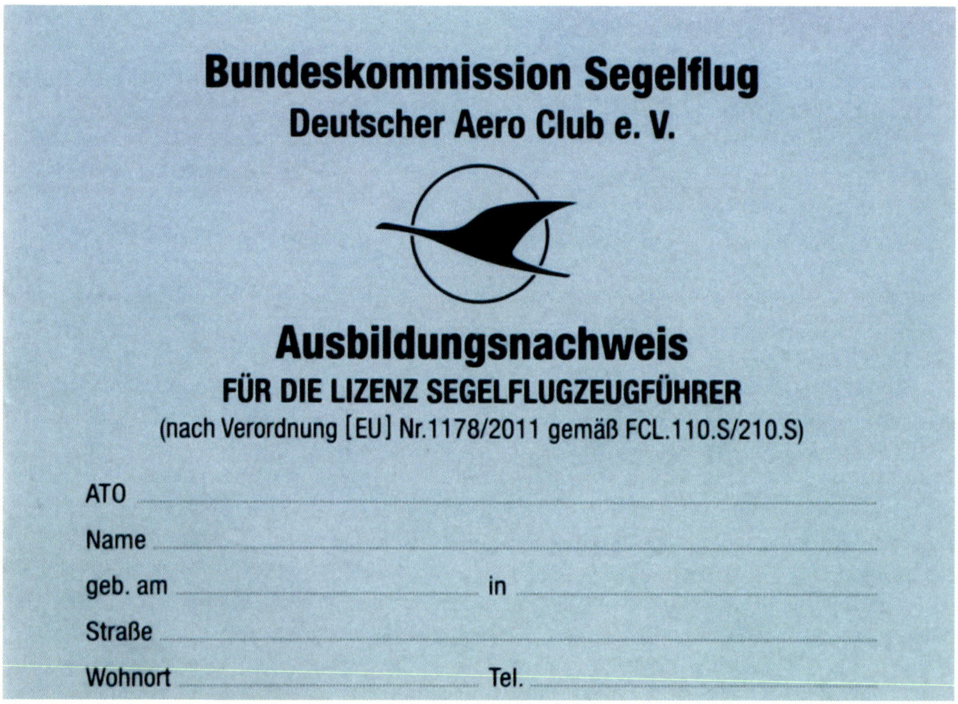

Bundeskommission Segelflug
Deutscher Aero Club e. V.

Ausbildungsnachweis
FÜR DIE LIZENZ SEGELFLUGZEUGFÜHRER
(nach Verordnung [EU] Nr.1178/2011 gemäß FCL.110.S/210.S)

ATO ....
Name ....
geb. am .... in ....
Straße ....
Wohnort .... Tel. ....

Bild 1.20
Der Ausbildungsnachweis der Bundeskommission Segelflug im Deutschen Aero Club (DAeC) e.V.

Es ist eine gute Übung, wenn der Fluglehrer mit seinen Schülern gemeinsam ein Segelflugzeug checkt. Später wird diese Aufgabe von den Schülern wahrgenommen, der Lehrer kontrolliert nach, ob nichts vergessen wurde. Übrigens, einige Schulen und Vereine zeichnen den Tagescheck im Bordbuch oder in der Startliste ab. So kann jeder erfahren, ob das Segelflugzeug flugklar ist.

KLARLISTE (Muster)
D - 2022

1. Kontrolle der noch offenen Flugzeit / Starts bis zum nächsten planmäßigen Wartungsereignis
2. Kontrolle des Innenraums
   - Flügelbolzen gesichert, Ruderanschlüsse verbunden und gesichert
   - Ruder leicht, freigängig und sinnrichtig
   - Kontrolle der Instrumente, Prüfung auf Wasser in Druckleitungen
   - Kontrolle des Funkgeräts und der Batterie (Ladezustand?)
   - Prüfung des Gurtzeugs
   - Fremdkörperkontrolle (auch unter den Sitzschalen)
   - Dokumente an Bord?
3. Kontrolle der rechten Rumpfhälfte auf Beschädigungen und Risse
4. Kontrolle des Seitenleitwerks:
   - auf Beschädigungen und Risse
   - Ruder zusätzlich auf korrekte Befestigung und Spielfreiheit
   - Ruderantrieb auf korrekten Anschluss und Gängigkeit
   - auf korrekte Montage des Staurohres, ob Schutzhülle entfernt, ob Öffnungen frei von Verschmutzungen
5. Kontrolle des Höhenleitwerks:
   - Höhenflosse auf korrekte Befestigung, Festsitz, Beschädigungen und Risse
   - Höhenruder auf korrekte Befestigung, Spielfreiheit, Beschädigungen und Risse
   - Ruderantrieb auf korrekten Anschluss, Kraftschlüssigkeit und Gängigkeit
6. Kontrolle des Spornrades:
   - auf Beschädigungen (evtl. Rutschmarke beachten)
   - auf korrekten Reifendruck
7. Kontrolle der rechten Rumpfhälfte auf Beschädigungen und Risse
8. Kontrolle des linken Flügels:
   - Flügel, Querruder und Randbogen auf korrekte Befestigung, Spielfreiheit, Beschädigungen und Risse
   - Querruderantrieb auf korrekten Anschluss, Kraftschlüssigkeit und Gängigkeit
   - Bremsklappen auf vollständiges Einfahren und Bündigkeit mit der Flügeloberfläche
9. Kontrolle des Hauptfahrwerks:
   - Fahrwerksbügel auf Beschädigungen und Risse
   - Fahrwerksverkleidung auf Beschädigungen und Festsitz
   - auf korrekten Reifendruck (evtl. Rutschmarke beachten)

Bild 1.21
Klarliste (Muster)

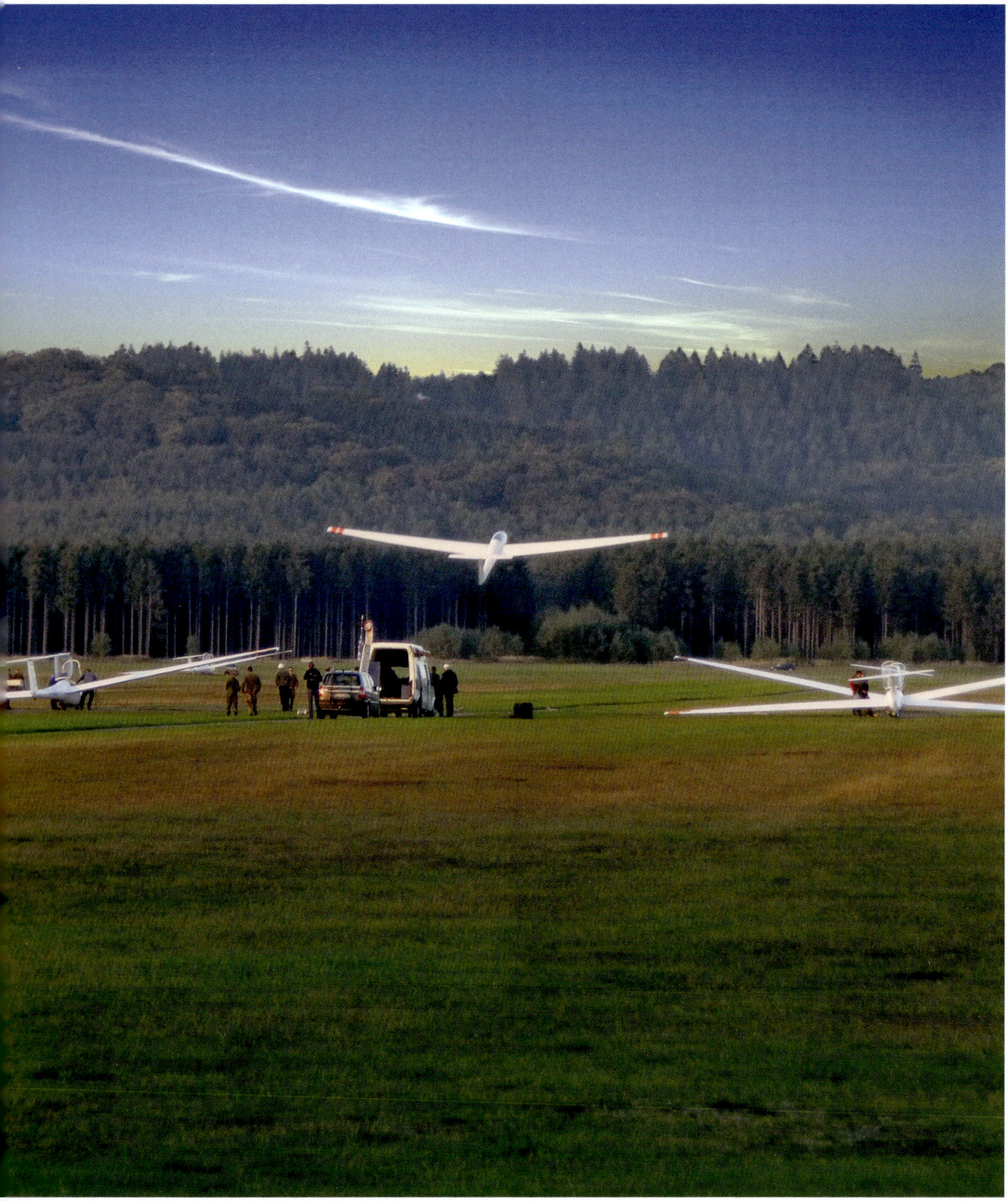

Schulbetrieb an der Segelflugschule Oerlinghausen…
(Foto: Alexander Willberg)

Kapitel 2
Auftrieb und Widerstand

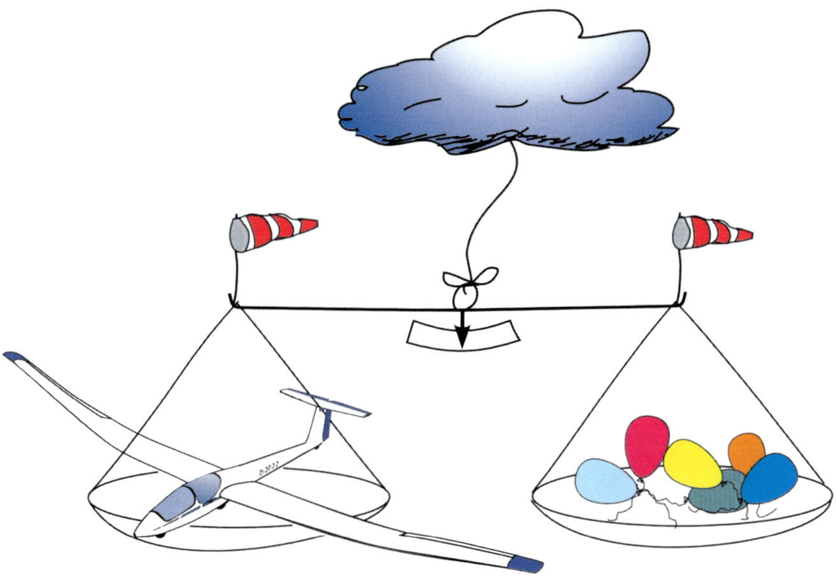

02

Das Segelflugzeug
Auftrieb und Widerstand

Die erste Sitzprobe in einem Segelflugzeug ist geschafft. Inhalt dieses Kapitels sind die Grundlagen, die das Flugzeug und dich an Bord mit in der Luft halten. Für die weitere praktische Ausbildung wird einiges verständlicher, wenn man die Gründe kennt für das zu lernende Handeln kennt.

Ein Triebwerk wirst du beim Segelflugzeug vergebens suchen und gleich an dieser Stelle müssen wir uns von der Vorstellung lösen, dass zum Fliegen ein Motor gehört. Ebenso wenig benötigen wir Wind als Vortrieb. Der Vortrieb entsteht allein aus dem Umstand, dass ein Segelflugzeug wie jeder andere Gegenstand aus der Höhe senkrecht nach unten fallen will. Die Flügel hindern es daran, so dass es nach vorne fällt, oder besser „gleitet". Wie die Flügel uns am Herunterfallen hindern, möchte ich dir nun zeigen.

Rechts ist der Zusammenhang zwischen Staudruck und statischem Druck beschrieben. Das Segelflugzeug bewegt sich durch die Luft und diese trifft auf den Tragflügel. Da sie nicht hindurchströmen kann, teilt sie sich an der Flügelnase in eine Strömung oberhalb und unterhalb auf. Wenn du den Flügel eines Segelflugzeuges betrachtest, wirst du feststellen, dass die Oberseite stärker als seine Unterseite gewölbt ist. Der Weg für die Luft ist auf der Oberseite länger. Soll die geteilte Strömung fast zur gleichen Zeit die Hinterkante des Flügels erreichen, muss sich die Luft auf der Oberseite etwas beeilen und schneller fließen. Der Druck sinkt und beschleunigt an der Flügelhinterkante Luft nach unten. Der Auftrieb als Gegenkraft ist groß genug, um ein Segelflugzeug ab einer bestimmten Geschwindigkeit in der Luft zu halten.

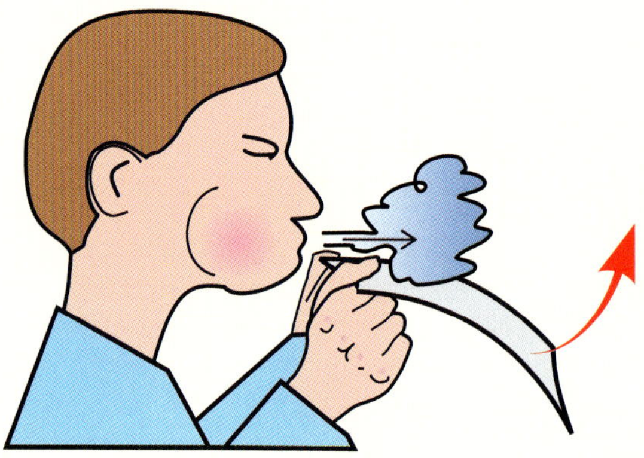

Bild 2.01
Auftrieb durch Unterdruck

Es lässt dich ganz leicht überprüfen: Nimm ein Blatt Papier vor den Mund und puste kräftig über die Oberseite. Wir blasen es nicht nach unten, sondern es hebt sich an! Dieser „Sog" wird Auftrieb genannt. Er ist unter anderem von der Flügelfläche und der Geschwindigkeit der anströmenden Luft (im Quadrat) abhängig. Was bedeutet das für uns in der Praxis? Das Segelflugzeug gleitet nicht auf der Luft wie ein Boot im Wasser, sondern es wird von der Gegenkraft der nach unten beschleunigten Luft getragen. Diesen Impuls kannst du direkt spüren: stell dich einmal in einigen Meter Entfernung hinter ein Motorflugzeug mit drehendem Propeller.

Das Segelflugzeug
Ein wenig Theorie

Dieses Kapitel gibt eine kurze Einführung, weshalb ein Segelflugzeug fliegt. Dies soll nicht als umfassende Darstellung der Strömungsmechanik verstanden werden. Abhängigkeiten der Luft von Größen wie Temperatur, Druck, Dichte und anderen werden nur vereinfacht betrachtet.

Im Flug wird das Segelflugzeug von der Luft umströmt. Dabei ist es gleichgültig, ob wir annehmen, ob sich das Segelflugzeug in der Luft vorwärts bewegt, oder die Luft das Flugzeug umströmt. Die Kraft, die uns in der Luft hält, hängt auch von der Geschwindigkeit des Segelflugzeuges durch die Luft ab. Fliegen ist also ein dynamischer Vorgang. Vollkommen anders ist dies bei Luftschiffen oder Ballonen, die bekanntermaßen leichter als Luft sind. So „fliegen" Flugzeuge, Ballone „fahren".

Um die Strömungsverhältnisse am Flügel zu verstehen, ist ein kurzer Rückgriff in die Physik notwendig. Der Gesamtdruck der Luft ist konstant, er setzt sich zusammen aus dem Druck der ruhenden Umgebungsluft (Statischer Druck) und dem Druck beschleunigter Luft (Staudruck). Bewegt sich ein Flügel durch die Luft, so wird die Luft (die ihm ausweicht) beschleunigt und an der Hinterkante nach unten abgelenkt. Ihr statischer Druck sinkt. Kräfte treten immer paarweise auf. Der Druck der unbeschleunigten Luft ist im Verhältnis gewachsen, also bleibt der Gesamtdruck gleich.

Ruhende Luftmoleküle, die sich nah am Flügel befinden, nehmen dessen Geschwindigkeit an. Diese dünne Schicht zwischen der vollkommen beschleunigten Luft bis zur unbewegten Umgebungsluft bezeichnet man als Grenzschicht. Diese beschleunigte Luft wird gleichzeitig an der Flügelhinterkante nach unten umgelenkt. Dieser Impuls nach unten entspricht dem Auftrieb der Tragflächen.

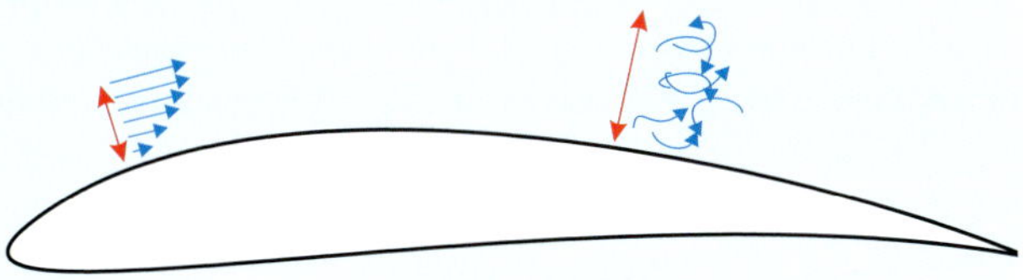

Bild 2.02
Die Grenzschicht (sehr stark vergrößert) an der Oberfläche. Man sieht, dass eine turbulente Grenzschicht deutlich dicker als eine laminare ist.

Der Staudruck hängt ab vom Quadrat der Geschwindigkeit. Steigt der Staudruck (wir fliegen schneller) so sinkt gleichzeitig der statische Druck. Genau so ist es beim Tragflügel: Weil die Luft auf der Oberseite einen längeren Weg (also schneller fließen!) zurück legen muss, um sich zur gleichen Zeit mit der Luft der Flügelunterseite an der Hinterkante zu treffen, sinkt ihr Druck. Offensichtlich müssen wir uns von der Vorstellung lösen, dass ein Segelflugzeug in der Luft wie auf Wasser schwimmt. Vielmehr „hängt" es (siehe Bild 2.04) an der Oberseite der Flügel, weil dort ein geringerer Druck herrscht. Erst diese Druckdifferenz erzeugt den Impuls an der Hinterkante nach unten, auf dem der Auftrieb als Gegenkraft (Kräfte immer paarweise) aufbaut.

Gleichzeitig entwickelt jeder angeströmte Körper einen Widerstand, da auch noch so gute Formgebung die Luft zu Ausweichbewegungen zwingt. Zum einen hat also die spezifische Form jedes bewegten Körpers einen Widerstand, zum anderen erzeugt das Segelflugzeug schädliche Wirbel, die ebenfalls Leistungsverluste hervorrufen.

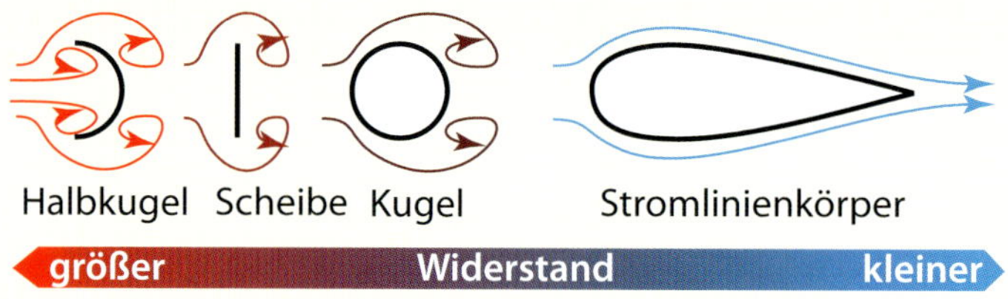

Bild 2.03
Der Formwiderstand verschiedener Körper

Wie in Bild 2.06 gezeigt wird, ergeben Auftrieb und Widerstand die Luftkraft, die als aufwärts gerichtete Komponente im stationären Gleitflug dem Gesamtgewicht des Segelflugzeuges entspricht. Das Gewicht ist auch die Kraft, die dem Segelflugzeug Geschwindigkeit verleiht. Dies bedeutet in der Praxis (Kapitel 9: Der Alleinflug), dass du im Alleinflug mit dem gewohnten Flugbild langsamer fliegst, weil der Fluglehrer ausgestiegen ist. Das Segelflugzeug fliegt auf einer leicht von der Horizontalen nach unten abweichenden Flugbahn. Da es dabei der Erdanziehung (wenn auch nur wenig) nachkommt, muss folglich das Fluggewicht (= effektive Flächenbelastung) etwas geringer als das Gesamtgewicht sein. Die Differenz zwischen Gesamtgewicht und effektiver Flächenbelastung ist der zur Verfügung stehende Vortrieb (Bild 2.06).

Das Verhältnis zwischen zurückgelegter Strecke und verlorener Höhe ist das Gleitverhältnis (oft auch als Gleitzahl bezeichnet). Es gibt an, wie viel Meter Strecke das Flugzeug pro Meter Eigensinken zurücklegt. Das Gleitverhältnis bei dem Schulsegelflugzeug ASK 21 ist zum Beispiel 1 zu 34, dies bedeutet, dass das Segelflugzeug bei 34 Meter zurückgelegter Strecke nur einen Meter sinkt. Oder anders ausgedrückt: Der Auftrieb ist 34 mal größer als der Widerstand. Der Winkel zwischen der Horizontalen und der Flugbahn ist der Gleitwinkel. Bei Normalfahrt haben übliche Segelflugzeuge Gleitwinkel von 2-3 Grad.

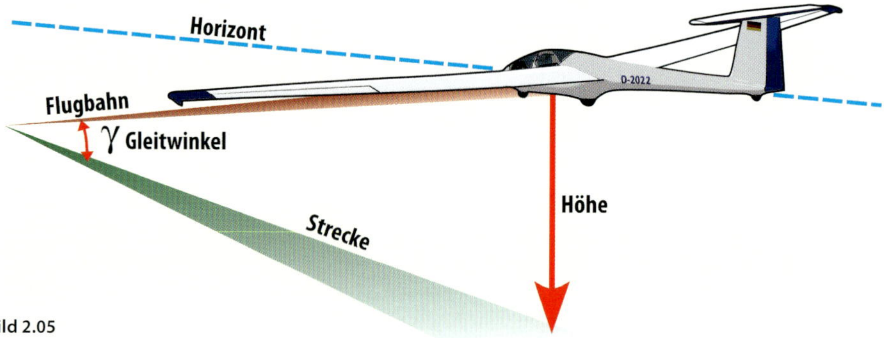

Bild 2.05
Der Gleitwinkel

Die benötigte Kraft, um in der Luft zu bleiben, wird als Auftrieb bezeichnet. Dieser ist abhängig von dem Quadrat der Geschwindigkeit. Erst wenn der Auftrieb dem Gewicht entspricht, kann ein Flugzeug fliegen, ist er größer, beginnt es in sich zu steigen. Alle Druckkräfte des Flügels kann man sich in einem Druckpunkt (Bild 2.04) vereinigt vorstellen. Vereinfachend kann man annehmen, dass der Auftrieb immer senkrecht in diesem Druckpunkt auf der Flugbahnlinie steht.

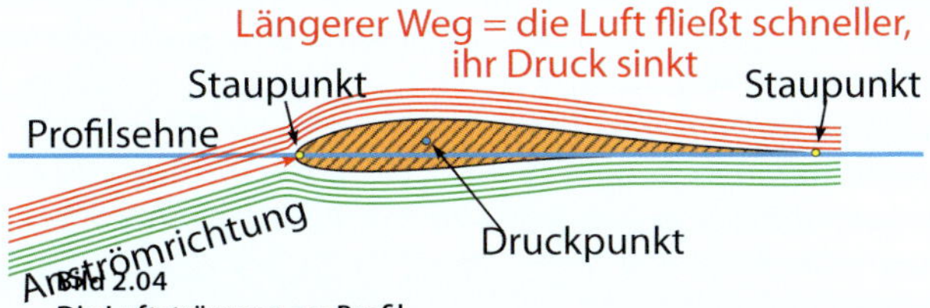

Bild 2.04
Die Luftströmung am Profil

Der Auftrieb ist nur eine Kraft, die auf das Segelflugzeug wirkt. Zu jedem Auftrieb gehört ein Widerstand, den auch eine noch so gute aerodynamische Form nicht ausschließen kann. So können Autohersteller von dem geringen Luftwiderstand eines Segelflugzeuges nur träumen, trotzdem bleibt ein nicht zu vernachlässigender Rest. Der Widerstand wirkt in Verlängerung der Anströmrichtung und ist eben so groß wie der uns zur Verfügung stehende Vortrieb. Wie in späteren Kapiteln noch zu sehen ist, bedeutet dies in der Praxis, dass zu jeder Flugbahn nur eine Geschwindigkeit gehört. Auch der Widerstand ist vom Quadrat der Geschwindigkeit abhängig, die Addition von Auftrieb und Widerstand ergeben die resultierende Luftkraft.

Wie entwickelt nun ein Segelflugzeug Vortrieb, um überhaupt Auftrieb und Widerstand entstehen zu lassen? Der Physiker würde sagen, dass potentielle Energie (= Höhe) in kinetische Energie (= Geschwindigkeit) umgesetzt wird. Betrachten wir ein Segelflugzeug in der Luft. Nehmen wir an, das Segelflugzeug (ASK 21) selbst wiegt 370 Kilogramm, Schüler, Lehrer und Fallschirme zusammen noch einmal 160 Kilogramm. 530 Kilogramm befinden sich in der Luft. Das Segelflugzeug fliegt nach vorne auf einer leicht geneigten Bahn. Links ist zu lesen, dass der Winkel zwischen der Horizontalen und der Flugbahn als der Gleitwinkel beschrieben wird. Wie die Abbildungen 2.05 und 2.06 zeigen, nähert es sich beständig dem Erdboden.

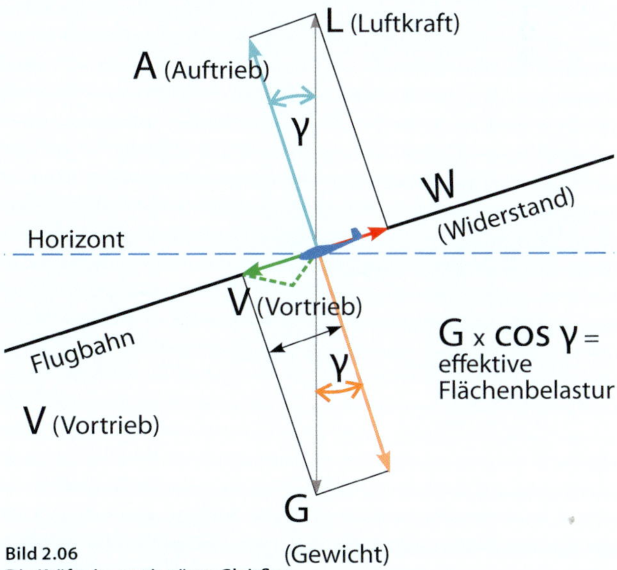

Bild 2.06
Die Kräfte im stationären Gleitflug

Das Gleitverhältnis wird im Flughandbuch für die Geschwindigkeit des besten Gleitens angegeben, lässt sich aber für jede beliebige Fahrt ermitteln. Bei dieser Geschwindigkeit legt das Segelflugzeug die weiteste Strecke bei einem bestimmten Höhenverlust (ohne Windberücksichtigung) zurück. Das Gleitverhältnis bei ruhiger Luft wird uns wieder interessieren, wenn in Kapitel 5 die Einteilung der Platzrunde behandelt wird und sich die Frage stellt, wie weit man mit der zur Verfügung stehenden Höhe kommt.

Was bedeutet für uns in der Praxis, dass der Auftrieb in Wirklichkeit nicht dem Gewicht, sondern der effektiven Flächenbelastung entspricht? Weil das tatsächliche Gewicht des Segelflugzeuges etwas größer als der Auftrieb ist, verliert es allmählich an Höhe. Es ist also kein Perpetuum Mobile. Und wie ist es bei einem Motorflugzeug? Hier erzeugt der Propeller soviel Vortrieb, dass der Auftrieb dem Gewicht entspricht. Gibt der Pilot Gas (der Propeller erzeugt mehr Vortrieb), beginnt ein Motorflugzeug bei gleicher Flugbahn zu steigen. Der Motoreinsatz beeinflusst letzt nur Steigen und Sinken, ist also am Variometer ablesbar. Kann also ei schweres Passagierflugzeug auch segeln? Ja, es kann, nur eben bei recht hoher Geschwindigkeit (es ist ja auch schwer genug).

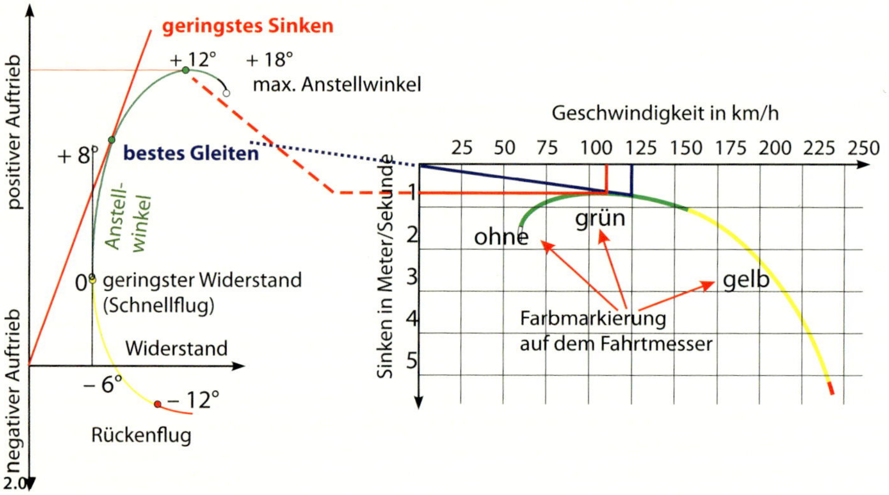

Bild 2.0
Widerstandspolare nach Lilienthal (links), Geschwindigkeitspolare (rechts)

Bestimmte Leistungsangaben des Segelflugzeuges lassen sich aus dem Polardiagramm ablesen. Die Polare geht auf Otto von Lilienthal zurück, der als erster systematisch den Vogelflug untersuchte und die Verhältnisse von Auftrieb und Widerstand vermessen und beschrieben hat. Neben der schon aufgeführten Geschwindigkeit des besten Gleiten ist noch die Geschwindigkeit des geringsten Sinkens von Bedeutung. Bei dieser Geschwindigkeit verliert das Segelflugzeug die geringste Höhe, jedoch wird keine große Strecke mehr zurückgelegt. Im Gegensatz zum besten Gleiten ist der Aktionsradius klein, dafür bleibt das Segelflugzeug länger in der Luft. Dieser für dich (noch) kleine Unterschied bedeutet für den Segelflieger auf einem Überlandflug Welten!

Weil es dabei ein wenig der Erdanziehung nachkommt, müssen die Flügel etwas weniger als 530 Kilogramm tragen. Die tatsächliche (= effektive) Flächenbelastung entspricht in diesem Flug nicht ganz dem eigenen Gewicht. Genau daher rührt der Vortrieb: Um ein Segelflugzeug mit diesem Gewicht mit einer Geschwindigkeit von zum Beispiel 80 km/h fliegen zu lassen, benötigt man nur wenige Newton Schub. Treiben wir das Gedankenspiel weiter, so hieße das für den senkrechten Sturz, dass wir nicht schneller fliegen könnten, als uns an Gewicht zur Verfügung steht. Je schwerer also ein Segelflugzeug ist, desto schneller kann es bei gleicher Flugbahn fliegen.

Zu jeder Flugbahn gehört nur ein Vortrieb und nur ein (dem Vortrieb genau entgegengesetzter) Widerstand. Jede Flugbahn hat bei konstantem Gewicht bei einem Segelflugzeug nur eine Geschwindigkeit!

Wie verteilt sich nun die Strömung am Flügel? Sie teilt sich am vorderen ***Staupunkt*** in eine Strömung auf Ober- und Unterseite und soll zur gleichen Zeit am hinteren Staupunkt ankommen. Bis zum Punkt der größten Profildicke liegt sie störungsfrei am Flügel an, man spricht von ***laminarer Strömung***. Bis zu diesem Punkt nimmt der Druck beständig ab, da die Strömungsgeschwindigkeit steigt. Alle Moleküle in der Grenzschicht (siehe weiter vorne) haben die gleiche Richtung (wie die Luft entgegengesetzt der Flugrichtung)

Ab diesem Punkt, auch ***Umschlagpunkt*** bezeichnet, folgt die Luft dem Profil turbulent unter Wirbelbildung. Hinter dem Umschlagpunkt wird das Profil dünner, so steigt der Druck unter gleichzeitigem Geschwindigkeitsverlust der Strömung.

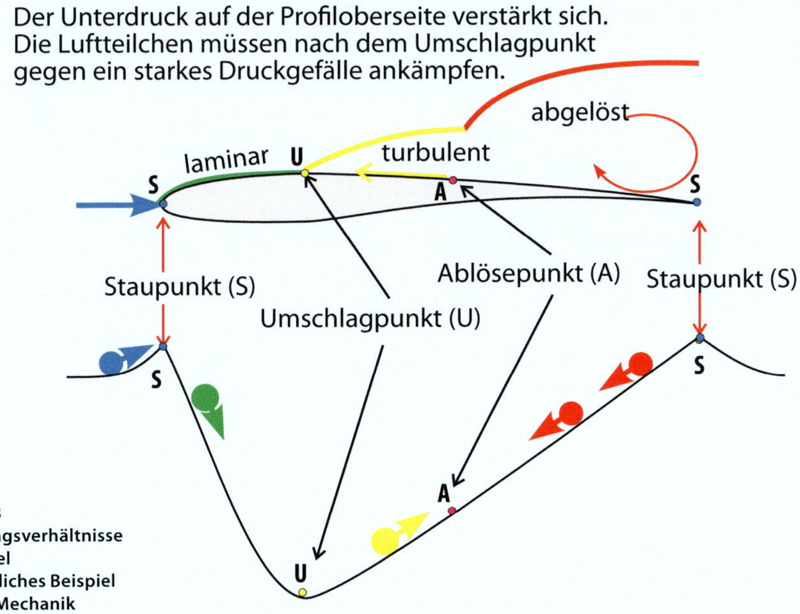

Bild 2.08
Strömungsverhältnisse am Flügel und ähnliches Beispiel aus der Mechanik

Auf der rechten Seite ist der Strömungsverlauf beschrieben. Bild 2.07 zeigt die Zusammenhänge zwischen Auftrieb und Widerstand. Korrekterweise ist anzumerken, dass die Widerstandspolare nicht das Verhältnis von Auftrieb zu Widerstand darstellt, sondern der zugehörigen Beiwerte. Bei der Ermittlung von Auftrieb und Widerstand (wie rechts beschrieben) sind neben den Beiwerten auch Staudruck und Flügelfläche zu berücksichtigen. Auftriebs- und Widerstandsbeiwert sind dimensionslose Zahlen und werden für jedes Profil im Windkanal ermittelt.

Eine Vergrößerung des Anstellwinkels (Höhenruder ziehen) reduziert die Geschwindigkeit, führt jedoch erst unter einer bestimmten Geschwindigkeit zu einer Widerstandserhöhung. Im rechten Teil des Schaubildes ist die Geschwindigkeitspolare zur besseren Übersicht mit den gleichen Farbmarkierungen (siehe Kapitel 1) wie der Fahrtmesser versehen. Die praktischen Zusammenhänge zwischen Auftrieb, Anstellwinkel und Widerstand werden einen großen Teil der Segelflugausbildung ausmachen. Wichtig für dich ist jedoch, dass sowohl mit zu langsamen, als auch mit sehr schnellem Flug der Widerstand deutlich erhöht werden kann.

Neben dem Anstellwinkel (siehe rechts) gibt es beim Segelflugzeug noch den Einstellwinkel (Bild 2.09), den du jedoch (mit den Segelflugzeugen in der Grundausbildung) nicht beeinflussen kannst. Dies ist der Winkel zwischen Profilsehne und Flugzeuglängsachse und wird vom Konstrukteur vorgegeben.

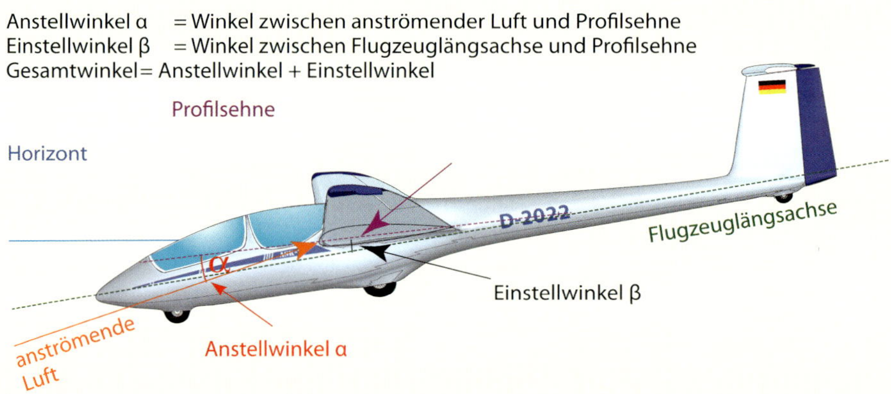

Bild 2.09
Anstellwinkel, Einstellwinkel und Horizont

Rechts ist der Strömungsverlauf am Tragflügel beschrieben. Wie gesehen, beeinflusst der Anstellwinkel den Strömungsverlauf und die Fluggeschwindigkeit (und umgekehrt). Das Gewicht des Segelflugzeuges und der Flugbahnwinkel bilden die Vortriebskraft, die zur Verfügung stehende Ausgangshöhe bedingt den Aktionsradius und beeinflusst damit auch die Flugdauer.

Ist die Luftströmung infolge der Reibung durch ihre eigene Wirbelbildung so stark beeinträchtigt, dass sie nicht dem Profil folgt, sondern vielmehr entgegengesetzt strömt, löst sie sich ab. Dieser Punkt wird so auch ***Ablösepunkt*** genannt.

Bild 2.08 zeigt den Strömungsverlauf und darunter ein ähnlich gelagertes Beispiel aus der Mechanik. Rollt eine Kugel einen Berg hinunter, beschleunigt sie (= laminar) bis zum tiefsten Punkt. Ab da wird sie wieder langsamer, jede Unebenheit im Untergrund (= turbulent) werden sie zu Sprüngen veranlassen. Der Reibungswiderstand bremst sie jedoch so stark, dass die Endhöhe nicht mehr der Ausgangshöhe entspricht (= abgelöst).

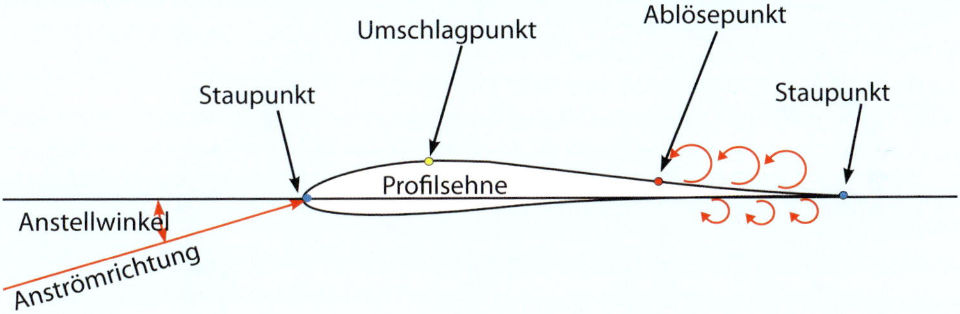

Bild 2.10
Der Anstellwinkel

Der Winkel, unter dem die anströmende Luft auf die Profilsehne trifft, wird ***Anstellwinkel*** bezeichnet. Die Profilsehne ist die Verbindungslinie zwischen dem vorderen und dem hinteren Staupunkt. Das nächste Kapitel wird zeigen, wie dieser Winkel beeinflusst wird.

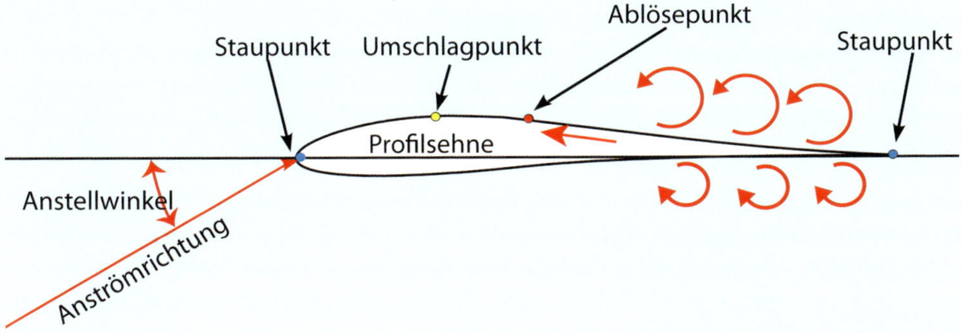

Bild 2.11
Die Vergrößerung des Anstellwinkels

Grundsätzlich kann man (vereinfachend) annehmen, dass der Auftrieb der Flügel immer senkrecht auf der Flugbahn im Druckpunkt (dies ist der Punkt, an dem sich alle Kräfte am Profil vereinigen) steht. Es ist also vollkommen gleichgültig, ob das Segelflugzeug eine Kurve fliegt oder eine andere Fluglage einnimmt, der Auftrieb ist senkrecht zum Profil. Dies ist für uns insoweit wichtig, da wir eine stärker nach vorne geneigte Fluglage einnehmen können, obwohl die tatsächliche Flugbahn erheblich flacher ist. Umgekehrt bedeutet ein Langsamflug mit einer über den Horizont gehobenen Flugzeugnase nicht, dass wir sehr weit fliegen werden. Denn wie gesehen hat ein Segelflugzeug im Langsamflug einen hohen Widerstand, somit sinkt es schnell. Fliegen lernen verlangt nicht nur von dir, dass du an unsichtbare Luftkräfte glaubst, sondern auch, dass das Segelflugzeug an der Oberseite der Flügel in der Strömung „hängt". Es kommt sogar noch schlimmer, denn du musst dich ebenso damit abfinden, dass wir noch nicht einmal da am Boden aufkommen können, wo unsere gedachte verlängerte Flugzeugachse den Boden trifft. Selbst bei einem Flug in der Senkrechten würde der Auftrieb beinahe horizontal wirken, die Flugbahn wäre annähernd 45 Grad. Es macht keinen Sinn, im Verlauf der Ausbildung die Flugphysik „austricksen" zu wollen. Sie ist einfach da und wir müssen einüben, mit ihr umgehen. Genau das bedeutet fliegen lernen.

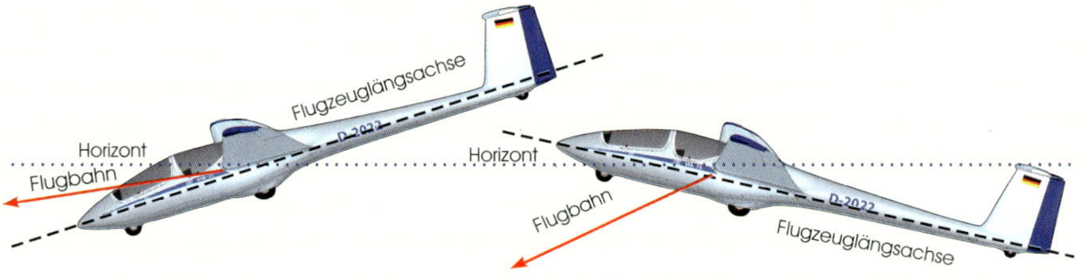

Bild 2.12
Zusammenhang zwischen Horizont, Flugbahn und Längsachse

Dies kannst du dir wieder in das Gedächtnis rufen, wenn im Kapitel 7 die Landung behandelt wird, denn viele Flugschüler gucken im Landeanflug auf den Boden und werden in ihrem Anflug immer steiler, weil das Segelflugzeug über den anvisierten Punkt hinausfliegt. Umgekehrt kommt es immer wieder vor, dass unwillkürlich mit einem Langsamflug der Flugweg gestreckt werden soll, obwohl das Segelflugzeug nun noch stärker sinkt.

Wie du in späteren Kapiteln sehen wirst, können wir zwar schnell eine Fluglage ändern, jedoch benötigt das Segelflugzeug einige Zeit, bis sich das Gleichgewicht aller Kräfte eingestellt hat. Dies wirst du in den nächsten Kapiteln in anderer Form wiederfinden, wenn dort steht, dass du nicht schneller steuern sollst, als du noch kontrollieren kannst, was deine Ruderausschläge bewirken. Und ganz wichtig (siehe links): Zu jeder Flugbahn gehört nur eine Geschwindigkeit. Im weiteren Verlauf der Ausbildung wirst du sehen, dass man also einen Ruderausschlag (zum Beispiel) mit dem Höhenruder beibehalten muss, damit sich die Geschwindigkeit ändert. Frage: wie schnell wird ein Segelflugzeug, wenn wir den Steuerknüppel im Flug etwa 1 cm nach vorne bringen und dort lassen? Antwort: Nur etwas schneller, mehr passiert nicht!

Verständlich ist nur, dass je mehr dieser Anstellwinkel vergrößert wird, desto stärker ist die Profilwölbung für die anströmende Luft. Sie muss noch schneller fließen. Der Druckverlust auf der Oberseite des Flügels zur Profilhöhe hin wird größer, genau so wie die nach dem Umschlagpunkt erfolgende Druckzunahme. Die Reibung für die Luftteilchen erhöht sich, der Ablösepunkt wandert deshalb in die Richtung der Profilnase, er nähert sich dem Umschlagpunkt.

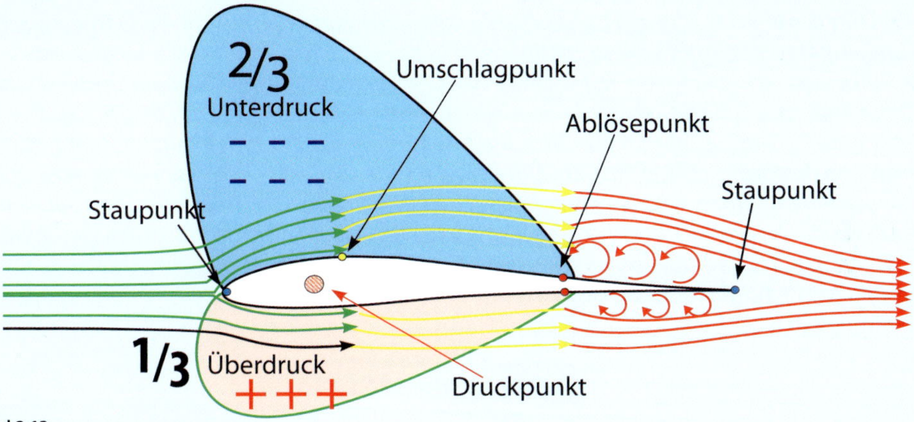

Bild 2.13
Die Druckverteilung am Tragflügel

Der Anstellwinkel beeinflusst neben der Geschwindigkeit den Auftrieb (und natürlich auch den Widerstand), jedoch gibt es (je nach Bauart des Profils) einen Geschwindigkeit, ab der dieser Auftrieb komplett zusammenbricht und nur noch Wirbel erzeugt werden (siehe links die Beschreibung zum extrem langsamen Flug). Dieser kritische Anstellwinkel wird als ***maximaler Anstellwinkel*** bezeichnet.

Der Druckpunkt, in dem wir uns alle Luftkräfte vereinigt vorstellen, wandert mit zunehmenden Anstellwinkel nach vorne, mit Verringerung des Anstellwinkel nach hinten. Wäre nicht die Korrektur durch das Höhenruder (siehe Kapitel 3), würde ein Segelflugzeug im Langsamflug immer langsamer, im Schnellflug kippte es vornüber. Diese Druckpunktwanderung rührt daher, dass sich im Langsamflug der maximale Auftrieb immer mehr zur Flügelnase verschiebt, während er im Schnellflug weiter hinten liegt. Wie schon gesehen, bewegt sich im Langsamflug der Ablösepunkt nach vorne, so dass hinter diesem kein Auftrieb mehr erzeugt wird. Im Schnellflug verschiebt sich der Ablösepunkt nach hinten, so dass die Auftriebsverteilung sich weiter über das Profil erstreckt.

Der Auftrieb am Tragflügel setzt sich aus circa 2/3 Unterdruck an der Oberseite und relativ hierzu 1/3 Überdruck der Unterseite zusammen. Jede Auftriebserhöhung führt zu einer gleichzeitigen Widerstandserhöhung, jede Anstellwinkelveränderung verändert den Widerstand und die Geschwindigkeit. Ein Segelflugzeug mit hohem Anstellwinkel fliegt langsam, mit geringem Anstellwinkel schnell. Oder die Quintessenz: Zu jeder Flugbahn, der Neigung, gehört nur eine Geschwindigkeit.

Abschließend noch ein Überblick, was die Betriebsgrenzen deines Segelflugzeugs sind . Du hast viel über Auftrieb und Widerstand gelesen. Du weißt, dass bei der Mindestgeschwindigkeit der Auftrieb gerade ausreicht, das Gewicht des Segelflugzeugs zu tragen. Wird die Last in der Kurve erhöht, muss die Geschwindigkeit ebenfalls vergrößert werden (siehe nächstes Kapitel). Mit zunehmender Geschwindigkeit und Querneigung vergrößert sich das Lastvielfache. Die Betriebsgrenzen des von dir geflogenen Typs kannst du im Flug- und Betriebshandbuch nachschlagen. Bei dem oft benutzen Muster ASK 21 ist dies ein Lastvielfaches (positiv) von 6,5 g (Flugzeug wird schwerer) und negativ von 4 g (Flugzeug wird entgegengesetzt belastet). Diese Lastgrenzen beziehen sich nur auf Geschwindigkeiten bis zur Manövergeschwindigkeit (V_a = grüne Fahrmessermarkierung). Darüber sind nur noch 1/3 der Ruderausschläge erlaubt (gelber Geschwindigkeitsbereich). Zum einen, weil bei einer Belastung darüber hinaus die Strömung dem Profil der Tragflächen nicht mehr folgen kann, zum anderen, weil die Struktur überlastet würde. Zugleich ist zu bedenken, dass auch Turbulenzen und Böen Lastwechsel verursachen. Die Bauvorschriften verlangen ein sicheres Lastvielfaches von +5,3 und -2,65 g. Die ASK 21 liegt leicht darüber (-3 g). Diese maximale Last kann ein Segelflugzeug mindestens 3 Sekunden aushalten.
Das Bild rechts zeigt ein solches Diagramm bezogen auf das Lastvielfache (n) und die Geschwindigkeit (v).

Zusammenfassung:

Der Auftrieb

ist der durch die Vorwärtsbewegung und das Gewicht des Segelflugzeuges entstehende Gegenimpuls zur nach unten beschleunigten Luft. Er ist unter anderem abhängig von dem Quadrat der Geschwindigkeit und dem Anstellwinkel.

Der Vortrieb

ist die Kraft, welche die Erdanziehung auf das Gesamtgewicht des Segelflugzeugs entsprechend seinem Gleitwinkel ausübt. Zu jedem Vortrieb gehört ein gleichgroßer Widerstand und daher nur eine Geschwindigkeit.

Der Widerstand

hängt ab von der Form des Segelflugzeuges, seinem Querschnitt (Stirnfläche aller Teile), dem Quadrat der Geschwindigkeit und der Luftdichte. Zur Form gehört auch die Dicke der Grenzschicht, sie ist dicker, wenn der Tragflügel unsauber ist.

Im Druckpunkt

denkt man sich alle auf das Segelflugzeug wirkende Kräfte vereinigt. Wenn der Druckpunkt je nach Flugzustand sich verändert, ergibt sich ein Drehmoment (im Langsamflug weiter aufrichtend und im Schnellflug beschleunigend).

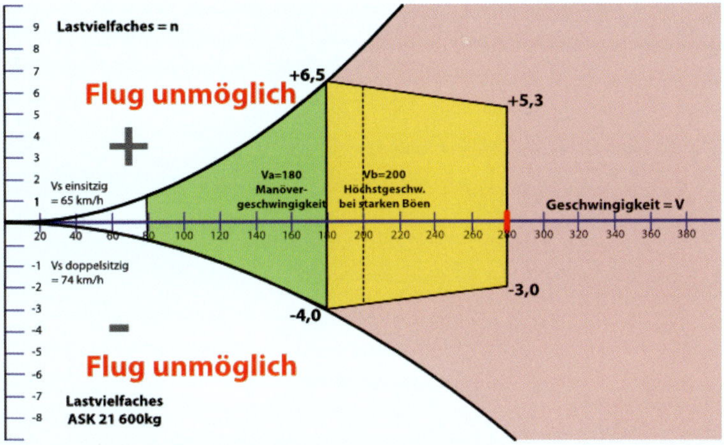

Bild 2.14
v/n Diagramm für die Lastgrenzen des Segelflugzeugs ASK 21. Die Lastgrenzen gelten für die maximal zulässige Beladung laut Flug- und Betriebshandbuch. Die Vorderkante der beiden Parabeln sind die Auftriebskurven aus der Formel A (Auftrieb) = v^2 (Geschwindigkeit) * F (Flügelfläche) * c_a (Auftriebsbeiwert) * $\rho/2$ (Luftdichte Gramm pro m^3) .

Zusammenfassung:

Der Auftrieb

ist die durch die Vorwärtsbewegung und das Gewicht des Segelflugzeuges entstehende Kraft. Er ist unter anderem abhängig von dem Quadrat der Geschwindigkeit und dem Anstellwinkel.

Der Vortrieb

ist die aus dem Gewicht und der Neigung der Flugbahn gegenüber der Horizontalen entstehende Kraft, die das Segelflugzeug solange beschleunigt, bis der Widerstand diesem Vortrieb entspricht.

Der Widerstand

ist die dem Vortrieb entgegenwirkende Kraft. Da der Gesamtwiderstand dem Vortrieb beim Gleitflug entspricht, gehört zu jeder Fluglage nur eine Geschwindigkeit. Ein Segelflugzeug wird auf seiner Flugbahn nicht „immer schneller".

Im Druckpunkt

denkt man sich alle auf das Segelflugzeug wirkende Kräfte vereinigt. Da sich der Betrag und die Richtung der Kräfte je nach Flugzustand ändern können, „wandert" der Druckpunkt.

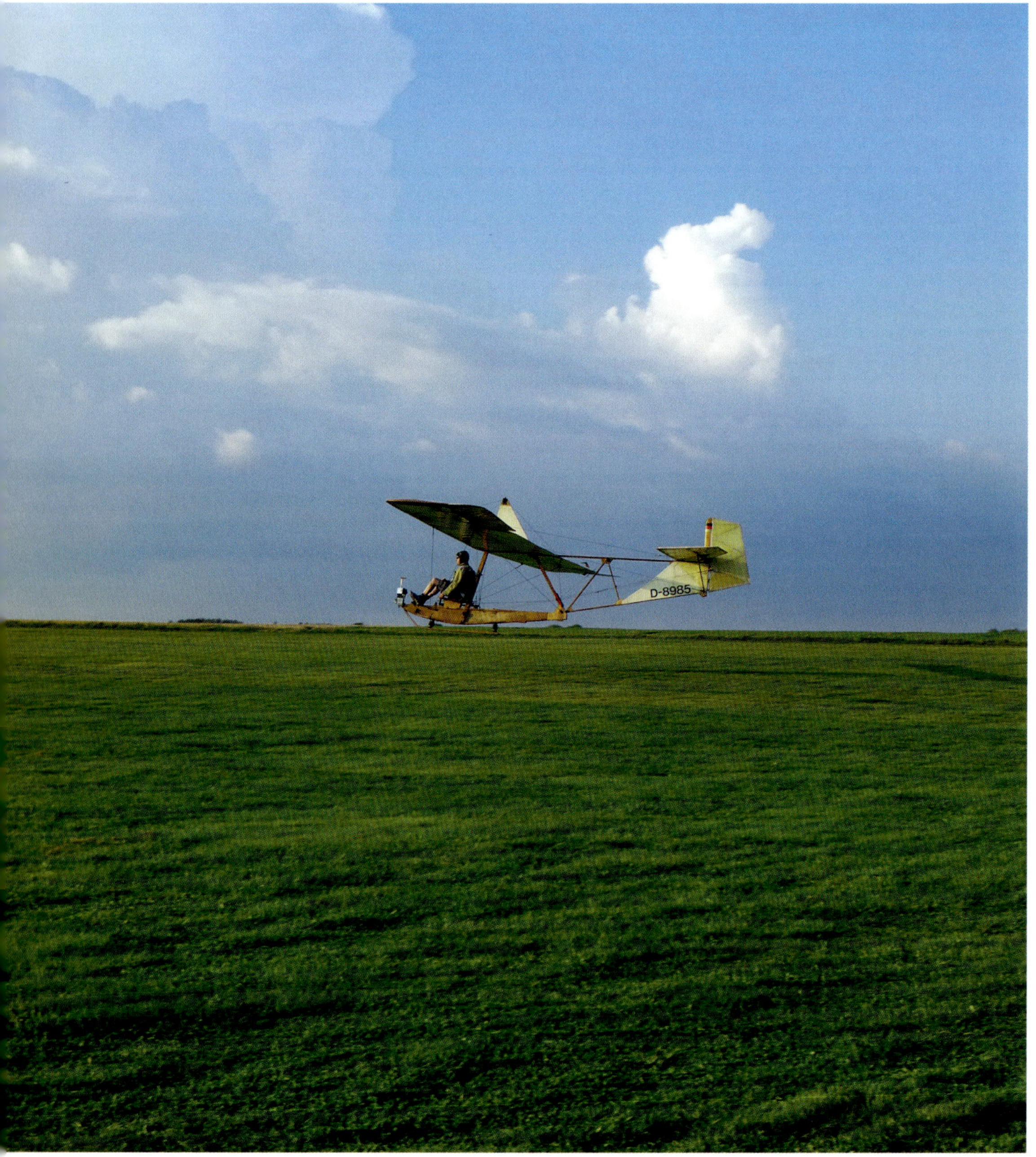

So wurde in den Dreißigerjahren geschult: Ein offener Schulgleiter fast 90 Jahre später kurz vor der Landung (Foto: Alexander Willberg)

Kapitel 3
Horizont, Faden und Querneigung

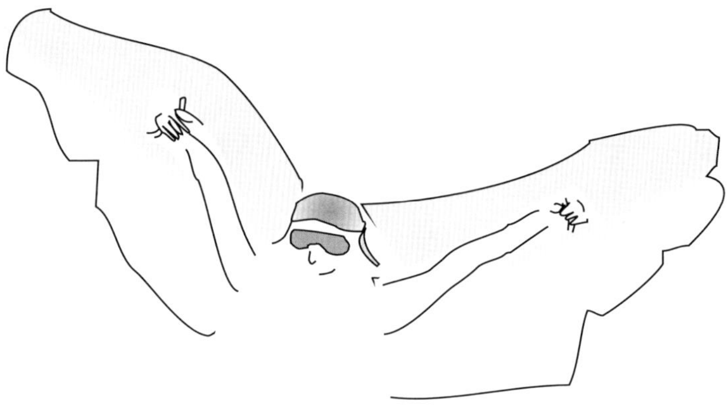

Horizont, Querneigung und Faden
Die Bedienung der Ruder

Nun ist es soweit. Nach vielen Erklärungen und Fragen steht der erste Start bevor. In den ersten Flügen sollst du das Segelflugzeug und seine Reaktionen kennenlernen. Es hat keinen Zweck, ängstlich zu reagieren, wenn die Maschine (noch) nicht so will wie du es erwartest. Es ergibt keinen Sinn sich „brav" zu verhalten, um dann im Gegenzug vom Segelflugzeug Wohlverhalten zu erwarten. Es ist kein Lebewesen und weiß nicht, ob ein „Könner" am Knüppel sitzt oder ein „Anfänger"! Die Flugphysik gilt für alle (siehe Kapitel 2).

Bild 3.01
Sicht in Flugrichtung

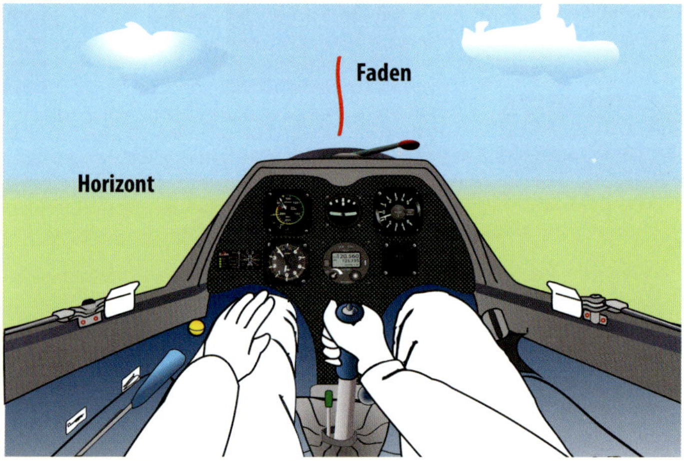

Präg dir im ersten Flug die Gegend ein. Du musst sie später wiedererkennen (siehe Kapitel 5: Die Platzrunde). Schon bald werden dich viele andere Dinge beschäftigen. Ab dem ersten Flug kommen deine Füße auf die Seitenruderpedale, die rechte Hand umfasst (nicht umklammert!) den Steuerknüppel. Versuch die Steuerbewegungen des Fluglehrers mitzufühlen. Noch steuert er (oder sie) und wird immer klar sagen, wenn du eine Übung selbstständig ausführen sollst. Das Mitfühlen ist zu Beginn wichtig. Du gewinnst so Sicherheit (und ruderst nicht aus Unsicherheit hektisch und unsicher mit dem Knüppel herum). Mit der Zeit wird der Lehrer deine Ruderbewegungen mitfühlen. Sein Eingreifen erkennst du daran, dass er sich „von hinten meldet" oder eine Ruderbewegung ungewohnten Widerstand aufweist.

Vom zweiten Flug an wird dir der Fluglehrer die Wirkungsweise der Ruder erklären (bei kürzeren Flugzeiten pro Start nur ein Ruder, damit man den Überblick behält). Wichtig ist, alles nacheinander auszuprobieren. Merke dir auf jeden Fall: Du musst immer noch beobachten können, wie das Segelflugzeug auf die Ruderausschläge reagiert! Deshalb die Ruder nicht schneller führen als das Segelflugzeug sich mitbewegt!

Horizont, Querneigung und Faden
Die Ruderwirkungen

Das Segelflugzeug bewegt sich im dreidimensionalen Raum. Zu jeder der drei Achsen (Querachse, Hochachse und Längsachse) gehört ein entsprechendes Ruder. Es ist, um die Wirksamkeit zu erhöhen (und die Kräfte klein zu halten) den Hebelgesetzen entsprechend möglichst weit vom Drehpunkt entfernt. Die Wirksamkeit der Ruder hängt unter anderem von der Länge des Hebelarms, der geflogenen Geschwindigkeit und der aerodynamischen Güte der zugehörigen Baugruppe ab. Das Segelflugzeug ist achsensymmetrisch (siehe Bild). Dabei steuert:

das Höhenruder um die Querachse (Nicken),
das Seitenruder um die Hochachse (Gieren),
das Querruder um die Längsachse (Rollen).

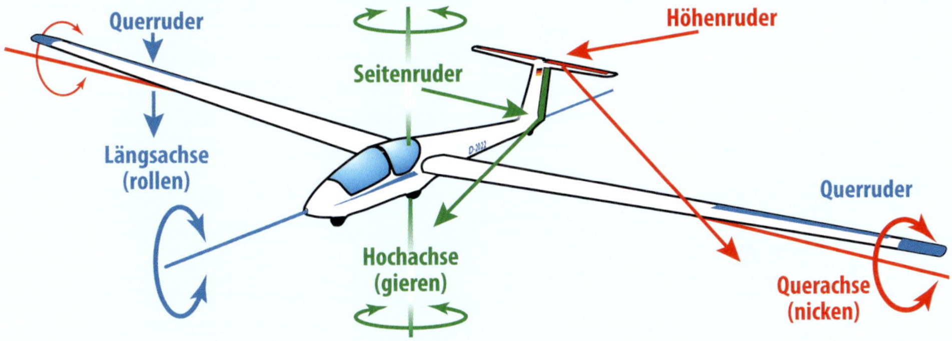

Bild 3.02
Die Achsen des Segelflugzeuges

Du erkennst, dass jedes Ruder in der gleichen Ebene parallel zur zugehörigen Achse liegt. Die Wirkungen der Ruder werden dir nacheinander erklärt, so wie der Fluglehrer dies im Unterricht tut. Jeder Ruderausschlag bewirkt nichts anderes, als dass der Weg für die Luft auf der außenliegenden und gebogenen Seite der Ruders länger wird. Auf dieser Seite erzeugt ein Ruderausschlag einen Auftrieb (siehe Kapitel 2). Der Auftrieb ist abhängig vom Quadrat der Geschwindigkeit: Im Schnellflug wirkt ein Ruder folglich stärker als im Langsamflug. Um die gleiche Wirkung zu erzielen, sind im Schnellflug kleine, im Langsamflug große Ruderausschläge notwendig.

Das Höhenruder wird bedient mit dem Knüppel (vor und zurück),
Das Seitenruder wird bedient mit den Füßen (links und rechts),
Das Querruder wird bedient mit dem Knüppel (links und rechts)

03

Das Höhenruder

Das **Höhenruder** *ist das wichtigste Ruder. Leicht ist zu sehen, dass der Lehrer nach dem Start das Segelflugzeug immer mit einer gleichbleibenden Geschwindigkeit fliegt. Er zeigt, dass das Segelflugzeug seine Nase senkt, wenn der Knüppel* **langsam** *und nur wenige Millimeter nach vorne gelassen wird. Der Horizont wandert nach oben, das Fluggeräusch verstärkt sich und die Geschwindigkeit wird höher. Umgekehrt bei einem* **langsamen** *Ziehen: Die Nase hebt sich, der Horizont wandert nach unten, es wird leiser und die Fahrt nimmt ab. Das Höhenruder steuert, wie beobachtet, die Lage der Flugzeuglängsachse zur Horizontlinie.*

Wie oben beschrieben ist das Fahrthalten Millimeterarbeit, große Ruderausschläge sind nicht notwendig. dir wird es helfen, bei geringen Steuerdrücken den Knüppel nicht mit der rechten Hand so fest zu umklammern, dass du nach kurzer Zeit einen Krampf bekommst.

Wir betreiben Sichtflug, wir haben die Kontrolle über das Segelflugzeug nur durch unsere Sicht nach außen. Versuche einmal, die Fahrt zu halten, indem du dich am Fahrtmesser orientierst. Du wirst das Segelflugzeug übersteuern: Immer wenn dir der Fahrtmesser gerade die richtige Geschwindigkeit zeigt, stimmt die Fluglage schon wieder nicht (siehe etwas später). Das Ganze sieht dann aus, als würdest du dich auf einer ziemlich wilden Achterbahn bewegen.

Bild 3.03 Blick in Flugrichtung

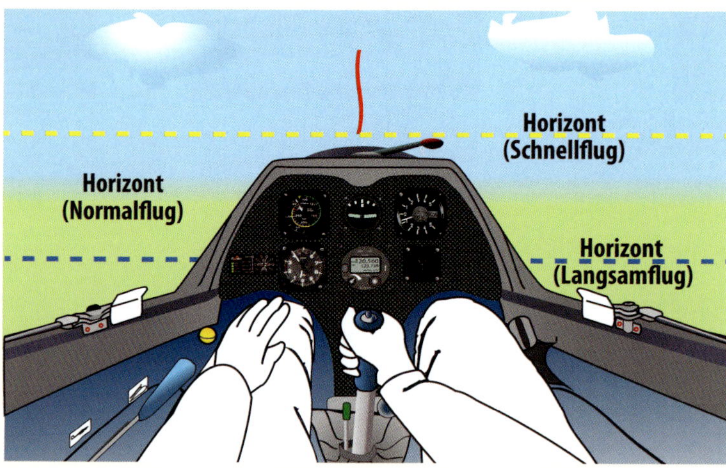

Zum Fahrthalten ist der Horizont unverzichtbar. Horizont ist die Linie, an der Himmel und Erde sich treffen. Dafür ist keine exzellente Sicht nötig, sondern man kann sich eine Linie unterhalb des Horizonts merken, die so weit wie möglich entfernt ist (sonst könnte niemand im Gebirge fliegen lernen, da Berge die Sicht auf den Horizont versperren!). Du suchst dir einen Punkt auf der Haube, der durch die **Linie Auge-Horizont** *geschnitten wird. Diesen Punkt nennt man* **Horizontfixpunkt**.

Das Höhenruder

Das Höhenruder ist das wirksamste Ruder, da es im Normalfall nicht oder nur gering von den anderen Rudern beeinflußt wird. Deshalb ist außer z.B. im Startvorgang der Steuerdruck gering (siehe links). Es sitzt zusammen mit der Dämpfungsflosse parallel zur Querachse im hinten angeordneten Leitwerk. Ein Ausschlag des Ruders verändert die Strömung am Höhenleitwerk: es findet eine Profilveränderung statt (siehe Bild 3.04). Eine Bewegung des Steuerknüppels nach vorne erzeugt einen Ausschlag des Ruders nach unten, wie am gewölbten Flügel wird ein Auftrieb erzeugt. Der Schwanz hebt sich, dies bewirkt eine Drehung um die Querachse (Nicken) nach vorne. Das Segelflugzeug wird schneller.

Umgekehrt verhält es sich beim Ziehen des Knüppels. Das Ruder bewegt sich nach oben, diesmal wird der Auftrieb auf der Unterseite erzeugt, es zieht den Schwanz nach unten. Um die Querachse dreht sich die Nase des Segelflugzeuges nach oben, die Geschwindigkeit sinkt.

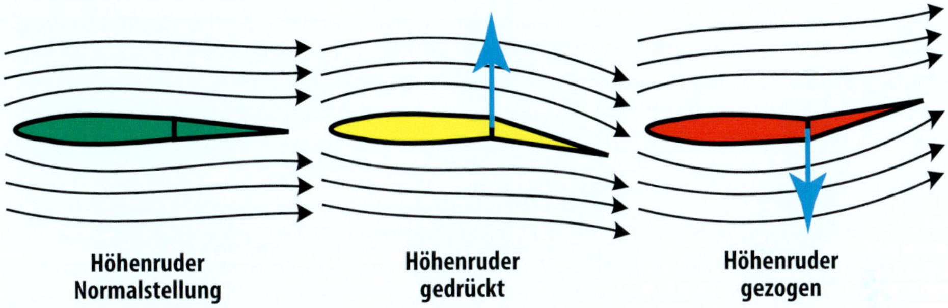

Bild 3.04
Die Strömungsverhältnisse am Höhenruder

Die Drehung um die Querachse erfolgt allerdings nur solange, wie ein Drehmoment am Leitwerk erzeugt wird! Eine Veränderung des Höhenruders hat immer eine Veränderung der Geschwindigkeit zur Folge. Hieraus ergibt sich eine Beeinflussung des Anstellwinkels (siehe Kapitel 2: Aufbau des Segelflugzeuges). Ein Höhenruderausschlag nach unten (= Drücken) senkt die Nase, der Anstellwinkel verringert sich, ***während sich gleichzeitig die Geschwindigkeit erhöht.***

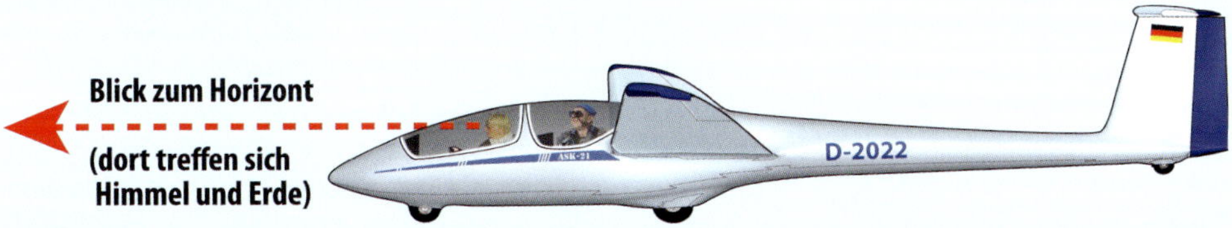

Bild 3.05
Durch Blick zum Horizont kann man die Fluglage kontrollieren

Da es Anfängern erfahrungsgemäß schwer fällt, sich die Lage des Horizontfixpunktes auf der Haube zu merken, gibt es immer wieder nette Fluglehrer, die erlauben, drei, vier Punkte senkrecht übereinander auf die Haube zu kleben (hier auf einigen Bildern zu sehen).

Mit dem Horizont kannst du die Längsneigung des Segelflugzeuges kontrollieren. Eine Bewegung um die Querachse wird Nicken genannt. Wichtig: **Zu jeder Längsneigung gehört nur eine Geschwindigkeit** *(siehe Kapitel 2 und rechts unten). Das Segelflugzeug benötigt einige Zeit, Fahrt aufzunehmen oder zu verlieren.*

Willst du die Fahrt erhöhen (z.B. im Landeanflug, siehe auch das mittlere Bild rechts), darfst du keinesfalls den Knüppel wieder zurück bewegen, bevor das Segelflugzeug mit der gewünschten Fahrt tatsächlich fliegt (erinnere dich: langsam steuern!). Nimmst du das Höhenruder wieder sofort in die alte Stellung zurück, so hast zu zwar einmal den Knüppel bewegt, sonst aber nichts erreicht (siehe auch Bild rechts). Die Ruder in einem echten Flugzeug funktionieren nicht so wie ein Computer. In der Fliegersprache wird zu diesem Phänomen der langsamen Geschwindigkeitsveränderung gesagt, der „Fahrtmesser geht nach" (siehe Kapitel 2). Das heißt aber nicht, dass man den Fahrtmesser außer acht lassen soll. Schon um Eigentäuschungen über die Geschwindigkeit zu vermeiden, solltest du dieses Instrument "mit einem Auge" beobachten. Dabei sollte in diesem Moment keine Längsneigungsänderung stattfinden. Das gilt besonders dann, wenn die Luft „bockig" ist. Hältst du den Knüppel zur Zeit deines Blickes ruhig, so brauchst du keine Angst zu haben, dass das Segelflugzeug in eine unkontrollierte Fluglage gerät.

Es ist nicht nötig, ständig den Horizontfixpunkt scharf auf der Haube zu sehen. Es reichen die schwammigen Umrisse aus, da du ja den Horizont mit beachten musst. Nimm alle Hilfen, die dir die richtige Längsneigung signalisieren (Augen und Ohren auf). Befindet sich das Segelflugzeug nicht in der richtigen Lage, so kannst du versuchen, ruhig etwas zügiger den richtigen Horizont zu holen. Der Fahrtmesser wird nach einigen Sekunden das richtige Ergebnis zeigen; das Segelflugzeug holt sich die Fahrt, die zur eingenommenen Horizontlage (Längsneigung) passt. **Beachte auf jeden Fall, dass du nur dann das Segelflugzeug korrekt um seine Querachse steuern kannst, wenn du aufrecht sitzt und nicht ständig hin- und herrutschst** *(siehe hierzu Kapitel 6: Tipps und Tricks).*

Als nächstes probieren wir aus, was die **Rudertrimmung** *(grüner Hebel) bewirkt. Verstelle sie nach vorne, also „kopflastig". Du merkst, dass der Knüppel nun stärker nach vorne zieht, das Segelflugzeug schneller werden will. Verstellst du die Trimmung auf „schwanzlastig", so will das Segelflugzeug, wenn du nicht mit dem Höhenruder eingreifst, langsamer werden. Eine kopflastig eingestellte Trimmung zieht entweder durch eine Feder den Steuerknüppel nach vorne oder erzeugt durch ein Hilfsruder am Höhenruder selbst ein kopflastiges Moment. Genau umgekehrt funktioniert dies bei schwanzlastiger Einstellung. Wichtig bei jeder Art Trimmung ist, dass damit niemals ein falsches oder fehlendes Gewicht im Pilotensitz ersetzt werden kann!* **Die Trimmung ändert nichts an der Beladung!** *Sie dient ausschließlich der Bequemlichkeit, um die Handkräfte des Höhenruders zu minimieren (z.B. im Flugzeugschlepp).*

Nie schneller steuern, als das Segelflugzeug den Ruderbewegungen folgen kann!

Mit der Drehung um die Querachse verändert sich ebenfalls der Anstellwinkel des Höhenruders! Ein kleinerer Anstellwinkel hat eine Verringerung des Auftriebes zur Folge, dem wirkt die Zunahme der Geschwindigkeit (= Auftriebserhöhung) entgegen. In der Summe wächst durch die Geschwindigkeit der Auftrieb so stark, dass dieser der Kraft des Höhenruders so lange entgegenwirkt, bis die Drehung nach vorne aufhört.

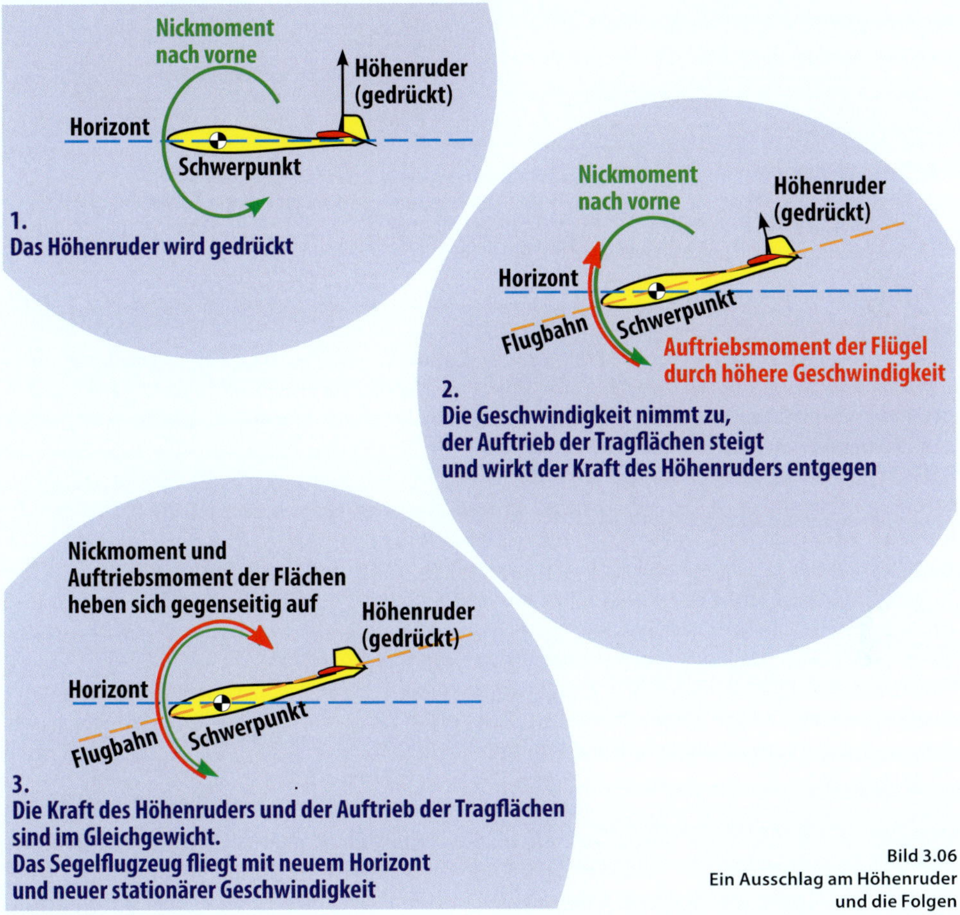

Bild 3.06
Ein Ausschlag am Höhenruder und die Folgen

Deshalb gehört zu ***jeder Höhenruderstellung nur eine Geschwindigkeit***. Genau so viel Zeit wie du benötigt hast, die letzten Sätze zu lesen, braucht das Segelflugzeug, bis es die zum Höhenruderausschlag passende stationäre Geschwindigkeit eingenommen hat. Während so die Nickbewegung um die Querachse relativ schnell möglich ist, regelt sich die dazugehörende stationäre Geschwindigkeit erst kurze Zeit später ein. Beachte deshalb die Regel, die bereits auf der linken Seite beschrieben ist:

Nie schneller steuern, als das Segelflugzeug den Ruderbewegungen folgen kann!

03

Ziel der Trimmung ist nicht, dass du beständig daran herumdokterst und dich dabei auf das übrige Geschehen nicht mehr konzentrierst!

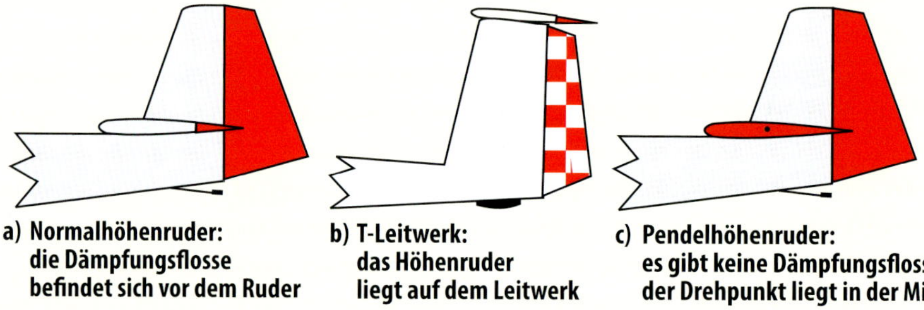

Bild 3.07
Einige Bauarten der Höhenleitwerke

Eine zweite Wirkung auf die Einheit Geschwindigkeit = Längsneigung = Horizont müssen wir beachten. Betrachten wir die Wirkung der Luftbremsen (blauer Hebel, links). Bei dem Schulflugzeug ASK 21 ändert das Ausfahren der Bremsen bei der Normalgeschwindigkeit von 80 km/h kaum etwas. Bei vielen anderen Baumustern bewirken sie aber in der Regel eine Änderung der Längsneigung und damit auch der Geschwindigkeit (Fahrtabnahme, bei Störklappen sogar eine Fahrtzunahme). Willst du die Fahrt behalten (z.B. während der Landung), so musst du dich vergewissern, dass der Horizont noch stimmt. Gegebenenfalls muss die gewünschte Neigung wiederhergestellt werden. Ein Kontrollblick auf den Fahrtmesser ist sinnvoll. Die ruhige Führung des Höhenruders ist wichtig, damit du nicht unbeabsichtigt das Segelflugzeug „aufschaukelst" (siehe rechts). Denn jedes Segelflugzeug besitzt eine eigene Schwingungsfrequenz um die Querachse (meist um die 15 Sekunden) und es würde dich ziemlich ärgern, steuerst du nur einem Fehler hinterher. Mein Tipp: Bestehe nicht zu früh darauf, selbst das Segelflugzeug fliegen zu wollen, sondern übernimm die ruhige Ruderführung des Fluglehrers oder deiner Fluglehrerin.

Oftmals fahren die Luftbremsen von selbst weiter aus, als dir lieb ist. Gegen unbeabsichtigtes Herausspringen sind sie durch einen Kniehebel (siehe Kapitel 1) gesichert. Hast du mit Kraft diese Verknieung überwunden, wollen sie ganz heraus, weil sich gerade Luftbremsen mit Luftspalt zwischen Flügelober- und Unterseite heraussaugen! Je höher die Geschwindigkeit ist, desto kräftiger wollen sie ausfahren.

Die ausführliche Schilderung der Funktion, der Benutzung und der Eigenschaften des Höhenruders dienten der Vorbereitung auf das erste Lernziel für den angestrebten Alleinflug: Beibehalten der Geschwindigkeit (Fahrt) auf +/– 10 km/h von der jeweiligen Sollgeschwindigkeit) genau. Die Kontrolle über die Geschwindigkeit ist wichtig, da die Fahrt gleichzeitig die übrigen Ruderwirkungen beeinflusst.

Weite Bereiche des Höhenruderausschlages ergeben eine stabile Fluglage. Damit ist gemeint, dass das Segelflugzeug immer eine stationäre Geschwindigkeit einnimmt. Um das Höhenruder nicht zu empfindlich zu machen, besteht es in der Regel aus der Dämpfungsflosse und dem sich anschließenden Ruder. Dies bewirkt eine gewisse Trägheit bei jeder Ruderbewegung. Im Gegensatz hierzu gibt es das Pendelhöhenruder (siehe Bild 3.07 c auf der linken Seite). Beim Pendelruder ist keine Dämpfungsflosse vorhanden, man erzielt deshalb eine schnellere und größere Wirkung als beim Normalruder. Diese Bauform ist weniger für den Anfänger geeignet.

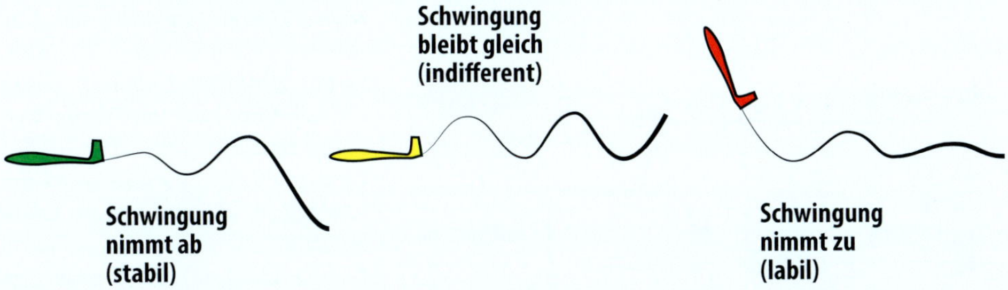

Bild 3.08
Die Stabilität der Flugzustände

Es ist möglich, bei jedem Schulsegelflugzeug zu beobachten, was geschieht, wenn man den Bereich der Stabilität um die Querachse verlässt. Probiere mit deinem Fluglehrer bei ausreichender Höhe folgendes aus: Während des Normalfluges machst du einen kurzen heftigen Ruck am Knüppel etwa zwei Zentimeter nach vorne und lässt das Höhenruder in dieser Stellung stehen. Die Maschine nimmt wie erwartet Fahrt auf. Aber dann wandert die Nase des Segelflugzeuges trotz des gedrückten Höhensteuers wieder nach oben. Du wirst langsamer, obwohl der Knüppel noch in der alten Stellung steht! Erst nach einigen Nickbewegungen wird sich eine stabile Fluglage ergeben (bestimmte Baumuster schaukeln sich sogar auf). Was ist geschehen? Durch den heftigen Ruderausschlag wurde die bisherige stabile Fluglage des Segelflugzeuges deutlich labilisiert (siehe auch Bild 5.02 in Kapitel 5). Beim Segelflugzeug setzt eine Schwingung um die Querachse ein. Allein durch hektisches Steuern ist es möglich, den vom Konstrukteur vorgesehenen Stabilitätsbereich des Höhenruders zu verlassen. Für dich als Anfänger hätte es das negative Erlebnis, den eigenen Fehlern hinter arbeiten zu müssen und das aktive Handeln aus der Hand zu geben.

Daher solltest du immer so steuern und fliegen, dass du den Horizont hältst, den ***du*** haben willst und auch kennst. Bitte steuere immer nur so schnell, dass du noch beobachten kannst, was das Segelflugzeug auf die Ruderbewegung tut. Dies nicht nur zu lesen, sondern auch umzusetzen erfordert Disziplin, welche nicht immer zu den notwendigen menschlichen Fähigkeiten gehört.

03

Das Seitenruder

Gäbe es beim Segelflugzeug ein Lenkrad wie im Auto, so wäre dies das Seitenruder (ich weiß, dass dieser Vergleich hinkt - wie alle Vergleiche!). Die Seitenrudersteuerung sitzt beim Flugzeug im Fußraum. Das Seitenruder benötigt im Segelflugzeug oft größeren Krafteinsatz, deshalb ist eine Steuerung mit den Füßen sinnvoll.

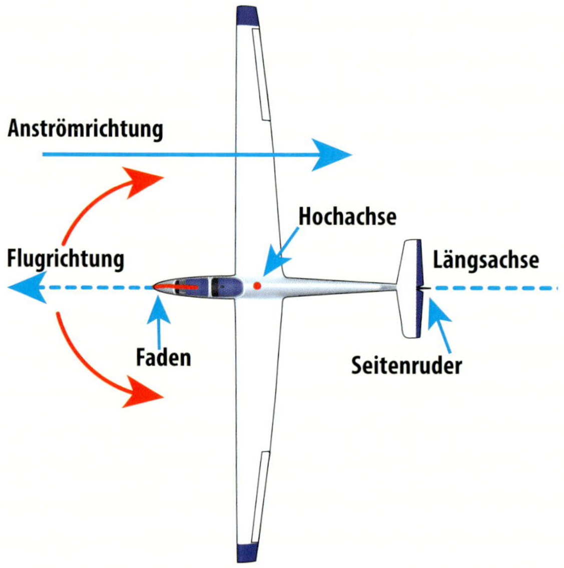

Bild 3.09
Blick auf die Hochachse

Das Seitenruder dreht das Segelflugzeug um seine Hochachse. Diese Drehung wird als Gieren bezeichnet. Probiere nach Anleitung deines Fluglehrers aus, wie das Segelflugzeug sich um seine Hochachse bewegt. Die erste Feststellung wird sein, dass du ganz schön Kraft brauchst, um die Pedale zu bedienen (keine Angst, du machst nichts kaputt). Der Horizont wandert nun entgegen deiner Drehrichtung um den Horizontfixpunkt. Blickst du nach vorne, wirst du feststellen, dass sich der Faden (aha!) ebenfalls bewegt, sobald du das Seitenruder bedienst. Schau genau hin: er wandert immer in die gleiche Richtung, in die du Seitenruder gibst.

Bewege einmal das Seitenruder mit einem durchaus beherzten Tritt in die linke Pedale nach links (Dein Lehrer hilft dir, indem er das Segelflugzeug mit dem Querruder [siehe weiter hinten] am Kurven hindert). Es dreht nach links, der Faden ist nun ebenfalls dort. Halte das Seitenruder in dieser Stellung (du stellst nebenbei fest, dass das Fluggeräusch viel lauter geworden ist!). Fliegt das Segelflugzeug immer noch in die Richtung, wohin die Rumpfspitze zeigt?

Leider ist es doch nicht so wie beim Autofahren. Das Segelflugzeug ist sehr wohl in der Lage, nicht dorthin zu fliegen, wohin seine Nase zeigt. Du spürst am Kraftaufwand, der nötig ist, um das Seitenruder getreten zu halten, dass hier etwas nicht stimmen kann (immerhin bist du vorher [hoffentlich] sauber geflogen). Denk daran, jedes Segelflugzeug ist so gebaut, dass es mit dem geringsten möglichen Widerstand fliegt, denn Widerstand bedeutet Sinken. Viel Widerstand, sprich unsauberer Flug, würde das Vergnügen in der Luft zu sein, sehr verkürzen. Und mit dem geringsten möglichen Widerstand scheinst du nicht zu fliegen, da du beständig Kraft brauchst, um das Seitenruder zu halten.

Das Seitenruder

Das Seitenruder (Pedale unten im Fußraum) dreht das Segelflugzeug um die Hochachse (Bild 3.09 und 3.10). Mit ihm bestimmen wir, in welche Richtung die Nase des Segelflugzeuges zeigt. Es befindet sich hinten am Segelflugzeug und ist parallel zur Drehachse (Hochachse) senkrecht angebracht.

Durch die Drehung eilt ein Flügel nach vorne, der andere bleibt zurück. Hierdurch entsteht ein erheblicher Widerstand, den du als Seitenruderdruck spürst. Doch keine Angst vor dem Kraftaufwand, es ist nicht der Fluglehrer, der hinter dir beständig gegen deinen Ruderausschlag arbeitet, es sind die Luftkräfte. Durch das Vorauseilen des einen Flügels (und dem Zurückbleiben des anderen) wird das Segelflugzeug gleichzeitig um die Längsachse rollen. Erinnere dich, ein Geschwindigkeitszuwachs bedeutet immer eine Auftriebszunahme. Diesen Sekundäreffekt kann man als Schieberollmoment bezeichnen, eine höhere Geschwindigkeit verstärkt den Effekt. Die Modellflieger kennen das Schieberollmoment genau, da viele Modellflugzeuge überhaupt kein Querruder haben und trotzdem eine Kurve fliegen können. Das Schieberollmoment ist der Grund, weshalb zum Einleiten einer Kurve ein geringer Querruderausschlag (siehe später in der Erklärung des Querruders) notwendig ist.

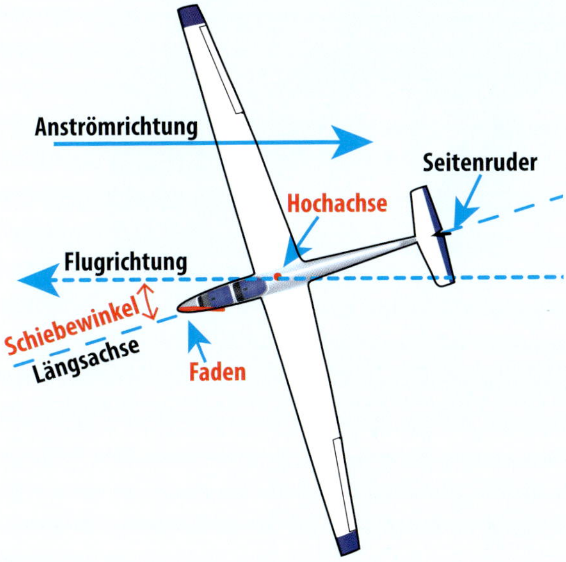

Bild 3.10
Blick auf die Hochachse
bei nach links ausgewehtem Faden

Kannst du davon ausgehen, dass die Richtung der Flugzeuglängsachse nach einem Seitenruderausschlag der Flugrichtung entspricht? Der vor dir angebrachte Faden zeigt die tatsächliche Richtung der anströmenden Luft. Er wandert in die gleiche Richtung aus, in die du das Seitenruder trittst. Demnach zeigt nun die Längsachse in eine andere Richtung als das Segelflugzeug fliegt!

03

Kommt die anströmende Luft genau von vorne, herrscht der geringste Widerstand. Dies zeigt der Faden an, der dann parallel zur Längsachse des Segelflugzeuges liegt. In der Mitte angebracht zeigt er auf deine Nasenspitze (nicht nur deshalb: gerade sitzen!). Steht wie in unserem Beispiel der Faden links, so umströmt die Luft unser Segelflugzeug nicht von vorne, sondern von rechts. Es fliegt nicht in Richtung seiner Nasenspitze, sondern entgegengesetzt zur Fadenrichtung (siehe rechts). Aus dieser unsauberen Fluglage befreist du dich, indem du so lange das Seitenruder nach rechts bewegst bzw. getreten lässt (gegen die Fadenrichtung), bis der Faden in der Mitte steht. Danach nimmst du das Ruder wieder in Mittelstellung. Deine Füße sind nun parallel (achte immer darauf, dass vor Antritt des Fluges beide Seitenruderpedale gleich lang eingestellt sind!). Sauber fliegen bedeutet immer sicher zu fliegen, gleichzeitig hat es den Vorteil, dass du länger „oben bleibst".

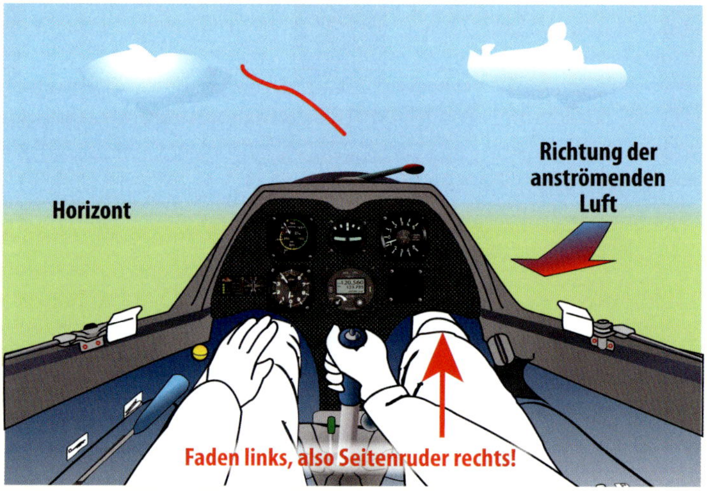

Bild 3.11
Faden nicht in der Mitte – was tun?

Weht der Faden aus der Mitte heraus, hilft folgende Regel: Immer das Seitenruder gegen die Fadenrichtung bewegen. Gleichzeitig lässt sich feststellen, dass der Seitenruderausschlag gegen die Fadenrichtung mehr Kraft erfordert. Der Faden kommt nicht davon zurück, dass du das Seitenruder in irgendeine Richtung bewegst, nur weil dies so leicht geht (denk an den Anfang dieses Kapitels, setz dich durch!). Der Faden ist eine Hilfe und nicht dazu da, um Flugschüler zu ärgern. Wichtig ist: nicht Übersteuern. Wehte der Faden nur etwas zur Seite aus, dann nur kleine Korrekturen! Er soll nicht zur anderen Seite auswandern. Nochmals:

Steht der Faden rechts, dann Seitenruder links,
steht der Faden links, dann Seitenruder rechts!

Seitenruder also gegen den Faden!

Im Prinzip will jedes Flugzeug so fliegen, dass die Ruder parallel zur Anströmrichtung liegen, das Segelflugzeug mit minimalem Widerstand gleitet. Steht also -wie in unserem Beispiel zuvor- das Seitenruder nicht in der Mitte, so ist die tatsächliche Flugrichtung parallel zum ausgeschlagenen Ruder. Die Längsachse ist links gedreht, die Luftströmung kommt aus der Flugrichtung von rechts. Der Faden ist nach links ausgeweht.

Natürlich will das Segelflugzeug sich wieder zurückdrehen, da alle anderen Bauteile jetzt leicht seitlich angeblasen werden. Allerdings hat das ausgeschlagene Seitenruder (gerade weil sich die Hochachse nicht mehr in Flugrichtung befindet) seinen geringsten Widerstand, solange es parallel zur Anströmrichtung bleibt. Um das Segelflugzeug in seine alte Lage zurück zu drehen, ist ein Kraftaufwand notwendig. Und dieser ist in Flugrichtung zunächst höher. Dieses wird von Flugschüler häufig so interpretiert, als wäre das etwas schwergängigere Seitenruder das falsche. Es ist genau umgekehrt! 03

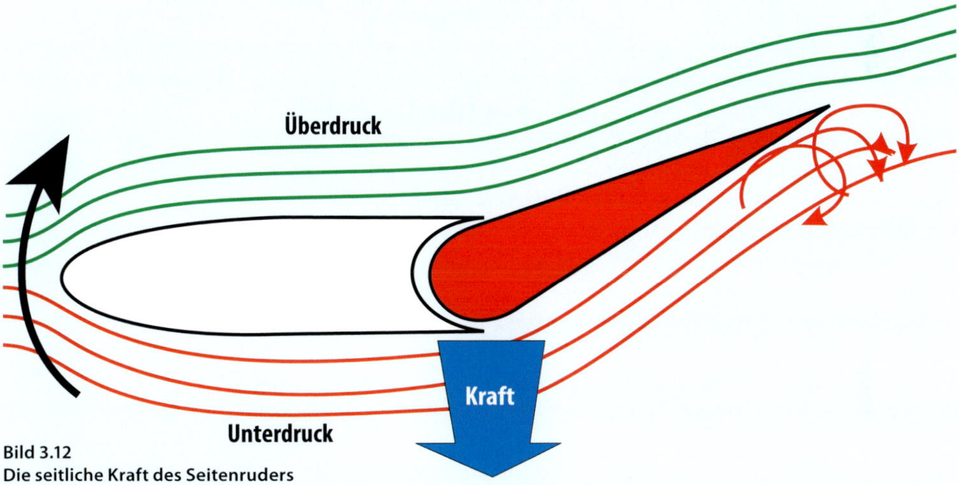

Bild 3.12
Die seitliche Kraft des Seitenruders

Befindet sich die Längsachse nicht parallel zur Flugrichtung, so erzeugt der Rumpf auf der von der Anströmung abgewandten Seite erhebliche Luftwirbel. Die Strömung kann auf dieser Seite sehr schlecht dem Flugzeugrumpf folgen. Diese Wirbel erhöhen den Widerstand der gesamten Konstruktion in der Luft und das Eigensinken verstärkt sich. Der im Lee liegende Flügel wird dabei deutlich in der Nähe des Rumpfs von diesen Luftwirbeln getroffen.

Weht daher der Faden ungewollt aus der Mitte heraus, so stellt ein Ruderausschlag gegen die Fadenrichtung die gewünschte Übereinstimmung von Längsachse und Flugrichtung her. Wer will, kann sich damit helfen, dass er mit Seitenruderausschlag gegen die Fadenrichtung die Längsachse in Flugrichtung dreht. Bei jeder Drehung um die Hochachse musst du den Widerstand des Seitenruders spüren, ist dies nicht der Fall, dann ist in aller Regel etwas nicht in Ordnung. ***Oder: Geht das Seitenruder leicht, dann misstrauisch werden.*** Aber zum Glück gibt es ja einen Faden!

03

Das Querruder

Jetzt hast du schon zwei wichtige Ruder kennengelernt. Als letztes folgt nun das Querruder. Es wird wie das Höhenruder mit dem Knüppel, der Hand gesteuert. Die zwei Querruder befinden sich an den Enden der Tragflügel, jede Knüppelbewegung lässt beide entgegengesetzt ausschlagen. Sie drehen unsere Maschine um die Längsachse, die Bewegung wird Rollen genannt. Ein Querruderausschlag verändert die Querneigung (hier noch mal zum Verwirren: Das Segelflugzeug verändert seine Querneigung, indem es um die Längsachse rollt). Probiere es unter Anleitung deines Lehrers aus: ein weicher Ruderausschlag nach rechts, das Segelflugzeug senkt den rechten Flügel. Umgekehrt bei Querruder links. Aber was ist das, der Faden bewegt sich auch! Diesmal - anders als beim Seitenruder - entgegengesetzt. Ein Querruderausschlag rechts bringt den Faden nach links.

Folgendes ist geschehen: Wie du auf der rechten Seite sehen kannst, fliegt das Segelflugzeug nach einem Querruderausschlag nicht mehr mit waagerechten Flügeln, sondern einer ist tiefer, der andere höher. Die Auftriebsverteilung ist entsprechend unsymmetrisch, das Segelflugzeug rutscht in Richtung des hängenden Flügels. Folglich zeigt der Faden die Bewegung des Segelflugzeuges gegenüber der anströmenden Luft an. Hängt der rechte Tragflügel, so kommt die anströmende Luft von rechts, der Faden wird nach links abgelenkt. Will ich den Faden zurückholen, so muss ich mich überzeugen, dass beide Flügel nicht parallel zum Horizont sind (sind sie aber parallel zum Horizont und der Faden immer noch „schief", tritt das Seitenruder in Aktion). Nur dann kann ich den Faden mit dem Querruder in Richtung der Längsachse holen. Da er aber umgekehrt zum Seitenruder ausgeweht wird, gilt diesmal:

Steht der Faden links, dann Querruder links,
steht der Faden rechts, dann Querruder rechts!

Querruder also mit dem Faden!

Wenn du dieses verstanden hast, führt dir der Fluglehrer ein Phänomen vor: Achte zunächst auf die Richtung der Flugzeuglängsachse und gebe dann einen kräftigen Querruderausschlag links. Wohin bewegt sich die Nase des Segelflugzeuges?

Wie erwartet, hat sich der linke Flügel gesenkt, aber die Nase ist nach rechts gewandert, das Segelflugzeug gierte nach rechts. Schau dir hierzu das Bild rechts an: Nicht nur der Auftrieb hat sich verändert, sondern auch die Widerstände an den Flügeln. Der Tragflügel mit dem hohen Auftrieb (er geht nach oben) besitzt einen erhöhten Widerstand. Dieser Widerstand bremst, der Flügel wird langsamer. Der Flügel, der sich dagegen senkte (geringer Auftrieb = geringer Widerstand), wurde schneller. Deshalb dreht das Segelflugzeug entgegen der Rollbewegung um die Hochachse!

Das Querruder

Ein Ausschlag des Querruders bewirkt eine Drehung um die Längsachse. Das Segelflugzeug rollt in die gleiche Richtung, in die das Ruder bewegt wird. Die Neigung der Flügel gegenüber der Horizontalen nennt man Querneigung. Ein Querruderausschlag bewirkt eine ungleiche Auftriebsverteilung links und rechts. Die Querruder bewegen sich gegensinnig. Führst du zum Beispiel den Knüppel nach links, so schlägt das linke Ruder nach oben, das rechte nach unten aus.

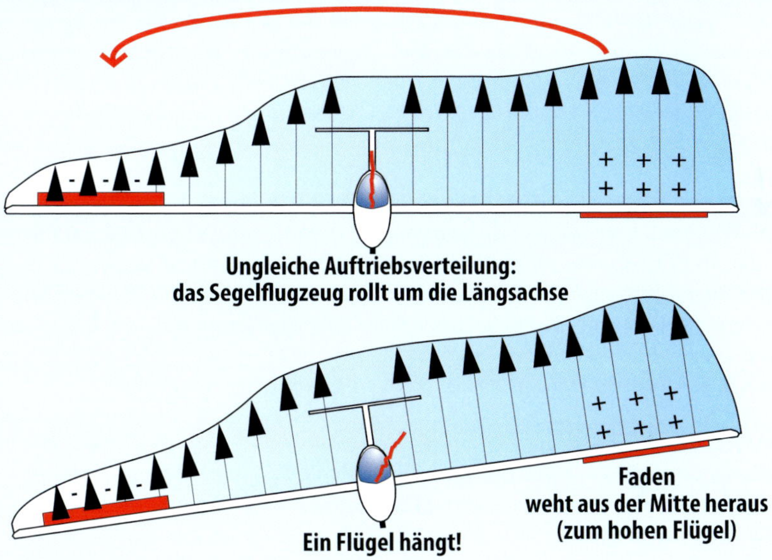

Bild 3.13
Wirkung des Querruders

Liegen beide Flügel ungewollt nicht parallel zum Horizont, spricht man beim tieferen von einem hängenden Flügel. Da der Auftrieb immer senkrecht zur Anströmrichtung auf dem Profil steht, erfährt das Segelflugzeug eine einseitige Bewegung zum hängenden Flügel. Es rutscht zur Seite. Diesen Effekt nennt man „Schmieren". Neben der Vorwärtsbewegung in Flugrichtung tritt eine Seitwärtsbewegung auf. Die anströmende Luft kommt nun von vorne und seitlich. Aus diesem Grund weht der Faden aus der Richtung der Längsachse heraus.

Der Faden steht bei nicht waagerechten Flügeln im Geradeausflug immer zum hohen Flügel. Anders als beim Seitenruder bringt ein Querruderausschlag zum Faden hin diesen in die Mitte zurück. Ein Querruderausschlag hat aber neben einer ungleichen Auftriebsverteilung auch eine ungleiche Widerstandsverteilung zur Folge (hoher Auftrieb = hoher Widerstand, geringer Auftrieb = geringer Widerstand). Der Flügel mit dem hohen Auftrieb (Ruderausschlag nach unten) bleibt zurück, während der andere mit dem geringen Auftrieb (Ruderausschlag nach oben) voreilt.

Den ungewollten (und mit Sicherheit ungewohnten) Effekt nennt man „Negatives Wendemoment" oder „Querruder-Sekundäreffekt". Dieses Moment tritt bei mit Querruder erzeugten Bewegungen um die Längsachse auf. Damit ist der Traum beendet, ein Segelflugzeug wie ein Auto um die Kurve lenken zu können. Nützlich ist der Effekt beim Einleiten des Seitengleitfluges (siehe Kapitel 4: Flugzeugschleppstart und Kapitel 5: Die Platzrunde, Übungsteil).

Um das negative Wendemoment nicht zu groß werden zu lassen, haben die Konstrukteure von Segelflugzeugen folgenden Trick angewendet: Der entgegengesetzte Ruderausschlag der Querruder ist unterschiedlich groß. Ist die Ruderbewegung des nach oben ausschlagenden Ruders groß, so ist der Ausschlag des Ruders auf der anderen Seite nach unten klein. Lass dir von deinem Fluglehrer noch einmal die letzte Übung vorfliegen und überzeuge dich von der unterschiedlichen Bewegung der Ruder, in dem du zur einen und zur anderen Seite hinausblickst.

Kleinere Fehler aufgrund eines hängenden Flügels kann das Segelflugzeug alleine korrigieren: Wenn wir uns vor ein Segelflugzeug stellen, sehen wir eine leichte V-Form der Flügel. Zusätzlich (da muss man schon genauer hinschauen) ist das Profil in Rumpfnähe dicker und meistens modifiziert. Alles dies dient dem Zweck, dass sich der tiefere Flügel bis zu einem gewissen Maß von allein hebt. Man bezeichnet dies als Längsstabilität.

Für den Kurvenflug wirst du alle drei Ruder gleichzeitig benötigen.

Fassen wir zusammen:
Das **Höhenruder** *steuert um die* **Querachse** *(Nicken), der* **Horizont** *steigt oder fällt.*
Das **Seitenruder** *dreht um die* **Hochachse** *(Gieren), wir ändern die* **Richtung** *der Segelflugzeugnase, der Horizont zieht seitlich an uns vorbei.*
Das **Querruder** *lenkt um die* **Längsachse** *(Rollen), wir beobachten die* **Querneigung**, *der Horizont schwankt.*

Insgesamt könnte man die gesamte Segelfliegerei auf drei Punkte reduzieren:
Stimmt mein Horizont (= Höhenruder) nicht, dann die Längsneigung in Ordnung bringen. Ist der Faden nicht gerade, dann die Richtung (= Seitenruder) korrigieren. Kurvt das Flugzeug jetzt ungewollt, dann die Querneigung (= Querruder) verbessern. Oder einfacher:

1. Horizont – Höhenruder (Querachse)

2. Faden – Füße (Seitenruder, Hochachse, Gieren, Richtungsänderung)

3. Querneigung – Querruder (Längsachse, Rollen)

Böse Zungen behaupten, um ein Segelflugzeug fliegen zu können, müsse man nur bis drei zählen können. Selbst wenn das etwas untertrieben ist, aber so einfach ist Segelfliegen! Was machst du, wenn du bei Punkt drei angekommen bist? Natürlich wieder bei eins anfangen!

So entsteht eine ungewollte Drehung um die Hochachse, auch negatives Wendemoment (oder Querrudersekundäreffekt) genannt. Jeder Querruderausschlag hat als Nebeneffekt eine ungewollte Richtungsänderung zur Folge.

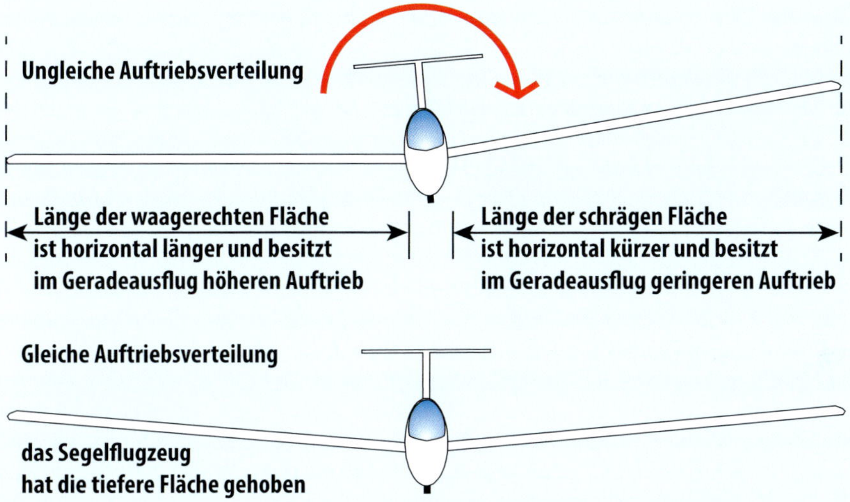

Bild 3.14
Die V-Form der Flügel

Wie links gezeigt, soll der Effekt durch bauliche Maßnahmen so klein wie möglich gehalten werden. Ein Moment ist eine gerichtete Bewegung aufgrund einer Kraft. Ist das negative Wendemoment verbraucht, dann würde das Segelflugzeug sehr wohl zum hängenden Flügel einkurven wollen. Nur würde es noch immer in die Kurve rutschen, der Faden wäre nicht in der Mitte! Später wird noch gezeigt, bedeutet ein „Schmieren“ in der Kurve, dass die Drehgeschwindigkeit nicht ausreicht, um das Segelflugzeug auf einer Kreisbahn zu halten.

Zusammenfassung:
Die drei Ruder steuern das Segelflugzeug um die drei Achsen. Das Horizontbild zeigt Fehler in der Längsneigung (***Querachse***), der Faden zeigt Richtungsfehler (***Hochachse***) und Querneigungsfehler (***Längsachse***).

Daher gilt:

1. Horizont – Höhenruder

2. Faden – Füße (Seitenruder)

3. Querneigung – Querruder

Horizont, Querneigung und Faden
Der Kurvenflug

Nachdem du jetzt einigermaßen mit den Rudern des Segelflugzeuges umgehen kannst, willst du nun sehen, ob das bisher Geschriebene auch in der Kurve zutrifft. Du hast erkannt, dass mit **einem** *Ruder alleine keine saubere Kurve zu fliegen ist. Die Lösung muss also in der Kombination mehrerer Ruder liegen.*

Mit dem Seitenruder konnten wir die Richtung verändern, allerdings mit der Folge, dass unsere Maschine zwar die Nase in eine neue Richtung nahm, der Faden jedoch aus der Mitte herauswehte.

Mit dem Querruder erzielten wir eine Querneigung, doch weil uns bisher eine Kraft fehlt, die uns um die Ecke zieht, hatte das Segelflugzeug die unangenehme Angewohnheit, die Nase entgegengesetzt zu drehen. Und der Faden stand auch auf halb acht. Wenn uns jetzt gelänge, noch die Richtung der Segelflugzeugnase zu beeinflussen, dann...

Genau das werden wir versuchen. Probiere im ersten Schritt das Querruder (Viertel Ausschlag reicht) nach rechts zu bewegen. Der Faden weht bekanntermaßen nach links. Jetzt holst du den Faden mit den Füßen wieder zurück (Seitenruder gegen den Faden, also ebenfalls rechts). Und auf wundersame Weise fliegt unser Segelflugzeug eine saubere Kurve. Ein fortgeschrittener Schüler braucht jedoch diese beiden Ruderausschläge nicht mehr nacheinander zu machen, sondern bewegt sie ab jetzt gleichzeitig. Wenn wir demnach kurven wollen, bedeutet es immer, **dass Quer- und Seitenruder gleichzeitig und gleichsinnig ausgeschlagen werden.** *Dies bringt dich in eine Kurve oder stellt (als gleichzeitiger und gleichsinniger Ruderausschlag gegen die Kurve) aus einer Kurve wieder den Geradeausflug her.*

Bevor wir den Kurvenflug genauer anschauen, hast du ab sofort eine zusätzliche Aufgabe zu übernehmen: Vor jeder Kurve schauen, ob der Luftraum seitlich frei ist (ruhig den Kopf dabei drehen), dann wieder nach vorne blicken und einkurven. Da wir im Segelflug manchmal ziemlich dicht mit mehreren Segelflugzeugen zusammen fliegen, muss unbedingt die Regel beachtet werden: **Erst gucken, dann kurven!** *Manche Fluglehrer (ich mache es auch) halten einem Schüler die Ruder fest, möchte er ohne zu gucken einkurven. Nach ziemlich kurzer Zeit hat es jeder Schüler dann begriffen, will man doch nicht dauernd den Lehrer in den Rudern spüren!*

Nachdem du jetzt in Grundzügen weißt, wie das Segelflugzeug in eine Kurve hinein- und wieder herauskommt, müssen wir uns mit der Ruderstellung im Kurvenflug beschäftigen. Im Geradeausflug war es ziemlich einfach. In ruhiger Luft flog unsere Maschine am besten, wenn alle Ruder in der **Mitte = Normalstellung** *waren. Also, Augen auf und hinein in die Kurve!*

Horizont, Querneigung und Faden
Die Physik des Kreisfluges

Bisher hast du gesehen, wie die einzelnen Ruder wirken. Aber weder mit dem Seitenruder, noch mit dem Querruder alleine konnten wir eine Kurve einleiten. Eine Kurve ist eine Bewegung auf einer Kreisbahn. Später wirst du sehen, dass eine Flug auf einer Kreisbahn (richtig gesteuert) genau so stabil ist, wie ein Flug auf einer geraden Bahn.

Um von dem einen stabilen Flugzustand (Geradeausflug) in den anderen (Kreisflug) zu wechseln, bedarf es einiger Anstrengung. Mit einem Ruder lässt sich nur die Bewegung um eine Achse steuern. So beeinflusst das Seitenruder die Hochachse und das Querruder die Längsachse. Eine Kurve (die Bewegung auf einer Kreisbahn) besteht aber aus einer Bewegung um zwei Achsen. Zum einen dreht sich das Segelflugzeug um die Hochachse und es benötigt eine Querneigung, die es weder in den Kreis hineinfallen lässt, noch aus ihm heraustreibt.

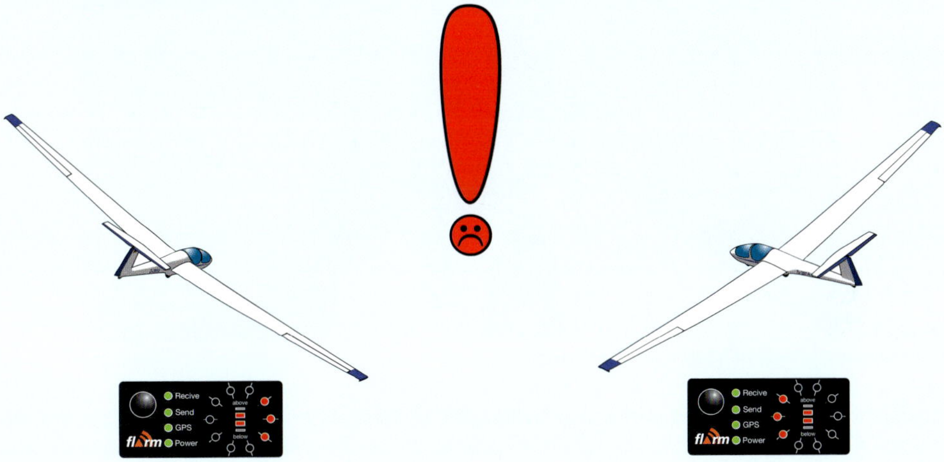

Bild 3.15
Augen auf beim Kurven! Die beiden Segelflugzeuge kurven gegeneinander.
Darunter ist dargestellt, wie das FLARM (jeweils aus Pilotensicht) die gefährliche Situation anzeigt!

Es liegt nahe, dass eine Kurve nur mit der Kombination mehrerer Ruder gesteuert werden kann, da wir uns mit einem Luftfahrzeug in einem dreidimensionalen Raum bewegen und jeder Flugzustand alle drei Achsen des Raumes betrifft.

In diesem Raum können andere Luftfahrzeuge natürlich aus allen Richtungen kommen. Deshalb gilt vor jeder Kurve: ***Erst gucken, dann kurven!*** Beim Kurven hilft außerdem ein Bezugspunkt. Suche einen Blickpunkt, auf den du hin kurven möchtest.

Das Höhenruder

Die erste unangenehme Erfahrung schon während des Einleitens der Kurve ist, dass der Horizont nach oben wandert. Offensichtlich möchte das Segelflugzeug in der Kurve schneller werden. Dieses Problem ist leicht zu beheben, indem wir gerade soviel am Knüppel ziehen, dass der Horizont an dem Punkt bleibt, den er vor dem Einkurven hatte. Aber bitte nicht erst das Segelflugzeug schneller werden lassen und dann kräftig die Fahrt reduzieren, sondern in jeder Kurve den Horizont am gleichen (Horizontfix-) Punkt halten! Denk bitte daran: lässt du erst einmal einen Fehler zu, dann reagierst du nur noch auf Fehler und hast keine Zeit, dich zu konzentrieren.

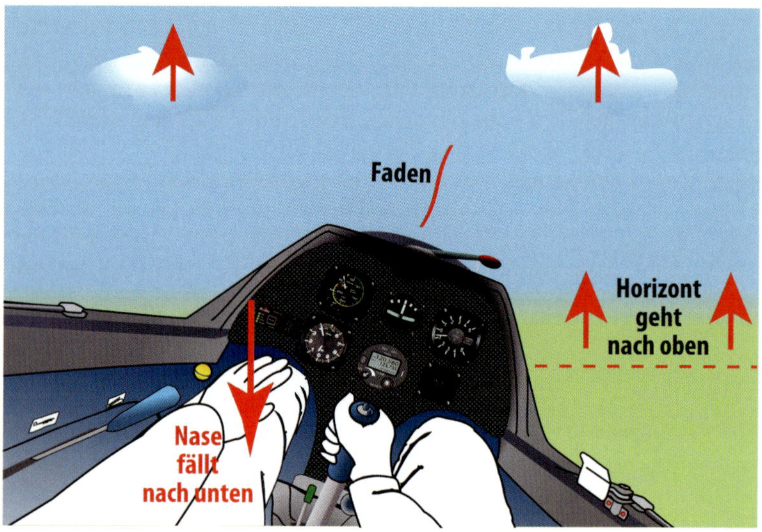

Bild 3.16
Beim Einkurven will der Horizont nach oben wandern…

Weil das Segelflugzeug in der Kurve schneller werden will, bedeutet dies für den konstanten Kreisflug, dass das Höhenruder nicht mehr in der Normalstellung bleiben kann, sondern in eine neue Stellung gebracht wird. Dies ist die **Neutralstellung für das Höhenruder** *(neutral deshalb, weil das Segelflugzeug mit dieser Ruderstellung seinen Weg beibehalten wird). Diese* **Neutralstellung** *ist abhängig von der gewählten Querneigung, denn je steiler wir kurven, desto mehr muss am Höhenruder gezogen werden. Als Anfänger werden wir geschult, mit einer Querneigung bis 30° zu fliegen.*

Wenn der Horizont in der Kurve nicht gehalten wird, beschreibt das Segelflugzeug eine Tauchkurve. Am Ende steht eine irrsinnig hohe Fahrt bei extremer Querneigung. Ab einer bestimmten Geschwindigkeit – roter Strich auf dem Fahrtmesser – ist es dem Segelflugzeug erlaubt, sich in seine Einzelteile zu zerlegen. Zu Recht kann deshalb der Fluglehrer einen Schüler, der den Kurvenflug nicht sicher beherrscht, niemals allein fliegen lassen.

Das Höhenruder

Links ist beschrieben, dass das Segelflugzeug in der Kurve schneller wird. Nun weißt du mittlerweile, dass die Kraft, die das Segelflugzeug nach vorne bewegt, allein das eigene Gewicht ist. Weil in der Kurve Fliehkräfte hinzukommen (die, wie im Bild unten zu sehen, auch abwärts gerichtet sind), wird jedes Segelflugzeug in der Kurve schwerer. Mehr Gewicht heißt auch mehr Vortrieb: du wirst schneller!

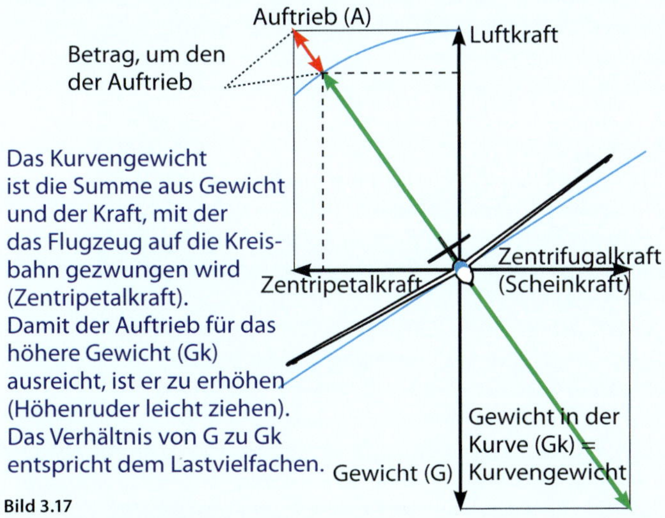

Bild 3.17
Die Kräfte im Kurvenflug

Das Halten des Horizonts im Kreisflug erhöht den Auftrieb. Ohne die Auftriebserhöhung wäre die Zentripetalkraft zu gering, das Segelflugzeug müsste seinen Kreis beständig vergrößern. Zugleich wäre die Luftkraft zu klein, die Sinkgeschwindigkeit stiege zunehmend. Noch ärgerlicher: Allein durch das Nichthalten des Horizonts in der Kurve ***muss*** der Faden ***aus der Mitte wehen***, da das Segelflugzeug vom Kurvenmittelpunkt wegschiebt! Das Halten des Horizonts dient dazu, das Gleichgewicht der Kräfte im Kurvenflug überhaupt erst herzustellen! Ist die Geschwindigkeit in der Kurve zu gering, rutscht das Segelflugzeug in den Kreis hinein, der Faden weht nach außen. Wer mit der Geschwindigkeit = Horizont nachlässig umgeht, bekommt den Rest der Ruderabstimmung leider nicht in den Griff.

Geschwindigkeit und Querneigung beeinflussen den Kurvenradius. Je schneller wir eine Kurve fliegen, desto größer wird der Radius. Bei einer Geschwindigkeit von 80 km/h kannst du von einem Kreisdurchmesser von 200 Meter ausgehen. Je steiler wir kreisen, ist der Auftrieb zu erhöhen, sonst stimmt die Kreisbahn nicht! Mit zunehmender Querneigung wird jedoch der Punkt erreicht, ab dem der Auftrieb nicht mehr erhöht werden kann, denn der maximale Anstellwinkel ist erreicht. Zu berücksichtigen ist, dass die Überziehgeschwindigkeit (= Geschwindigkeit mit dem maximalen Anstellwinkel = vst) von der Schwerkraft abhängt. In einer Kurve vervielfacht sich das Gewicht durch die Beschleunigung (bei 60° Querneigung schon doppeltes Gewicht = 2 g). Für uns, die wir mit maximal 30° Querneigung fliegen, ist dies kein Problem, da wir bei unserer Normalgeschwindigkeit ohnehin schon mit erhöhter Geschwindigkeit fliegen (der Einfachheit halber). Bei großen Querneigungen muss vor dem Einkurven die Fahrt erhöht werden, da sonst in der Kurve die Strömung am Flügel abreißt.

03

Das Seitenruder

Nun untersuchen wir das Seitenruder. Es hat uns geholfen, in die Kurve hineinzukommen und den Faden gerade zu halten, doch wohin jetzt damit? Wenn du einen mutigen Fluglehrer hast, dann lässt er dich vielleicht einmal das Seitenruder nach dem Einkurven getreten halten. Da kannst du nun versuchen, den Horizont zu halten, wie du willst, oder mit dem Querruder abstützen (siehe weiter hinten): das Segelflugzeug schießt in einer immer enger werdenden Spirale nach unten. Es ist nicht verkehrt, hier als Schüler Respekt vor diesem Flugzustand zu bekommen und zu erkennen, was du niemals möchtest. Es ist eine gefährliche Steilspirale. Tatsächlich wird das Seitenruder nur benötigt, um das negative Wendemoment des Querruders beim Ein- und Ausleiten der Kurve zu unterbinden.

Ist kein negatives Wendemoment vorhanden, benötigen wir das Seitenruder nicht! Für den stationären Kreisflug bedeutet dies, dass das Seitenruder gerade steht und lediglich den Faden kontrolliert. Die **Neutralstellung des Seitenruders** *in der Kurve ist gerade, entspricht also der Normalstellung. Ist das Segelflugzeug erst einmal auf einer Kreisbahn, behält es diese auch bei.*

Solltest du Modellflieger sein, dann hast du bestimmt schon einmal ein Flugmodell ohne Querruder geflogen. Wie bist du dort in die Kurve hinein und wieder heraus gekommen? Auf dem Bild rechts ist die Antwort zu sehen: Wird das Seitenruder bewegt, eilt der kurvenäußere Flügel nach vorne. Er ist in diesem Moment schneller, hat mehr Auftrieb und hebt sich. Dies ist auch der Grund, weshalb beim Einleiten einer Kurve das Seitenruder die Zunahme der Querneigung unterstützt.

Das Querruder

Nun zum Querruder im Kurvenflug. Auch bei ihm muss in der Kurve einiges beachtet werden: Wir leiten wieder eine Kurve ein (Luftraum frei?) und nehmen, nachdem wir die gewünschte Querneigung haben, einmal das Ruder versuchsweise in die Mitte. Den Horizont behältst du bei, doch was geschieht denn mit der Querneigung? Sie wird immer größer. Wenn der Fluglehrer nicht bald hilft, sind wir im Messerflug (Tragflügel senkrecht zum Horizont).

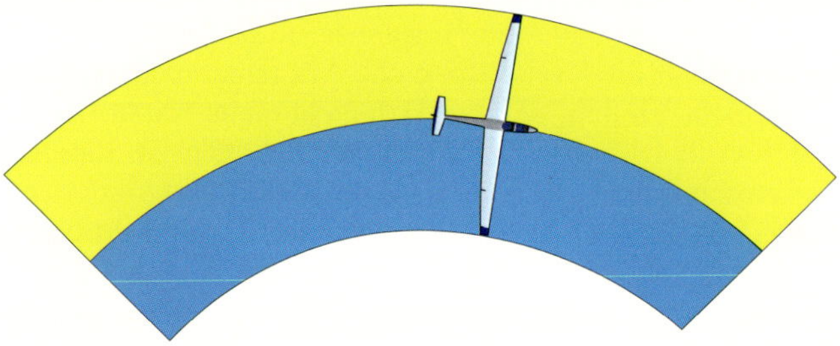

Bild 3.18
Das Segelflugzeug in der Kurve, die äußere Tragfläche legt den größeren Weg zurück.

Das Seitenruder

Wie links beschrieben, hat das Seitenruder beim Aus- und Einleiten der Kurven die Funktion, das negative Wendemoment zu überwinden. Fliegt das Segelflugzeug mit Querneigung, so bringt jeder Seitenruderausschlag in Kurvenrichtung die Nase unter den Horizont, weil die Hochachse des Segelflugzeuges jetzt gegenüber dem Horizont geneigt ist. Jeder Ruderausschlag gegen die Kurve schiebt die Nase über den Horizont.

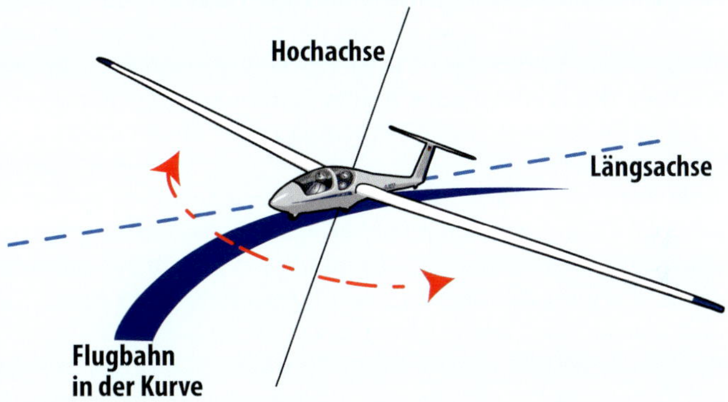

Bild 3.19
Die Wirkung des Seitenruders auf den Horizont

Würden wir das Seitenruder nach dem Einkurven stehenlassen, so wanderte die Nase zunehmend weiter unter den Horizont, das Segelflugzeug würde immer schneller. Gleichzeitig beeinflusst jeder Seitenruderausschlag auch die Querneigung. Denn jeder Seitenruderausschlag lässt den äußeren Flügel voreilen, den inneren zurückbleiben. Wie im Abschnitt zuvor beschrieben, ist dies der Grund, weshalb das Seitenruder beim Einleiten der Kurve das Querruder unterstützt. Wir benötigen deshalb beim Einleiten keinen übermäßigen Querruderausschlag. Umgekehrt ist es beim Ausleiten einer Kurve, denn nun haben wir es mit einem schwereren Segelflugzeug zu tun (Kurvengewicht!), und das benötigt natürlich größere Ruderkräfte.

Das Querruder

Das Halten des Horizonts (= konstante Geschwindigkeit) macht allerdings nur Sinn, wenn wir auch die Querneigung beibehalten. Anders würde unsere Geschwindigkeit in der Kurve entweder zu niedrig (Faden steht nach außen, das Segelflugzeug schmiert in die Kurve hinein) oder zu hoch sein (Faden steht nach innen, das Segelflugzeug schiebt aus der Kurve heraus). ***In der Kurve hängt die Neutralstellung jedes einzelnen Ruders von den anderen ab!***

Bild 3.18 zeigt, dass der äußere Flügel in der Kurve einen deutlich größeren Weg zurücklegen muss. Er ist weiter vom Kurvenmittelpunkt entfernt, besitzt eine größere Kreisgeschwindigkeit. Der daraus resultierende Auftrieb will beständig die Querneigung erhöhen, zudem unterstützt der geringere Auftrieb der inneren Fläche das Drehmoment um die Längsachse.

03

In der Kurve muss der äußere Flügel einen größeren Weg zurücklegen als der innere, er ist schneller (siehe hierzu auch das Bild zuvor). Und schneller bedeutet, er hat mehr Auftrieb. Er will sich beständig heben. Es bleibt uns nichts anderes übrig, als das Querruder, nachdem wir in der Kurve mit unserer gewählten Querneigung sind, leicht gegensinnig auszuschlagen. Aber nicht soviel, dass wir unsere Querneigung wieder verlieren! Nein, geradeso, dass es ausreicht, nicht steiler zu werden. Diese Querruderstellung für den stationären Kurvenflug heißt die **Neutralstellung für das Querruder.** *Den beschriebenen Vorgang nennt man* **Abstützen**.

Die Stellung dieser drei Ruder zusammengenommen bezeichnet man als die **Neutralstellung der Ruder in der Kurve.** *Besonders hier gilt:* **Horizont = Höhenruder, Faden = Füße** *(Seitenruder) und* **Querneigung = Querruder!**

Bald wirst du merken, dass du dir das Leben ganz schön schwer machen kannst, wenn du beim Einkurven einen großen Querruderauschlag gibst. Bitte erinnere dich daran, dass das Seitenruder beim Einleiten der Kurve die Zunahme der Querneigung unterstützt. Vergisst du dies, ist der Faden kaum noch unter Kontrolle zu halten. Erinnere dich daran, dass ein großer Querruderausschlag ein großes negatives Wendemoment nach sich zieht. Da ist es schon leichter, mit wenig Querruder anzufangen. Solange du die Ruder nicht in die Neutralstellung zurücknimmst, vergrößert sich die Querneigung. Deshalb werden die Ruder erst dann neutral gestellt, wenn sich die gewünschte Querneigung eingestellt hat. Den guten Piloten zeichnet nicht der hakelige, ruppige Flugstil aus, sondern das weiche und konstante Fliegen.

Sollte das Segelflugzeug im Geradeausflug wegen der Böigkeit der Luft (vielleicht auch Thermik) gegen deinen Willen einkurven, dann bitte den Geradeausflug wieder unter Zuhilfenahme von Quer- und Seitenruder herstellen. Überhaupt ist es nicht schlimm, wenn Fehler passieren. Dein Fluglehrer ist aber beruhigt, wenn er feststellt, dass du deine Fehler wieder behebst. Denn jetzt hast du es verstanden!

Ausleiten der Kurve

Nun kannst du zwar sauber Kurven einleiten und konstant steuern, doch beim Ausleiten gibt es noch Probleme: Zu Beginn steigt dir der Horizont beim Ausleiten nach oben, weil du in der Kurve das Höhenruder ziehen musstest. So gleichmäßig, wie du beim Einkurven mit zunehmender Querneigung die Neutralstellung der Ruder hergestellt hast, so musst du beim Ausleiten die Ruder allmählich in die Normalstellung zurücknehmen. **Aber sie sind erst in der Normalstellung, wenn du wieder im Geradeausflug bist.** *Während des Beendens der Kurve wird der Faden mit dem Seitenruder kontrolliert. Bitte nicht schon das Querruder normal nehmen, wenn du noch Querneigung hast.* **Die Kurve wird mit allen Rudern solange ausgeleitet, bis das Segelflugzeug wirklich im Geradeausflug ist.** *Die Ruder besitzen keine Trägheit!*

Mit dem leicht gegensinnig ausgeschlagenen Querruder üben wir eine Kraft aus, die der ungleichen Auftriebsverteilung entgegen wirkt. Dieses „Abstützen" ist abhängig von der geflogenen Querneigung. Je größer die Querneigung, desto stärker wird abgestützt. Bei der ***Neutralstellung der Ruder in der Kurve*** hat jedes Ruder seinen Sinn und keines kann ohne die anderen wirken. Sind die Kräfte ausgewogen, ist der Kurvenflug stationär. Im Gegensatz zum Geradeausflug müssen sogar größere Kräfte aufgewendet werden, um diese Stabilität zu überwinden.

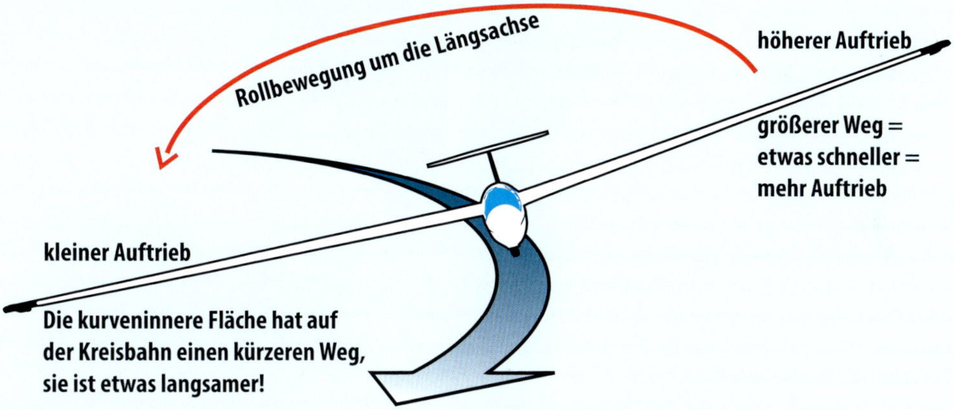

Bild 3.20
Die Querneigung will sich erhöhen

Ausleiten der Kurve

Die Schwierigkeit beim Beenden einer Kurve besteht darin, dass die Ruder aus ihrer jeweiligen Kurvenneutralstellung mit abnehmender Querneigung in die Normalstellung zurückgeführt werden müssen. So ist darauf zu achten, dass das Segelflugzeug das gewohnte Horizontbild beibehält und nicht beim Ausleiten ungewollt überzogen wird. Da durch die Fliehkräfte in der Kurve das scheinbare Gewicht zunahm (Bild 3.17), muss eine größere Kraft (um die Längsachse) aufgewendet werden, um die Kreisbahn wieder zu verlassen. So ist der Querruderausschlag beim Beenden der Kurve größer als beim Einleiten, um die entsprechend größere Kraft zu erzeugen. ***Solange das Segelflugzeug noch nicht im Geradeausflug ist, kreist es!*** Seiten- und Querruderausschlag werden beibehalten, bis die Flügel wieder waagerecht sind.

Für alle Kurven gilt folgende Faustregel: Die zum Ein- und Ausleiten benötigte Strecke entspricht auf der Kreisbahn der Gradzahl der gewünschten maximalen Querneigung. Hierzu das nachfolgende Bild am Beispiel der 90-Grad Kurve:

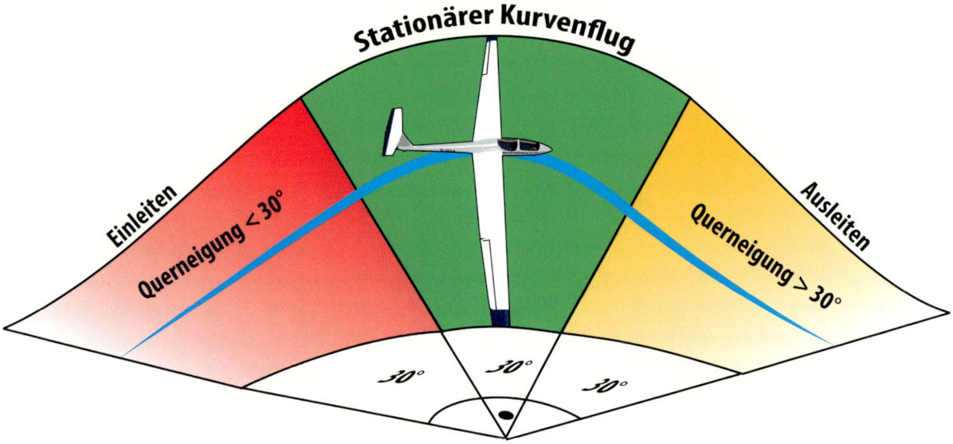

Bild 3.21
Faustregel für die Querneigung

Das Bild zeigt eine Richtungsänderung von 90 Grad nach rechts. Das erste Drittel wird zum Einleiten benötigt, ein Drittel können wir kurven und ein Drittel benötigen wir zum Ausleiten. Wollen wir zum Beispiel mit 45° Querneigung fliegen, so besteht unser 90° Kreisabschnitt nur noch aus dem Aus- und Einleiten. Dies auch als Hinweis für diejenigen, die bei der Landeeinteilung versuchen, eine zu spät eingeleitete Landekurve durch große Querneigung hinmogeln zu wollen! Für die Praxis bedeutet dies, dass kleine Richtungsänderungen entsprechend nur mit kleinen Querneigungen geflogen werden.

Wie gesehen, müssen wir beginnen, eine Kurve auszuleiten, noch bevor wir am Ende des gewünschten Kreisfluges angelangt sind! So lässt sich oft in der Praxis beobachten, dass eine Kurve „überdreht“ wird. du musst im Hinterkopf behalten, dass das Segelflugzeug nicht blitzartig Querneigung aufnimmt oder wieder verliert. Wenn wir eine Kurve ausleiten, kurvt das Segelflugzeug solange, bis die Querneigung wirklich „Null“ ist. Eine Trägheit des Segelflugzeuges, ein sogenanntes Nachdrehen, ist nicht vorhanden! Willst du auf einen bestimmten Punkt hin eine Kurve (mit 30 Grad Querneigung) ausleiten, so musst du **etwa 30 Grad vor Erreichen des Bezugspunktes mit dem Ausleiten beginnen.** *Dies ist mit ein Grund, sich vor dem Einkurven einen Richtungspunkt zu suchen, auf den hin gekurvt werden soll.*

Weil das Segelflugzeug in jeder Kurve eine gewisse Zeit benötigt, um Querneigung zu gewinnen oder wieder abzubauen, kurvt es in diesem Übergang mit einer anderen als der gewünschten Querneigung und einem veränderten Radius. Diesen Kurvenflug müssen wir mit einkalkulieren, wenn wir auf einen bestimmten Punkt hin ausleiten wollen (siehe links).

Betrachten wir das Beispiel mit einem Kreisradius von 100 Metern bei 30 Grad Querneigung (siehe Kapitel 6, Tipps und Tricks), so wird eine Kurve (etwa die aus dem Queranflug in das Endteil) 100 Meter vor dem Erreichen des Richtungspunktes (in diesem Fall der Endanflug querab nach links) eingeleitet.

Grundsätzlich gilt: Die Querneigung für eine vorzunehmende Richtungsänderung darf höchstens halb so groß sein, wie der Winkel der gewünschten Richtungsänderung beträgt. Besser ist aber in der Praxis, wenn die gewählte Querneigung nur ein Drittel der Richtungsänderung beträgt. Von einer Richtungsänderung sprechen wir immer nur dann, wenn die neue Richtung aus dem Cockpit heraus sichtbar ist. Das Bild links zeigt die Zusammenhänge.

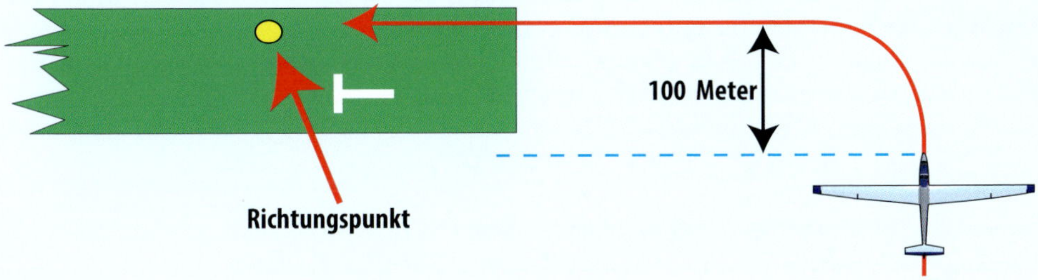

Bild 3.22
Einleiten der Kurve vor dem Bezugspunkt (normale Windverhältnisse)

03

Zusammenfassung

Der Fluglehrer wird dich immer wieder Kurven fliegen lassen, bis du die Abstimmung der Ruder beherrschst. Hierzu fliegst du sogenannte Rollübungen (siehe Kapitel 5: Die Platzrunde, Übungsteil).

Wir unterscheiden die **Normalstellung der Ruder** *(alle Ruder in Mittelstellung) von der* **Neutralstellung der Ruder** *(das Segelflugzeug behält seinen Flugweg bei). Die häufig gehörten Worte, schon vor einem Start das Höhenruder „neutral zu nehmen" sind missverständlich und falsch, da (noch am Boden und ohne jede Geschwindigkeit) die Neutralstellung jede beliebige Ruderstellung ist, denn das Flugzeug bleibt bei jeder beliebigen Ruderstellung auch weiterhin am Boden stehen.*[1]

Sowohl beim Einleiten als auch beim Ausleiten einer Kurve werden das Quer- und Seitenruder solange gleichzeitig und gleichsinnig gegeben werden, bis die gewünschte Querneigung vorhanden ist. Nicht zu früh aufhören!

Wir unterscheiden zwischen der **Normalstellung der Ruder** *(alle Ruder in Mittelstellung) und der* **Neutralstellung** *(das Segelflugzeug behält die Fluglage bei). In der Kurve werden die Ruder in eine* **Kurvenneutralstellung** *gebracht. Jede Kurve wird genau so gleichmäßig gesteuert, wie der Geradeausflug.*

Immer gilt:

Horizont – Höhenruder (Knüppel vor und zurück)

Faden – Füße (Seitenruderpedale links und rechts)

Querneigung – Querruder (Knüppel links und rechts)

1 In der Pädagogik ist es wichtig, das wir klare Begriffe verwenden. Fluglehrer sollten berücksichtigen, dass Schüler im Lernprozess nach Sicherheiten und wiedererkennbaren Anhaltspunkten suchen. Eindeutige Wortdefinitionen unterstützen die Lernvorgänge und werden in erkennbaren Mustern verstanden. Siehe hierzu auch die Anmerkungen zur Pädagogik für Fluglehrer auf den rechten Seiten von Kapitel 9.

Zusammenfassung

Das Koordinatensystem des Segelflugzeuges (Querachse, Hochachse und Längsachse) bleibt in jeder Fluglage gleich. Die immer wieder auf Flugplätzen herumgeisternde Meinung, dass in der Kurve das Seitenruder zum Höhenruder und umgekehrt werde, ist falsch!

Durch die Fliehkräfte (korrekt Trägheitskräfte in einem beschleunigten System) und die damit verbundene Flächenbelastung benötigt das Segelflugzeug in der Kurve einen höheren Auftrieb. Wegen der zusätzlich wirkenden Kräfte müssen die Ruder für den stationären Kurvenflug in eine ***Kurvenneutralstellung*** gebracht werden.

Das Segelflugzeug bewegt sich nur dann um seine Achsen, solange eine Kraft ausgeübt wird. Um den Schwerpunkt herum kommt es zu einer Rotation um die Achse, auf die die Kraft ausgeübt wurde. Das Drehmoment ist abhängig von der Kraft und dem Weg (Hebelarm).

Bei der ***Neutralstellung der Ruder in der Kurve*** hat jedes Ruder seinen Sinn und keines kann ohne die anderen wirken. Sind die Kräfte ausgewogen, ist der Kurvenflug stationär. Im Gegensatz zum Geradeausflug müssen zur Beendigung einer Kurve sogar größere Kräfte aufgewendet werden, um diese Stabilität zu überwinden.

Wichtig bei aller Theorie bleibt aber, auch in der Kurve darauf zu achten:

Horizont – Höhenruder (Knüppel vor und zurück)

Faden – Füße (Seitenruderpedale links und rechts)

Querneigung – Querruder (Knüppel links und rechts)

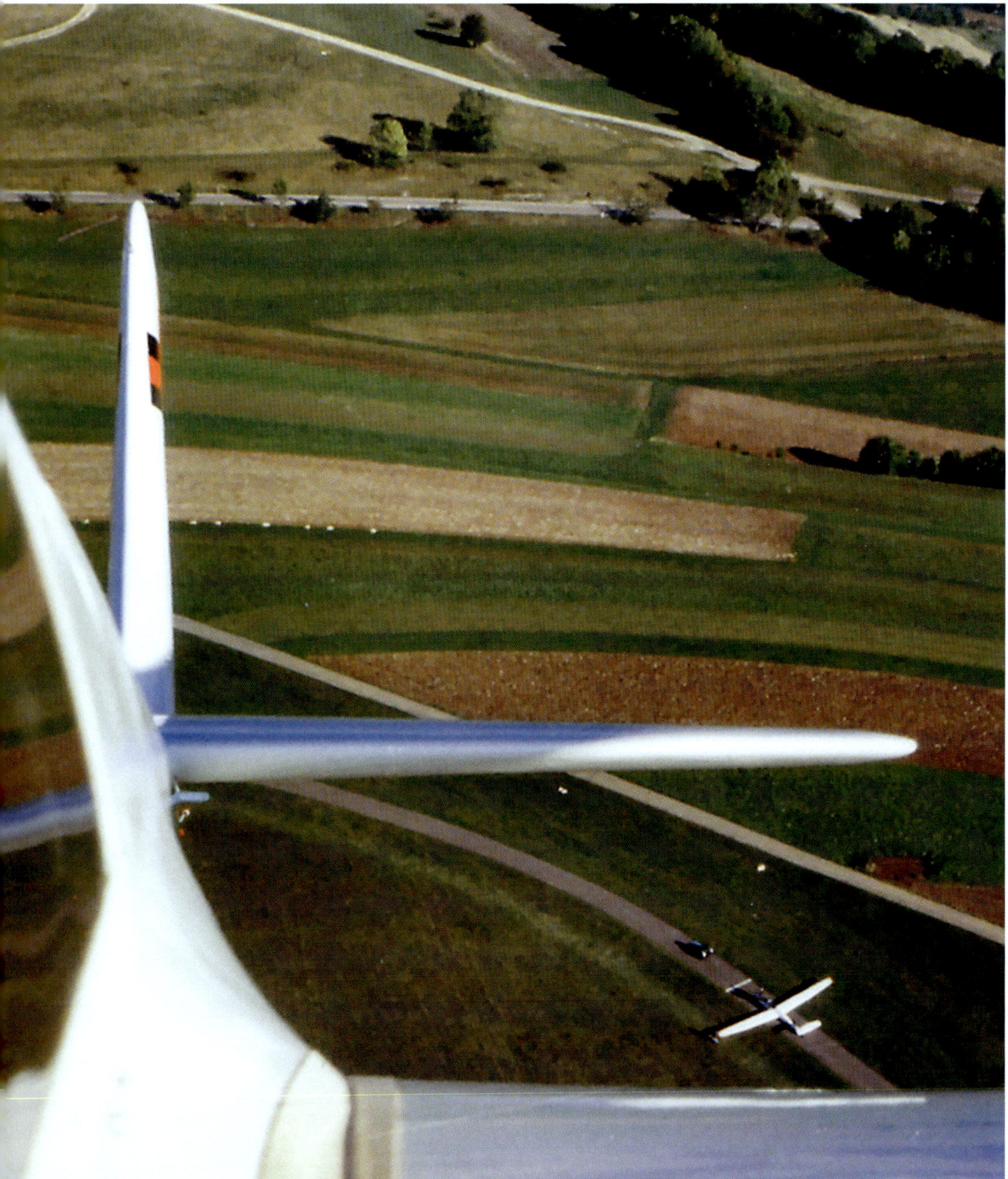

Blick zurück zur Startstelle im Windenstart.
(Foto: Alexander Willberg)

Kapitel 4
Der Start

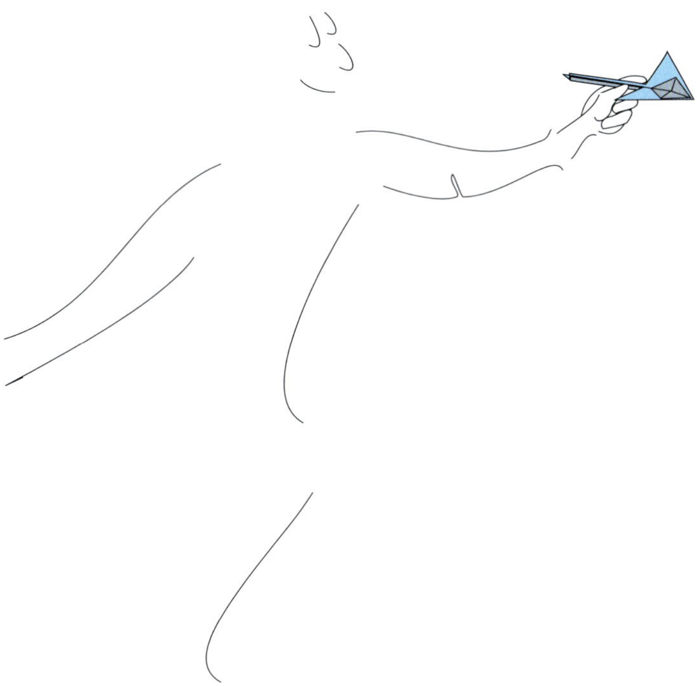

Der Start
Aufwärts mit der Winde

Nachdem du schon die Ruder und ihre Wirkungen kennst, geht der Fluglehrer mehr und mehr dazu über, mit dir den Start zu üben. Das heißt aber nicht, dass nicht schon in den Flügen zuvor beobachtet werden sollst, wie das Segelflugzeug am Seil reagiert. So konntest du die Steuerbewegungen des Fluglehrers mitfühlen. Doch nun ist es an Dir, die „Geheimnisse" des Starts zielstrebig zu ergründen.

Der Windenstart setzt sich aus drei Phasen zusammen, dem **Anrollen und Abheben**, *der* **Steigphase** *und dem* **Flug am Seil im Ausklinkraum.** *Der gesamte Startvorgang bedarf unserer größten Aufmerksamkeit, das Segelflugzeug befindet sich noch in Bodennähe und Fehler können gravierende Auswirkungen haben. Der richtig durchgeführte und kontrollierte Start ist dagegen sicher, an die plötzlichen Beschleunigungen im Startvorgang wirst du dich schnell gewöhnen.*

Wichtig ist der Startcheck:

–> Haube geschlossen und gesichert?
–> Luftbremsen eingefahren und eingerastet?
–> Höhenmesser auf Null gestellt?
–> Funk eingeschaltet? (Frequenz?)
–> Trimmung (Gewicht + Ruder) beachtet?
–> fest und richtig angeschnallt?
–> Fallschirm angelegt und (bei Automatikschirmen) eingeklinkt?
–> Windrichtung?
–> Auf Seilriss vorbereitet sein!!! (Ich habe in diesem Fall einen Plan)
–> Startstrecke frei?

Es hat sich bewährt, den Startcheck im Uhrzeigersinn durchzuführen. Wir beginnen nach dem Schließen der Haube und hören auf mit „Startstrecke frei". Der Check wird so leichter behalten. In einigen Segelflugzeugen findest du die Liste am Instrumentenbrett.

Das Abheben

Nach dem Einstieg in das Segelflugzeug und dem Startcheck geben wir dem Helfer ein Zeichen, damit er das Startseil in die Schwerpunktkupplung einklinken kann (Ausklinkprobe vor dem erstem Start am Tag!). Erst wenn die Startstrecke freigeben ist, geben wir das Zeichen, dass der Flügel gehoben werden darf. Aber Achtung: nachdem das Seil eingeklinkt ist, müssen wir jederzeit mit einem plötzlichen Anschleppen rechnen, also immer die rechte Hand am Steuerknüppel (... und die linke Hand auf dem linken Knie in der Nähe des Ausklinkknopfes!).

Der Windenstart
Kurz und heftig

Steht das Segelflugzeug in der Startgasse abflugbereit, wird das Windenseil eingeklinkt. Ein Ende führt zur Startwinde. Am anderen Ende kommt erst ein Seilfallschirm (um zu verhindern, dass das Seil nach dem Ausklinken aus einigen hundert Metern Höhe ungebremst zu Boden fällt), dann das versteifte Vorseil (versteift, damit es sich nach dem Ausklinken nicht durch zu leichte Biegebewegungen am Segelflugzeug einhängen kann oder bei einem Überrollen im Radkasten verfängt). Am Ende des Vorseils befindet sich in einer Blechmanschette die Sollbruchstelle. Sie schützt das Segelflugzeug im Start vor Überlastungen. Erst daran schließt sich das Seil an, welches mit dem kleineren Ring eines Ringpaares am Segelflugzeug eingeklinkt wird (kleiner Tipp: Häufiger sehe ich Flieger, die auf das Kommando zum Einklinken warten--gerade erfolgt am Parallelseil ein Start-- und dabei das Ringpaar in der Hand halten, vielleicht noch einen Finger durchgesteckt. Würden sich nun irgendwo in der Windenstartstrecke die Seile miteinander verschlingen, wäre der Finger ab!).

Die Sollbruchstelle hat je nach Segelflugzeugmuster verschiedene Farben, die Manschette ist oft mit Kerben gekennzeichnet. Schüler werden doppelsitzig mit der schwarzen (ASK 21-) Sollbruchstelle fliegen, Einsitzer erhalten meistens eine blaue. Über die Gepflogenheiten am Platz lass dich vom Fluglehrer einweisen. Vor dem Einklinken wird das Vorseil auf eventuelle Schadstellen untersucht. Ist es eingeklinkt, werden die ersten Meter vor der Maschine gerade gezogen. Steht das Segelflugzeug nicht genau in Startrichtung, dann bitte erst ausrichten!

Sind wir startbereit, geben wir die Kommandos zum Einklinken laut und deutlich:

Pilot		Helfer am Segelflugzeug
> „Es kann eingeklinkt werden!"	–>	Nimmt das Seil:„Aus!"
> „Aus" (Einklinkknopf wird gezogen)	–>	Das Seil wird eingehängt: „Ein!"
> „Ein" (Einklinkknopf wird losgelassen)	…	

Das Abheben

Anschließend geht der Helfer zum Flügel (bei Seitenwind zu dem, der gegen den Wind zeigt) und hält diesen so waagerecht, dass das Segelflugzeug auch bei Seitenwind kaum als Last in der Hand spürbar ist. Der Flügel wird an der Hinterkante des Randbogens gehalten. Jetzt hebt der Helfer den anderen Arm (an manchen Plätzen eine Flagge) für den Startleiter deutlich sichtbar senkrecht. Dies bedeutet: Seil anziehen! Ist das Seil straff, dann wird der Arm waagerecht genommen: Seil straff! Beschleunigt jetzt die Winde, dann einige Meter mit dem Flügel in der Hand mitlaufen, bis der Pilot alleine steuern kann. ***Niemals versuchen, sich den dem Flügel festzuhalten!***

04

Beim Anrollen achten wir darauf, dass uns kein Flügel herunterfällt. Die Richtung wird mit dem Seitenruder gehalten, beim ersten Anzeichen eines fallenden Flügels wird sofort ein **großer Gegenquerruder-Ausschlag** *gegeben, der zurückgenommen wird, sobald die Flügel waagerecht liegen. Niemals mit hängendem Flügel starten! Sollte ein Tragflügel trotz unserer Gegenmaßnahmen den Boden berühren,* **sofort** *ausklinken! Das Problem des fallenden Flügels entsteht in der Regel, weil der Pilot nicht glauben wollte, dass gerade bei seinem Segelflugzeug so etwas geschehen kann, und weil er hofft, dass es sich schon wieder geben würde. Das Flugzeug ist aber kein Lebewesen, das wir durch „Bravsein“ besänftigen können, sondern wir müssen bei Abweichungen vom Regulären eingreifen (dies gilt übrigens für alle Flugabschnitte).*

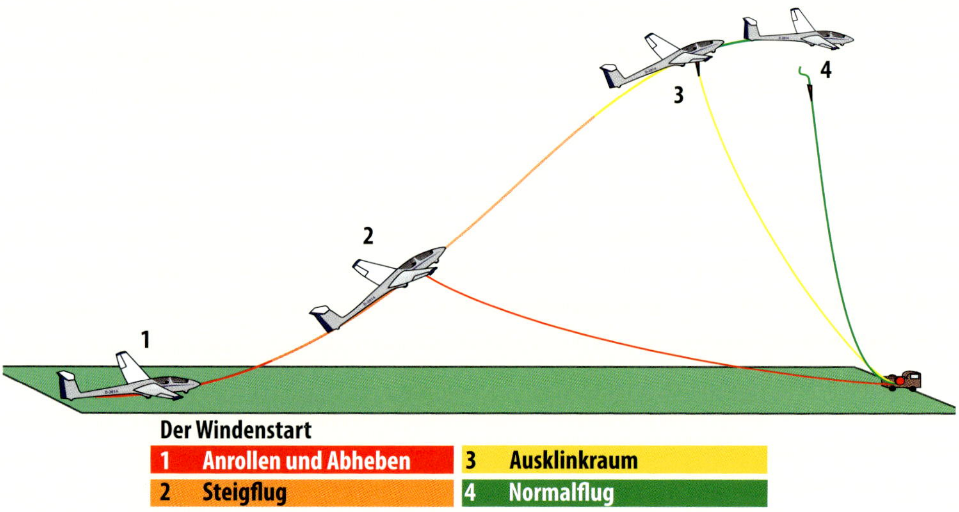

Bild 4.01
Die Phasen des Windenstarts

Bei vielen Schulflugzeugmustern liegt die Kupplung nicht in der Mitte unter dem Rumpf, sondern ist seitlich (in der Regel links) angebracht. Genau wie beim aufbäumenden Moment (die Beschreibung erfolgt im nächsten Abschnitt) gibt es bei der Anfangsbeschleunigung eine Neigung, seitlich auszubrechen (ist die Kupplung links, will das Segelflugzeug nach rechts ausbrechen). Deshalb tritt der Fluglehrer unmittelbar vor dem Start das linke Seitenruderpedal, lässt es aber sofort mit dem Abheben wieder in die Mitte kommen. Leider machen viele Flugschüler den Fehler, das Ruder länger als nötig stehen zu lassen. **Das ist jedoch gefährlich, da mit zunehmender Fluggeschwindigkeit die Ruderwirkung stark zunimmt und die Maschine schnell in einen ungewollten (gefährlichen) Flugzustand geraten kann.**

An diesem Beispiel lässt sich auch verdeutlichen, dass richtiges und zeitnahes Handeln sinnvoll ist, verspätetes Eingreifen oder Übertreiben schadet. Ein Flugzeug steuern, bedeutet „Just in time“ zu reagieren. Mehr ist nicht nötig.

Wenn wir beim Mitlaufen stolpern, ziehen wir unwillkürlich das Segelflugzeug aus der Richtung! Sollte es während des Straffziehens zu einer Störung kommen und der Pilot ausklinken, sofort die Fläche des Segelflugzeuges auf den Boden legen und den Arm heben: ***HALT STOPP*** (Startunterbrechung).

Solltest du derjenige sein, der seinem Kameraden in der Maschine das Seil einklinkt, dann kannst du ihm den Start erleichtern, indem du nach dem Einklinken das Seil die ersten Meter gerade ziehst und nicht mitten vor das Segelflugzeug legst, sondern ruhig einen Meter seitlich (in Startrichtung links).

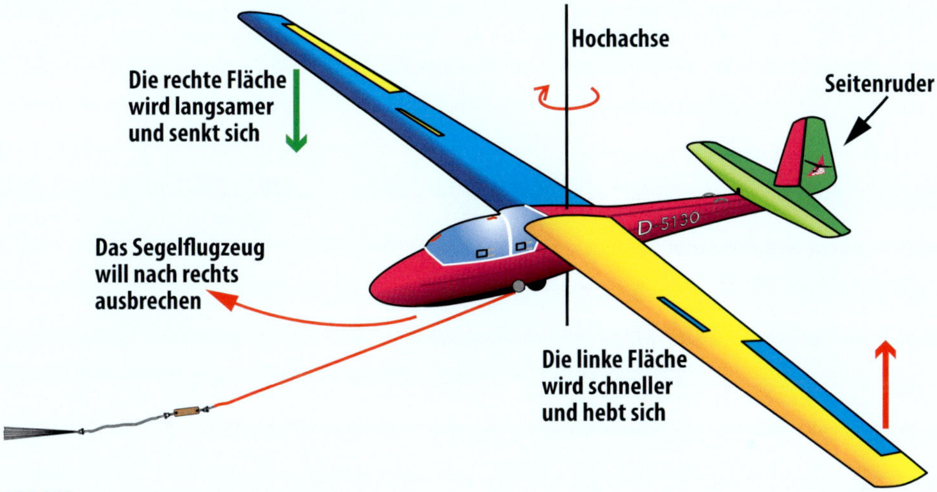

Bild 4.02
Die Neigung zum seitlichen Ausbrechen

Die Kraft des von der Winde gezogenen Seils will geradlinig im Schwerpunkt angreifen. Liegt die Seilkupplung seitlich, wird aus der geraden Zugbewegung eine Rotationsbewegung um den Trägheitspunkt des Flugzeugs. Dieses Drehmoment ist um so heftiger, je stärker der Windenfahrer anschleppt.

Spätestens mit der Geschwindigkeit, die dem Segelflugzeug zum Abreiben reicht, ist die ausrichtende Kraft des Seitenleitwerks viel größer als die drehende Kraft um den Schwerpunkt, Daher ist es nun nicht mehr nötig, mit dem Seitenruder eine Gegenkraft auszuüben. Bliebe gar das Seitenruder stehen, würde das umströmte Ruder nunmehr das Flugzeug in die andere Richtung drehen.

Sollte aber beim Anrollen ein Flügel fallen wollen, dann kann man das nur mit einem kräftigen Gegenquerruderausschlag sofort beheben. Berührt der Flügel den Boden, hilft nur noch ***sofortiges Ausklinken***. Ein Abheben mit dem Flügel am Boden ist verboten und lebensgefährlich!

Das zweite sich beim Anrollen ergebende Problem ist die Neigung des Segelflugzeuges zum Aufbäumen. Die Erklärung findest du auf der rechten Seite in Bild 4.03 und im Text. Der daraus folgende „Kavalierstart" ist äußerst gefährlich, da das Flugzeug ohne ausreichende Fahrt mit großem Anstellwinkel steil in der Luft hängt. Die Ruder sprechen schlecht an -weil die Fahrt gering ist- und ein Seilriss hätte mit Sicherheit einen Absturz zur Folge. Der Seilriss selbst wird in Kapitel 8 (Verhalten in besonderen Fällen) besprochen.

Der Kavalierstart lässt sich mit etwas Aufmerksamkeit leicht vermeiden. Der Steuerknüppel wird je nach Segelflugzeugmuster und eigenem Gewicht leicht gedrückt gehalten und bleibt in dieser Stellung bis nach dem Abheben! (Beim Segelflugzeug ASK 13 lässt sich die Startstellung etwa folgendermaßen ermitteln: Knüppel bis zum Anschlag nach vorne und dann eine Handbreit nach hinten. Bei der ASK 21 etwa zwei Zentimeter vor der Normalstellung. Lass dir diese Knüppelstellung auf jeden Fall von deinem Fluglehrer zeigen!

Für Piloten gibt es keine Ausreden für schlechte Starts, etwa Begründungen wie: „Der Windenfahrer hat so ruppig angeschleppt". Wir sind selbst verantwortlich. Erst mit dem abnehmenden Moment der Beschleunigung kommt der Knüppel allmählich wieder in die Normalstellung (siehe rechte Seiten).

Das Segelflugzeug soll parallel zum Boden abheben. Nur dann können wir sicher sein, dass es genügend Geschwindigkeit besitzt, selbstständig zu fliegen. „Ziehen" wir es dagegen vom Boden weg, so haben wir (eben durch einen Höhenruderausschlag) den Anstellwinkel erhöht. Wir fliegen in diesem Fall nur, weil der Anstellwinkel hoch ist!

Wie rechts beschrieben, wäre es ein Fehler, den Steuerknüppel (Höhenruder) aus seiner gedrückten Stellung beim Anrollen und nach dem Abheben entweder ruckartig oder überhaupt nicht in die Normalstellung zu bewegen. Vergegenwärtigen wir uns nochmals: Das Höhenruder war gedrückt, um das aufrichtende Moment zu unterdrücken! Dieses Drehmoment nimmt aber mit zunehmender Eigengeschwindigkeit des Flugzeuges ab! Ist der Knüppel in Mittelstellung, so reicht das restliche aufbäumende Moment immer noch aus, das Segelflugzeug in den Himmel zu katapultieren. Ziel der Übungen im Start ist, das Verhalten des Flugzeuges unter unterschiedlichen Bedingungen kennenzulernen. Die Stärke des aufbäumenden Moments lässt sich fühlen: Achte einmal darauf, wie stark beim Anziehen und ersten Abheben der Knüppel nach hinten kommen will (es presst dich ja ganz schön in den Sitz). Trotz aller Beschleunigung muss die rechte Hand den Knüppel unabhängig steuern.

Ist es in der Luft, lassen wir den Steuerknüppel, dem Druck folgend, **LANGSAM** *nach hinten kommen, bis er in etwa (angezeigten) 50 Metern Höhe in der Mittelstellung steht. Während dieses Vorganges müssen wir folgendes beobachten (bei Abweichungen entsprechend reagieren):*

Eine Schwierigkeit birgt die Neigung des Segelflugzeuges, sich beim Abheben aufzubäumen. Die Gefahr besteht in einem sogenannten „Kavalierstart", der lebensgefährlich ist. Diese Neigung zum Aufbäumen ist abhängig von der Beschleunigung des Anziehens und von der Lage des Schwerpunktes bzw. der Kupplung (die Schwerpunktlage ist je nach Flugzeugmuster verschieden und hängt auch von der Zuladung ab). Grund ist, dass der Schwerpunkt unseres Segelflugzeuges oberhalb des Zugpunktes des Seiles liegt, denn die Kupplung für den Windenstart ist unten. Folgendes Bild soll es verdeutlichen:

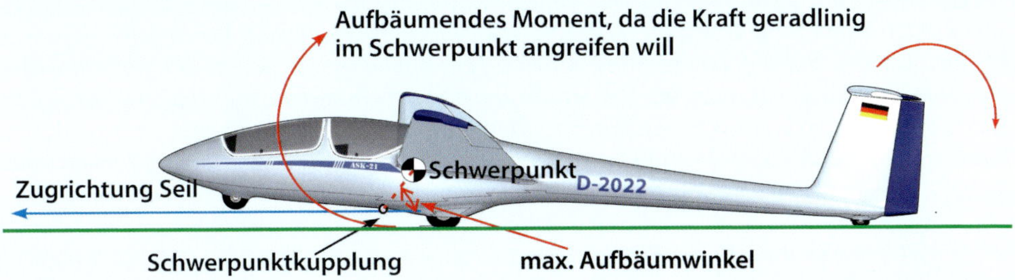

Bild 4.03
Die Neigung zum Aufbäumen

Dieses Drehmoment nimmt mit zunehmender Beschleunigung ab. Starten wir also unser Segelflugzeug mit leicht gedrücktem Steuerknüppel, so heben sich das Moment des Höhenruders und das der Anfangsbeschleunigung mit dem aufbäumenden Moment gegenseitig auf. Das Segelflugzeug hebt „in sich" ab, es wird keinesfalls vom Boden weggezogen!

Links steht, dass ein Segelflugzeug parallel zum Boden abheben soll. Zur Erinnerung noch einmal Kapitel zwei aus diesem Buch: Zu jedem Auftrieb gehört ein Widerstand. Ein hoher Auftrieb besitzt einen hohen Widerstand. Würde in einem solchen Startvorgang das Seil reißen, so hinge das Flugzeug ohne Fahrt mit hohem Anstellwinkel in der Luft. Was soll jetzt noch helfen? In kürzester Zeit ist die geringe Geschwindigkeit wegen dem hohen Anstellwinkel verbraucht. Die Strömung am Flügel reißt ab, das Segelflugzeug fällt einfach vom Himmel. Was würde aber geschehen, wenn wir versuchen Geschwindigkeit zu gewinnen, weil wir (bei geringer Geschwindigkeit) nachdrücken? Wir verringern den Anstellwinkel. Das Segelflugzeug war aber nur in der Luft, weil der Anstellwinkel groß war, es brauchte ja zum Fliegen den Auftrieb. Verringern wir den Anstellwinkel, kann das Segelflugzeug nicht mehr fliegen und fällt auch zu Boden. Der „Kalvalierstart" führt uns in eine gefährliche physikalische Sackgasse, es ist besser, diese niemals zu betreten.

Diese Erklärungen sollen keine Angst verbreiten, tatsächlich ist aber dieser Fehler im Windenstart die mit Abstand häufigste Unfallursache.

Die Fahrt auf dem Fahrtmesser muss beständig zunehmen, während der Steuerknüppel auf seinem Weg nach hinten (bis zur Mittelstellung) ist.

Der Steuerdruck in Richtung „drücken“ muss vorhanden sein.

Sollten wir etwas anderes beobachten, so können wir folgende Schlüsse ziehen:

–> **Die Fahrt auf dem Fahrtmesser nimmt kaum zu**, *wir spüren nur geringen Ruderdruck: Der Start ist zu langsam. Der Knüppel muss ganz langsam bis in Mittelstellung geführt werden. Sollte jetzt die Fahrt nicht zugenommen haben, leicht nachdrücken, bis die Horizontallage erreicht ist. Nimmt die Startgeschwindigkeit nun immer noch nicht zu, ausklinken und wieder (geradeaus) landen. Dabei nach Möglichkeit nicht in das Seil hineinfliegen (Luftbremsen nicht vergessen). In der Regel wird der Windenfahrer aber beschleunigen, da er deutlich sieht, dass wir keine Höhe gewinnen (siehe unten).*

04

–> **Die Fahrt auf dem Fahrtmesser nimmt rasend zu**, *der Knüppel will nach hinten, es fühlt sich an, als würde vom zweiten Sitz aus jemand ziehen: Wir werden zu schnell gestartet! Zwar können wir etwas zügiger den Knüppel bis in Mittelstellung kommen lassen, aber ihn keinesfalls nach hinten reißen: Das Seil wäre überlastet, es käme zum Seilriss in geringer Höhe (unangenehm). Sollte die Fahrt, nachdem der Knüppel in Mittelstellung ist, immer noch zu hoch sein, leicht nachdrücken (um den Seilzug zu verringern), ausklinken, weiter nachdrücken bis die Horizontallage stimmt und landen (s.o.). Das beschriebene Problem taucht häufig auf, wenn wir während des Starts (obwohl die Geschwindigkeit in Ordnung war) zu langsam (oder gar nicht) den Knüppel in Mittelstellung kommen ließen und der Windenfahrer denkt, wir seien zu langsam (siehe oben).*

Auf alle Fälle ist während des Abhebens dies zu vermeiden:

Wir lassen den Knüppel auf seinem Weg in der Normalstellung stehen. Folge ist, dass wir dem Seil hinterherfliegen und der Seilschirm sich vor uns aufbläht. Jetzt wird es kritisch, denn der Schirm könnte sich über das Flugzeug legen (Haube?) und bei einem plötzlichen Wiederanziehen schwerste Beschädigungen hervorrufen.

Fehler Nummer zwei: nach dem Abheben wieder drücken. Dann würden wir unter das Seil fliegen, was noch gefährlicher ist. Leider habe ich (zum Glück ohne schlimme Folgen) beide Fälle schon mehrfach beobachten müssen!

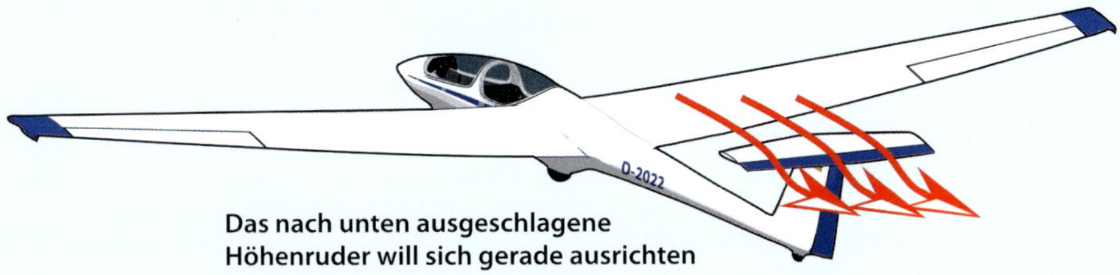

Bild 4.04
Die Luftströmung beim Anrollen wirkt auf das Höhenruder

Das obige Bild verdeutlicht noch einmal, woher die Kraft kommt, die im Anrollen des Segelflugzeugs das gedrückte Höhenruder wieder gerade stellen will. Wie links mehrfach beschrieben, ist der Steuerknüppel zu Beginn (abhängig von Baumuster) leicht bis stärker zu drücken. Es gibt keinen Grund, durch die rückstellende Kraft, welche die Luft beim Anrollen auf das nach unten ausgeschlagene Seitenruder ausübt, an diesem Vorhaben zu zweifeln!

Ein Tipp für den Alleinflug: Ein Flugschüler, der zum Kavalierstart neigt, kann und darf nicht alleine fliegen! Es ist wirklich nur eine Frage von Disziplin und Handlungsbereitschaft: du möchtest das Segelfliegen lernen, du steuerst und entscheidest! Ist im Anrollen (wie im Text beschrieben) das Höhenruder leicht gedrückt, dann verursacht die am Höhenruder vorbeiströmende Luft die Kraft, die das Höhenruder geradestellen möchte. Es ist nicht der Fluglehrer, der dir da in den Steuerknüppel eingreift!

Ein kleiner Tipp für Fluglehrer: Die Kräfte am Höhenruder beim Start lassen dem Schüler leichter erklären, wenn wir vom hinteren Knüppel in einer Pause zwischen zwei Starts die Kräfte simulieren (kräftiger Ruck beim Anziehen usw.). Dann kann der Schüler so lange probieren, bis er verstanden hat, was hier beschrieben ist.

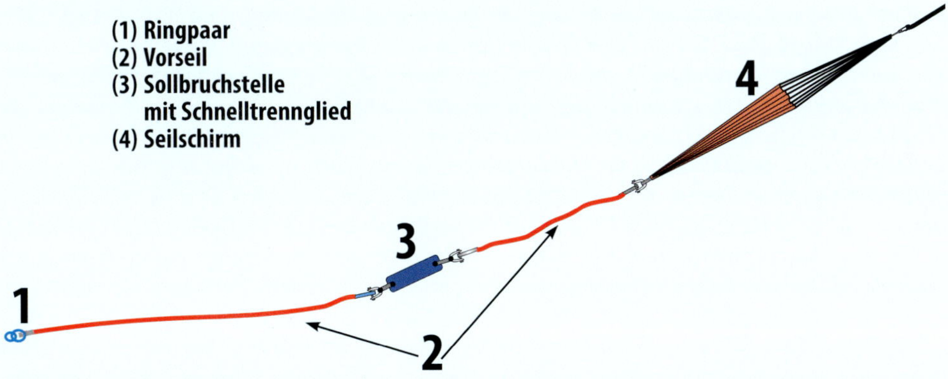

Bild 4.05
Das Vorseil für den Windenstart

Der Steigflug

Wie erwähnt, ist etwa in (angezeigten) 50 Meter Höhe der Knüppel in Mittelstellung. Die wahre Höhe beträgt mehr, denn der Höhenmesser „geht nach" (siehe Kap.1). Wenn die Fahrt jetzt in Ordnung ist, wird der Knüppel weiter über diese Mittelstellung hinausgezogen. Wollte er bisher von alleine in die Mittelstellung kommen (dies ist ja die Normalstellung des Höhenruders), so ist jetzt Kraft aufzuwenden, da er natürlich wieder in die Mittelstellung zurück strebt. Der Kraftaufwand ist recht hoch. Keine Sorge, du machst hier nichts kaputt!

Während des Steigfluges sehen wir keinen Horizont, den Fahrtmesser müssen wir „mit einem Auge" ständig beobachten. Die Geschwindigkeit darf entsprechend der Einträge im Flughandbuch keinesfalls unterschritten werden (z.B. ASK 21 = 90-110 km/h). Bei Abweichungen sollte zuerst nachgedacht werden, ob eine falsche Fahrt selbstverschuldet ist. Eine zu spät erkannte Fahrtabnahme ist riskant, da das Segelflugzeug schon alleine wegen des größeren Gewichtes (siehe rechts) eine erhöhte Geschwindigkeit benötigt.

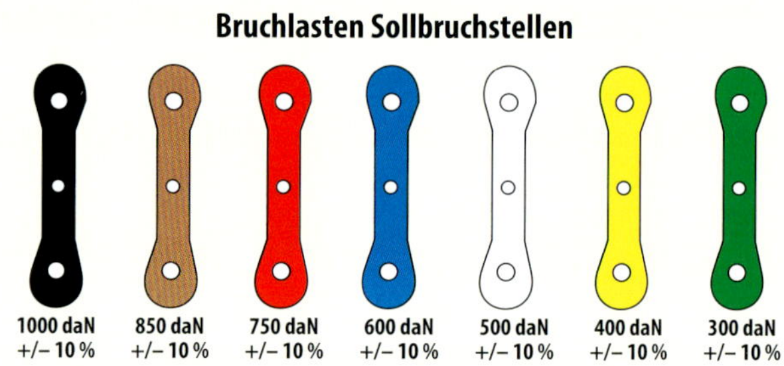

Bild 4.06
Sollbruchstellen

Ist die Geschwindigkeit zu niedrig, können wir natürlich den Steuerknüppel nicht so stark über die Mittelstellung hinaus nach hinten ziehen. Unter Umständen müssen wir sogar den Knüppel etwas nachlassen. Sollte jetzt die Geschwindigkeit noch nicht zunehmen, so wird bis in Normalfluglage nachgedrückt. Hat der Windenfahrer dieses Zeichen nicht verstanden (Nachdrücken = zu langsam), so wird ausgeklinkt und die Landung eingeleitet (siehe Kap. 8: Verhalten in besonderen Fällen). Bei zu hoher Startgeschwindigkeit besteht die Gefahr, dass das Segelflugzeug überlastet wird oder die Sollbruchstelle (vielleicht auch das Seil) reißt. Wir versuchen etwas mehr zu ziehen, maximal bis das Segelflugzeug anfängt zu „pumpen" (siehe rechts). Reduziert der Windenfahrer die Geschwindigkeit nicht, so wird wiederum bis in Normalfluglage nachgedrückt und ausgeklinkt. Aber nicht leichtfertig ausklinken, es hat anschließend noch eine Landung zu erfolgen! Es ist ungünstig, befinden wir uns nach dem Ausklinken in einer schwierigen Lage und der Fluglehrer muss einspringen. Die oft gelehrten Zeichen an den Windenfahrer, wie Seitenruderwackeln oder Querruderwackeln, sind problematisch und wir sollten sie nicht anwenden.

Übrigens, herausschauen (gerade zur Seite) ist im Start erlaubt. Nur durch den Blick nach links oder rechts über den Flügel lässt sich die Fluglage erkennen. Wenn wir während dieser Zeit den Steuerknüppel ruhig halten, besteht keine Gefahr, dass uns das Segelflugzeug außer Kontrolle gerät.

Der Steigflug

Wie beschrieben, reicht das aufbäumende Moment aus, das Segelflugzeug schon mit einer normalen (siehe Bild 4.03) Höhenruderstellung in einen Steigflug zu bringen. Das Höhenruder (Bild 4.04) will sich parallel zur anströmenden Luft (in Mittelstellung) ausrichten. Mit zunehmender Starthöhe würde der Steigflug jedoch wieder flacher, da die Seilkraft zunehmend direkt im Schwerpunkt angreifen kann.

Um eine größere Starthöhe zu erzielen, sollten wir mit möglichst hohem Anstellwinkel fliegen. Der Knüppel wird ab angezeigten 50 Metern Höhe über die Normalstellung = Mittelstellung leicht hinausgezogen. Das Segelflugzeug beschreibt jetzt gegenüber dem Boden einen Steigflug von 35 bis 45 Grad. Von innen her sieht das alles etwas steiler aus. Der Anstellwinkel des Flügels gegenüber Luft beträgt aber nur etwas 10 Grad! Ein zu starkes Ziehen am Knüppel bewirkt das sogenannte „Pumpen" am Seil (oft bei leichtem Rückenwind). Grund ist ein Strömungsabriss bei hoher Fahrt an den Flügeln, da der Anstellwinkel zu groß war. Das Segelflugzeug kippt leicht nach vorne und mit der Verringerung des Anstellwinkels (trotz gezogenen Höhenruders) legt sich die Strömung sofort wieder an. Hier hilft nur, den Knüppel etwas nachzulassen, denn mit mehr als mit maximalem Anstellwinkel (ca_{max}) kann selbst der größte Könner nicht fliegen. Außerdem steigt die Gefahr eines Seilrisses stark!.

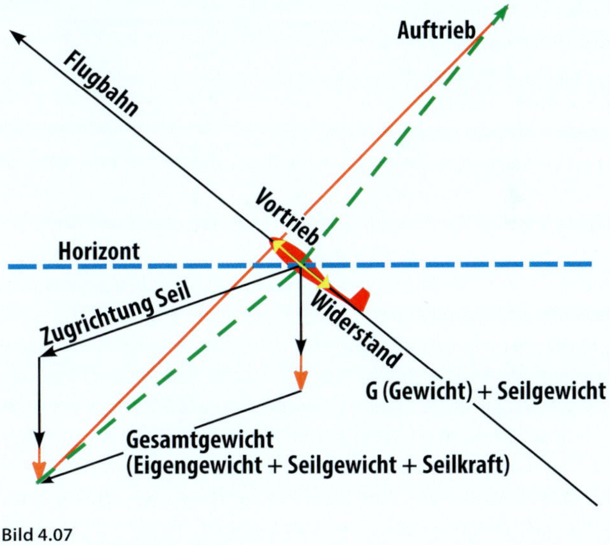

Bild 4.07
Die Gewichtskräfte im Steigflug

Der Auftrieb muss mindestens so groß sein, dass das Segelflugzeug alle Gewichte (siehe Bild rechts) tragen kann und dabei nicht den maximalen Anstellwinkel überschreitet. Wird der Auftrieb größer als das zulässige Maximum, reißt die Sollbruchstelle! Sie soll das Segelflugzeug vor Überlastungen schützen. So wird spontanes Ziehen im Steigflug zu einer solchen Überlastung führen.

Mit dem Trend zu kräftigeren Startwinden (Diesel oder Elektromotor) ist damit zu rechnen, dass ein Ziehen im Start wegen der steileren Flugbahn eine Fahrtzunahme bewirkt. Nur ein elastischer Motor reduziert bei stärkerer Belastung die Drehzahl. Das bedeutet nicht, zu langsame Fahrt durch Ziehen auszugleichen! Zwar steht in allen Flugzeughandbüchern, dass Ziehen gleich bedeutend mit Fahrtzunahme ist, doch dies ist Theorie.

04

Der Flug am Seil im Ausklinkraum

In der letzten Phase des Startvorganges merken wir, obwohl wir noch beständig ziehen, dass die Flugbahn flacher wird und allmählich von unten der Horizont sichtbar wird. Wir spüren, dass der Steuerknüppel lässt sich leichter nach hinten ziehen lässt. Um uns nicht über die Winde hinauszukatapultieren, reduziert der Windenfahrer im letzten Teil des Starts die Seilgeschwindigkeit. Für uns ist dies das Zeichen, das Höhenruder allmählich bis in die Normalstellung nachzulassen. Ist das geschehen, so haben wir wieder unser vertrautes Horizontbild. Jetzt wird das Seil deutlich hörbar selbsttätig ausklinken. Anschließend wird noch dreimal von uns ausgeklinkt. Dies wäre zwar im Normalfall nicht nötig, aber dieser Griff soll uns in Fleisch und Blut übergehen, falls irgendwann ein Seilriss auftritt. Dann wäre es nicht sinnvoll, mit einem –unter Umständen einige hundert Meter langen – Seilrest herumzufliegen (siehe Kapitel 8: Verhalten in besonderen Fällen).

04

Klinkt das Seil aus, will das Segelflugzeug einen Sprung nach oben machen, es hat jetzt weniger Gewicht zu tragen. Das bekannte Horizontbild müssen wir in jedem Fall beibehalten und deshalb nachdrücken, will es nach unten wegwandern!

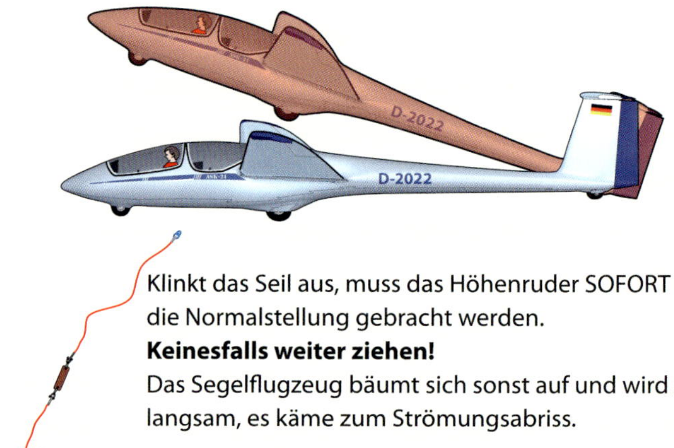

Bild 4.08
Fehlervermeidung am Ende des Windenschlepps

Die Geschwindigkeit im Ausklinkraum entspricht auf jeden Fall der für den Windenstart vorgeschriebenen Fahrt. Wenn anschließend das Seil herausfällt, baut das Segelflugzeug die Überfahrt (zur Normalgeschwindigkeit) in einem Steigen „in sich“ ab, was wir nur durch einen Blick auf das Variometer feststellen können. Dabei reduziert sich die Geschwindigkeit auf die normale Fahrt des Horizontalfluges. Dieses oben beschriebene Verfahren ist nach Möglichkeit einzuhalten, denn immer wieder haben Flugschüler nach dem Ausklinken Probleme, ihr richtiges Horizontbild zu finden.

Verfährst du so, macht es auch im Alleinflug keine Schwierigkeiten, den (neuen) Horizont zu finden. Im Alleinflug ist das Segelflugzeug leichter (weil der Fluglehrer fehlt) und braucht eine andere (steilere) Fluglage, um mit der bekannten Geschwindigkeit zu fliegen. Als Faustregel kann man sich merken, dass das Horizontbild im letzten Teil des Ausklinkraums bei vorgeschriebener Startgeschwindigkeit etwa der Normalfluggeschwindigkeit ohne Seil entspricht (z.B. 110 km/h [ASK 21] am Seil = 80 km/h ohne Seil).

Der Flug am Seil im Ausklinkraum

Im letzten Teil des Starts reduziert der Windenfahrer die Geschwindigkeit. Weil der Vortrieb durch das Seil nahezu fortfällt, verflacht sich automatisch die Flugbahn. Ab diesem Augenblick (auch das Höhenruder lässt sich leichter ziehen) bewegen wir den Steuerknüppel nach vorn zurück in die Normalstellung, sonst laufen wir Gefahr, dass das Seil an Ende des Schlepps „herausknallt". Wir müssen beim Flug im Ausklinkraum letztendlich wieder das vertraute Horizontbild herstellen. Die Geschwindigkeit ist aber immer noch erhöht, da das Gewicht des Segelflugzeuges durch das unten hängende Seil vergrößert ist. Erst mit dem Ausklinken (geschieht im Normalfall automatisch) baut sich die Überfahrt in einem Eigensteigen ab. Dies lässt sich auf dem Variometer beobachten. Niemals jedoch im Ausklinkraum mit einer zu geringen Geschwindigkeit fliegen, da wir die Fahrt und den damit verbundenen Auftrieb benötigen, um das Seil tragen zu können!

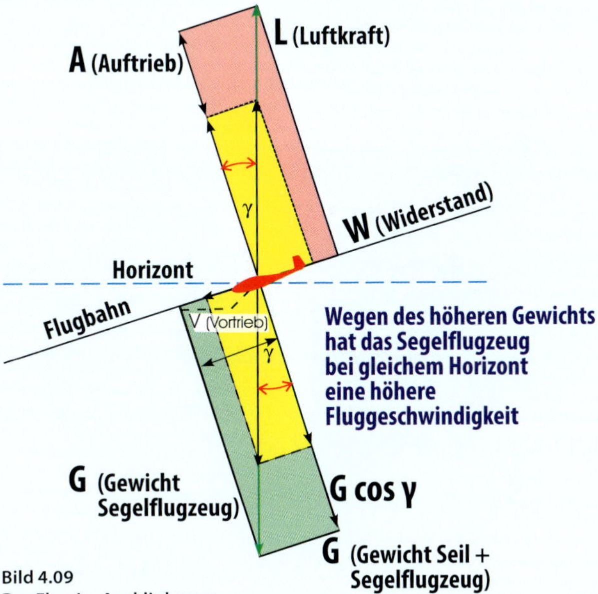

Bild 4.09
Der Flug im Ausklinkraum

Während wir nun das normale Horizontbild sehen, hat das Segelflugzeug noch eine höhere Fahrt. Das zusätzliche Gewicht gibt uns mehr Vortrieb, daraus resultiert mehr Auftrieb. Durch das Herausfallen des Seiles verringert sich dieser Vortrieb schlagartig. Bist du zum ersten Male alleine in der Luft, wirst du nach dem Ausklinken feststellen, dass du bei gewohntem Horizontbild langsamer als bisher fliegst (siehe Kapitel 9: Der Alleinflug). Denn nun fehlt dir zusätzlich noch das Gewicht des Fluglehrers! Dir bleibt also nichts anderes übrig, als nach einem neuen (höheren) Horizont zu suchen, die Flugbahn muss also etwas steiler sein (siehe links).

Links ist beschrieben, dass sich noch vorhandene Überfahrt durch Steigen des Segelflugzeuges abbaut. Ist unsere Geschwindigkeit höher als die dazugehörende Fluglage (= Horizontbild), ist der Auftrieb größer als der Widerstand. Der beschriebene Effekt lässt sich nicht nur im Ausklinkraum beobachten, sondern auch beim Einflug in Luftmassen mit anderen Luftgeschwindigkeiten. So zeigt sich beginnende Thermik oft zunächst durch eine Fahrtzunahme auf dem Fahrtmesser, noch bevor das Variometer Steigen signalisiert. Ingo Renner (ehemaliger Segelflugweltmeister) hat den dynamischen Segelflug in der Praxis beschrieben.

Der normale Spezialfall: Vorhalten im Windenstart

Der Wind kann aus jeder Richtung wehen, die Startbahn besitzt aber nur zwei Richtungen. Da ist die Wahrscheinlichkeit hoch, dass wir während des Startvorganges Seitenwind haben. Leicht kann das Seil (mit dem Fallschirm) weit neben der Windenstrecke zu Boden kommen und unter Umständen andere Luftfahrzeuge gefährden.

Mehrfach ist darauf hingeweisen, dass wir bis zum Erreichen der Sicherheitshöhe (die bekannten 50 Meter) jedes kritische Flugmanöver vermeiden. Vorhalten beginnt darum erst ab dieser Sicherheitshöhe. Wenn wir vorhalten wollen, fassen wir bereits vor dem Start den entsprechenden Plan: Woher kommt der Wind, wie stark ist er, gibt es Rückmeldungen von anderen Piloten?

Nach Erreichen der Sicherheitshöhe drehen wir das Segelflugzeug mit dem Seitenruder gegen den Wind. Eine Hilfe: Wahrscheinlich wehte vorher der Faden aus der Mitte, also Seitenruder gegen den Faden. Diese Drehung um die Hochachse beträgt maximal 10 Grad. Das Seitenruder bleibt bis zum Ausklinken in dieser Stellung stehen, auch wenn es schwer gängig ist (siehe rechts)!

Natürlich wird jetzt der Faden erst recht auswehen, nur können wir nicht mehr das Seitenruder benutzen, ihn wieder in die Mitte zu bringen. Wir haben aber gelernt, dass es auch mit dem Querruder geht: Geben wir Querruder zum Faden (keine Angst vor der so entstehenden Querneigung!). Die entstehende Querneigung sollte maximal 15 Grad betragen, keinesfalls darf sie im weiteren Verlauf des Vorhaltens weiter zunehmen. Aber auch nicht abnehmen, dann weht der Faden wieder aus der Mitte zurück. Dieser Flugzustand wird beibehalten, bis das Seil ausgeklinkt hat.

Nun wird deutlich, weshalb wir während des Starts immer wieder seitlich hinausschauen sollen: So erkennen wir die Querneigung und können kontrollieren, ob unser Vorhalten erfolgreich ist (sind wir noch über, oder in Windrichtung leicht neben der Windenstrecke?). Auch wenn wir uns über ein erfolgreiches Vorhalten zu Recht freuen, darf die Aufmerksamkeit für den Fahrtmesser zu keiner Zeit reduziert werden!

Im Grunde genommen ist Vorhalten nichts anderes als eine Kurve am Seil. Nur kurven wir nicht weg, da das Seil uns festhält. Würde es reißen, so befänden wir uns tatsächlich in einer Kurve. Aber es gibt sogar noch einen bisher nicht genannten Vorteil: Durch die Kurve am Seil hat sich unser Flugweg über Grund verlängert. Manche Piloten behaupten, dass bei idealem Vorhalten und richtiger Windrichtung das Segelflugzeug eine größere Starthöhe erreicht.

Vorhalten im Windenstart

Wie links beschrieben, können wir häufig von einer Seitenwindkomponente im Start ausgehen. Für den normalen Flug (ohne Seil) ist dies kein Problem, doch am Seil müssen wir den Seitenwindeffekt ausgleichen. Wir „halten vor".

Vom freien Flug kennen wir schon die Möglichkeit, einen Luvwinkel zu fliegen. Das tun wir nun am Seil, indem wir die Längsachse mit dem Seitenruder gegen den Wind richten (maximal 10 Grad). Da das Segelflugzeug sich im Windenstart wie im freien Flug dabei nur um die Hochachse dreht, die alte Flugrichtung aber beibehält, müssen wir mit einem gleichsinnigen Querruderausschlag eine Kraft erzeugen, die uns luvwärts zieht. Wir lassen dabei den luvseitigen Flügel nur soviel hängen, dass der Faden in der Mitte bleibt und keinesfalls nach Lee ausweht.

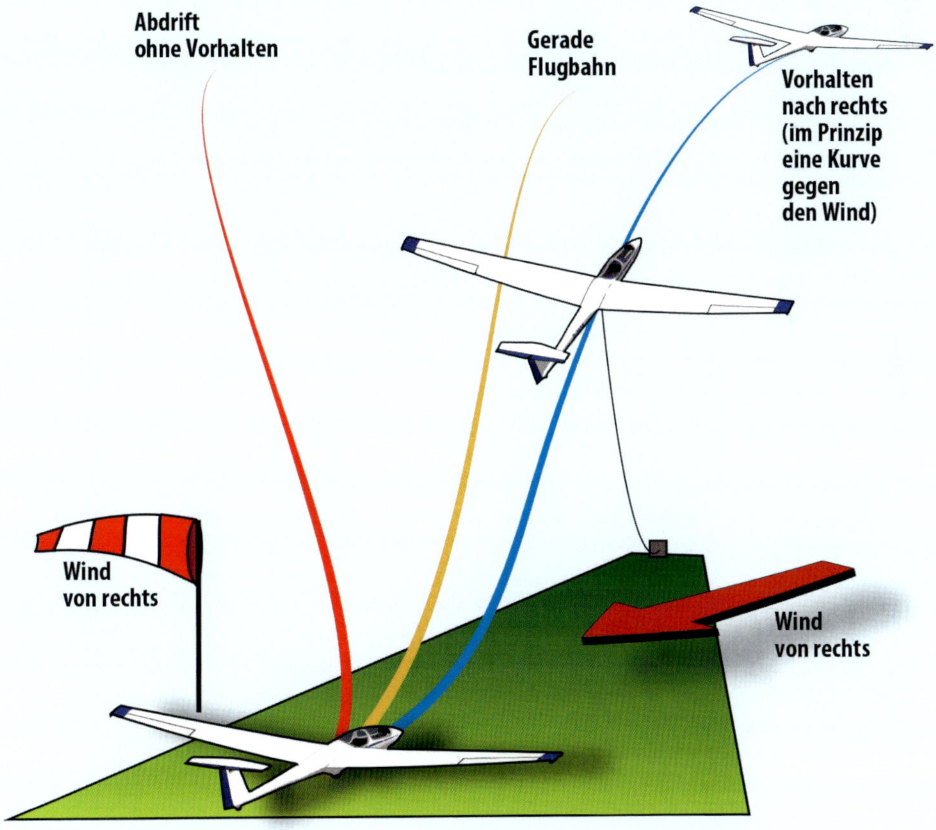

Bild 4.10
Vorhalten im Windenstart

Manche Piloten behaupten, dieses fadengerade Vorhalten sei nicht möglich. Sie haben es noch nie probiert und wenn sie es probierten, waren sie von der Querneigung überrascht. So wird immer wieder versucht, nur eine Richtung gegen den Wind mit dem Seitenruder zu halten. Der Faden bleibt dabei schief und wir wissen bereits, dies signalisiert uns auch hohen Luftwiderstand durch unsaubere Anströmung. Gerade im Start wollen wir aber „hoch hinaus“. Da macht es doch vielleicht mehr Sinn, etwas zu üben.

Bevor dieses Kapitel abgeschlossen wird, möchte ich nochmals die häufigsten Fehler zusammenfassen:

–> *Beim Anrollen berührt ein Flügel den Boden.*
–> *Das Flugzeug bäumt sich beim Start auf.*
–> *Die Geschwindigkeit wird nicht beachtet.*
–> *Die Querneigung wird im Start nicht beachtet, ein Flügel hängt.*
–> *Es wird nicht beachtet, dass der Windenfahrer im Ausklinkraum die Seilgeschwindigkeit reduziert, und es wird weiter kräftig gezogen.*
–> *Das Horizontbild wird beim Ausklinken nicht gehalten und das Segelflugzeug macht einen Satz nach oben.*
–> *Es wird nach dem Ende des Starts nicht nachgeklinkt (3 mal).*
–> *An Seilriss wird nicht gedacht, und es ist kein Konzept dafür vorhanden (siehe Kapitel 8).*

Der ganze Startvorgang an der Winde dauert weniger als eine Minute, dafür so viele Seiten Text? Aber ja, denn Fehler im Windenstart können sich bitter rächen!

Das Segelflugzeug kurvt am Seil gegen den Wind, ist aber gleichzeitig (durch das Seil) gefesselt. Das Seitenruder bestimmt den Vorhaltewinkel und muss während des ganzen Vorganges ausgeschlagen bleiben, da das Seil die Nase des Segelflugzeuges zurückziehen will. Der Ruderausschlag ist dabei abhängig von der Seilgeschwindigkeit (rückrichtendes Moment) und der Seitenwindkomponente.

Wie links beschrieben, kontrolliert das Querruder den Faden. Wichtig ist jedoch, dass die Querneigung nicht unbeabsichtigt so groß werden darf, damit das Segelflugzeug über den tieferen Flügel ausbricht oder gar abkippt. Mit dem Vorhalten wird keinesfalls unter der Sicherheitshöhe (angezeigte 50 Meter) begonnen. Du steuerst sicherer und effektiver, wenn du kontinuierlich etwas vorhältst, anstatt kurzfristig stark und übertrieben, weil du vorher vergessen hast, an Seitenwindeinfluss zu denken.

04

Der Flugzeugschleppstart
Immer dem Flugzeug hinterher

Sicherlich ist der Windenstart für den Segelflieger die schnellere Möglichkeit, in die Luft zu kommen. Viele Fluggelände verfügen aber nicht über ausreichende Länge, sie sind auf den Flugzeugschleppstart – kurz F-Schlepp – angewiesen. Vorteilhaft daran ist außerdem, dass der Segelflieger sich hinschleppen lassen kann, wohin er will. Der Windenstart dauert zwar nur kurz und ist sicher die umweltfreundlichere Methode, hat aber seine speziellen Risiken (zu den Schwierigkeiten des Flugzeugschleppstarts kommen wir gleich) und er stellt uns nur eine begrenzte Höhe zur Verfügung.

Zuerst fällt das unterschiedliche Schleppseil beim F-Schlepp auf. Es hat eine spezielle Sollbruchstelle und wird in die dafür vorgesehene Bugkupplung (sofern vorhanden) eingeklinkt. Diese Kupplung befindet sich an der Rumpfspitze. Es ist keine Sicherheitskupplung, das Seil klinkt nicht am Ende des Schlepps automatisch aus. Sofern wir ein Schleppflugzeug mit einer Einziehvorrichtung haben, braucht das Seil (wenn beide Maschinen fertig an der Startstelle stehen) nur am Seileinlauf des Motorflugzeuges herausgezogen und mit dem kleineren Ring des Ringpaares am Segelflugzeug eingeklinkt zu werden. Bei Motormaschinen ohne diese praktische Einrichtung wird ein Ende des Seils in der dafür vorgesehenen Einklinkvorrichtung der Schleppmaschine befestigt. Die Sollbruchstelle sitzt immer am Seilende vor dem Segelflugzeug.

Die bei uns verwendeten Seile sind zwischen 40–60 Meter lang. Meistens bestehen sie aus Kunstfasern und sind in der Lage, plötzliche Beschleunigungen ein wenig abzufedern. Das hat aber gleichzeitig den Nachteil, dass sie sich im Schlepp gerade in ungünstigen Flugabschnitten spannen können und anschließend unser Segelflugzeug katapultartig nach vorne schleudern.

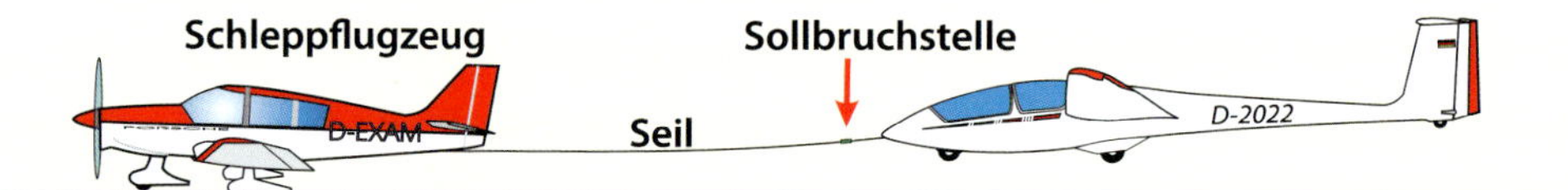

Bild 4.11
Der Flugzeugschlepp in der Startphase

Wenn wir startklar sind (Startcheck? – die Trimmung muss über normal hinaus auf kopflastig stehen) und die Schleppmaschine in Position ist, geben wir dem Helfer draußen das Zeichen zum Einklinken. Je nach Fluggelände gibt ein Winker dem Piloten des Motorflugzeuges Zeichensignale, um das Seil straff zu ziehen, oder wir benutzen den Funk. Ist der Start freigegeben, kann der Flügel angehoben werden. Sinnvollerweise sollten während des Straffziehens die Luftbremsen gezogen werden, da sie in aller Regel im letzten Teil des Hebelweges auf die Radbremse wirken. Ein Überrollen des Seiles wird somit vermieden. Man darf nur nicht vergessen, die Bremsen rechtzeitig wieder einzufahren.

Der Flugzeugschleppstart
Paarlauf

Diese Startart ist aerodynamisch komplizierter, da zwei Luftfahrzeuge über ein gespanntes Seil in einer Verbindung stehen. Zunehmend übernehmen Motorsegler und Ultraleichtflugzeuge die Aufgabe des Schleppflugzeuges, ein Vorteil ist in Bild 4.12 zu sehen. Viele Segelflugpiloten empfinden diese Startart oft als angenehmer, da hier keine plötzlichen Beschleunigungen wie im Windenstart auftreten. Der Flugzeugschleppstart dauert viel länger (ca. fünf Minuten), man hat viel mehr Zeit Fehler zu machen.

Das Schleppseil ist oft aus Kunststoff bzw. einem Fasermischgewebe hergestellt. Stahlseile finden bei uns kaum Verwendung (im Gegensatz zu anderen Ländern). Das elastische Seil soll plötzliche Beschleunigungen abfedern, ein Stahlseil kann das nicht. An manchen Plätzen werden noch Hanfseile verwendet, die an beiden Flugzeugen eingeklinkt werden.

04

Die Beschleunigung im F-Schlepp ist nicht so stark. Das Segelflugzeug besitzt eine höhere aerodynamische Qualität (= weniger Widerstand) als das Motorflugzeug. So kommen immer wieder Flugphasen vor, in denen das Schleppseil durchhängt. Das geschieht um so mehr, je ungleichmäßiger wir steuern und das Seil entweder belasten oder entlasten (siehe links). Die Bewegungen zwischen beiden Flugzeugen können auch oszillieren, was das gesamte Gespann in eine komplexe Interaktion stellt.

Vor dem Start (Startcheck?) wird die Rudertrimmung (grüner Hebel) etwas kopflastig gestellt, um zu verhindern, dass das Segelflugzeug bei der erhöhten Geschwindigkeit im Schlepp ständig nach oben steigt.

Grundsätzlich ist zwischen einem Schlepp hinter einem Motorflugzeug und einem Motorsegler zu unterscheiden. Bild 4.12 zeigt in der Draufsicht einen Schleppzug mit einem Motorsegler. Es ist ein sehr großer Vorteil, wenn die Wirbel der Randbögen des vorausfliegenden Flugzeugs seitlich vom Segelflieger bleiben.

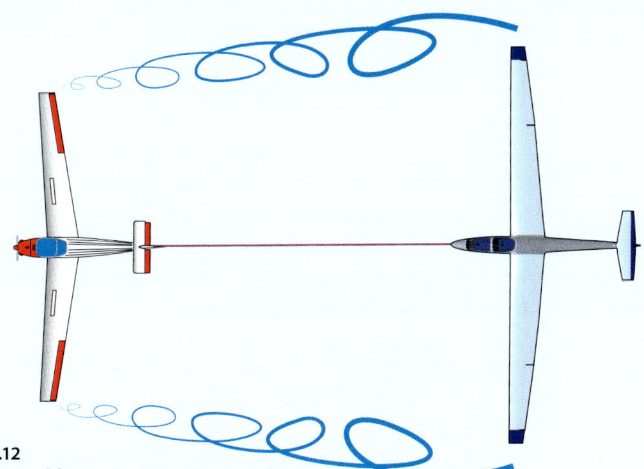

Bild 4.12
Flugzeugschlepp mit einem Motorsegler: Bei beinahe gleicher Spannweite bleiben die Randwirbel seitlich vom Segelflugzeug

Der Helfer sollte jetzt noch einmal kontrollieren, ob das Schleppseil eingeklinkt ist (nur gucken, nicht hinlaufen!). Wir haben das Höhenruder im Unterschied zum Windenstart leicht gezogen, da eine Neigung zum Aufbäumen nicht vorhanden ist. Ein volles Ziehen des Höhenruders (oft beobachtet) ist zwecklos, denn mehr als den Sporn auf dem Boden zu halten ist in der Startphase nicht möglich. Dieses Herannehmen des Höhenruders dient während der Rollphase ausschließlich zur Verringerung der Rollreibung. Lediglich bei starkem Seitenwind kann man etwas stärker ziehen, weil dann der Sporn (oder das Spornrad) fester auf den Boden gedrückt wird und die Richtung leichter gehalten werden kann.

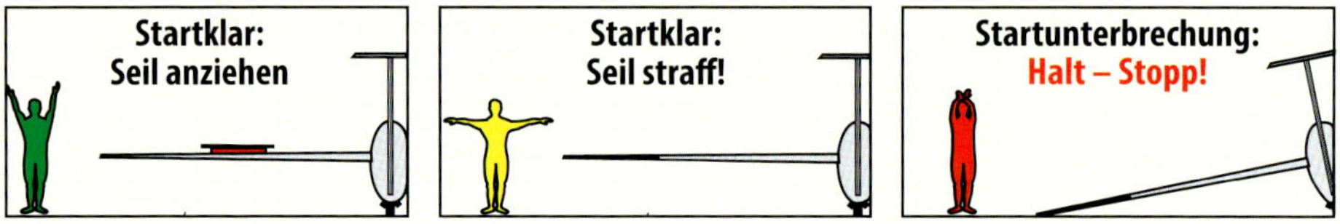

Bild 4.13
Zeichensignale während des Starts

Immer häufiger kommen Motorsegler als Schleppflugzeug zum Einsatz. Die Kosten für den Start sinken stark. Meistens werden sie mit Autosuper betankt, Motorflugzeuge dagegen mit Flugbenzin. Die Privatpiloten sind die Einzigen, die eine Flugbenzinsteuer bezahlen. Da ist der Liter schnell einen Euro teurer. Der Schlepp mit einem Motorsegler dauert etwas länger, da die Steigleistung nicht so hoch ist.

Gerade für leichte Segelflugzeuge (zum Beispiel die Ka 8, die immer noch vielen Alleinflieger treue Dienste leistet), ist der Schlepp mit einem Motorsegler einfacher. Beide besitzen beinahe die gleiche Fluggeschwindigkeit. Schleppt dagegen ein Motorflugzeug, muss der Segelflugpilot im Flug extrem stark nachdrücken, da er sonst das Flugzeug übersteigt. Gleichzeitig hat der Schlepppilot das Problem, dass sein Flugzeug im Langsamflug nahe der zulässigen Mindestfahrt fliegt.

Anrollen und Abheben

Der Helfer am Flügel sollte bei Beginn des Schleppvorganges etwas länger mitlaufen, da die Geschwindigkeit beim Anrollen kaum für eine ausreichende Ruderwirkung genügt. Hier gilt wie beim Windenschlepp: Als Helfer sich niemals am Tragflügel des Segelflugzeuges festhalten. Ebenso muss das Segelflugzeug bei Seitenwind alleine in der Waagerechten bleiben können. Der Helfer muss deshalb am Luvflügel mitlaufen und diesen etwas tiefer als den Leeflügel halten.

Schon während der Phase des Anrollens wird das Segelflugzeug mit großen Querruderausschlägen waagerecht gehalten und seine Richtung mit dem Seitenruder gesteuert. Übrigens, während des gesamten Schleppvorganges hat der Faden für uns keine Bedeutung. Das Schleppflugzeug vor uns gibt die Richtung an (so wie uns bei der Landung das Landefeld die Richtung vorgibt).

Es gibt aber viel wichtigere Unterschiede: Augenfällig ist, dass die Strecke bis zum Abheben deutlich länger ist. Speziell zum Segelflugzeugschlepp umgerüstete Motorsegler besitzen zwar deutlich mehr Leistung als sonst üblich, trotzdem ist verständlich, dass sie sich mit schwereren Doppelsitzern (besonders an warmen Tagen) schwer tun. Während in der Regel (siehe auch im nächsten Abschnitt) der Segelflieger deutlich vor dem Motorflugzeug abhebt (er ist schon bei einer geringeren Geschwindigkeit flugfähig), heben beim Schlepp mit einem Motorsegler beide gleichzeitig ab. Bei Seitenwind (siehe Bild 4.16) wirkt dieser gleich auf den gesamten Schleppzug.

Für leichte Segelflugzeuge ist der Schlepp mit dem Motorsegler einfacher. Daneben ist der gesamte Schleppzug aerodynamisch deutlich stabiler. Beide besitzen die fast gleiche Spannweite, sind im gleichen Geschwindigkeitsspektrum und haben ähnliche Drehmomente bei Ruderausschlägen.

04

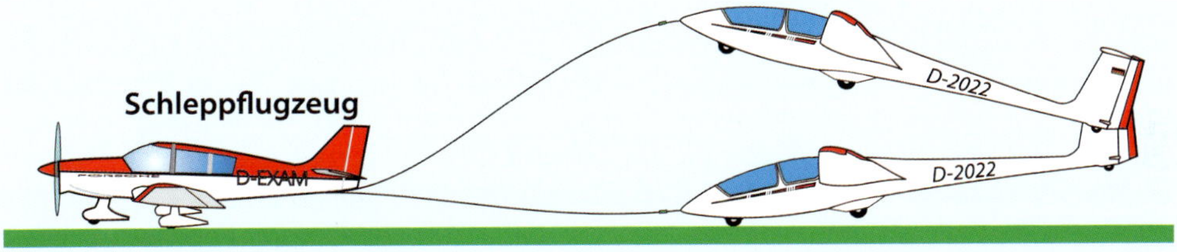

Bild 4.14
Nickbewegungen (übertrieben dargestellt)

Zunehmend werden auch Ultraleichtflugzeuge im Schlepp eingesetzt. Allerdings liegt bei den meisten die höchst zulässige Bruchlast der Sollbruchstelle im Seil unter der ***eines doppelsitzigen Segelflugzeugs. Grundsätzlich ist ein Schlepp möglich, bei Böen oder starken Luftwirbeln kann sie früher reißen.***

Anrollen und Abheben

Während des Anrollens muss das Segelflugzeug genau hinter der Schleppmaschine bleiben, weil wir sonst durch den langen Hebelarm (das Seil steht während des Rollvorganges unter Spannung) die Schleppmaschine herumreißen könnten. Sollten wir zur Seite ausbrechen und eventuell sogar noch mit einem Flügel Bodenberührung bekommen, muss sofort ausgeklinkt werden. Andernfalls könnte der Schleppzug unter Umständen die Startbahn verlassen und andere gefährden. Gerade bei Seitenwind muss darauf geachtet werden! Richtung und Querneigung werden mit Seiten- und Querruder kontrolliert. Weil die Anfangsgeschwindigkeit gering ist, müssen große und zügige Ruderausschläge gemacht werden (siehe links).

Wir heben vor dem Schleppflugzeug ab, da das Segelflugzeug schon bei einer deutlich geringeren Geschwindigkeit flugfähig ist. Achte darauf, deine Maschine nicht vom Boden „wegzureißen", weil du sonst in Schwingungen um die Querachse (Kapitel 3) kommen kannst.

Das Segelflugzeug (nicht beim Schlepp mit einem Motorsegler) hebt zuerst ab. Falsch wäre es, jetzt das Höhenruder voll zu ziehen, denn dann befänden wir uns kurz darauf deutlich oberhalb der Schleppmaschine. Abheben wollen wir dennoch so früh wie möglich, um die Rollreibung (ältere Flugzeuge haben noch Kufen) zu überwinden. Du merkst deutlich, wie die Schleppmaschine nach unserem Abheben an Geschwindigkeit gewinnt.

Nach dem Abheben fliegen wir in ca. einem Meter Höhe hinter dem Motorflugzeug her. Sollten wir zu hoch steigen, so wird gefühlvoll nachgedrückt, um wieder die richtige Höhe zu erreichen. Anderenfalls könnten wir der Schleppmaschine den Schwanz hochziehen und verhindern, dass sie abhebt. Bist du etwas zu hoch geraten (2–3 Meter), dann drücke keinesfalls panisch nach, denn leicht setzt das Segelflugzeug wieder auf, um anschließend unkontrolliert hochzuspringen.

Sollte in dieser Flugphase (Segelflugzeug in der Luft, Schleppflugzeug rollt noch) der Seitenwind dich versetzen (vor dem Start auf den Windsack geguckt?), müssen wir mit Luvwinkel (siehe Kapitel 5) hinter der Schleppmaschine fliegen. Die Nase des Segelflugzeuges wird dabei so weit mit dem Seitenruder gegen den Wind (siehe Bild 4.15) gedreht, bis wir den gleichen Flugweg wie das Schleppflugzeug besitzen. Dieser Flugzustand wird bis zum Abheben des gesamten Schleppzuges beibehalten (Seitenruder getreten halten!). Der Faden steht schief, weil wir keinen Flügel hängen lassen dürfen. Denn in Bodennähe riskieren wir sonst eine Bodenberührung mit einer Flügelspitze.

Schon wenige Grad Querneigung wären kritisch. Während eines solchen Fluges mit Luvwinkel kannst du gleich ein wichtiges Gebot des gesamten Flugzeugschlepps lernen: Wir halten immer die gleiche Querneigung wie die Schleppmaschine vor uns. In diesem Fall sind unsere Flügel noch waagerecht.

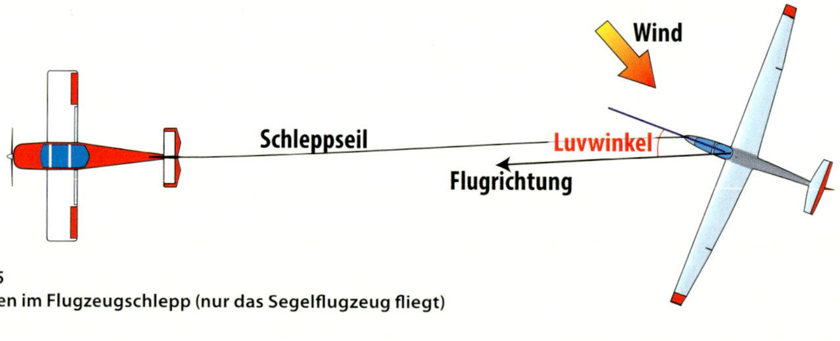

Bild 4.15
Vorhalten im Flugzeugschlepp (nur das Segelflugzeug fliegt)

Nach dem Abheben des Motorflugzeuges bleiben wir genau hinter diesem, die Nase unseres Segelflugzeuges zeigt auf das Seitenruder des Schleppers. Das erste Stück steigt der Schleppzug geradlinig in Verlängerung der Startrichtung. Selbst Seitenwind spielt jetzt für uns keine Rolle mehr, weil dieser auf den gesamten Schleppzug wirkt und wir lediglich in Längsachse hinter dem Motorflugzeug bleiben müssen. Manche Schlepppiloten ziehen es vor, sofort nach dem Abheben schnell Höhe zu gewinnen. Es bleibt dir nichts anderes übrig, als mitzusteigen.

Die Möglichkeit zu Nickschwingungen ist immer dann gegeben, wenn wir das Segelflugzeug mit maximalem Anstellwinkel (geringe Fahrt) vom Boden gezogen haben und nun ein Nachlassen des Höhenruders den Auftrieb soweit vermindert, dass er zusammenbricht.

Sollten wir nach dem Abheben etwas zu hoch sein (2-3 Meter), so ist dies noch nicht kritisch, da bei einer Seillänge von 40 Meter dies noch keinen großen Winkel darstellt.

Während beim Anrollen Seitenwind uns durchaus zwingen kann, den Luvflügel minimal hängen zu lassen (es ist leichter, nun mit dem Seitenruder die Richtung zu halten, da das Segelflugzeug nicht beständig nach Lee kippen will), wird bei Seitenwind nach dem Abheben das Segelflugzeug mit dem Seitenruder luvwärts gedreht (siehe links). Jetzt sind die Flügel gerade! Diesen Luvwinkel steuern wir zur Sicherheit, denn nach dem Abheben kann es durchaus vorkommen, dass wir in turbulenter Luft wieder etwas tiefer geraten. Schon bei wenigen Grad Querneigung ist die Gefahr der Bodenberührung mit einem Flügel gegeben. Unser Ziel ist es, hinter der Schleppmaschine über dem Startstreifen bleiben zu können.

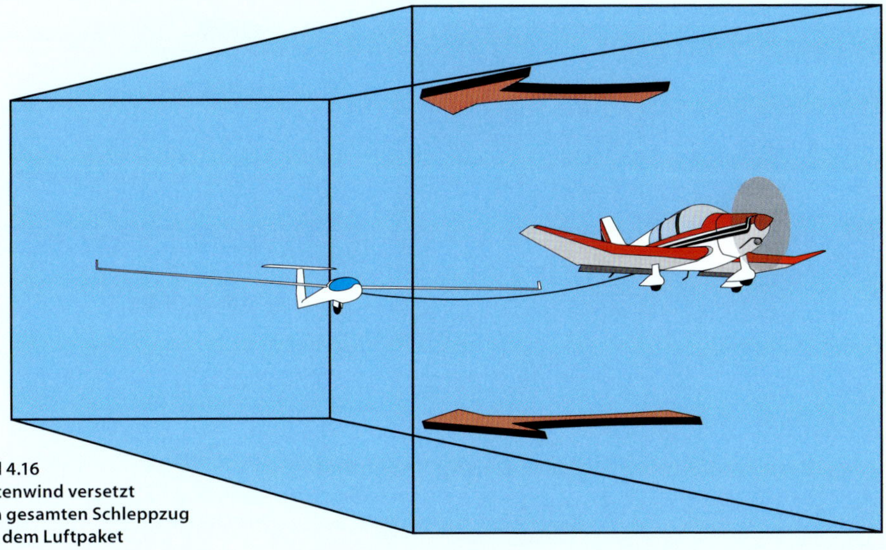

**Bild 4.16
Seitenwind versetzt den gesamten Schleppzug mit dem Luftpaket**

Hebt das Motorflugzeug ab, richten wir die Nase des Segelflugzeuges wieder allmählich auf das Leitwerk des Schleppers aus. Eventueller Seitenwind wirkt jetzt auf den gesamtem Schleppzug. Das wird auch der Schlepppilot merken und seinerseits einen Luvwinkel fliegen (wir fliegen das erste Stück in Verlängerung der Startrichtung). Da wir genau in Längsrichtung zur Schleppmaschine bleiben, haben wir automatisch den gleichen Luvwinkel. Zur Erinnerung: Der Luvwinkel dient nur dazu, eine seitliche Abdrift gegenüber dem Boden zu verhindern. Würden wir dies im freien Flug tun (siehe Kap. 7 Die Landung), stünde der Faden – genau wie jetzt im F-Schlepp – in der Mitte.

Zu hoch / zu tief

In welcher Höhe sollten wir hinter dem Schleppflugzeug herfliegen? Der Profi denkt sich die Längsachse des Flugzeuges vor sich im Seil verlängert bis zur Nase des Segelflugzeuges und prägt sich das entsprechende Flugbild ein. Wir sehen als Anfänger aber noch nicht gar so genau hin und merken uns folgendes: Liegen die Flügel des Schleppflugzeuges von uns aus gesehen auf der Horizontlinie, so machen wir nichts verkehrt. Bei der oft als Schleppflugzeug verwendeten Robin DR 400 sitzen die Räder von uns aus betrachtet auf dem Horizont.

Sehen wir die Tragflügel der Schleppmaschine unter dem Horizont, so sind wir mit Sicherheit zu hoch (wir blicken von oben auf das Motorflugzeug herab!). Sind die Flügel des Schleppers deutlich über dem Horizont, fliegen wir zu tief (wir erkennen die Unterseite der Motormaschine). (Sollte dein Fluglehrer so nett sein und dir erlauben, ein paar Punkte auf die Haube zu kleben [wie schon in Kapitel 3 beschrieben, so fiele es dir leichter, mit dem Segelflugzeug die richtige Höhe hinter dem Schlepper einzuhalten.)

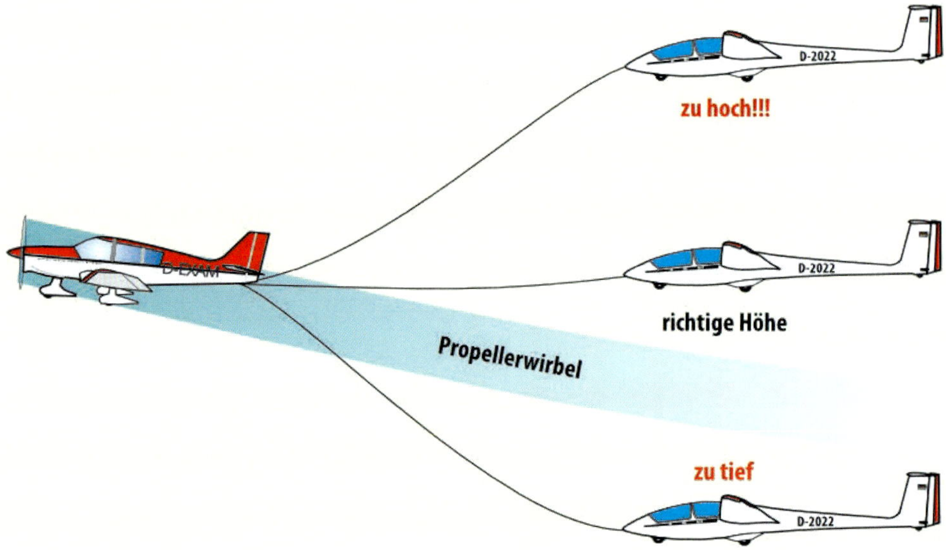

Bild 4.17
Welche Höhe hinter der Schleppmaschine?

Zu hoch zu sein ist immer kritisch, denn wir ziehen das Leitwerk des Schleppflugzeuges nach oben (siehe nächste Seite rechts). Der Schleppzug droht außer Kontrolle zu geraten, das Schleppflugzeug kippt nach unten weg! Da wir (wie beschrieben) keine Sicherheitskupplung haben, kann sehr schnell der Fall eintreten, dass sich der gesamte Schleppzug in einem steilen Sturzflug der Erde nähert, wobei keiner der beiden Piloten die Möglichkeit hätte, diesen Zustand durch ein Abfangmanöver zu beenden.

Zu hoch / zu tief

Links ist beschrieben, in welcher Höhe wir hinter der Schleppmaschine fliegen sollten. Du wirst mit deinem Fluglehrer ausprobieren, bis zu welchem Punkt du gefahrlos nach oben bzw. nach unten darfst. Während des gesamten F-Schlepps ist aber zu beachten, dass die Ruder eine enorme Wirkung haben, da wir mit deutlich überhöhter Geschwindigkeit fliegen. Deshalb kann es leicht passieren, dass sich beim Segelflugzeug Schwingungen um die Querachse (Nicken) einstellen. Du bist über die Wirkung des eigenen Höhenruderausschlages überrascht und im nächsten Moment musst du den eigenen Ruderausschlag korrigieren. ***So gilt auch hier: Nie so schnell steuern, dass du die Reaktionen des Segelflugzeuges auf die Ruderbewegungen nicht mehr beobachten kannst!***

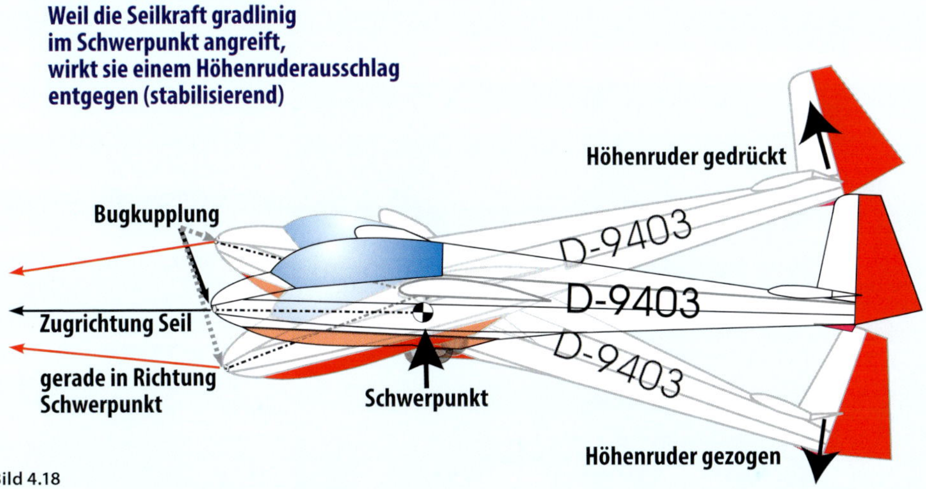

Bild 4.18
Die stabilisierende Kraft der Bugkupplung

Das Schleppseil ist in der Bugkupplung eingeklinkt. So unterstützt das Seil das Segelflugzeug beim korrekten Halten der Richtung. Ausnahme ist der Start mit Luvwinkel bei Seitenwind, solange das Motorflugzeug noch rollt. Das Seil will die Nase wieder in Richtung Schleppflugzeug drehen, das Seitenruder bleibt ausgeschlagen! Der Faden muss schief stehen! Bei Segelflugzeugen, die keine Bugkupplung besitzen und daher an der Schwerpunktkupplung geschleppt werden, entfällt dieses ausrichtende Moment vollkommen. Da die Bugkupplung vor dem Schwerpunkt des Segelflugzeuges sitzt (zur Erinnerung: Die Schwerpunktkupplung befindet sich unterhalb des Schwerpunktes), übt das Seil eine leichte Gegenkraft zum Höhenruder und Seitenruder aus. Dies kleine Drehmoment hilft dir etwas, denn wie beschrieben wirkt das Höhenruder wegen der hohen Schleppgeschwindigkeit ganz schön heftig. Du kannst dir also jetzt vorstellen, wie labil ein Segelflugzeug fliegt, welches an der Schwerpunktkupplung gezogen wird. Unfalluntersuchungen zeigen, dass Schlepps an der Schwerpunktkupplung kritisch sind und mit Sicherheit niemals mit einen Anfänger geprobt werden sollten. Denn dann steuert der Fluglehrer und es gibt kaum einen erzielbaren Lernerfolg.

Ist es soweit gekommen, reichen die Handkräfte am Ausklinkknopf des Segelflugzeuges nicht mehr aus, da das Seil zu stark unter Spannung steht. Dieses Manöver in Bodennähe bedeutet, dass wir den Schlepppiloten (und uns) erheblich gefährden, wie zahlreiche Unfälle leider belegen. Verliert uns der Schlepppilot im Rückspiegel aus den Augen, so vermutet er uns zu hoch und wird zu Recht nervös. Wir müssen uns nicht wundern, wenn wir dann das Signal zum Ausklinken (siehe am Ende des Kapitels) erhalten oder er gar selbst das Seil ausklinkt.

Auf der rechten Seite (auch Bild 4.18) ist die stabilisierende Kraft beim Schlepp an der Bugkupplung beschrieben. Zwar ist die Gefahr des Übersteigens an der Schwerpunktkupplung (ganz extrem die gute alte Ka 8!) deutlich ausgeprägter, doch ist nicht ausgeschlossen, dass in Extremfällen dies nicht auch an der Bugkupplung möglich ist. Zur Ausbildung gehört daher in jedem Fall das Erkennen der Schleppzustände, ihrer Fehler und das spontane und richtige Eingreifen.

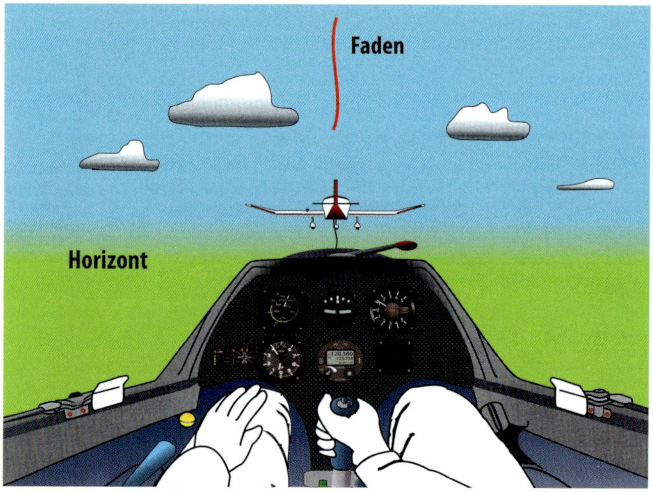

Bild 4.19
So sieht der Segelflugpilot den korrekten Flugzeugschlepp

Zu tief zu sein ist in erster Linie für uns unangenehm, weil wir in die Propellerwirbel des Motorflugzeuges geraten. Ansonsten besteht (bei kleinen Motorflugzeugen) keine große Gefahr. Du wirst das zu tiefe Fliegen aber freiwillig lassen, wenn dein Fluglehrer mit dir einmal in diese Turbulenzen hineinfliegt und du erhebliche Probleme mit der Kontrolle und Steuerung des Segelflugzeuges bekommst (ein Sonderfall wäre der Tiefschlepp unter den Propellerwirbeln, er wird aber hier noch nicht behandelt. In einigen Staaten – beispielsweise in Australien – ist der Tiefschlepp unterhalb der Propellerböen obligatorisch). Sind wir zu hoch, so steuern wir das Segelflugzeug weich aber zügig (nicht zu lange überlegen) durch entsprechendes Drücken des Höhenruders wieder in die korrekte Fluglage. Wir sehen die Schleppmaschine wieder da, wo sie vorher war. Das Problem ist, dass wir mit dem Nachdrücken Fahrt gewinnen und das uns ziehende Flugzeug einzuholen drohen. Das Seil hängt durch. Dies lässt sich vermeiden, wenn die Störklappen vorsichtig (Achtung, sie saugen sich heraus) ausgefahren werden. Das Seil wird straff gehalten, weil wir den Widerstand erhöhen. Zurück in der richtigen Höhe, drücken wir kurz vor dem Spannen des Schleppseiles noch etwas nach, um einen kräftigen Beschleunigungsruck zu vermeiden, der das Seil zerreißen könnte.

Wenn du das Segelflugzeug mit dem Höhenruder übersteuerst, dann musst du schon einen Ruderausschlag gemacht haben, der die gewisse Stabilität im Schlepp überwindet. Das Schulflugzeug ASK 21 fliegt im Schlepp (sofern das Höhenruder richtig getrimmt ist (Startcheck?) zahlreiche Flugabschnitte beinahe alleine.

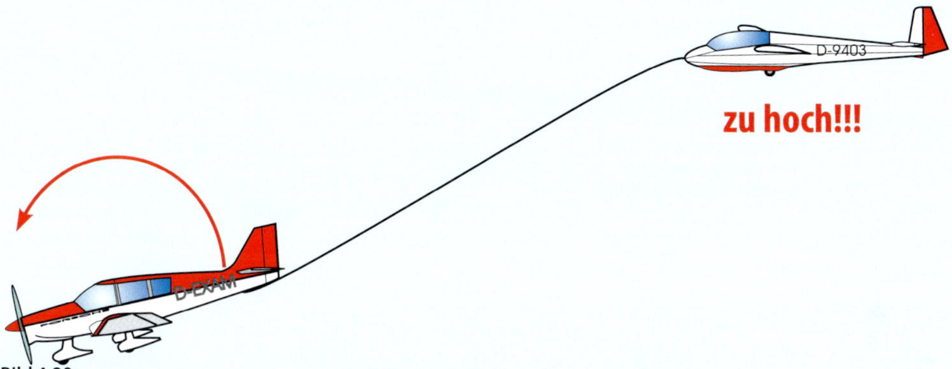

Bild 4.20
Das Segelflugzeug hebt das Leitwerk der Schleppmaschine an

Sind wir zu hoch, ziehen wir mit dem langen Hebelarm des Seiles das Leitwerk der vor uns fliegenden Maschine nach oben und zwingen diese, nach unten zu tauchen. Der Schlepppilot kann dabei so viel am Höhenruder dagegen ziehen, wie er will, gegen den langen Hebelarm kommt er nicht an. Sein Flugzeug gerät in einen immer steiler werdenden Bahnneigungsflug.

Je tiefer die Schleppmaschine durch ein solches Manöver gerät, desto höher fliegt das Segelflugzeug im Verhältnis zu ihr und um so stärker wird die Zugkraft nach oben. Das richtige Höhenverhältnis wird hier deshalb so ausführlich behandelt, da Überhöhen die Hauptunfallursache im Flugzeugschlepp ist. Untersuchungen belegen, dass beim Übersteigen das Motorflugzeug spontan über die Querachse nickt, die Seilkräfte wachsen rasant, trotzdem blieb meist die Sollbruchstelle heil.

Links unten ist beschrieben, dass Nachdrücken im Schlepp zu einem Seildurchhang führt. Der notwendige Kraftaufwand, um ein Segelflugzeug selbst mit erhöhter Fahrt gleiten zu lassen, ist verhältnismäßig gering (Siehe hierzu auch Kapitel 2). Weil ein Motorflugzeug einen erheblich höheren Luftwiderstand als unser Segelflugzeug besitzt, fällt es uns viel leichter, durch Nachdrücken Fahrt zu gewinnen, als dem Schlepppiloten. So entlasten wir mit einem Nachdrücken das Seil, es wird durchhängen. Davon wird der Schlepper jedoch nicht sofort schneller, sondern steigt durch den zunehmenden Vortrieb in einem Satz nach oben. Die ihm zusätzlich zur Verfügung stehende Kraft dient der Auftriebserhöhung. Wir müssen also davon ausgehen, dass uns bei der Rückkehr aus einer Überhöhung die Flugphysik nicht hilfreich zu Seite steht.

Wollen wir also sinken, sollten wir den Luftwiderstand erhöhen. Dies kann durch ein vorsichtiges (Achtung, hohe Fahrt!) Ausfahren der Luftbremsen geschehen.

04

Eine (elegantere) Methode wäre, bei einem Seildurchhang das Segelflugzeug in einen (leichten) Schiebeflugzustand zu bringen. Dies wird in der Anfängerschulung jedoch weniger angewendet, da der Flugschüler Probleme bekommt, in der Längsachse des Schleppflugzeuges dahinter zu bleiben.

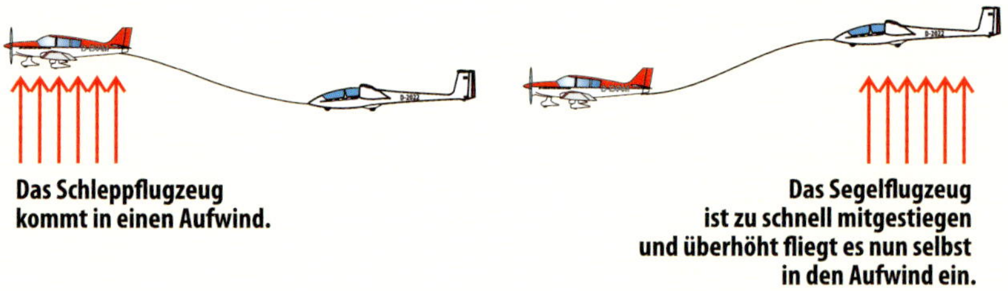

Bild 4.21
Überhöhung durch Thermik

An Tagen mit Thermik ist es leicht, im Schlepp zu hoch oder zu tief zu geraten. Thermik spüren wir als ungleichmäßige Luftbewegungen, unser Segelflugzeug muss dauernd korrigiert werden. Aber wir betreiben ja den Segelflugport, um bei Thermik zu fliegen. Es schreckt uns daher nicht,. kommt das Motorflugzeug in die Thermik und steigt zügig in sich nach oben. Wir steuern aber nur moderat mit, wissend, dass wir auch bald in diesem Aufwindbereich kommen werden. Sind wir zu schnell, kann das Schleppflugzeug wieder in einem Abwindbereich sein. Denn hier müssen wir hohe Aufmerksamkeit aufbringen: Niemals dürfen keinesfalls eine starke Überhöhung zulassen!

Das Segelflugzeug ist zu hoch!
Nur noch links unten ist das Schleppflugzeug sichtbar, es droht ganz aus dem Blickfeld zu geraten. Dieser Flugzustand ist gefährlich!
Das gespannte Seil zieht das Leitwerk des Schleppers nach oben, er wird nach unten wegtauchen. Dadurch kommt das Segelflugzeug in eine noch höhere Position.

Wenn dies nicht sofort korrigiert wird, hilft nur noch ausklinken!

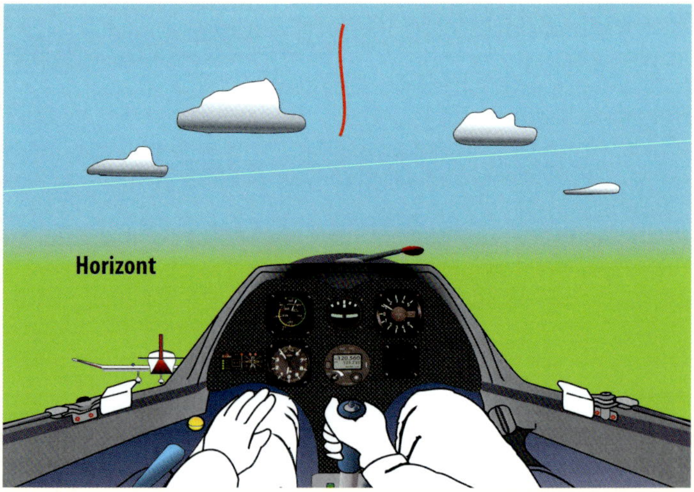

Bild 4.23
Das Segelflugzeug ist zu hoch. Dies ist gefährlich!

Jedoch ist vor einem Ausfahren daran zu denken, dass zuerst der Widerstand der Verriegelung überwunden werden muss und danach die Bremsen mit Kraft ausfahren wollen, weil ja auf der Oberseite des Flügels ein Unterdruck herrscht. Unterdimensionierte Sollbruchstellen (weil dies z.B. für ein Ultraleichtschleppflugzeug vorgeschrieben ist) können durch den Ruck vollausfahrender Bremsen reißen. Da auch dein Fluglehrer nicht jederzeit vorausahnen kann, was du im nächsten Moment zu tun gedenkst, solltest du ankündigen, wenn du im Schlepp die Luftbremsen ziehen möchtest!

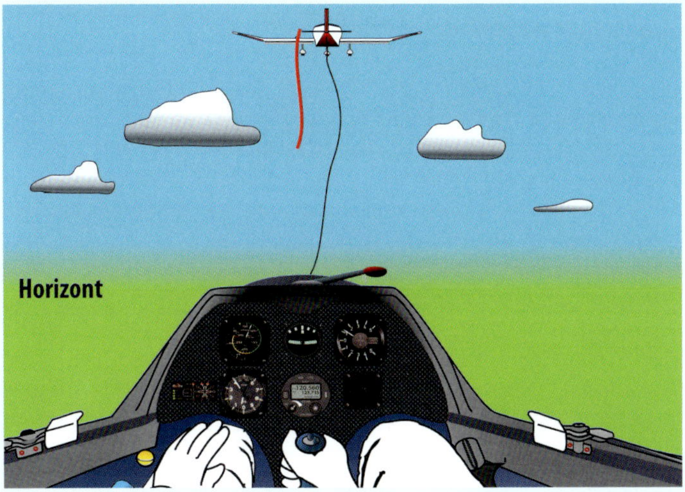

Bild 4.22
Das Segelflugzeug ist im Schlepp zu tief (aber unproblematisch)

Eine andere Methode ist links (über Bild 4.21) erwähnt. Eleganter kann man den Widerstand mit einem Schiebeflug hinter der Schleppmaschine erhöhen. Dabei wird die Nase des Segelflugzeuges mit dem Seitenruder etwas aus der Richtung gedreht und mit dem Querruder minimal gegengesteuert, jedoch nur soviel, dass du in Längsachse der Schleppmaschine bleibst. Dieser Flugzustand wird als Slip bezeichnet, kann aber Anfänger unter Umständen überfordern. Die Wahl der richtigen Methode solltest du deinem Fluglehrer überlassen. Eine genaue Erklärung des Slips findest du in Kapitel 10 (Die Schulung zur B-Prüfung).

Im Gegensatz zur Überhöhung wird von den Flugschülern das zu tiefe Fliegen eher vermieden, da das Bild der Schleppmaschine voraus deutlich als Fehler zu erkennen ist. Besser als jeder Fluglehrer erinnern dich die Propellerwirbel des Schleppers daran, dass du zu tief geraten bist. Für manche Motorsegler ist ein zu tiefer Schlepp problematisch.

Beim Schlepp in der Thermik steigt die Schleppmaschine deutlich bei gleichbleibender Längsrichtung, beobachten wir das Variometer, wird es uns kurz darauf ebenfalls Thermik anzeigen. Erkennen wir, dass das Motorflugzeug vor uns in Thermik eingeflogen ist, dürfen wir nicht unmittelbar hinterher steuern. Es gilt daran zu denken, dass wir 40 Meter später auf den gleichen Aufwind treffen.

Korrekturen der Richtung und Querneigung

Eingangs ist beschrieben, dass unsere Querneigung immer der des Schleppflugzeuges entsprechen soll. Das hört sich einfach an, aber auch hier hat uns der F-Schlepp einige Schwierigkeiten zu bieten: Wir fliegen mit einer deutlich höheren Geschwindigkeit als der Normalfahrt, da das Motorflugzeug eine höhere Mindestgeschwindigkeit als wir besitzt (Schlepp mit einer DR 400 ca. 120 km/h). Die oft in der Schulung verwendete ASK 13 ist bei Normalfahrt mit 80 km/h ein wunderbares Segelflugzeug, bei 120 km/h sind die Querruder jedoch so schwergängig, als wären sie eingerostet.

Bei jeder Richtungskorrektur mit dem Seitenruder bekommt das Segelflugzeug (siehe rechts) automatisch eine Querneigung in Richtung des ausgeschlagenen Seitenruders. Diese wollen wir nicht haben. Möchtest du aber bei einer Richtungskorrektur die Querneigung nicht verändern, so muss das Querruder bei einem Seitenruderausschlag leicht gegensinnig ausgeschlagen werden. Wie gesagt, dies dient nur zur Beibehaltung der Querneigung, keinesfalls jedoch, um sie ins Gegenteil zu verändern! Das lässt sich (mit Fluglehrer!) hervorragend im freien Flug üben, wenn wir mit 120 km/h geradeaus fliegen und die Richtung mit dem Seitenruder verändern.

Das Schulsegelflugzeug ASK 21 hat bei einer bestimmten Schleppgeschwindigkeit die Neigung, im Geradeausflug um die Längsachse von links nach rechts zu rollen. Dummerweise entspricht der Zeitraum bis zu einer Korrektur mit dem Querruder oft genau der Dauer des Pendelns. Hier weiß sich der Profi zu helfen, indem er kurz die Nase des Segelflugzeuges etwas zur Seite dreht (und dabei das Querruder ein wenig stärker gegensinnig ausschlägt, um nicht aus der korrekten Richtung hinter der Schleppmaschine hinausgetragen zu werden). Durch diesen kleinen Trick lässt sich eine Pendelbewegung stoppen, die wir in aller Regel selbst verschuldet haben.

Umgekehrt ist es bei Querneigungskorrekturen: Ein negatives Wendemoment (siehe Kap. 3) ist kaum vorhanden, da das Seil immer wieder die Nase des Segelfluges zur Motormaschine zieht (siehe rechts). Somit hat ein Querruderauschlag stets eine Richtungsänderung zum tieferen Flügel zur Folge. Auch in diesem Fall muss das Seitenruder leicht gegensinnig ausgeschlagen werden, willst du neben der Korrektur der Querneigung nicht die Richtung verlieren.

Bei allen Richtungskorrekturen auf die Beibehaltung der Querneigung achten.

Bei allen Querneigungskorrekturen auf die Beibehaltung der Richtung achten.

Korrekturen der Richtung und Querneigung

Mit jedem Seitenruderausschlag kurvt das Segelflugzeug in Richtung des getretenen Ruders, denn ein Flügel eilt vor (schneller = höherer Auftrieb) und einer bleibt zurück (langsamer = geringerer Auftrieb). Wenn du Modellflieger bist, so kennst du diesen Effekt, da viele Modelle kein Querruder besitzen und doch irgendwie gesteuert werden müssen. Besonders bei höherer Geschwindigkeit wird dieser Effekt als Schiebekurve deutlich.

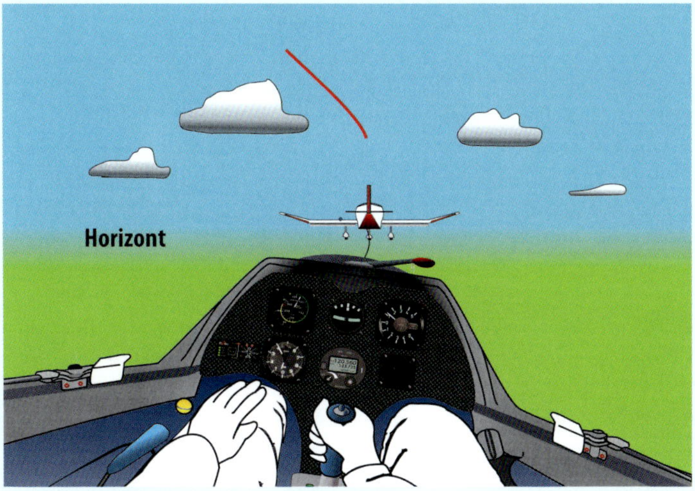

Bild 4.24
Der rechte Flügel hängt im Schlepp

Während das Seil ein stabilisierendes Moment auf Querachse (= Höhenruder) und Hochachse (= Seitenruder) ausübt, entfällt dies beim Querruder. Dieses Ruder geht aber bei den meisten Schulsegelflugzeugen ohnehin sehr schwer. Die Wirksamkeit ist wegen der hohen Fluggeschwindigkeit jedoch groß! Weil das Schleppflugzeug die Nase des Segelflugzeuges in Seilrichtung zieht, wirkt diese richtende Kraft dem negativen Wendemoment beim Querruderausschlag entgegen. Schließlich benutzen die Motorflieger auch kaum ihr Seitenruder, da der Motor sie um die Kurve zieht.

Für Korrekturen der Richtung gilt also:
–> Seitenruder links, gleichzeitig etwas Querruder rechts (bisherige Querneigung behalten)
–> Seitenruder rechts, gleichzeitig etwas Querruder links (bisherige Querneigung behalten)

Für Korrekturen der Querneigung gilt:
–> Querruder links, gleichzeitig etwas Seitenruder rechts (bisherige Richtung beibehalten)
–> Querruder rechts, gleichzeitig etwas Seitenruder links (bisherige Richtung beibehalten)

Der Kreisflug

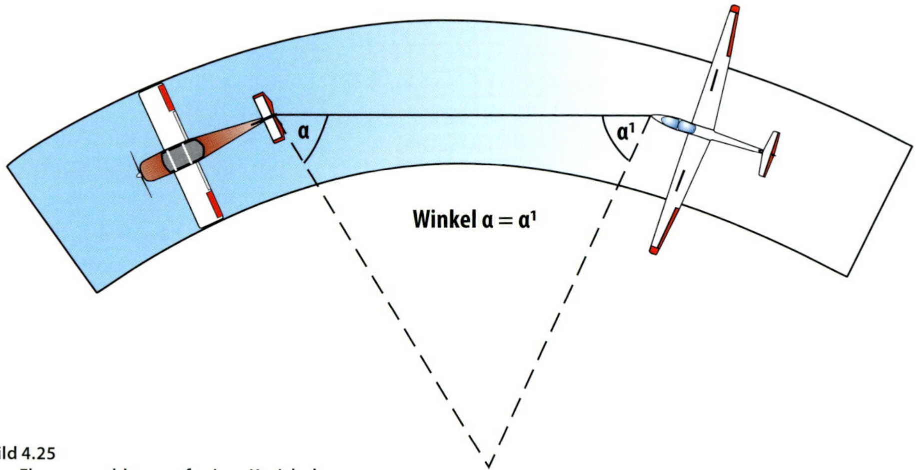

Bild 4.25
Der Flugzeugschlepp auf seiner Kreisbahn

Somit zur ersten Kurve während des Schlepps: Der gesamte Schleppzug soll auf einer gemeinsamen Kreisbahn fliegen. In jeder Kurve behalten wir die gleiche Querneigung wie das Motorflugzeug vor uns. Aber Achtung: Beim Einkurven ist weniger negatives Wendemoment vorhanden, wir benötigen entsprechend weniger Seitenruder. Bei jeder Richtungskorrektur mit dem Seitenruder bekommt das Segelflugzeug (siehe rechts) automatisch eine Querneigung in Richtung des ausgeschlagenen Seitenruders (die wir nicht immer haben wollen). In der Kurve behält für uns der Rumpf des Schleppflugzeuges den gleichen Höhenabstand zum Horizont. Die Ruder werden im Kurvenflug in Neutralstellung gebracht (siehe Kap. 3.1 linke Seite). Sobald der Schlepper Querneigung aufnimmt und einkurven möchte, kurven wir gleichzeitig mit. Handeln wir zu spät, sind wir bald zu weit außen.

Geraten wir in einer Kurve zu weit nach außen, kann es gefährlich werden. Wir fliegen mit einem größeren Kreisradius als das Schleppflugzeug und sind schneller. Dabei besteht natürlich die Gefahr, das Schleppflugzeug zu überhöhen. Die Gefahren des Übersteigens sind im vorausgegangen Abschnitt deutlich geschildert. Driften wir nach außen, ziehen wir den Schwanz des Motorflugzeuges aus der Kurve heraus. Das Schleppflugzeug steuert nun noch weiter in die Kurve hinein, sie wird enger. Damit wird wiederum das Übersteigen gefördert. Das Schleppflugzeug droht in den Kreis hinein abzukippen. **Sollte sich dieser Zustand nicht mehr korrigieren lassen, weil wir zu weit außen und zu hoch sind, müssen wir auf jeden Fall ausklinken, ehe es zu kritisch wird!**

An diesem Beispiel lässt sich verdeutlichen, wie sich beim Fliegen kleine Fehler addieren. Probleme entstehen nie nur aus einem Ereignis, sondern aus einer Ereigniskette.

Der Kreisflug

Der Schleppzug fliegt in der Kurve mit gleichem Radius. Steuern wir mit der Nase des Segelflugzeuges genau auf das Leitwerk des Motorflugzeuges zu, so haben wir das Segelflugzeug zu weit um die Hochachse in den Kreis gedreht (siehe Bild 4.26).

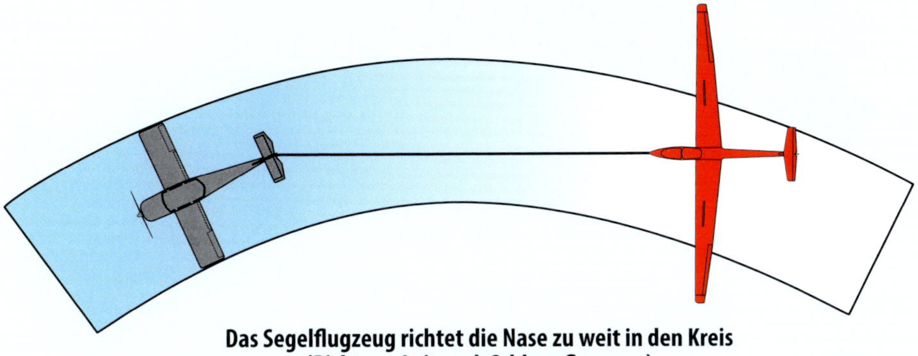

Bild 4.26
Das Segelflugzeug hat die Nase zu weit nach innen (Richtung Leitwerk Schleppflugzeug) und kürzt ab

Um in diesem (falschen) Beispiel auf der gleichen Kreisbahn bleiben zu können, müsste der Segelflugzeugführer ständig den rechten Flügel etwas hängenlassen. Mit zunehmender Querneigung des Schleppzuges (je enger wir also kurven) hat die Nase des Segelflugzeuges immer mehr auf die kurvenäußere Flügelspitze des Schleppers zu zeigen. Die immer wieder anzutreffende Meinung, dass die Segelflugzeugnase generell auf die äußere Flügelspitze des Motorflugzeuges gerichtet werden sollte, ist – wie gesehen – nicht zutreffend. Das häufigste Problem ist jedoch, mit dem Segelflugzeug zu weit nach außen zu geraten.

Da beide Luftfahrzeuge durch das Seil verbunden sind, muss das folgende Segelflugzeug, wenn es mit einem größeren Kreisbogen zu weit außen fliegt, schneller sein. Nur wenn wir exakt den gleichen Kreisradius des Schleppflugzeugs einhalten, fliegen wir mit dessen Geschwindigkeit. Umgekehrt verringert sich unsere Fahrt, je weiter wir uns dem Kreismittelpunkt nähern (siehe Bild 4.28). Je größer der Kreisumfang wird, desto mehr nimmt die Geschwindigkeit zu. Eine höhere Geschwindigkeit bei gleicher Bahnneigung führt zu einem höheren Auftrieb: Das Segelflugzeug steigt! In Kapitel 3 hast du aber zudem erfahren, dass mit zunehmendem Auftrieb der Widerstand steigt: Nun drehen wir das vorausfliegende Flugzeug um seine Hochachse erst recht in die Kurve hinein.

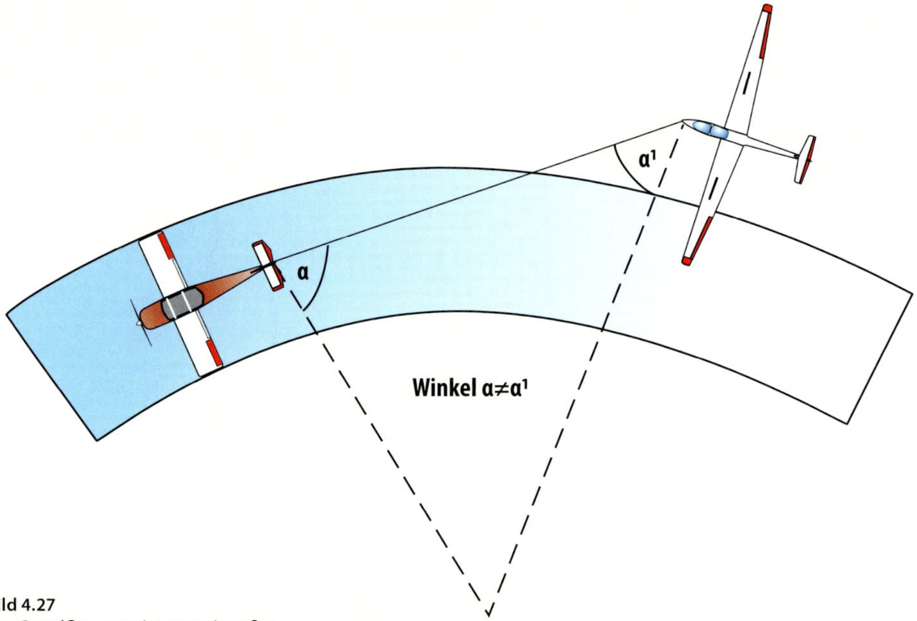

Bild 4.27
Das Segelflugzeug ist zu weit außen

Sind wir zu weit innerhalb der Kreisbahn, könnten wir das Schleppflugzeug innen überholen. Spannt sich dann das Seil anschließend, ziehen wir das Leitwerk des Motorflugzeuges in die Kurve hinein. Dies bringt den Schleppzug unter Umständen wieder in eine gerade Flugbahn. Da aber das Segelflugzeug auf der kurveninneren Bahn langsamer ist, sinkt es gleichzeitig nach unten weg. Wegen der zu kleinen Geschwindigkeit verringern die Ruderwirkungen. Ausklinken ist für den Segelflugzeugführer die einzige Lösung.

Seitliche Ablagen lassen sich natürlich korrigieren, dabei ist gleichgültig, ob der Schleppzug kurvt oder nicht. Zur Erinnerung: Das negative Wendemoment des Querruders ist während des F-Schlepps wenig ausgeprägt. Es ist deshalb einfach, mit dem Querruder einen Flügel hängen zu lassen und über diesen hängenden Flügel in Richtung des Schleppflugzeuges zu rutschen, während wir mit dem Seitenruder die gleiche Richtung wie die Schleppmaschine halten! Das Schleppseil bleibt bei dieser Methode hierbei immer straff (siehe Slip in Kapitel 10). Aber aufgepasst: Kurz vor der korrekten Position hinter der Schleppmaschine das Segelflugzeug wieder aufrichten, sonst überschießt du die angestrebte korrigierte Position zur anderen Seite! Ist dagegen die zu verbessernde seitliche Ablage zu groß, so bleibt uns nichts anders übrig, als einen Kurvenwechsel zu fliegen. Hier muss nach einem Drittel des Weges der Kurvenwechselpunkt liegen (siehe Bild nächste Seite rechts). Du kannst dir aber das fliegerische Leben leichter machen, wenn du bei notwendigen Korrekturen weiche und überlegte, keinesfalls abrupte Ruderausschläge machst.

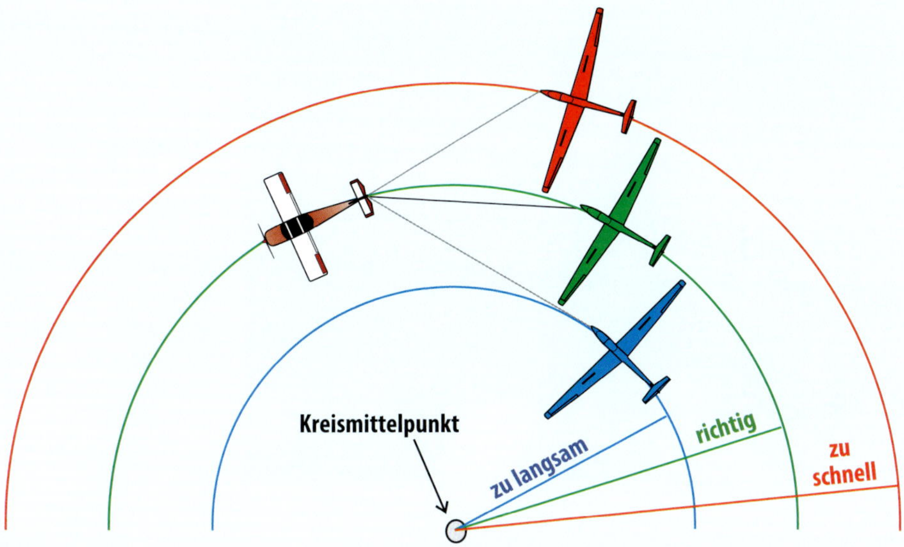

Bild 4.28
Die Zusammenhänge zwischen Radius und Geschwindigkeit

An diesem Beispiel zeigt, dass ein Abdriften nach außen eine Geschwindigkeitserhöhung des Segelflugzeuges bedeutet, immer verbunden mit einer Auftriebserhöhung. Um auf einer zu weit außen liegenden Flugbahn das Segelflugzeug nicht zu sehr steigen zu lassen, müsstest du das Höhenruder beständig drücken. Und das ungeachtet dessen, dass du trotzdem das Leitwerk des Motorflugzeuges aus der Kurve ziehst (siehe links). Weil das Segelflugzeug mit zunehmender Fahrt und wachsendem Auftrieb gleichzeitig auch an Widerstand gewinnt, wird die Kraft, welches das Leitwerk der Schleppmaschine nach außen zieht, zunehmend größer. Das Motorflugzeug fliegt „in den Kreis hinein", kippt im Extremfall nach innen ab.

Seitliche Ablagen lassen sich durch slippen in die zu verbessernde Richtung korrigieren (siehe links). Wir müssen jedoch die Korrektur frühzeitig beenden, da die Kräfte nicht zu unterschätzen sind, die bei der hohen Fluggeschwindigkeit aufgebracht werden müssen, um die Seitwärtsbewegung des Segelflugzeuges zu beenden. Zur Erinnerung: Bei manchen Segelflugzeugmustern ist das Querruder bei hohen Geschwindigkeiten schwergängig.

Wählen wir den Korrekturwinkel kleiner, haben wir mehr Zeit zu beobachten, ob die Verbesserung unserem Vorhaben entspricht. Je flacher wir zur gewünschten Seite slippen, desto später und sparsamer benötigen wir die Gegenkorrektur.

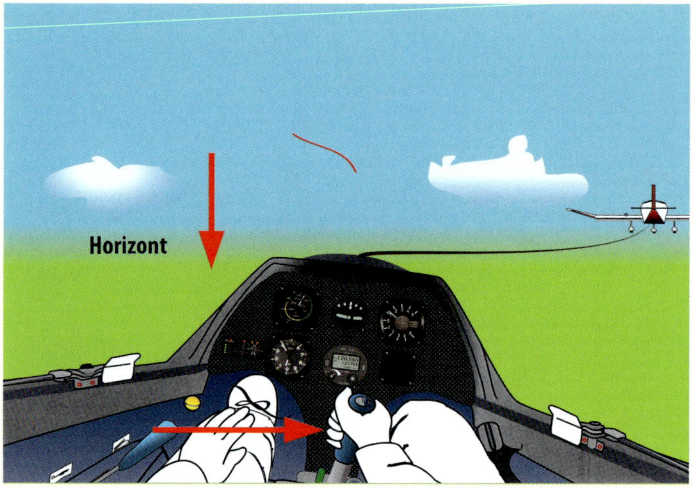

Bild 4.29
Seitliche Ablage: Verbesserung durch Rutschen nach rechts

Bei der Korrektur seitlicher Ablagen mit einem geflogenen Kurvenwechsel kommt es vor, dass das Seil durchhängt. Wenn du siehst, dass es sich wieder straffen will, noch einmal kurz nachdrücken, um nicht ruckartig beschleunigt zu werden (denk an die Sollbruchstelle!).

Die beiden Bilder auf der rechten Seite zeigen noch einmal in der Zusammenfassung beide Möglichkeiten, eine seitliche Versetzung zu korrigieren. Dabei ist der Kurvenwechsel die deutlich anspruchsvollere Übung,

Nach vielen Übungen im Flugzeugschlepp wird die letztlich gewünschte Höhe erreicht sein. Haben wir einen guten Schlepppiloten, dann hat er uns geholfen, indem er in Gebieten mit Thermik einkurvte und wir so schneller Höhe gewannen. Damit sparten wir Zeit und Geld, denn die Kosten im Flugzeugschlepp richten sich nach der Flugzeit des Motorflugzeugs oder des Motorseglers.

Nun rollt das Schleppflugzeug deutlich um seine Längsachse. Der Pilot nimmt das Gas weg. Dies ist für dich das Zeichen zum Ausklinken. In der Regel kurvt das Motorflugzeug nach dem Ausklinken nach links, während wir nach rechts kurven. Keinesfalls sollte unter voller Seilspannung ausgeklinkt werden, dann schießt das Seil in Richtung Schleppflugzeug. Wir stellen die Trimmung auf normal, pendeln unsere gewünschte Geschwindigkeit wieder ein und bestätigen über Funk: „D-2014 ausgeklinkt“.

Ist dein Fluglehrer der Meinung, dass du den Flugzeugschlepp sicher steuern kannst, wird er zur Kontrolle mit dir einen sogenannten „Kasten“ fliegen. Du sollst dabei zeigen, dass du das Segelflugzeug im Schlepp beherrschst und in der Lage bist, gefährliche Situationen zu erkennen und zu meistern. **Der Flugweg hinter dem Schleppflugzeug hat auf jeden Fall innerhalb der zulässigen Toleranzgrenzen für den Flugzeugschlepp zu bleiben.**

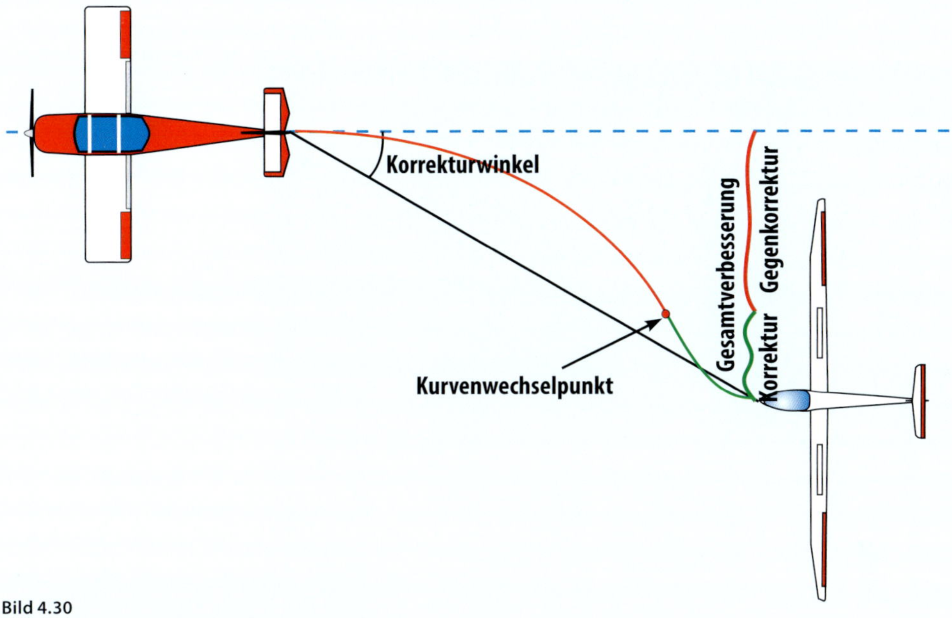

Bild 4.30
Seitliche Verbesserung mit Kurvenwechsel

Ist die seitliche Ablage zu groß, muss rechtzeitig ein Kurvenwechsel geflogen werden. Der Kurvenwechselpunkt ist immer nach einem Drittel der zurückzulegenden Strecke erreicht. All dies gilt auch im Kreisflug, nur müssen wir berücksichtigen, dass wir eine Querneigung haben! Kommen wir im Kreisflug von einer kurvenäußeren Bahn nach innen, so ist zusätzlich zu berücksichtigen, dass uns wegen der Querneigung eine Kraft in das Zentrum des Kreises ziehen will (Zentripetalkraft). Deshalb müssen die Korrekturen frühzeitig beendet werden. Ansonsten wird aus einer angedachten Korrektur eine Schaukelbewegung hinter dem Schleppflugzeug, die immer damit endet, dass der Schlepppilot das Seil ausklinken wird.

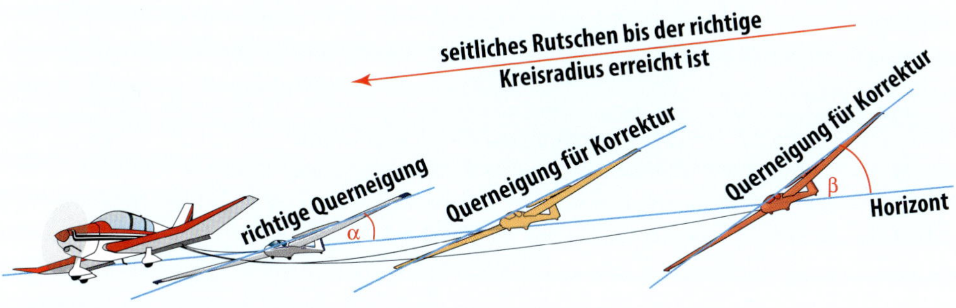

Bild 4.31
Seitliche Verbesserung (nach rechts) in der Kurve durch Slip

In dieser Übung musst du alles Gelernte über die Korrekturen im F-Schlepp anwenden und sinnvoll miteinander kombinieren. Wir beginnen hinter der Schleppmaschine und bewegen uns dem Bild folgend zuerst nach unten, dann dem Uhrzeigersinn folgend um das Motorflugzeug herum. Doch müssen wir so steuern, dass wir von jedem Punkt des „Kastens" sicher und unverzüglich in die korrekte Position zurückkehren können.

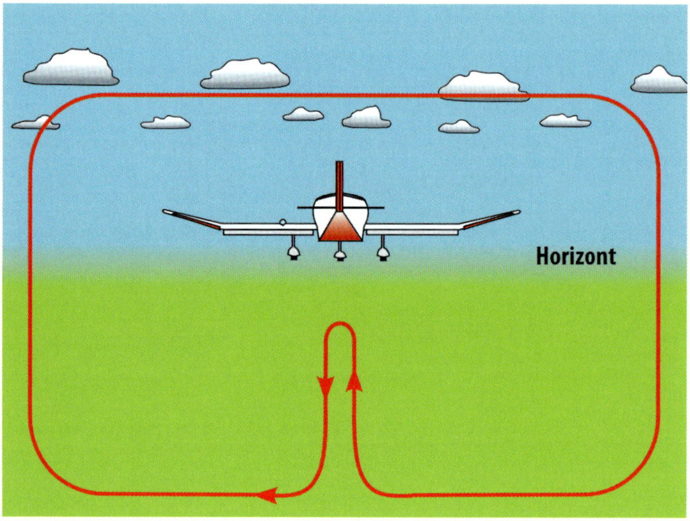

Bild 4.32
Der Flugweg im Kasten

Zusammenfassung:

In der Startphase hebt das Segelflugzeug vor der Schleppmaschine ab, wir achten auf die korrekte Höhe hinter Schleppmaschine und auf Seitenwind.

Wir kontrollieren unsere Lage durch Beibehaltung des Flugbildes der Schleppmaschine.

Das Schleppflugzeug gibt uns die Querneigung und die Richtung vor (im Kurvenflug gleiche Kreisbahn).

Das Segelflugzeug wird koordiniert mit Höhen-, Seiten- und Querruder gesteuert.

Wir vermeiden jede Hektik.

Der links beschriebene Flug im Kasten ist eine Übung, die sich aus der Anwendung und Kombination der beschrieben Korrekturtechniken ergibt. Zwar ist diese Übung nicht ausschlaggebend für den Alleinflug, doch kann dein Fluglehrer (und du selbst natürlich) hier überprüfen, ob der Flugzeugschlepp und seine kritischen Situationen gemeistert werden. So gewinnst du an Sicherheit. Einige Flugschulen legen auf diese Übung keinen großen Wert, da das Schleppseil im Seileinlauf des Motorflugzeuges geknickt wird und Schäden davontragen kann. In diesem Buch wird der Flug im Kasten nicht weiter behandelt, da er eher ein Training für Fortgeschrittene ist.

Abschließend noch ein Rat aus dem Bereich Luftrecht: Begegnest du in der Luft einem Schleppzug, so hast du diesem auszuweichen, da das Motorflugzeug erkennbar in seiner Bewegungsfreiheit eingeschränkt ist. Also Augen auf und vor jedem Einkurven Blickpunkt suchen! Stell dir einmal vor, bei deinem ersten Alleinflug müsste der Schleppzug ein heftiges Ausweichmanöver fliegen, nur weil ein anderer Segelflieger nicht aufgepasst hat. Mit etwas Rücksicht und Hilfsbereitschaft erhältst du anderen und dir die Freude am Segelfliegen!

Der Hinweis zu Beginn des Abschnitts über den Flugzeugschlepp war durchaus angebracht, dass mit der längeren Dauer auch mehr Zeit für Fehler vorhanden ist. Der Windenschlepp hat den Vorteil, dass es nur geradeaus geht. Im F-Schlepp dagegen kannst du dich dahin schleppen lassen, wohin du möchtest. Beide haben also ihre Berechtigung und sind für die unterschiedlichen Anforderungen sehr gut geeignet. Überdies haben bereits Berechnungen in den 30er Jahren ergeben, dass ein „Fliegen mit Anhänger" eine durchaus wirtschaftliche Möglichkeit darstellt.

Zusammenfassung:

Wir übersteigen mit dem Segelflugzeug
keinesfalls die Schleppmaschine im Start.

Korrekturen werden frühzeitig begonnen,
kritische Flugzustände werden erst gar nicht zugelassen.
Das Seil in der Bugkupplung übt eine ausrichtende Kraft
auf Hoch- und Querachse des Segelflugzeuges aus.

Die hohe Geschwindigkeit im F-Schlepp (Motorflugzeug)
beeinflusst die Ruderwirkungen. Die Ruder lassen sich nur schwerer bedienen.
Beim einem Schleppflug mit einem zugelassenen Motorsegler
treten hohe Geschwindigkeiten nicht auf.

Wir dürfen uns nicht überschätzen.
Kritische Flugzustände sind immer die Summe einzelner Fehler.
Erst alle zusammen bringen uns in Schwierigkeiten. Ruhe bewahren!

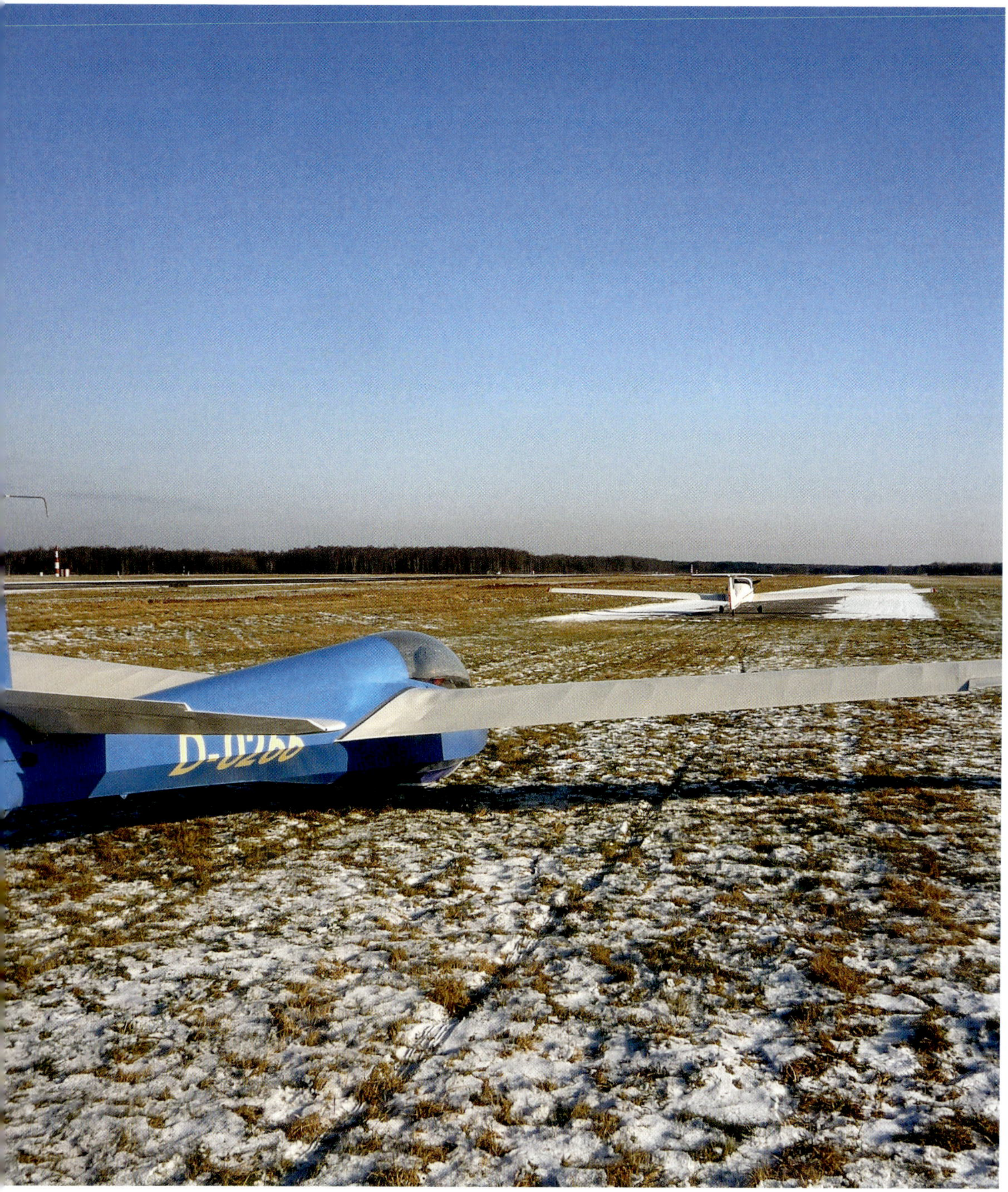

Auch im Winter kann geflogen werden. Vorbereitung zum Windenstart: Das Höhenruder der ASK 13 ist voll gezogen, damit die bremsende Kufe schnell entlastet wird.
(Foto: Alexander Willberg)

Kapitel 5
Die Platzrunde

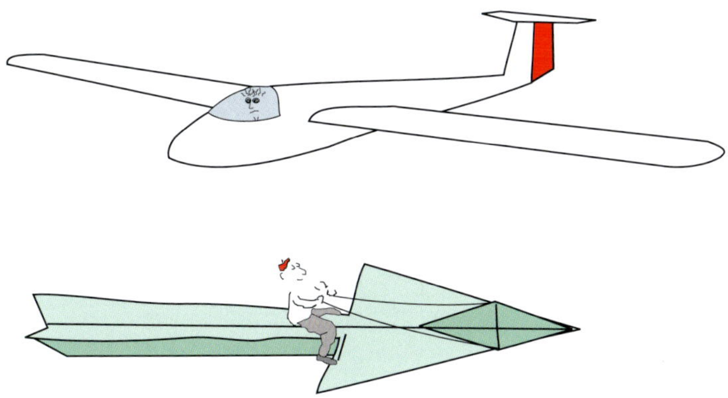

Die Platzrunde
Übungsteil

Du kennst nun die Funktion der Ruder und weißt, wie man in die Luft kommt. du kannst ein Segelflugzeug einigermaßen steuern und nicht jeder schiefstehende Faden bringt dich zur Verzweiflung. Nachdem du diese Grundfertigkeiten zumindest erworben hast (vertieft werden sie nur durch beständige weitere Übungsflüge), geht es im nächsten Lernabschnitt darum, mit dem Segelflugzeug da wieder zu landen, wo du vorher gestartet bist. Ab jetzt beginnt die Flugplanung in der Umgebung des Segelfluggeländes. Der Raum für unsere Flugübungen liegt innerhalb der Platzrunde. Die genauen Ausmaße des Übungsraumes für den Platz, an dem du fliegst, lass dir bitte von deinem Fluglehrer erklären. In diesem ersten Teil des Kapitels über die Platzrunde will ich zunächst auf Flugübungen eingehen, erst im Anschluss kommen wir zur eigentlichen Platzrunde.

In erster Linie hängt die Zahl deiner Flugübungen von der Höhe ab, die du mit dem Start erreicht hast. Hierzu aber später mehr. Noch geht es darum, die Koordination der Ruder zu verbessern, denn im zweiten Ausbildungsabschnitt der Anfangsschulung kann von dir erwartet werden, dass du die Steuerung beherrschst. Letztlich droht der Alleinflug an der verkehrten Platzeinteilung und der sich daraus ergebenden unruhigen und hektischen Landung zu scheitern, da zu wenig Zeit für die taktische Ausbildung blieb.

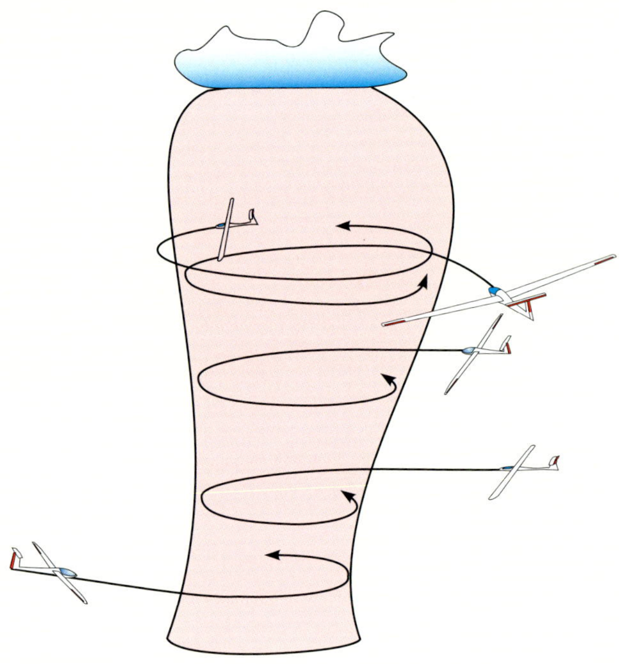

Bild 5.01
Segelflugzeuge müssen in der Thermik häufig Kurven verbessern

Du sollst kein dressierter Affe (frei nach Heinz Huth) werden, der nur unter genau gleichen Bedingungen einen Flug um den Platz herum wiederholen kann. Willst du mehr als geradeaus fliegen oder den einen oder anderen Übungskreis, dann musst du schon etwas mehr zeigen: Wenn Thermik nicht mehr stört, dann beginnt der Spaß am Segelflug.

Die Platzrunde
Was Sie schon immer über Flugübungen wissen wollten, bisher aber nicht zu fragen wagten...

Bevor du die Platzrunde selbst einteilst, sollst du mit dem Segelflugzeug und seiner Steuerung vertraut sein. An Flugschulen ist dies das Ziel der ersten Woche, der Fluglehrer soll nur noch mit geringen mündliche Korrekturen eingreifen müssen. Ab der zweiten Woche wirst du dich (an Schulen) vorwiegend um die Platzeinteilung und die Landung zu kümmern haben. Lernst du in einem Verein, so wird dies etwa ab dem dreißigsten Flug geschehen. Dieses Kapitel ist deshalb zweigeteilt und beschäftigt sich im ersten Teil mit Flugübungen.

In Kapitel 3 wurde die Wirkungsweise der Ruder erklärt. Grundvoraussetzung für alle Flugübungen ist, dass du die Geschwindigkeit = Horizontlage des Segelflugzeuges kontrollieren kannst. Dabei solltest du ruhige und gleichmäßige Ruderausschläge machen, da du sonst nur den eigenen Fehlern hinterherarbeitest. Erschwerend käme hinzu, dass du den von der Konstruktion vorgegebenen Stabilitätsbereich des Segelflugzeuges verlassen würdest.

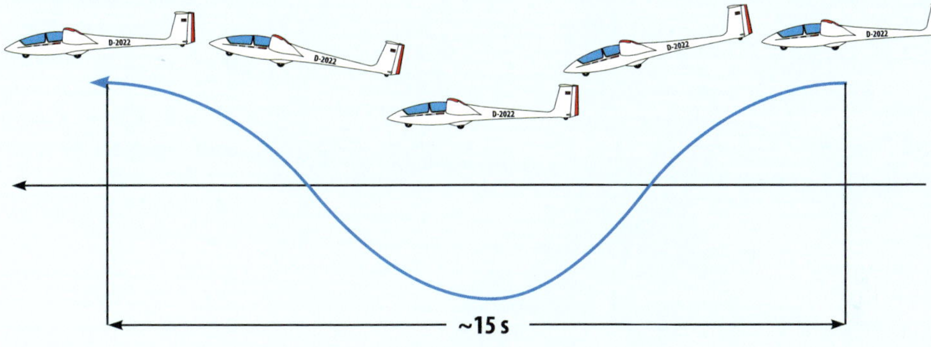

Bild 5.02
Bahnneigungs-Schwingung

Gerade das Höhenruder reagiert empfindlich auf plötzliche Anstellwinkeländerungen. Hakelige Höhenruderführung (Vor- und Zurück des Knüppels, weil man sich nicht entscheiden kann, was man will) und schlechte Kontrolle des Horizontbildes führen zu einer Bahnneigungs-Schwingung. Da die so angeregten Schwingungen etwa eine Zeitdauer von 15 Sekunden haben, kann dem unaufmerksamen Flugschüler ein schwingender Flugstil gelingen. Ruhige, konsequente Ruderführung verhindert solche Schwingungen im Ansatz.

Gerade beim Flug in der Thermik gilt es Kurven öfters zu verbessern, da die Turbulenzen der Luft den Flugweg des Segelflugzeuges erheblich beeinflussen. Es gibt auch taktische Gründe, den Kreisdurchmesser zu verändern:

–> *Der Durchmesser des thermischen Aufwindes ist enger als angenommen (der Kreis muss verkleinert werden), oder*
–> *das beste Steigen ist nur durch größere Kreise mit langsamerer Geschwindigkeit zu erlangen (Kreis vergrößern), oder*
–> *der Aufwind ist so unregelmäßig, dass immer wieder der Kreis verkleinert oder vergrößert bzw. verbessert werden muss (Normalfall).*

Das nächste Ausbildungsziel heißt deshalb, Kreise mit wechselnder Querneigung (bis 30 Grad) und wechselnder Geschwindigkeit zu erlernen. Kapitel 11 geht gesondert auf das taktische Fliegen in der Thermik ein, in diesem Kapitel geht es um die Vorbereitung des 50 km Streckenflugs für die Privatpilotenlizenz. Es schadet aber überhaupt nicht, bereits in dieser Ausbildungsphase den Grundstein für den erfolgreichen Thermikflug zu legen.

05

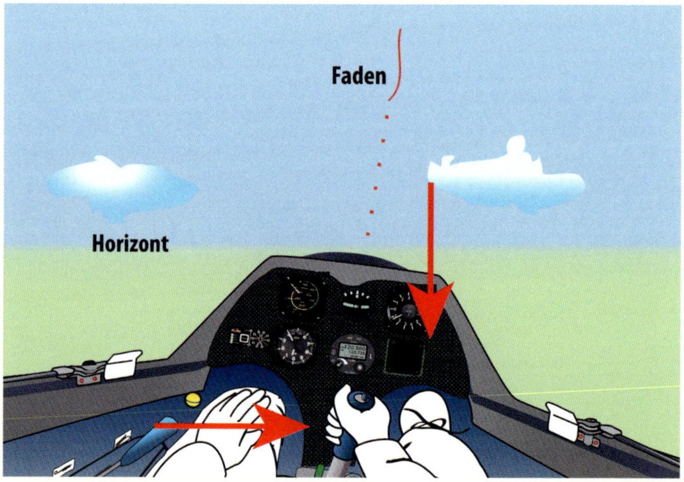

Bild 5.03
Koordinierte Kurve nach rechts

Mit einem koordinierten gleichzeitigen und gleichsinnigen Quer- und Seitenruderausschlag kommst du in eine Kurve hinein und wieder heraus. Während du im ersten Schritt stationäre Kreise fliegen solltest, so verlangt dein Fluglehrer nun jedoch, einen Kreis einmal mit 90 km/h und den nächsten mit 70 km/h zu fliegen. Dazu wird die beabsichtigte Geschwindigkeit immer vor dem Beginn des Kreisfluges eingenommen (Luftraum frei?). Es ist eine Unsitte, im Kreis immer schneller zu werden, da man leider vergessen hat, dass das Horizontbild in der Kurve dem des Geradeausfluges zu entsprechen hat. Zu Recht muss der Fluglehrer bei solchen Schülern befürchten, dass sie bei einem Alleinflug irgendwann in eine Steilspirale geraten. Daneben gibt es die Gruppe von Schülern, die vor einer Kurve schon einmal vorsorglich die Segelflugzeugnase nach oben ziehen, weil sie nicht mehr in der Kurve den Horizont kontrollieren wollen.

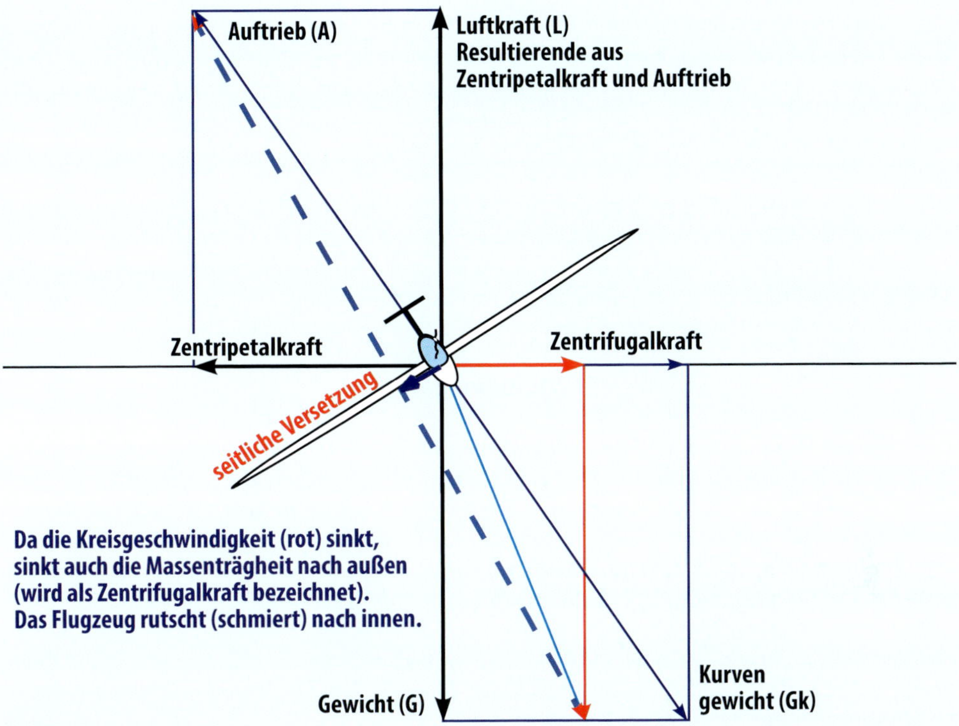

Bild 5.04
Das Segelflugzeug
schmiert in die Kurve hinein

Nicht nur die Stärke, auch Dauer eines Ruderausschlages und die Eigengeschwindigkeit ist für eine Bewegung des Segelflugzeuges um eine Achse maßgeblich. Dies gilt besonders dann, wenn das Ruder nicht nur die zugehörige, sondern gleichzeitig weitere Achsen beeinflusst und sich ein neues Gleichgewicht der Kräfte einstellt. Schon in Kapitel 3 ist angerissen, dass das Höhenruder in der Kurve den Faden beeinflussen kann. Wird in einer Kurve die Fahrt bei gleicher Querneigung reduziert, verringert sich die Geschwindigkeit der Maschine auf der Kreisbahn. Die Zentrifugalkraft (das ist die Bezeichnung für Massenträgheit auf einer Kreisbahn) sinkt, das Flugzeug schmiert in die Kurve hinein, der Faden wandert nach außen. Der gleiche Fehler tritt auf, wenn die Querneigung zu groß ist. Auch in diesem Fall ist das Segelflugzeug auf seiner Kreisbahn zu langsam.

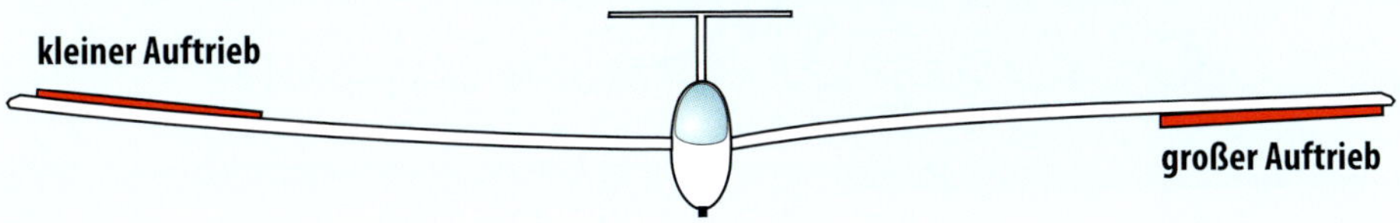

Bild 5.05
Verwindung der Tragflügel

Oder diejenigen, die beim Ausleiten der Kurve vergessen, dass das Höhensteuer wieder leicht nachgegeben werden muss, da sie im anschließenden Geradeausflug nicht mehr den höheren Abstellwinkel benötigen. Du siehst, in jeder Kurve kann man ein Überraschungselement für den Fluglehrer einbauen, um ihn (und sich selbst) davon zu überzeugen, dass er bitte so schnell nicht aussteigen möge.

Die Fluggeschwindigkeit beeinflusst die Wirkungen der Ruder und es ist bei zufälligem Tempo nicht verwunderlich, wenn Querruder (oder Seitenruder) wieder einmal nicht so gehorchen bzw. anders wirken, als wir es wollen oder wünschen. Merke, nicht allein die Menge (Größe) des Quer- und Seitenruderausschlages bringt dich in die Kurve hinein, sondern die Länge (Dauer) des Quer- und Seitenruderausschlags.

Rollübungen

05

Die allgemeine Methodik will mit Rollenübungen (20-30 Grad) um die Längsachse dem Schüler die Wirkungen der Ruder sowohl für den schiebefreien Geradeausflug als auch die Abstimmung der Ruder beibringen. Leider habe ich in meinen zahlreichen Ausbildungsflügen bei kritischer Überprüfung der Lehrinhalte bei verschiedenen Flugschülern feststellen müssen, dass diese Methode so nicht zu einer erheblichen Steigerung des gelernten Wissens beiträgt. Deshalb möchte ich einen anderen Weg vorschlagen.

Auf den rechten Seiten ist noch einmal ausführlich erklärt, was das negative Wendemoment (auch als Roll-Gier-Moment bezeichnet) bewirkt. Um korrekte Rollübungen fliegen zu können, bedarf es einer Ausnützung dieses Momentes. Soweit sind wir aber noch nicht. Wir tasten uns deshalb zunächst schrittweise an die Rollübungen heran. Ziel der Rollübungen ist es, mehr über die Abstimmung der Ruder des geflogenen Segelflugzeugmusters zu lernen, sprich: „Wieviel Seitenruder brauche ich bei welchem Querruderausschlag?"

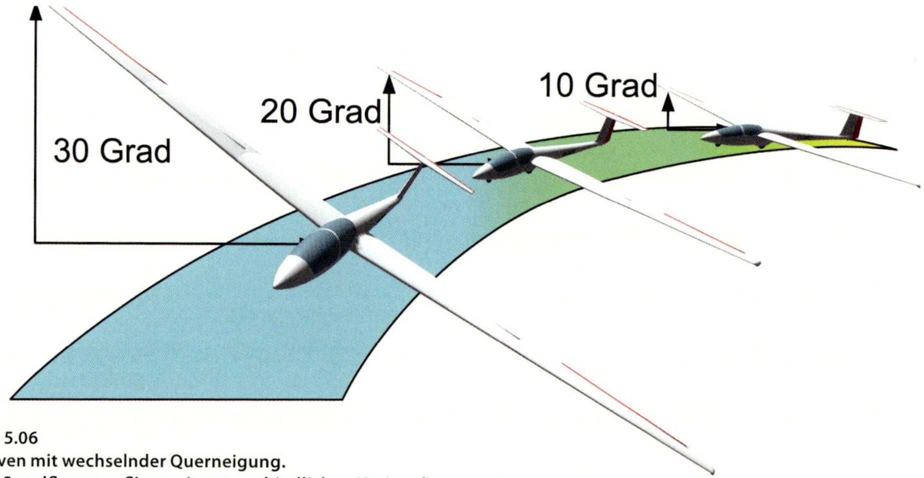

Bild 5.06
Kurven mit wechselnder Querneigung.
Das Segelflugzeug fliegt mit unterschiedlichen Kreisradien

Um Querneigung zu gewinnen, ist kein verhältnismäßig großer Querruderausschlag notwendig, da ansonsten der zugehörige Seitenruderausschlag zur Überwindung des negativen Wendemomentes entsprechend ausfallen müsste. Ein großer Querruderausschlag führt zu einem großen Drehmoment an der Längsachse, was gerade moderne Segelflugzeuge mit relativ flexiblen Flügeln derart danken, dass sie zunächst einmal die Flügel verwinden und nicht sofort Querneigung aufnehmen. Besser ist, beim Einleiten einer Kurve weniger Querruder (somit auch Seitenruder) zu geben und die Ruder etwas länger stehen zu lassen, bis die gewünschte Querneigung erzielt ist. Jeder Flugprofi erfliegt sich durch Rollübungen die optimale Ruderabstimmung und kämpft nicht mit dem Seitenruder gegen ein kaum zu beherrschendes negatives Wendemoment an.

Rollübungen

In Kapitel 3 hattest du gelernt, zwischen der Neutralstellung der Ruder in der Kurve und der Normalstellung zu unterscheiden. Rufen wir uns kurz ins Gedächtnis: Mit dem Querruder veränderten wir die Querneigung, das Segelflugzeug rollte um seine Längsachse. Gleichzeitig drehte (gierte) das Segelflugzeug um die Hochachse zur anderen Seite, weil die Widerstandsverteilung sich an den Flügeln durch den Querruderausschlag verschob. Den Effekt hast du als negatives Wendemoment kennengelernt.

Überlegen wir uns nun, welchen Zweck das Seitenruder hat. Mit ihm wirken wir dem unerwünschten Gieren entgegen, da das Segelflugzeug ja in die andere Richtung fliegen soll. Aus diesem Grund benötigten wir in der Kurve kein Seitenruder mehr, da das negative Wendemoment mit dem Kreisflug beendet war. Ich nehme an dieser Stelle an, dass du mittlerweile weißt, dass beim Kurven sich der Horizont verändern will, weil der Auftrieb für ein durch Fliehkräfte „schwerer“ gewordenes Segelflugzeug nicht ausreicht.

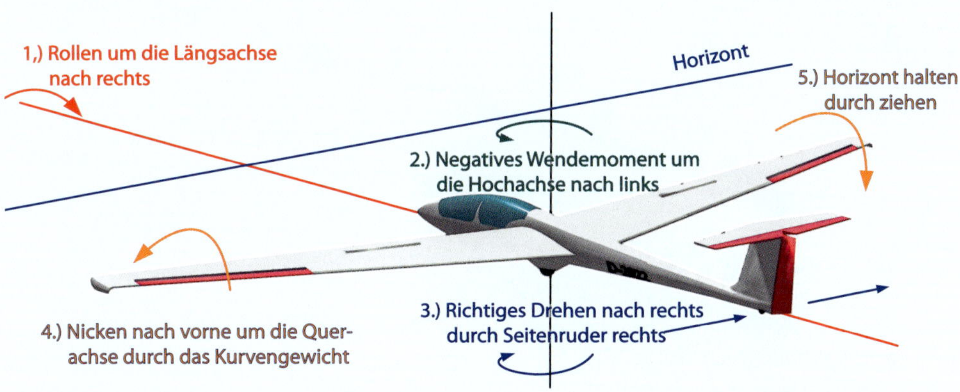

Bild 5.07
Was würde passieren, wenn man beim Einleiten der Kurve die Ruder nacheinander bewegen würde?

Als ersten Schritt werden wir Kurven mit wechselnder Querneigung fliegen. Nach dem Einleiten der Kurve sollst du die Querneigung etwas erhöhen, danach wieder verringern. Lass dir ruhig dabei Zeit, du musst beobachten können, was die Ruderausschläge bewirken. Wichtig ist die Geschwindigkeit (= Horizont) konstant zu halten. Du wirst merken, dass zum Erhöhen der Querneigung (das Segelflugzeug befindet sich bereits in einer Kurve) nur ein kleinerer Querruderausschlag notwendig ist, während das Seitenruder normal in Kurvenrichtung bewegt wird. Umgekehrt beim Verringern der Querneigung bzw. dem Ausleiten der Kurve: nun müssen Quer- und Seitenruder kräftiger ausgeschlagen werden, weil ein schwereres Flugzeug bewegt wird. Der Faden bleibt natürlich in der Mitte!

Die Erklärung für die unterschiedliche Stärke für Quer- und Seitenruder findest du auf der rechten Seite. Dies darf aber keinesfalls zur Annahme führen, dass die Ruder nacheinander gegeben werden könnten! Du erkennst, dass zuviel Querruder beim Einleiten einer Kurve oder bei einer Erhöhung der Querneigung eher schädlich ist. Das bedeutet im Extremfall, dass der maximale Querruderausschlag dadurch begrenzt wird, wenn zur Überwindung des hieraus entstehenden negativen Wendemomentes ein größerer Ruderausschlag als ein Vollausschlag des Seitenruders erforderlich wäre!

05

Hast du die Querneigung in der Kurve vergrößert und fliegst nun einen etwas steileren Kreis, müsstest du bemerken, dass die Neutralstellung der Ruder in der Kurve (siehe Kap. 3) anzupassen war. Mit zunehmender Querneigung benötigt das Segelflugzeug einen höheren Auftrieb, folglich musst du den Knüppel etwas weiter nach hinten nehmen, willst du den Horizont beibehalten. du musst auch ein wenig mehr mit dem Querruder abstützen. Denn jede Querneigung in einem Kreis erfordert eine eigene Neutralstellung. Die Erklärung für diesen Effekt findest du auf der rechten Seite.

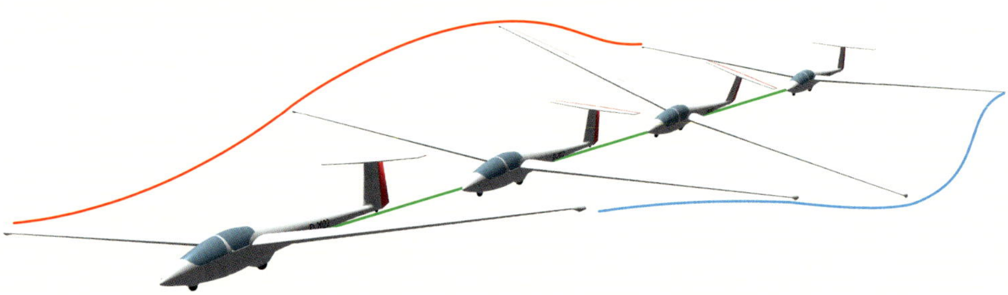

Bild 5.08
Rollübungen im Geradeausflug

Nachdem du die Übungen zur Abstimmung der Ruder aufeinander kennst, wollen wir uns nun etwas mehr zutrauen und mit den eigentlichen Rollübungen (siehe Bild oben) beginnen. Sie werden Rollübungen genannt, weil das Segelflugzeug um seine Längsachse rollt. Wie rechts gezeigt, soll das Segelflugzeug dabei nicht kurven, was es nicht kann, solange das negative Wendemoment ausreichend vorhanden ist.

Verändern wir nun in einer Kurve die Querneigung. Wir wollen nun mit noch mehr Querneigung fliegen (siehe links). Wieder musst du die Querneigung mit Quer- und Seitenruder vergrößern. Um mit der neuen Querneigung einen stationären Kreis fliegen zu können, muss die Neutralstellung der Ruder in der Kurve der neuen Querneigung eingepasst werden. Im nächsten Schritt verringern wir wieder die Querneigung: Die Kurve wird mit Quer- und Seitenruder verflacht. Hast du die gewünschte (geringere) Querneigung, nimmst du die Ruder wieder in die Neutralstellung.

Wird diese Übung mehrfach wiederholt (Kreisen, Querneigung vergrößern, Querneigung verkleinern usw.), so rollen wir das Segelflugzeug um seine Längsachse. Lernziel ist, beim Ein- und Ausleiten von Kurven alle Ruder gleichzeitig in Aktion treten zu lassen und nicht nacheinander! Du wirst weiterhin feststellen, dass beim Vergrößern der Querneigung ein geringerer Querrudereinsatz nötig ist, während der Seitenruderausschlag im üblichen Rahmen bleibt. Hierzu ist anzumerken, dass dem ein Effekt zugrunde liegt, den die Modellflieger benutzen, wollen sie ein (Segel)- Flugzeug ohne Querrudersteuerung bedienen. Allein durch einen Seitenruderausschlag kann ein Segelflugzeug in eine Kurve gesteuert werden, da mit jedem Seitenruderausschlag ein Flügel voreilt, während der andere zurückbleibt. Der voreilende Flügel wird schneller und mit steigender Geschwindigkeit wächst hier der Auftrieb. Umgekehrt verhält es sich bei dem Zurückdrehenden. Mit dem Seitenruder wird nicht nur das negative Wendemoment ausgeglichen, vielmehr unterstützt der Seitenruderausschlag gleichzeitig die Zunahme der Querneigung. Nun ist verständlich, weshalb beim Rollen in der Kurve das Segelflugzeug mit wachsender Querneigung weniger Querruder benötigt: Fliegt das Segelflugzeug bereits auf einer Kreisbahn, reicht alleine die Zurücknahme des Querruders aus der Neutralstellung in die Normalstellung aus, um allmählich die Querneigung zu erhöhen (erinnere dich, das Segelflugzeug benötigt ein Abstützen des Querruders in der Kurve, da ansonsten die Geschwindigkeitsdifferenz beider Flügel zu einer Querneigungserhöhung führen würde). Bewegst du das Querruder nun noch über die Normalstellung hinaus weiter in Kurvenrichtung, so tritt das negative Wendemoment auf, was du jetzt mit einem Seitenruderausschlag (gleichzeitig und gleichsinnig) bekämpfst. So unterstützt die Kraft des Seitenruders das Querruder. Hieraus kannst du ableiten, dass mit zunehmender Querneigung ein immer geringerer Querruderausschlag benötigt wird.

Beim Verringern der Querneigung ist ein (gleichzeitiger und gleichsinniger) stärkerer Quer- und Seitenruderausschlag nötig, da das Segelflugzeug durch die Fliehkräfte auf der Kreisbahn „schwerer" wurde und einfach größere Ruderkraft für ein schwereres Flugzeug benötigt wird.

Mit dem Rollen in der Kurve lernst du die Abstimmung der Ruder aufeinander kennen und die Zeit, die das Segelflugzeug benötigt, bei entsprechenden Quer- und Seitenruderausschlägen um die Längsachse zu rollen. Die größten Koordinationsfehler ergeben sich dadurch, dass die Ruder schneller bewegt werden, als das Segelflugzeug den Gedanken des Piloten folgen kann. Willst du Rollübungen beherrschen, so darfst du nur so langsam die Steueranweisungen umsetzen, wie das Segelflugzeug ihnen gehorchen kann.

Wir suchen uns einen weit entfernt liegenden Richtungspunkt, um den Kurs kontrollieren zu können. Beginnen wir mit dem Einleiten nach links. Quer- und Seitenruder werden gleichzeitig und gleichsinnig ausgeschlagen, mit dem Höhenruder halten wir den Horizont. Kurz bevor das Segelflugzeug einkreisen möchte, rollen wir in die entgegengesetzte Richtung über die Geradeausfluglage zur anderen Seite. Ein Tipp: Lass dir bei dieser Übung Zeit! Zähle innerlich mit: „Einundzwanzig" (erst jetzt sind wir nach links gerollt), „Zweiundzwanzig" (jetzt sind wir entgegengesetzt gerollt, aber erst in Normalfluglage), „Dreiundzwanzig" (nun sind wir zur gegenüberliegenden Seite gerollt). Je ruhiger du steuerst, desto eher gelingt die Übung. Bitte denk daran, dass alle drei Ruder entsprechend der jeweiligen Fluglage bewegt werden müssen. In den Rollübungen steht kein Ruder still, das Ganze gerät oft nur dadurch durcheinander, weil Ruderausschläge zu schnell und unkoordiniert gegeben wurden.

Wenn du aus der Richtung gekommen bist, lässt du das Segelflugzeug beim nächsten Rollen ganz leicht in die gewünschte Richtung kurven, bevor du in die andere Richtung rollst. Das hat den Vorteil, zwischendurch kurz verschnaufen zu können und der Fluglehrer hinten hält dich schon sehr bald für einen Profi.

Sollte es zu Beginn noch nicht so richtig mit der Ruderabstimmung klappen, sollte man die Übung lieber beenden und anschließend neu beginnen. Denn den eigenen Fehlern hinter zu arbeiten macht keinen Spaß und den wollen wir beim Segelfliegen auf keinen Fall verlieren.

Langsamflug, Überziehen im Geradeausflug

Nachdem du jetzt das Segelflugzeug im Normalflugbereich steuern kannst, wollen wir uns ansehen, wie dies bei geringer Fahrt im Geradeausflug und in der Kurve ausschaut:

Zuerst werden wir im Geradeausflug die Geschwindigkeit auf etwa 60 km/h (ASK 13) reduzieren. Der Horizont ist weit nach unten gewandert, die Ruder sind extrem leichtgängig und das Fahrtgeräusch ist kaum noch wahrnehmbar. du musst dich schon zwingen, diesen Flugzustand beizubehalten, so unnatürlich fliegt das Segelflugzeug. Die Fahrtanzeige ist am Beginn des grünen Fahrtmesserbereiches. Mit dieser Geschwindigkeit können wir noch kurven, nur dürfen wir jetzt nicht mehr mit großer Querneigung fliegen, da das Segelflugzeug in der Kurve mit zunehmender Querneigung mehr Fahrt benötigt.

Im nächsten Schritt werden wir im Geradeausflug die Fahrt noch weiter abbauen, bis unter den Beginn der grünen Fahrtmessermarkierung. Der Horizont liegt jetzt unnatürlich tief, aber wir fliegen noch immer. Mit weiter abnehmender Fahrt beginnt sich das Segelflugzeug zu schütteln, als deutliches Merkmal, dass der Strömungsabriss an den Tragflügeln bereits einsetzt. Ohne Frage wird bei jeder Art des Langsamfluges der Faden mit dem Seitenruder (Füße) in der Mitte gehalten.

Nun zum Rollen im Geradeausflug: Wie links beschrieben, rollen wir um die Längsachse auf ein Bodenziel hin. Quer- und Seitenruder werden wie bei jeder Kurve gleichzeitig und gleichsinnig in die Richtung gegeben, in die wir rollen wollen. Die Übung wird fadengerade ausgeführt. Weshalb kurvt bei einer korrekten Rollübung das Segelflugzeug trotzdem nicht?

Wie auf der Vorseite gezeigt, will das negative Wendemoment die Richtung des Segelflugzeuges entgegengesetzt zum nach unten bewegten Flügel auslenken (es giert gegen die Rollbewegung). Zwar unterbinden wir dies durch einen gleichzeitigen Seitenruderausschlag, doch hindert das negative Wendemoment uns solange einzukreisen, bis die Gegenkräfte des Seitenruders dieses Moment überwinden. Somit rollt ein Segelflugzeug beim Einkreisen (vorausgesetzt, Quer- und Seitenruder wurden gleichzeitig und gleichsinnig ausgeschlagen, der Faden ist also in der Mitte!) zuerst um seine Längsachse, erst danach kreist es ein! Deshalb ist es korrekt, wenn man von Rollübungen (auch in der Kurve) spricht, denn tatsächlich rollt das Segelflugzeug um seine Längsachse! Schau dir bitte noch einmal Bild 5.08 an: du wirst die Übung leichter schaffen, wird die Reihenfolge der einwirkenden Kräfte beachtet.

Nur darum können wir Rollübungen um die Längsachse fliegen. Wichtig ist, immer dann in die entgegengesetzte Richtung zu rollen, wenn das Segelflugzeug einkreisen möchte. Beginnst du beim Rollen im Geradeausflug (auch nur angedeutete) Kurven zu fliegen, war die Übung fehlerhaft, Rollen bedeutet nicht Kurven! Korrekte Rollübungen sind nicht gerade leicht zu steuern, es lohnt sich jedoch immer wieder, die Ruderabstimmung zu trainieren.

05

Langsamflug, Überziehen im Geradeausflug

Im Langsamflug wird das Segelflugzeug mit großem Anstellwinkel geflogen, der Druckpunkt (siehe Kapitel 2) wandert nach vorne. Auftrieb und Widerstand sind deutlich erhöht. Das Segelflugzeug sinkt stark „in sich", wie ein Blick auf das Variometer zeigt. Dabei zeigt die Nase deutlich über den Horizont, die Ruder sind extrem leichtgängig. durchaus kann die Fahrtmesseranzeige unter dem Anfang des grünen Fahrtmesserbereiches liegen, denn der beginnt erst 10% über der Mindestfahrt.

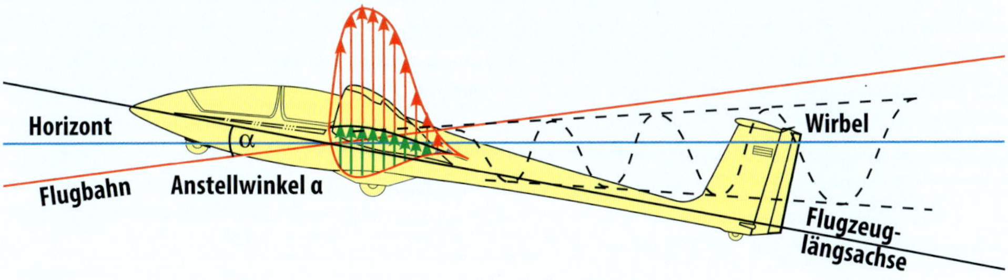

Bild 5.09
Sackflug

Um im Langsamflug zu bleiben, musst du das Höhenruder gezogen halten, da ja zu jeder Geschwindigkeit bekanntermaßen nur eine Höhenruderstellung gehört. Der letztmögliche Flugzustand, bevor das Segelflugzeug über die Nase nach vorne abkippt, wird Sackflug genannt. In der Fortgeschrittenenausbildung werden sogar noch bei dieser geringen Fahrt flache Kurven geflogen!

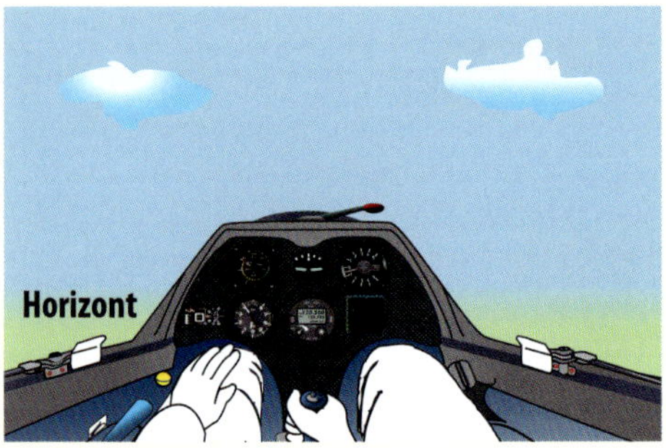

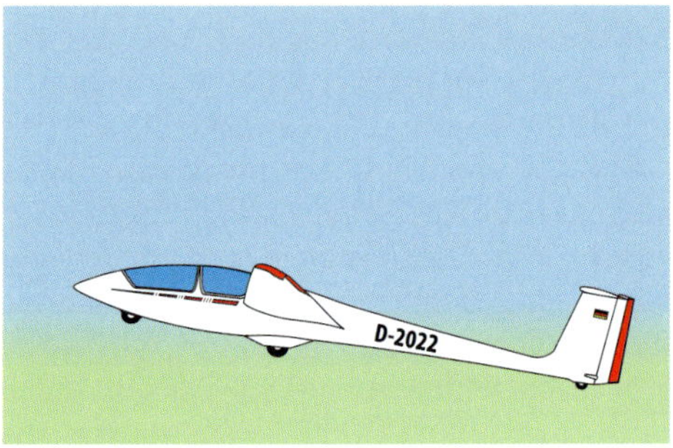

Bild 5.10
Sackflug in der Innen- und Außenansicht

Die Fluglage wird instabil, das Segelflugzeug beginnt zu taumeln, will um die Längsachse rollen und letztlich sogar (unter Umständen über einen Flügel) abkippen. Würdest du jetzt versuchen, mit Querruder eine fallende Tragfläche (die Fahrt ist nur sehr gering) wieder hoch zu holen, so würde genau das Gegenteil eintreten. Der Querruderausschlag lässt den hängenden Flügel noch langsamer werden[1]*. Im Sackflug bleibt dir nichts anderes übrig, als den fallenden Flügel mit Gegenseitenruder schneller zu machen und damit wieder nach oben zu bringen. Übrigens, weht der Faden gerade, fällt kein Flügel. Für dich als angehenden Alleinflieger gibt es jedoch etwas viel wichtigeres als die Steuerung im Sackflug zu beobachten (in den du ja nie unbeabsichtigt kommen sollst): Dort unten, wo der Horizont im Sackflug auf der Haube zu sehen ist, muss er sein, wenn du eine Landung sauber auf dem Sporn oder Spornrad (also mit Mindestfahrt) ausführen willst (siehe Kapitel 7: Die Landung).*

Um die Grenze zu erreichen, ab der die Strömung dem Profil nicht mehr folgen kann, wird nun die Fahrt noch weiter verringert. Der Anstellwinkel (siehe rechts) hat das kritische Maß überschritten. Das Segelflugzeug kippt nach vorne ab. Dazu muss man nicht erst steil in den Himmel steigen und danach vornüber kippen, viel eindrucksvoller ist, dies aus dem Sackflug heraus zu erreichen. Hältst du das Höhenruder nach dem Abkippen gezogen, so holt das Segelflugzeug zunächst wieder Fahrt auf, steigt relativ steil nach oben und gerät mit abnehmender Geschwindigkeit erneut in den überzogenen Flugzustand zu geraten. Je nachdem wie stabil die Flugeigenschaften sind (siehe in diesem Kapitel Bild 5.02) kann sich bei festgehaltenem Höhenruder dieser Flugzustand aufschaukeln. Kurzum, es fliegt wie ein schlecht gebauter Papierflieger.

1 Angenommen der rechte Flügel fällt, so wäre ein Querruderausschlag links eine instinktive Maßnahme. Bei einem Querruderausschlag links geht das linke Querruder nach oben und das rechte nach unten. Der Anstellwinkel am rechten Flügel wird größer -er war schon maximal-, aber auch der Widerstand.

Die Wirbel der Flügel treffen das Leitwerk und schütteln es. Wird der Anstellwinkel noch weiter erhöht, so kann die Strömung dem Profil nicht mehr folgen und löst sich ab. Der Ablösepunkt wandert bis zum Umschlagpunkt in die laminare Strömung, die Wirbel zerreißen diese schlagartig. Segelflugzeuge sind oft so konstruiert, dass die Strömung im Querruderbereich bis zuletzt anliegt, um die Steuerungsfähigkeit so lange wie möglich zu erhalten.

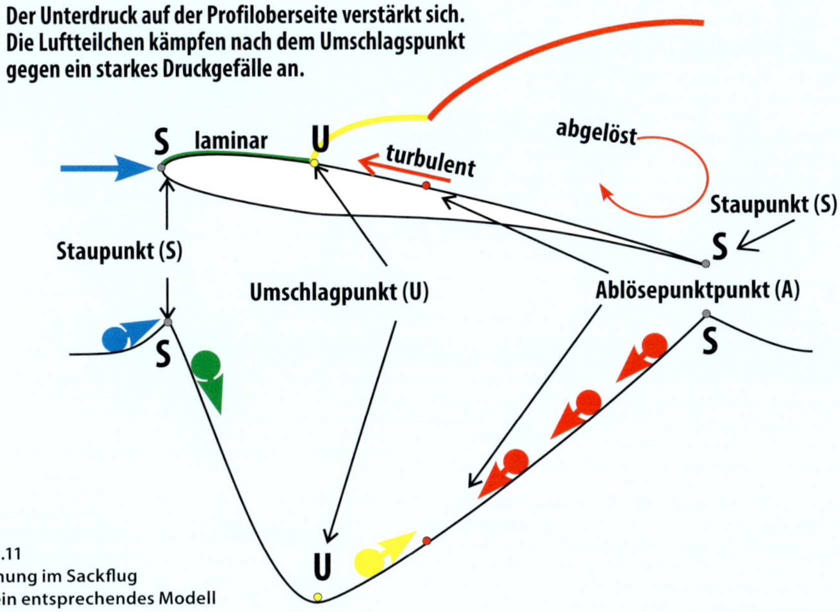

Bild 5.11
Strömung im Sackflug
und ein entsprechendes Modell
aus der Mechanik

Reisst die Strömung an den Flügeln ab, kippt das Segelflugzeug nach vorne, da der Schwerpunkt VOR der Querachse liegt. Dies ist DER wichtige Grund für die richtige Beladung (siehe Kapitel 2), läge er auf oder hinter der Querachse, würde das Segelflugzeug in sich sacken, ohne dass die Flügel jemals wieder in Flugrichtung umströmt werden. Selbst bei einem Überziehen in der Senkrechten („Männchen") würde ein Flugzeug nach einem kurzen Rutschen nach Hinten um die Querachse nicken und wieder in Flugrichtung nach vorne kippen. Der Anstellwinkel (Winkel zwischen Profilsehne und anströmender Luft) kann bei modernen Profilen nicht über 10-12 Grad hinaus vergrößert werden, ältere Profile können bis zu 18 Grad vertragen.

Nicht nur für Grenzflugzustände ist die richtige Beladung des Flugzeuges wichtig. du musst als Pilot in jedem Fall darauf achten, dass im Pilotensitz immer das Mindestgewicht (hier hilft ein Blick in das Flug- und Betriebshandbuch) vorhanden ist. Bist du zu leicht, ist das fehlende Gewicht durch Ballast zu ergänzen. Nie darf dies vergessen werden! Auch wenn jeder Fluglehrer dies mehrmals prüft, du bist auch als Schüler keinesfalls von der Pflicht entbunden, für die richtige Beladung im Pilotensitz zu sorgen!

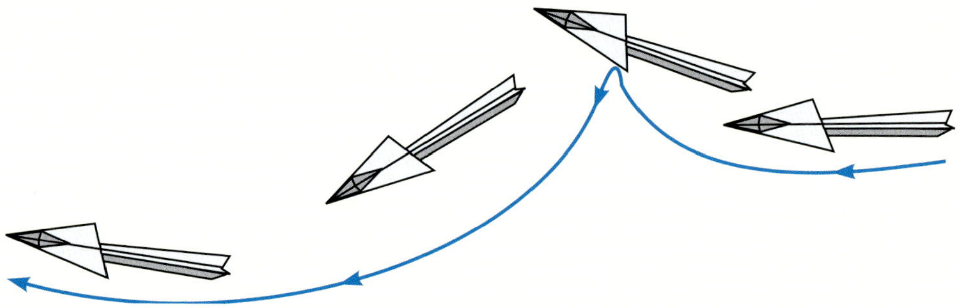

Bild 5.13
Wem ist das nicht passiert? Ein selbstgefalteter Papierflieger ist vorne zu leicht und überzieht.

Du sollst jedoch lernen, den überzogenen Flugzustand zu erkennen und rechtzeitig zu beenden. Folgende Gegenmaßnahmen sind zu treffen:

Kippt das Segelflugzeug nach vorne ab, so wird der Knüppel in Normalstellung gebracht. Erst **nachdem** *das Segelflugzeug Fahrt aufgenommen hat, kann die Flugbahn abgefangen werden. Das Höhenruder wird weich aber zügig gezogen und sofort, wenn das normale Horizontbild zu sehen ist, in Normalstellung gebracht. Nicht erneut überziehen!*

Die beiden Abbildungen zeigen noch einmal den kompletten Vorgang:

Auf der rechten Seite ist das Abkippen dargestellt (1–4). Deutlich ist der Höhenverlust, der mit dem Abkippen über den Flügel verbunden ist.

Auf dieser Seite wird das Flugzeug an den normalen Horizont herangeführt. Je näher wir dem normalen Horizont kommen wird sich die Geschwindigkeit wieder reduzieren. Wir fliegen mit normalem Horizont weiter, die noch vorhandene Überfahrt baut sich in einem Steigen ab.

Bild 5.16
Abkippen *Teil 2* **<– Leserichtung <–** **rechte Seite: Bild 5.15**
Abkippen *Teil 1*

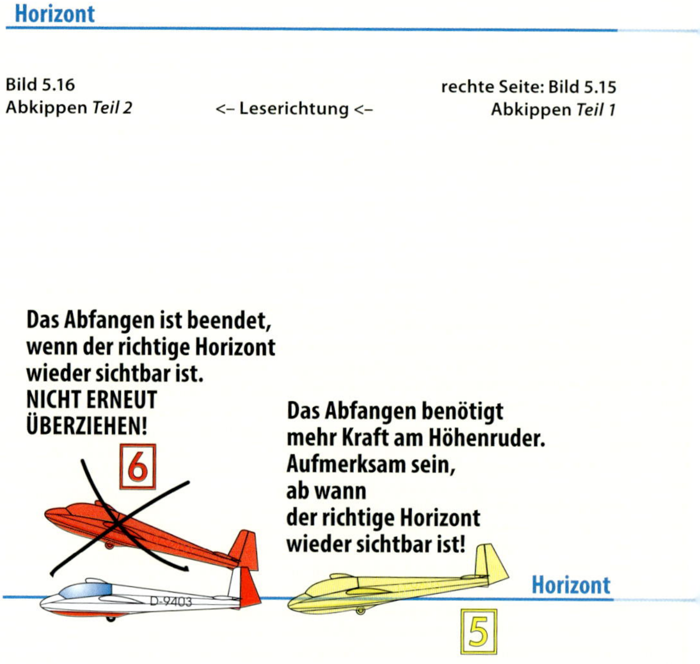

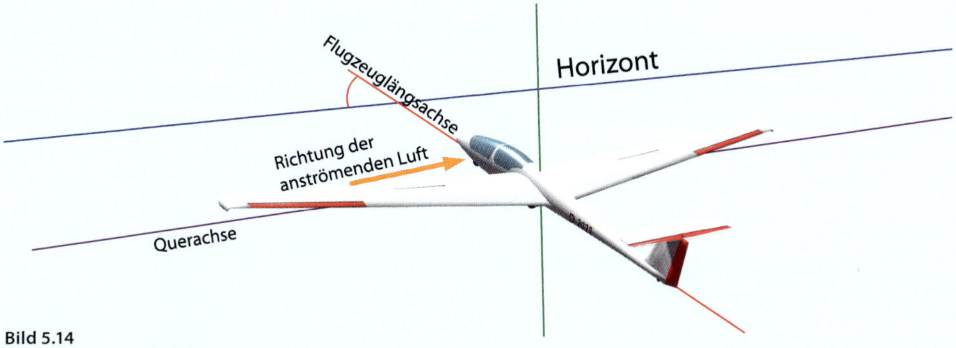

Bild 5.14
Sackflug kurz vor dem Abkippen

Ist das Segelflugzeug nach vorne abgekippt, verringert sich der Anstellwinkel wieder. So nimmt es Geschwindigkeit auf. Liegt die Strömung wieder an. kann wie links beschrieben abgefangen werden. Wichtig ist, dass das Höhenruder im Abkippen und beim Aufholen der Geschwindigkeit in Mittelstellung (Normalstellung) steht. Jeder andere Ruderausschlag wäre mit einer stärkeren Wirbelbildung am Höhenruder verbunden. Die Strömung legte sich hier später an. Im eigenen Interesse möchtest du aber in einem Flugzeug fliegen, dass sehr bald wieder steuerbar ist.

05

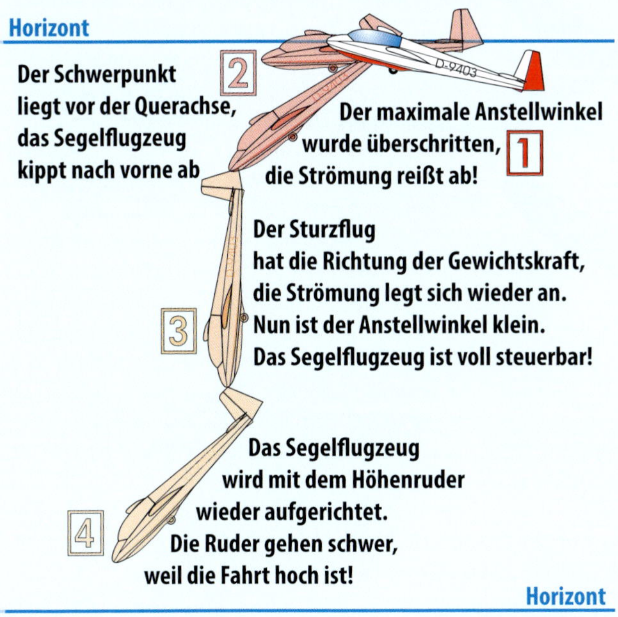

Die Bildfolge zeigt den kompletten Vorgang: Weil bei richtiger Beladung der Schwerpunkt vor der Querachse liegt, kippt das Segelflugzeug vornüber und der Schwerpunkt zeigt in Richtung Gewichtskraft. Der Anstellwinkel ist nun sehr klein. Die Strömung legt sich zügig an den Flügeln und den Rudern an.

Im Abfangbogen beschreibt das Segelflugzeug eine Kurve. Neben der nunmehr hohen Geschwindigkeit wirken Fliehkräfte auf uns ein (etwa 2-fache Erdbeschleunigung). Für einen Höhenruderausschlag benötigen wir mehr Kraft! Die angewandte Kraft ist der Grund, am Ende statt dem Horizontalflug erneut zu überziehen. Denn ebenso kräftig muss das Höhenruder in Normalstellung zurück gebracht werden.

Abkippen über den Flügel, Trudeln

Du hast schon beim Überziehen im Geradeausflug bemerkt, dass beim Segelflugzeug eine gewisse Neigung vorhanden ist, über einen Flügel abzukippen: Es beginnt zu trudeln! Während der Fluglehrer das Überziehen im Geradeausflug und Kurvenflug zeigen muss, wird das Trudeln (siehe Anmerkung unten) leider häufig aus zweierlei Gründen unterlassen:

Trudeln gehört zum Ausbildungsabschnitt 1.7 der „Methodik Segelflugausbildung" des Deutschen Aero-Clubs. Leider trudeln die modernen Schulflugzeuge schlecht oder gar nicht.

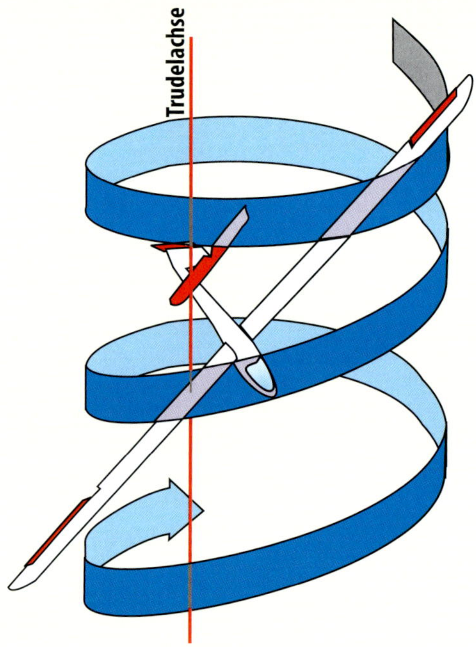

Bild 5.17
Rechtsherum trudelndes Segelflugzeug

Da du aber später auf Einsitzern fliegen willst, kannst du dich nicht darauf verlassen, dass dieses Segelflugzeug nicht trudelt. Die Entschuldigung hilft nicht, dass du in der Ausbildung diese Gefahreneinweisung nicht gelernt hast. Beinahe alle Einsitzer trudeln, kippen über den Flügel im überzogenen Flugzustand ab und drehen beim Beenden des Trudelns gerne nach. Hier hilft nur auf einem Muster zu üben, welches Trudeln zulässt. Leider sind nur noch wenige Doppelsitzer in der Lage zu trudeln. Sogenannte Trudelgewichte am Heck sind fragwürdig, da die bei der Drehung stark zunehmende Massenbeschleunigung (trotz korrekter Beladung) das Segelflugzeug zumindest stark nachdrehen lässt. Die Anfängerausbildung lehrt dich nicht, wie das Trudeln eingeleitet wird, sondern wie du es beendest! Darüberhinaus kann der Fluglehrer erkennen, ob der Flugschüler den Kopf verliert, nur weil etwas Unangenehmes geschieht, oder ob er Nerven behält und reagiert. Trudeln in niedrigen Höhen ist riskant und nicht dazu geeignet zu beweisen, was für ein toller Typ man ist.

Grundsätzlich gilt beim Überziehen in der Kurve (zu langsam in der Kurve) genau das gleiche wie beim Fallen eines Flügels im Geradeausflug: Hände weg vom Querruder! Schwieriger wird es, weil dass Segelflugzeug über einen Flügel abkippt und nun, obwohl die Nase nach unten zeigt, die Querneigung beibehält. Es fällt in einer steilen Spirale vornüber. Da die Trudelachse nicht der Längsachse des Segelflugzeuges entspricht und der Drehpunkt irgendwo im tieferen Flügel liegt, tritt der Effekt ein, dass weder Höhen- noch Querruder in Strömungsrichtung angeblasen werden und unwirksam sind (siehe rechts).

Abkippen über den Flügel, Trudeln

Ein Flugzeug trudelt, wenn die Strömung einseitig an einem Flügel abgelöst ist (der andere jedoch noch „fliegt"). Einleuchtend, dass ein Querruderausschlag keinesfalls den Flügel mit der abgelösten Strömung beeinflussen kann. Unter Umständen kann die Trudelbewegung noch verstärkt werden. Ein Abkippen nach vorne oder über einen Flügel kann nicht durch weiteres Ziehen am Höhenruder verhindert werden, denn mehr als den maximalen Anstellwinkel können wir nicht steuern. Wenn das Segelflugzeug abkippt oder trudelt, kommt der Knüppel (Höhen- und Querruder) in Normalstellung! Die folgenden Bilder sollen zeigen, wie aus einem unsauberen Flug in der Kurve Trudeln entsteht.

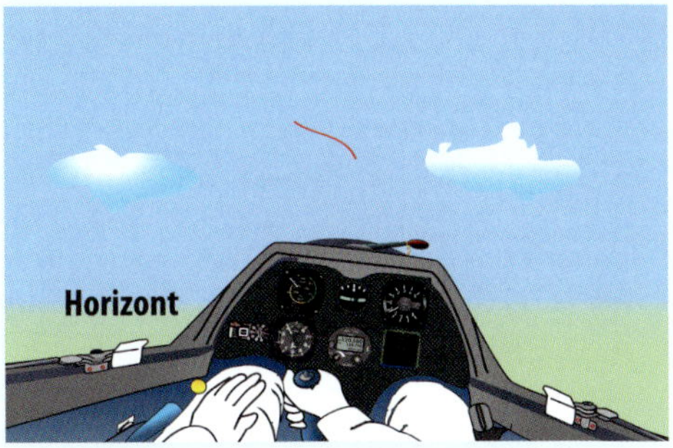

1. Fehler: Das Segelflugzeug schmiert nach rechts, es fliegt zu langsam und die Querneigung ist zu groß. Der Faden weht aus der Mitte nach links. Der Pilot versucht den Faden mit dem Querruder zum Faden in die Mitte zu bringen. Würde hier (noch harmlos) das Seitenruder gegen den Faden getreten (Querruder gerade!), würde das Segelflugzeug schneller (Horizont wieder richtig), das Schmieren wäre beendet. Besser aber: 1. Horizont-Höhenruder, 2. Faden-Füße (Seitenruder) und 3. Querneigung-Querruder.

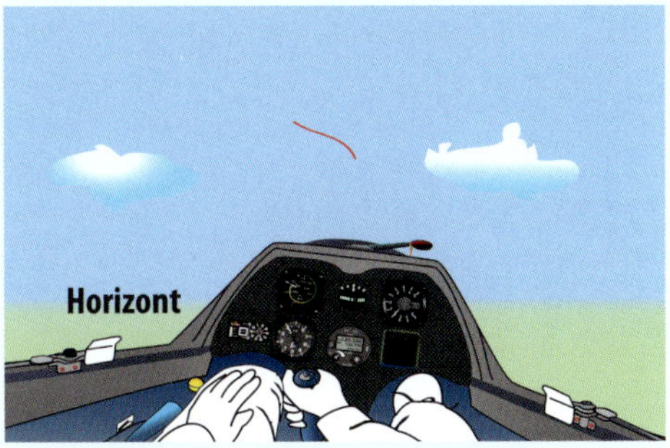

2. Fehler: Der Pilot gibt gleichzeitig Seitenruder gegen den Faden und versucht gleichzeitig mit Querruder die zunehmende Querneigung zu bekämpfen. Gegen die sich nun senkende Flugzeugnase wird unwillkürlich das Höhenruder gezogen. Wird das Querruder zum Faden und der Seitenruder dagegen ausgeschlagen, spricht man von „gekreuzten" Rudern.

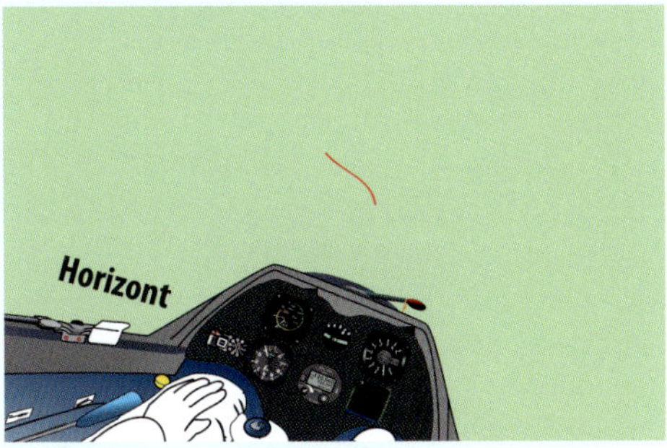

3. Fehler: Das Segelflugzeug kippt über den rechten Flügel, der Pilot behält die falschen Ruderausschläge bei und zieht noch vor Schreck das Höhenruder, um das alte Horizontbild herzustellen. Das Segelflugzeug trudelt nun vollständig.

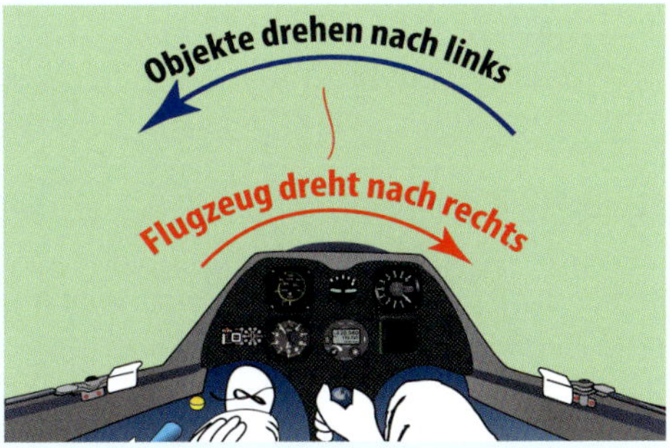

Richtige Gegenmaßnahme: Knüppel normal, Seitenruder Vollausschlag **links gegen** die Drehrichtung (links!!!). Achtung, das Segelflugzeug trudelt nach rechts, Objekte am Boden drehen nach links! Seitenruder gegen die Trudelrichtung ausgeschlagen lassen, bis die Drehung vollständig aufhört!!! Danach zügig, aber nicht ruckartig, abfangen.

Bild 5.18
5.20 Trudeln durch Pilotenfehler

05

Es ist schwer zu erkennen, in welche Richtung man trudelt, da sich die Erde entgegen der Trudelrichtung dreht und der ansonsten so „kühle Kopf" leicht von den Eindrücken überwältigt ist. Zusätzlich presst es dich gegen die äußere Bordwand (Drehachse liegt nicht im Schwerpunkt). Klugerweise machst du keine heftigen Drehbewegungen mit dem Kopf, sondern guckst genau nach vorne, weil sonst der Gleichgewichtssinn im Ohr verrückt spielt und sich dein Magen meldet. Hilfreich ist, wenn du dir gemerkt hast, in welche Richtung das Segelflugzeug drehte, als es abkippte.

Folgende Merkmale kennzeichnen das Trudeln:

–> *Jedes Segelflugzeug trudelt anders. Allein das unterschiedliche Gewicht des Piloten führt zu veränderten Massen.*
–> *Das Segelflugzeug bewegt sich (siehe Bild 5.17) um eine nahe beim Rumpf liegende Achse.*
–> *Die Drehgeschwindigkeit ist höher als beim steilsten Kurvenflug.*
–> *Das Segelflugzeug sinkt sehr schnell, aber weniger als im Sturzflug!*
–> *Die Längsneigung ist groß (siehe rechts).*
–> *Die Strömung an den Rudern und am kurvenäußeren Flügel ist abgerissen.*

Trudeln wird folgendermaßen beendet:

1. *Voller Seitenruderausschlag gegen die Drehrichtung, bis die Drehbewegung vollkommen beendet ist. Höhen- und Querruder in der Mitte (Normalstellung). Seitenruderausschlag auch beibehalten, sollte das Segelflugzeug einmal nicht sofort die Drehbewegung stoppen (Nachdrehen).*

2. *Nach Beendigung der Drehbewegung den sich dann ergebenden Sturzflug mit dem Höhenruder zügig abfangen, aber nur bis zum normalen Horizont. Nicht erneut überziehen!!!*

3. *Trudeln ist nicht mit der Steilspirale zu verwechseln: Hier liegt die Strömung an, die Ruder wirken und man hört deutlich ein Fahrgeräusch. Das Flugzeug wird gefährlich schnell, die Struktur wird überlastet!*

Wie kamen Fluglehrer und Schüler überhaupt in den Flugzustand, der das Trudeln verursachte? Zu Beginn flog der Lehrer in der Kurve zu langsam und das Segelflugzeug rutschte hinein. Der Faden stand nach außen und wies auf das Schmieren hin. Während er die Fahrt reduzierte, gab er Seitenruder in Kurvenrichtung (machte den Faden gerade). Gleichzeitig versuchte er mit dem Querruder den tieferen Flügel nach oben zu holen (gegen Kurvenrichtung). Wie war die Ruderstellung kurz vor dem Beginn des Trudelns? Das Seitenruder stand in Kurvenrichtung (zum tieferen Flügel), während das Querruder zum höheren Flügel stand, das Höhenruder war gezogen. Sind die Ruder (Quer- und Seitenruder) derart gekreuzt, steht das Abkippen über einen Flügel unmittelbar bevor! Unterschätzt wird oft das durch die Luftkraft am äußeren Flügel verursachte Drehmoment. So können manche Segelflugzeuge (gerade in der Kurve bei hoher Geschwindigkeit) bei einem einseitigen Strömungsabriss auf den Kopf drehen.

Für die Grenzflugzustände ist die richtige Beladung des Segelflugzeuges lebenswichtig. Fehlendes Gewicht kann zu einem „Flachtrudeln“ führen, die Achse des Segelflugzeuges ist weniger als 60 Grad gegenüber dem Horizont geneigt. Während im Steiltrudeln (>45 Grad) das Seitenruder als einziges Ruder halbwegs in Strömungsrichtung liegt, wird beim Flachtrudeln kein Ruder mehr angeströmt. Dieser Zustand lässt sich durch keine Gegenmaßnahmen mehr beenden. du siehst, wie äußerst wichtig der Startcheck ist.

Pro Trudelumdrehung verliert das Segelflugzeug etwa 50 Meter Höhe, je nach Muster dauert eine Umdrehung 2-3 Sekunden. In einer Trudelübung verlieren wir (mit Ausleiten und Abfangen) circa 100 Meter, Trudeln muss spätestens in einer Höhe von 400 Metern beendet sein!

Unterschiedliche Beladung führt schnell dazu, dass sich Flugeigenschaften extrem unterscheiden! Sobald das Trudeln einsetzt, wirken die Fliehkräfte der am weitesten von der Rotationsachse sitzenden Massen auf die Drehung ein. Je höher die Massen an Heck und Flugzeugspitze sind und je schneller die Rotation stattfindet, desto stärker will sich das Segelflugzeug im Trudeln aufrichten. Die Längsneigung darf aber niemals (siehe oben) kleiner als 60 Grad sein. Die Strömung an Rudern und einem Flügel ist verwirbelt und stark gestört, sie ist keinesfalls gleichförmig! Rotation, Massenfliehkräfte und chaotischer Strömungsverlauf sind die Gründe, weshalb das Segelflugzeug selbst bei den richtigen Maßnahmen zur Beendigung noch nachdreht!

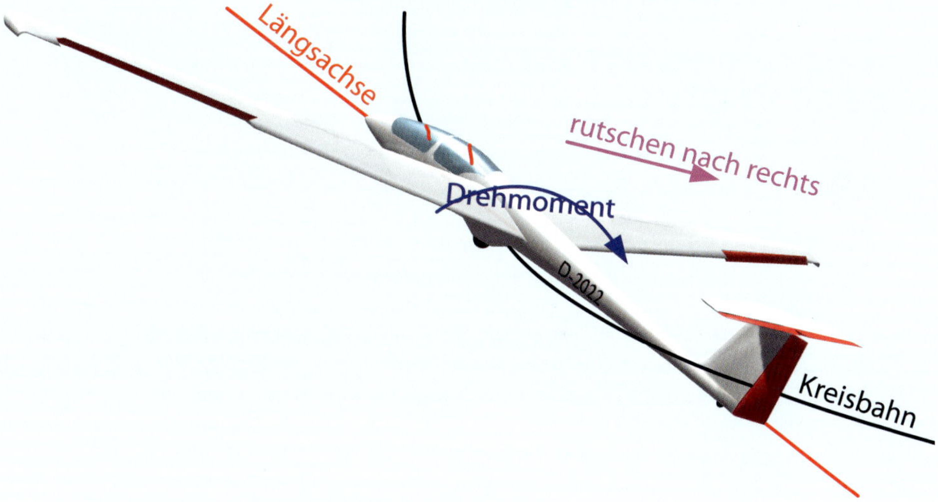

Bild 5.19
Schmierkurve: Das Flugzeug ist zu langsam (Nase zu hoch).
Die Längsachse zeigt aus der Kurve heraus (Faden zeigt nach außen).
Trotz Gegenquerruder dreht das Flugzeug nach rechts.

Dein Fluglehrer sollte dir zeigen, dass du aus jeder zu langsamen Kurve mit derart gekreuzten Rudern ins Trudeln kommen kannst (gerade die ASK 13 zeigt dies deutlich). Man kann sogar in Kurven mit 110 km/h zu langsam sein, wenn man eng (mit hoher Querneigung) kurven will. Viele Außenlandeversuche erfahrener Piloten zeigen, dass die notwendige Landung zu spät eingeleitet wurde und das Segelflugzeug in der letzten Kurve in den überzogenen Flugzustand geriet. So lässt sich jede Kurve zu langsam fliegen, selbst wenn wir (bis auf den Horizont) alles richtig zu machen glauben: Das Seitenruder und das Querruder sollen ja lediglich den Faden in Richtung halten.

Denk bitte nicht, du selbst würdest niemals diesen Fehler machen. Beobachte dich selbst, wenn du vor lauter Angst über die Querneigung zuviel abstützt und das Segelflugzeug gleichzeitig mit Seitenruder um die Kurve zwingen willst.

Trudeln in ausreichender Höhe, mit einem geeignetem Segelflugzeug und einem Fluglehrer an Bord ist ungefährlich, sofern der Schwerpunkt stimmt[2]. *Das Segelflugzeug wird beim Trudeln – im Gegensatz zur Steilspirale – nicht gefährlich schneller (siehe Kap. 3 Der Kurvenflug). Ein häufig gemachter Fehler beim Beenden ist, entweder das Seitenruder zu früh nachzulassen und der „Vogel" daher weitertrudelt oder es voll ausgeschlagen zu lassen, worauf das Segelflugzeug anschließend in die andere Richtung abkippt.*

05

Zusammenfassung:

–> *Kurven werden koordiniert mit Höhen-, Quer- und Seitenruder eingeleitet, beendet oder verbessert.*

–> *Das Segelflugzeug muss mit jeder gewählten Geschwindigkeit geflogen werden können.*

–> *Rollübungen sind eine gute Möglichkeit, die Ruderbewegungen aufeinander abzustimmen.*

–> *Durch unsauberes Steuern (ausschließlich mit Fluglehrer geflogen!) sowohl im Geradeaus-, als auch im Kurvenflug können Zustände eintreten, die das Segelflugzeug unkontrollierte Fluglagen einnehmen lassen.*

2 Ungewolltes Trudeln ist immer noch eine häufige Unfallursache. Gerade ein zu langsamer Flug in der letzten Landekurve lässt das Segelflugzeug über einen Flügel abkippen. Der Höhenverlust ist so groß, dass vor Beendigung des Abkippens das Flugzeug auf dem Boden aufschlägt.

Steht das Querruder zum hohen Flügel und das Seitenruder zum tiefen, spricht man von gekreuzten Rudern. Dies ist nicht mit dem Slip zu verwechseln, hier steht das Querruder zum tiefen und das Seitenruder zum hohen Flügel! Gekreuzte Ruder leiten das Trudeln ein! Sollte das Segelflugzeug nach Beenden des Trudelns (senkrechter Sturz) zu schnell werden, können die Sturzflugbremsen zur Hilfe genommen werden.

Ist in einer Kurve der Faden zum äußeren Flügel ausgeweht, ist die Geschwindigkeit in der Kurve zu gering! Es lässt sich beobachten, dass der Horizont nur noch langsam am Haubenfixpunkt vorbeidreht. durch Zurückholen des Fadens mit dem Seitenruder wird die Drehgeschwindigkeit korrigiert, da die Nase des Segelflugzeuges aus der Kreisbahn herauszeigt. Wenn der Horizont erheblich zu tief ist (wir sind zu langsam) und der Faden zum höheren Flügel ausweht, kann allerdings ein Seitenruderausschlag in die Kurve hinein das Abkippen einleiten (der kurveninnere Flügel wird noch langsamer). Ein Nachlassen des Höhenruders ist die einzig sichere Maßnahme. Erst dann wird der Faden mit dem Seitenruder verbessert.

Trudeln hängt auch von der Zuladung und der Flügelgeometrie ab. Bei zahlreichen Baumustern liegt bereits nach einer Trudelumdrehung wieder die Strömung an, wir befinden uns nun in einer Steilspirale: Durch die Kurvenkräfte nimmt die Geschwindigkeit deutlich schneller als im Sturzflug zu. Die Struktur ist sehr schnell überlastet. Die Steilspirale ist als koordinierte Kurve SOFORT zu beenden. Unter Umständen benötigen wir die Luftbremsen, um die Geschwindigkeit zu reduzieren.

Zusammenfassung:

-> Im sauberen Kurvenflug sind die auf das Segelflugzeug wirkenden Kräfte ausgewogen

-> Bei Rollübungen darf das Segelflugzeug nicht um die Längsachse taumeln

-> Fliegen wir mit maximalem Anstellwinkel, führt jedes weitere Ziehen am Höhenruder zu einer Ablösung der Strömung.

-> Ungewolltes Trudeln mit und ohne Fluglehrer ist gefährlich!

-> Noch gefährlicher als Trudeln ist eine Steilspirale!

Die Platzrunde
Rechteck

Nachdem wir sicher in die Luft gekommen sind, befinden wir uns mit dem Segelflugzeug in der Platzrunde. Sie ist gegenüber Boden ein Rechteck und wird so geflogen. Die einzelnen Abschnitte stehen in einem Winkel von 90 Grad zueinander. Dies geschieht nicht weil der Fluglehrer sehen will, ob du eine Kurve mit 90 Grad Richtungsänderung fliegen kannst, sondern weil sich in der Platzrunde sämtlicher Flugplatzverkehr befindet (an- und abfliegende Luftfahrzeuge) und jeder Luftfahrzeugführer die anderen so gut wie möglich sehen soll. 90 Grad seitlich (querab) sind andere Luftfahrzeuge leichter zu erkennen,

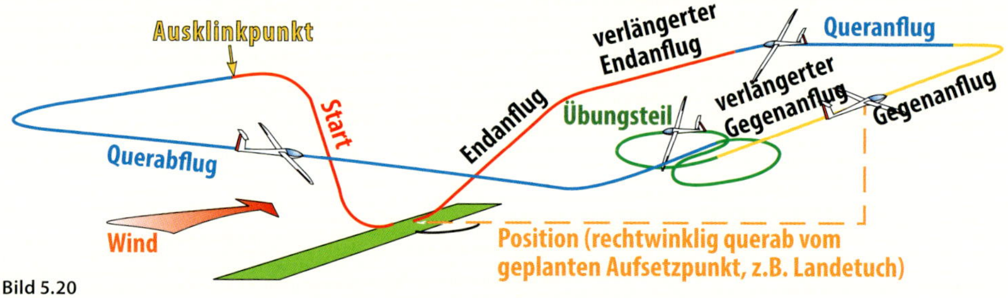

Bild 5.20
Die Abschnitte der Platzrunde beim Windenstart (hier Linksplatzrunde)

Die Kurve vom Start in den Querabflug heißt Querabflugkurve, die in den Gegenanflug Gegenanflugkurve, die in den Queranflug Queranflugkurve und die in den Endteil Landekurve. Unser Übungsteil liegt zwischen der Gegenanflugkurve und der Position. Während unserer Übungen achten wir darauf, dem Platz nicht zu nahe zu kommen und unter Umständen startende Flugzeuge zu behindern.

Nach dem Start (Winde, 3 x ausgeklinkt?) fliegen wir noch ein Stück geradeaus und suchen unser korrektes Horizontbild. Die Trimmung wird entsprechend eingestellt und ist für uns eine Hilfe. Jetzt geht unser Blick auf den Höhenmesser, dort lesen wir ab, wieviel Höhe zur Einteilung der Platzrunde zur Verfügung steht. Dabei müssen wir berücksichtigen, woher der Wind kommt und welche Stärke er hat (Startcheck?).

Der weitere Flug in der Platzrunde erfolgt geplant. Wir treffen unsere Entscheidungen vorher, bzw. legen fest, welche Entscheidungsmöglichkeiten wir haben. Alle Kurven in der Platzrunde werden rechtwinklig zum Boden geflogen. Weht im Start der Wind von rechts vorne, dann bedeutet dies für unsere vier Kurven und die Platzrundenteile (siehe Bild 5.22):

Querabflugkurve: *Wir kommen schwer gegen den Wind voran, mit Eindrehen in den Querabflug macht uns der Wind schneller und treibt uns vom Platz weg. Wir haben nicht viel Zeit bis zur nächsten Kurve, da wir über Grund schnell fliegen.*

Die Platzrunde
Was mache ich mit meiner Höhe?

Um den Verkehr von, zu und an Flugplätzen zu regeln, wurde eine Ordnung für den Luftverkehr geschaffen. Die Platzrunde ist keine willkürliche Bestimmung, sondern dient der Sicherheit aller Luftfahrzeugführer. Wir sind als Schüler diesen Bestimmungen unterworfen und können nicht nach Lust und Laune umherfliegen. Die für den Flugplatz gültige Platzrunde erklärt dir dein Fluglehrer. Einige Schulen lassen sich schriftlich bestätigen, dass du in die Besonderheiten des Platzes eingewiesen worden bist. Wie links beschrieben, liegen alle in den jeweils nächsten Platzrundenteil führenden Kurven gegenüber Grund in einem Winkel von 90 Grad zueinander. Willst du den vorgeschriebenen Flugweg über Grund einhalten, so hast du immer den aktuellen Windeinfluss zu berücksichtigen.

Unser Übungsteil liegt im verlängerten Gegenanflug. Wie schon mehrmals beschrieben, befinden wir uns selten allein in der Luft. Wir können nicht davon ausgehen, dass ein in der Nähe fliegender Pilot unsere Flugbewegungen voraussieht. Es kann ebenfalls ein Schüler sein, der noch nicht so weit fortgeschritten ist wie du. Luftraumbeobachtung ist in jeder Phase der Ausbildung unabdingbar, selbst der Fluglehrer hinter uns kann kurz abgelenkt sein. Deshalb hier die Ausweichregeln für Luftfahrzeuge, soweit sie uns betreffen:

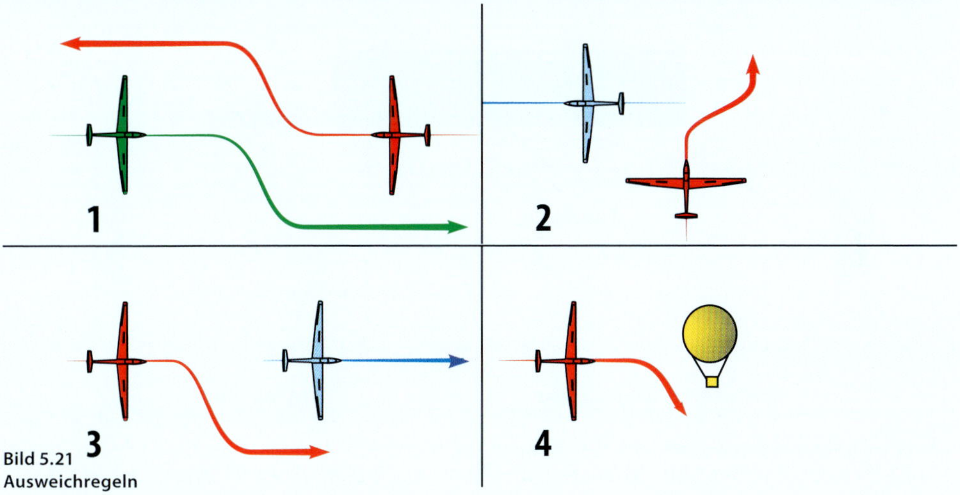

Bild 5.21 Ausweichregeln

(1) Zwei sich in gleicher Höhe entgegenkommende Luftfahrzeuge (Kreuzungswinkel kleiner als 90 Grad) weichen beide nach rechts aus. ***(2)*** Kreuzt sich der Flugweg, so hat das von rechts kommende Segelflugzeug Vorflugrecht. ***(3)*** Ein vorausfliegendes Segelflugzeug überholen rechts, obwohl auch links erlaubt wäre. ***(4)*** Immer muss Ballonen ausgewichen werden, da sie selbst über keinen Antrieb verfügen. Motorflugzeuge müssen dir ausweichen, das bedeutet aber nicht, vorsätzlich eins zu behindern (zum Beispiel im Landeanflug)!

Gegenanflugkurve: *Wir fliegen mit Rückenwindanteil mit großem Kreisradius, kommen unter Umständen etwas weit vom Platz weg. Wollen wir parallel zum Platz bleiben, müssen wir einen Luvwinkel (siehe etwas später) nach links fliegen (gegen den Wind vorhalten).*

Queranflugkurve: *Wir drehen in den Wind hinein. Wir haben im Queranflug etwas Zeit, da wir schlecht gegen den Wind vorankommen, aber Vorsicht, wir werden vom Platz weg versetzt (Vorhalten).*

Landekurve: *Die Kurve kann uns zu klein geraten, da wir gegen den Wind kurven. Also mit weniger als 30 Grad Querneigung kurven, nach der Landekurve soll das Landefeld gerade voraus liegen.*

05

Mit dem Wissen um unsere Höhe, Windrichtung und Stärke (Eigensinken beachten) planen wir die Platzrunde. Wir drehen in den Querabflug. Vorher schauen wir, ob der Luftraum frei ist. Wir suchen einen Blickpunkt, um die Kurve rechtzeitig zu beenden. Unter Beibehaltung des Horizontbildes leiten wir die Kurve mit Quer- und Seitenruder gleichzeitig und gleichsinnig ein (Kap. 3.1). Ein Tipp: Der Blick über die Flügelspitze hinweg zeigt uns den neuen Blickpunkt nach durchführung einer 90-Grad Kurve. Reicht die zur Verfügung stehende Höhe noch aus, legen wir unsere Flugübungen in den verlängerten Gegenanflug (je nach Gelände wir wollen in 150 bis 200 Meter Höhe über Grund an der Position sein. Die Position ist die Stelle im Gegenanflug, an der wir uns querab vom Landezeichen befinden).

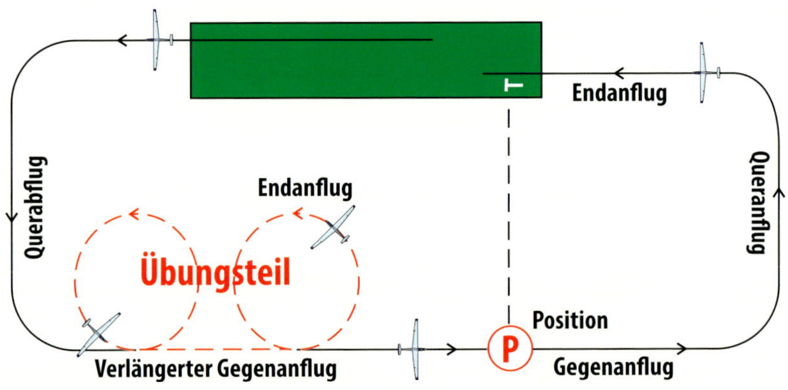

Bild 5.22
Schema einer Platzrunde von oben

Das letzte Stück wird bereits im verlängerten Gegenanflug geradlinig zur Position geflogen, so dass wir in der vorgeschriebenen Höhe dort ankommen. Keinesfalls wird hinter der Position gekreist! Wenn wir uns zur Landung entschlossen haben, wird diese selbst dann durchgeführt, wenn wir hinter der Position Thermik finden sollten. Viele Unfälle auf Überlandflügen – gerade mit erfahrenen Fliegern – geschehen, weil die Landung überhastet wegen fehlender Höhe eingeleitet werden musste. Früh eingeübte Disziplin hilft dir später als fortgeschrittener Pilot.

Einem Schleppzug hast du Platz machen, da er sich nicht so frei bewegen kann wie du. ***Niemals wird die Startstrecke unter der möglichen maximalen Ausklinkhöhe überflogen. Im Querabflug, hinter der Position oder im Queranflug (noch schlimmer im Endteil) wird nie gekreist!!!*** Ein Flugschüler, der den Luftraum nicht beobachtet, vor dem Einkurven nicht guckt oder die Platzrunde grob fahrlässig verletzt, ist mit Sicherheit nicht für den Alleinflug geeignet!

Während Fluglehrer zu Beginn häufiger (meist mündlich) bei der Steuerung unterstützten, möchten sie nun im Flug Vorschläge hören, was du zu fliegen beabsichtigst. Bald ist es dir leicht möglich, laut zu denken. Wenn dann von hinten kein Widerspruch kommt, wird dein Vorhaben richtig sein. In dieser Phase werden auch erste „Flugaufträge“ erteilt.

Bei der Einteilung der Platzrunde wird oft vergessen, dass allein schon für das Abfliegen des Rechtecks Höhe benötigt wird. Angenommen, allein das Umfliegen des Platzes nach dem Start dauert drei Minuten. Dann müssen wir schon an der Winde eine Ausklinkhöhe von 250 Metern haben, wollen wir die Landekurve in 100 Meter Höhe (ASK 21) beendet haben, denn wir verlieren ohne jeden Kreis 150 Meter (gerechnet ohne Thermikeinflüsse). Sollte eine einfache Runde um das Flugfeld etwa drei Minuten dauern, kannst du über eine zusätzliche Flugübung erst nachdenken, wenn du über der Mindestausklinkhöhe fliegst. Wäre deine Höhe geringer, müsstest du unter Umständen den Querabflug abkürzen oder hinter der Position diagonal in den Queranflug übergehen. 05

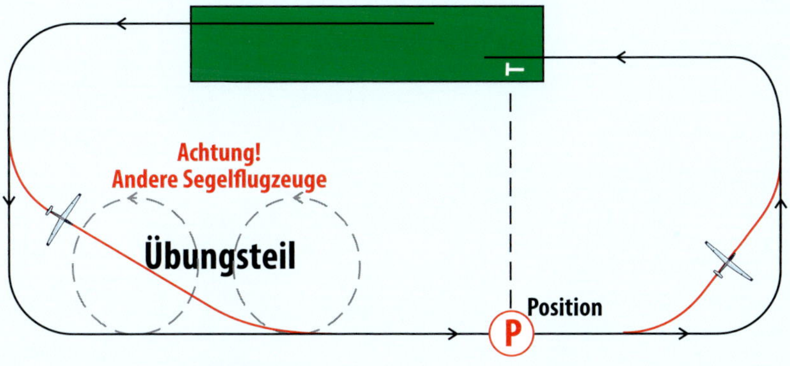

Bild 5.23
Abkürzen, wenn die Höhe nicht reicht

Die Platzrunde einzuhalten verlangt Disziplin, selbst wenn beste Thermik hinter der Position zum Einkreisen lockt. Nur deutlich oberhalb der Platzrundenhöhe darf nach ihr eingekreist werden. Hast du einen Aufwind gefunden und willst die Platzrunde verlassen, so erfolgt dies im Übungsteil! Kommst du zum Platz zurück, so steigst du dort unter Beachtung des Verkehrs in die Platzrunde ein.

Häufig wird der Flugweg durch Windversetzung beeinflusst. Da die Platzrunde entlang genau definierter Geländemerkmale führt, musst du bei Seitenwind mit Luvwinkel fliegen.

05

Fliegen mit Luvwinkel

Da wir meistens Seitenwind erwarten können, will ich dir nun zeigen, wie mit einem Luvwinkel geflogen wird. Ziel ist, eine bestimmte Linie über Boden zu fliegen, ohne dass deswegen der Faden aus der Mitte weht.

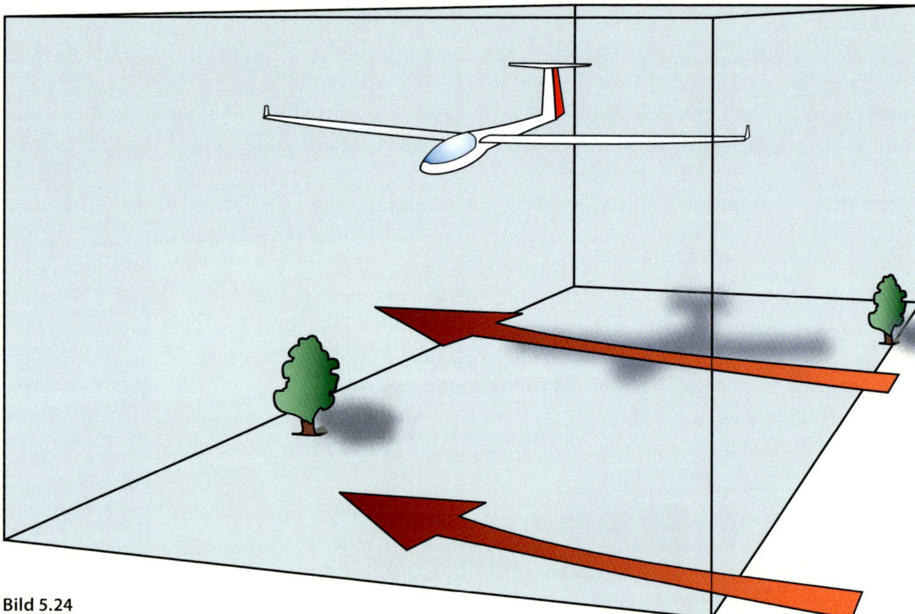

Bild 5.24
Das Segelflugzeug im Luftpaket

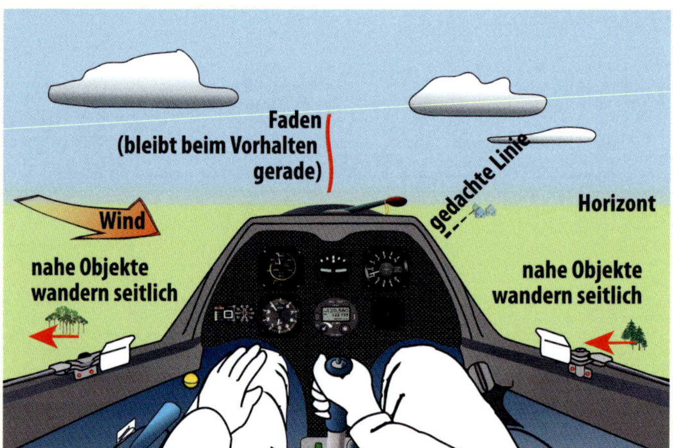

Bild 5.25
Seitliche Abdrift nach rechts durch Wind von links

Ein Segelflugzeug bewegt sich in einem Luftpaket, dass selbst eine eigene Geschwindigkeit besitzt. Fahrtmesser und Faden zeigen nur an, welche Geschwindigkeit du gegenüber dieser Luft hast und ob du sauber steuerst. Da die Luft mit dem Wind über Land zieht, wirst du automatisch mit ihr versetzt, ohne das dies die Steuerung des Segelflugzeuges beeinflusst.

Fliegen mit Luvwinkel

Die Vorwärtsbewegung eines Segelflugzeugs in der Luft wird vom Fahrtmesser als Geschwindigkeit angezeigt. Die umgebende Luft muss mit ihrer Richtung und Stärke zur Eigengeschwindigkeit hinzugezählt werden. Beides zusammen ergibt die Geschwindigkeit über Grund, die tatsächlich geflogene Strecke gegenüber Boden ist der zurückgelegte Flugweg.

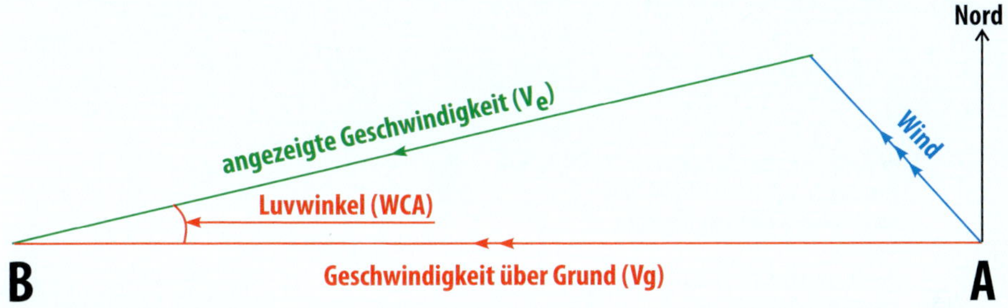

Bild 5.26
Wahre Fluggeschwindigkeit bei Rückenwind (Gegenanflugteil)

Wollen wir trotz Seitenwindeinfluss einen bestimmten Weg über Grund fliegen, so müssen wir die seitliche Versetzung aufheben. Im unten gezeigten Beispiel wollte ein Segelflugzeug von A nach B fliegen. Durch den Seitenwindeinfluss von hinten links kam es aber bei B1 an, die angezeigte Fahrt war geringer als die tatsächliche Geschwindigkeit über Grund. Drehen wir die Nase genau um den Betrag des Abdriftwinkels (von der gewünschten Kurslinie) gegen den Wind, so heben sich Abdrift und Verbesserung gegenseitig auf. Dieser Verbesserungswinkel wird Luvwinkel genannt. Übrigens, die windzugewandte Seite ist Luv, die abgewandte Seite Lee (wie in der Seefahrt).

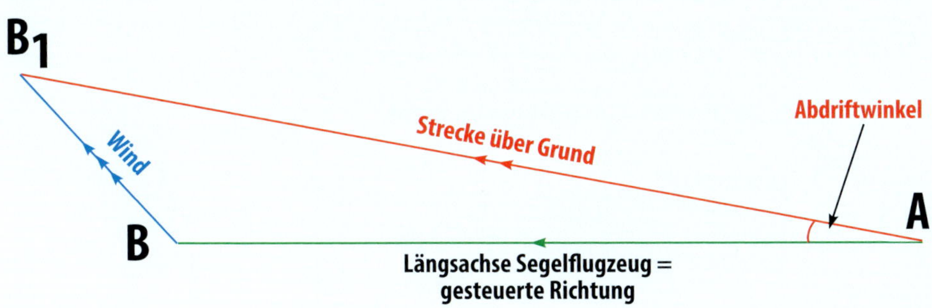

Bild 5.27
Bei Wind führt der Weg von A nach B ohne Luvwinkel zu B1

Bei der Landung (siehe Kap.7) lassen wir den Luvflügel (dem Wind zugewandt) leicht hängen. Das hat den Nachteil, dass wir unsauber fliegen. Das zusätzliche Sinken ist sicherlich im Landeanflug sinnvoll, da wir ohnehin Höhe verlieren wollen. Im Normalflug hat unsauberes Fliegen ein Sinken zur Folge, das dir nur das Vergnügen verkürzt, in der Luft zu sein. Ich habe sogar schon Flugschüler erlebt, die so unsauber flogen, dass der damit verbundene Höhenverlust die gesamte Platzeinteilung vereitelte. Geschickter ist es, ein wenig gegen den Wind zu fliegen und damit die seitliche Versetzung gegenüber dem Boden aufzuheben.

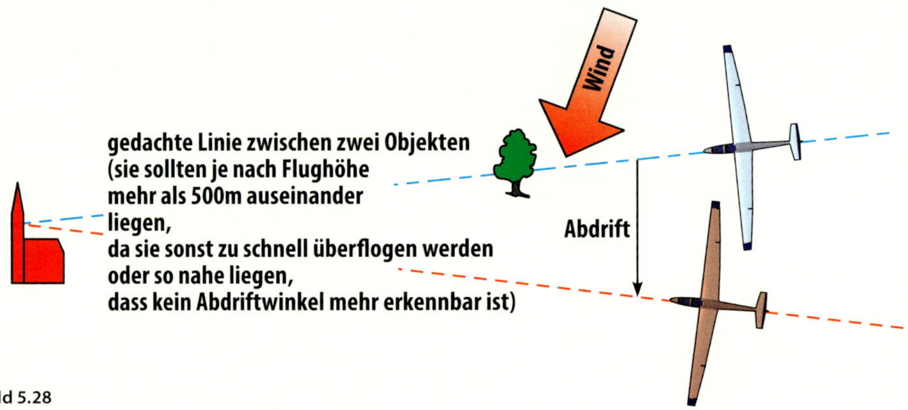

Bild 5.28
Das Segelflugzeug wird nach rechts versetzt

05

Eine seitliche Abdrift durch Windeinfluss lässt sich beobachten, wenn du mindestens zwei hintereinanderliegende Ziele auf dem Boden in Verlängerung der Flugrichtung suchst. Wir beobachten, in welche Richtung langsam das nähere Ziel auswandert. Der Seitenwind bläst aus der Richtung, in die sich unser gesuchtes Objekt bewegt (siehe Bild 5.30). In unserem Beispiel befinden wir uns im Gegenanflug (im Start kam der Wind von links), der Seitenwind kommt nun von rechts. (In Bild 5.28 sind die beiden Segelflugzeuge nicht parallel verschoben, da ein entfernteres Ziel über einen längeren Zeitpunkt weiterhin in Flugrichtung zu sehen ist als ein näher gelegenes Objekt). Um einen Luvwinkel zu fliegen, leiten wir eine flache Kurve gegen Wind ein und beobachten gleichzeitig, ob die Verschiebung des näher gelegenen Zieles gestoppt wird.

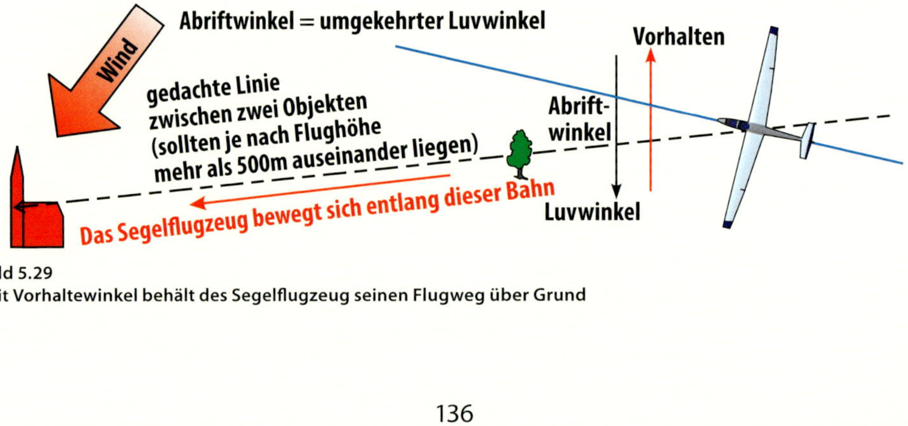

Bild 5.29
Mit Vorhaltewinkel behält des Segelflugzeug seinen Flugweg über Grund

Der Faden bleibt beim Flug mit Luvwinkel natürlich in Längsrichtung, da wir diesen Winkel nur gegenüber dem Boden fliegen. Gegenüber der Luft nehmen wir eine neue Flugrichtung ein. Während wir erneut das Segelflugzeug fadengerade fliegen, entspricht die Längsachse nicht mehr in Flugrichtung gegenüber Grund. Nur bei Windstille entspricht der Flugweg gegenüber Luft dem Weg über Grund. Die Strecke gegenüber Grund heißt Kurslinie. Fliegen mit Luvwinkel wird durch mehrere hintereinanderliegende Geländepunkte am Boden kontrolliert, nur sehen wir diese Punkte nicht mehr genau voraus in Verlängerung der Längsachse, sondern etwas seitlich davon entlang der Strecke über Grund auf der windabgewandten Seite (im Lee).

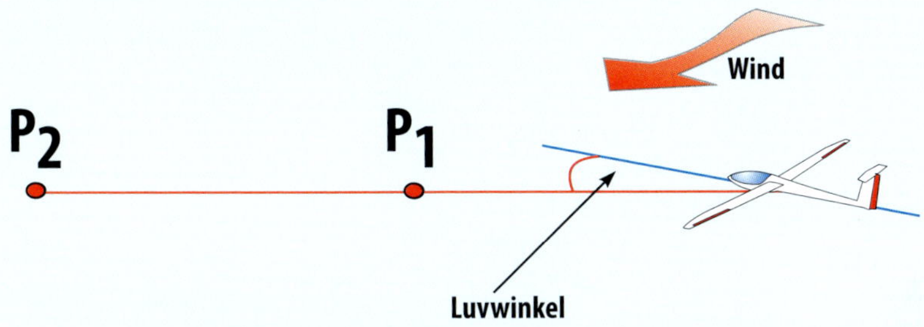

Bild 5.30
Mit zwei Geländepunkten lässt sich der Luvwinkel kontrollieren

Wandern die Geländemerkmale vor uns gegen die Windrichtung (also nach Luv), so war unser Luvwinkel zu klein. Wir werden immer noch versetzt. Bewegen sie sich dagegen zur anderen Seite, so war der Winkel zu groß. Auf längeren Strecken muss die Kurslinie zusätzlich mit dem Kompass und Luftfahrtkarte kontrolliert werden.

Hat der Wind das Segelflugzeug bereits versetzt, kann mit dem korrekten Luvwinkel allein nicht mehr auf die beabsichtigte Kurslinie zurückgekehrt werden, da du lediglich einen Parallelkurs zur Kurslinie fliegen würdest. Willst du auf eine bestimmte Kurslinie zurückkehren, sollte als Kursverbesserung der doppelte Luvwinkel eingenommen werden, bis die Kurslinie erreicht ist. Erst dann wird wieder mit einfachem Luvwinkel geflogen.

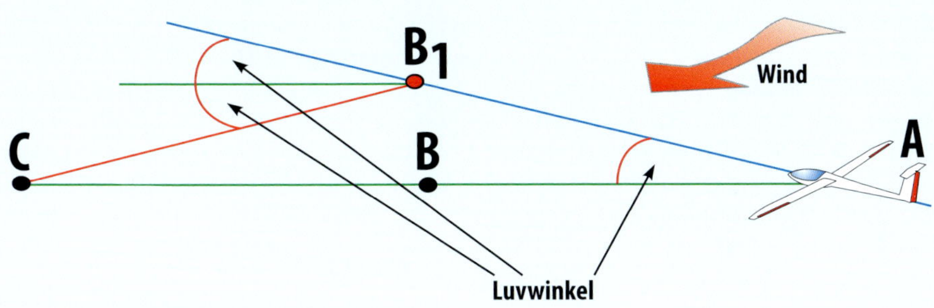

Bild 5.31
Doppelter Luvwinkel bis zum alten Kurs

Wir verbessern mit einer flachen Kurve, um genügend Zeit zur Beobachtung des gewünschten Effektes zu haben (siehe rechts). Wenn du wie im Beispiel nach rechts vorhalten musst (Seitenwind von rechts), so siehst du anschließend die Objekte, die dich die Richtung kontrollieren lassen, nicht mehr in der Verlängerung der Flugzeuglängsachse, sondern etwas links voraus.

Mit Luvwinkel zu fliegen liest sich schlimmer als es in der Praxis ist. Mit Luvwinkel muss gesteuert werden, willst du über Grund auf einer bestimmten (Kurs) Linie fliegen. Steuerst du allerdings trotz Seitenwind nur auf ein bestimmtes Ziel zu, ohne einen Luvwinkel einzunehmen, so spricht man von einer Hundekurve. Sie wird so genannt, weil ein Hund im Wasser zwar auf einen Punkt zuschwimmt, dabei aber die (Wasser)- Strömung nicht berücksichtigt. Er nähert sich seinem Ziel in einer Kurve.

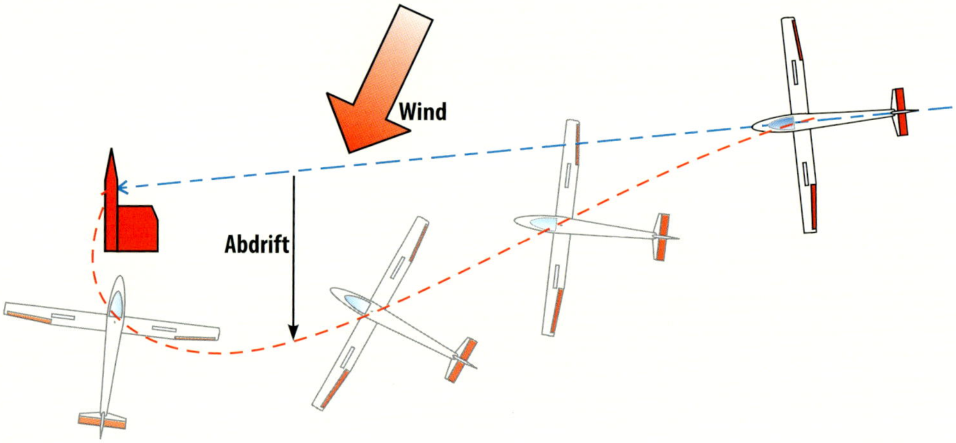

Bild 5.32
Die „Hundekurve"

Der Flugweg ist bei einer Hundekurve länger, der Weg über Grund wird nicht beibehalten. Zu Recht wäre dein Fluglehrer unzufrieden, würdest du so einen Kurs halten wollen.

Natürlich kannst du während des Fluges in der Platzrunde alle Korrekturen (Horizont – Querneigung – Faden) wie gewohnt durchführen. Stellst du aber am Ende fest, dass du die gewählte Richtung verloren hast, so wird mit Quer- und Seitenruder eine Kurve in die gewünschte Richtung geflogen, jedoch keinesfalls probiert, sich nur mit einem Ruder hinmogeln zu wollen. Das sieht dann in der Praxis so aus: der Flugschüler versucht nur mit dem Seitenruder die Richtung zu halten und wundert sich gleichzeitig darüber, dass der Faden nicht gerade steht.

Auf der linken Seite steht, dass zum Erfliegen eines Luvwinkels solange in einer flachen Kurve gegen den Wind gekurvt wird, bis die Versetzung des Segelflugzeuges von der gewünschten Kurslinie beendet ist. Da selbst bei kräftigem Seitenwind ein Luvwinkel kleiner als 30 Grad ist (wäre der Wind stärker, blieben wir besser am Boden), muss die Kurve lange genug dauern, um ausreichend Zeit zur Beobachtung zu haben.

Im Gegenanflugteil (nach der Position) wird mit Luvwinkel geflogen, wenn Seitenwindeinflüsse das Segelflugzeug zu versetzten drohen. Will dich der Wind vom Platz weg versetzen (siehe Bild 5.35), gerät der Queranflug zu lang, weil du dich immer weiter vom Platz entfernst. Dabei entsteht ein zu großer Höhenverlust. Treibt er dich zum Platz hin, so wird der Queranflug zu kurz: du kannst den Landeanflug nicht korrekt vorbereiten und Queranflug- und Landekurve gehen ineinander über. Die Landung wird entsprechend ausfallen.

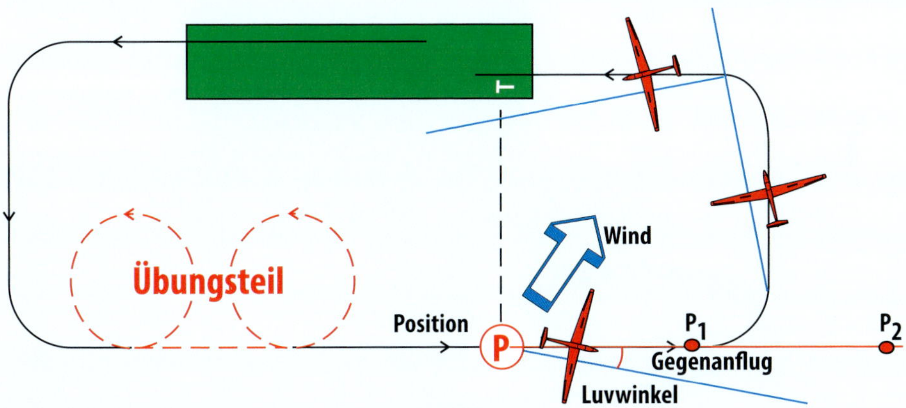

Bild 5.33
Bei Seitenwind wird ab der Position mit Luvwinkel geflogen

Deshalb wird ebenfalls im Queranflug eine seitliche Abdrift mit einem Luvwinkel aufgehoben. Der anschließend zu fliegende Landeanflug gerät zu lang. (Gegenwind bei der Landung, genau dies ist der gewollte Normalfall: Siehe hierzu Kapitel 7) oder zu kurz gerät (Rückenwind im Landeanflug). Da wir in der Regel mit Wind von vorne starten und landen, kannst du erwarten, dass du im Queranflug einen Luvwinkel zum Platz hin fliegen musst.

Die Größe des Luvwinkels (siehe Kapitel 7: Die Landung) gibt dir Auskünfte über Richtung und Stärke des Windes, den du im Landeanflug zu erwarten hast. Beachte aber, dass bei einem Luvwinkel zum Platz hin im Queranflugteil die Luftraumbeobachtung zur anderen Seite etwas erschwert ist. du musst dich etwas weiter umdrehen.

Du siehst, Segelfliegen mit Luvwinkel ist überhaupt nicht so schwer. Der Faden bleibt weiter in der Mitte, wir fliegen gegenüber der sich bewegenden Luft fadengerade.

05

Taktik in der Platzrunde

Die Schwierigkeit dieses Ausbildungsabschnitts besteht darin, die zur Verfügung stehende Höhe sinnvoll einzuteilen. Wie anfangs beschrieben, ist die Beachtung des Windes wichtig. Zusätzlich ist das Sinken (oder Steigen) zu berücksichtigen, welches durch Abwinde (Aufwinde) hervorgerufen wird. Es schadet nicht, hin und wieder auf das Variometer zu gucken.

Ist die Höhe nach dem Ausklinken gering (~ 250 Meter), kannst du erst einmal nicht davon ausgehen, dass dir Höhe für Flugübungen in der Platzrunde zur Verfügung steht. du wirst der Platzrunde folgend zur Position fliegen. Tritt unterwegs durch Abwinde zusätzliches Sinken ein, so könntest du unter Umständen den Querabflug abkürzen und diagonal zur Position fliegen. Auf keinen Fall gibt es eine Entschuldigung an der Position zu tief anzukommen.

Bemerkst du im verlängerten Gegenanflug, dass der Höhenverlust geringer war als befürchtet, hast du nun die Möglichkeit, Flugübungen im Übungsraum einzubauen. Da das Segelflugzeug nicht nur Vollkreise fliegen kann, lassen sich Kreisabschnitte mit anschließendem Kurvenwechsel hintereinander legen. So näherst du dich trotzdem der Position. Je geringer die zur Verfügung stehende Höhe ist, werden die Kurvenwechsel immer flacher bis zum Geradeausflug (siehe Kapitel 6: Tipps und Tricks).

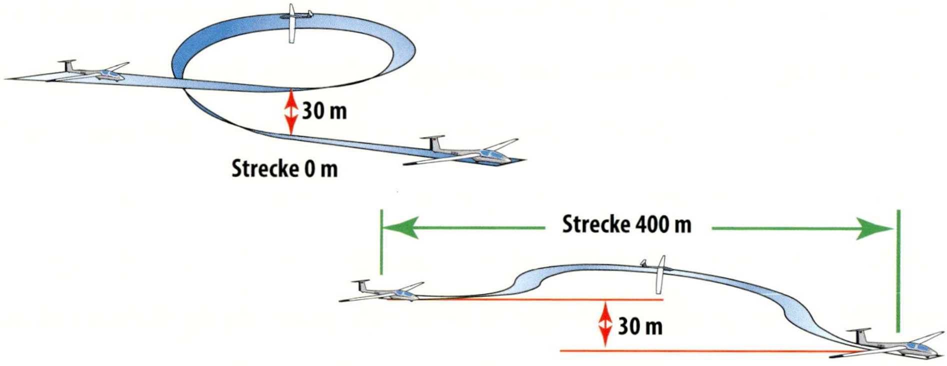

Bild 5.34
Kurvenwechsel auf dem Weg zu Position

Das Bild 5.34 zeigt bei der Möglichkeit 2, dass vier Viertelkreise hintereinander gelegt wurden, die zusammengenommen wieder einen Vollkreis ergeben. Erst wenn du nach dem Eindrehen in den Gegenanflugteil auf dem Höhenmesser siehst, dass abzüglich der Höhe, die du zur Position benötigst, mehr als 30 Meter zur Verfügung stehen, kannst du einen Vollkreis fliegen (siehe Kapitel 6: Tipps und Tricks: Pro Vollkreis werden etwa 30 Meter Höhe benötigt). Auf jeden Fall soll die letzte Kurve, bevor du zur Position fliegst, **zum Platz hin geflogen** *werden. Nur so kannst du abschätzen, ob der richtige Abstand zum Platz vorhanden ist.*

Taktik in der Platzrunde

Beim Schulsegelflugzeug ASK 13 dürfen wir ein mittleres Eigensinken von 90 cm pro Sekunde annehmen, da wir noch nicht jeden Flugabschnitt verlustfrei zu steuern vermögen. Dauert ein Kreis mit 30 Grad Querneigung bei Normalfahrt ungefähr 30 Sekunden (siehe Kap. 6), so verbraucht unser Segelflugzeug einschließlich Aus- und Einleiten etwa 30 Meter Höhe, sofern durch Auf- oder Abwinde keine erhebliche Abweichung entsteht. Ist der Flugweg von Beginn des Gegenanfluges bis zur Position zwei Kilometer lang, so müsste bei 340 Meter Höhe zu Beginn des Gegenanfluges unsere Rechnung so aussehen:

Für die verbleibende Strecke von 2000 Metern zur Position benötigen wir 90 Sekunden, dies entspricht etwa 80 Metern Höhenverlust. War die Ausgangshöhe Beginn Gegenanflug 340 Meter (abzüglich 80 Meter), so sind wir an der Position 260 Meter hoch. Wollen wir an der Position 200 Meter haben, stehen uns noch 60 Meter Höhe für Flugübungen zur Verfügung. Da wir einen Höhenverlust von 30 Metern pro Kreis annehmen, können wir zwei Vollkreise fliegen. Wohlgemerkt: Diese Rechnung stimmt nur ohne thermische Einflüsse. Sie zeigt aber, dass für die Höheneinteilung in der Platzrunde berechnet sein will.

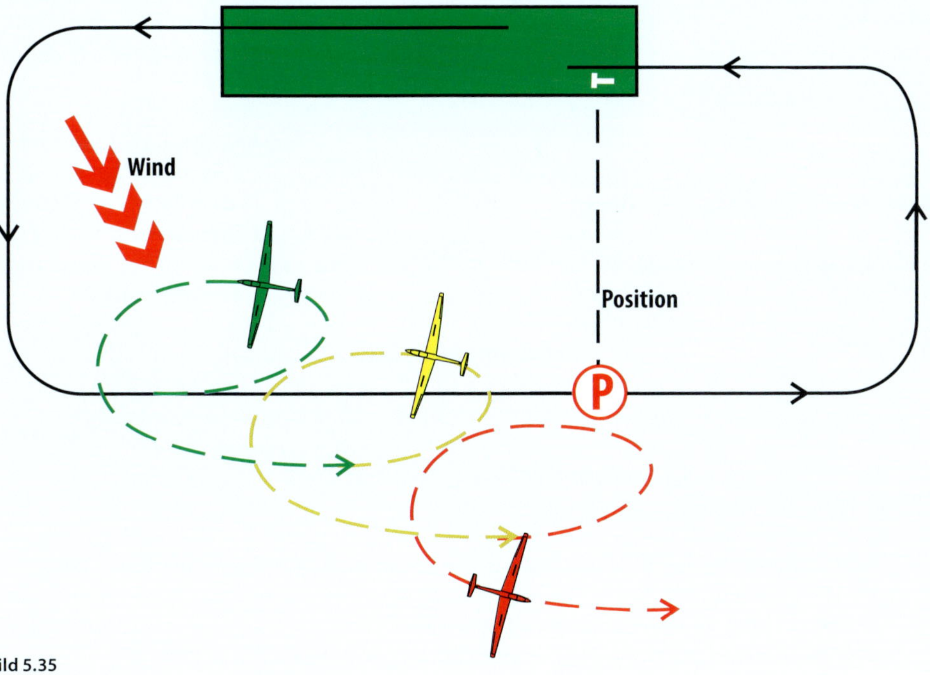

Bild 5.35
Windeinfluss versetzt das Segelflugzeug

Natürlich wird ein Segelflugzeug im Kreisflug auch vom Wind versetzt. Dies können wir schwerlich mit einem Luvwinkel verbessern. Kannst du dir die Windversetzung mehrerer Kreise hintereinander nicht leisten (entweder fehlt die Höhe oder die Windversetzung ist zu stark), musst du innerhalb der Platzrunde den Windeinfluss mit berücksichtigen (nähere ich mich während dieser Kurven dem Platz oder entferne ich mich?). Die Windversetzung, die das Segelflugzeug beim Kreisen erfährt, wird dadurch behoben, dass man nach jedem halben Kreis durch ein Stück im Geradeausflug (siehe Bild 5.37 in der rechten Texthälfte) gegen den Wind die Abdrift ausbessert. Je kräftiger der Wind, desto weiter ist gegen den Wind vorfliegen. Bitte berücksichtige auch, dass so der Weg länger wird und das Segelflugzeug mehr Höhe benötigt! Mit einiger Übung lässt sich mit großen Kreisradien gegen den Wind und kleinen mit dem Wind das gleiche Resultat erzielen.

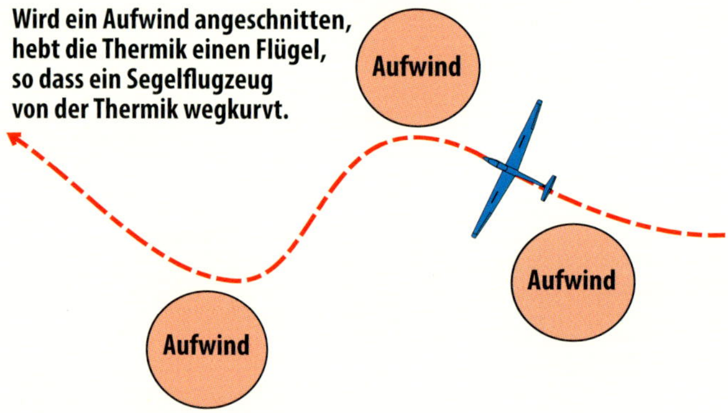

Bild 5.36
Taktisch falsches Verhalten in der Platzrunde

Einige Ergänzungen zur Platzrunde folgen in Kapitel 6: Tipps und Tricks. Den weiteren Flugverlauf nach der Position findest du in Kapitel 7: Die Landung. Hinweise zum Flug in der Thermik findest du in Kapitel 11. Auf jeden Fall hast du, auch zu deiner eigenen Sicherheit, andere Luftfahrzeuge in der Platzrunde zu beobachten. Taktische Platzrundeneinteilung verlangt, mit einem Plan die zur Verfügung stehende Höhe einzuteilen. Aber du musst im Handeln flexibel bleiben, und nicht stur ein einer vorgefertigten Meinung kleben.

Zusammenfassung:

–> *Die Platzrunde ist ein Rechteck und wird gegenüber dem Boden so geflogen.*

–> *Der Windeinfluss und die zur Verfügung stehende Höhe sind für die Strategie des Fluges wichtig.*

–> *Selbst im geradlinigen Flug zur Position verbraucht das Segelflugzeug Höhe.*

–> *Die Platzrunde lässt sich immer so einteilen, dass man in der richtigen Höhe zur Position gelangt.*

–> *Den eigenen Flugweg planen und nicht in Hektik verfallen.*

–> *Luftraumbeobachtung!*

Korrekte Höheneinteilung verlangt, sich vor jedem Kreis zu überlegen, ob er noch fliegbar ist oder nicht. Trotz aller Planung müssen wir im Kreis ständig „mit einem Auge" das Variometer kontrollieren. Zeigt es uns ein Sinken von zwei Metern (das ist normal an Tagen mit thermischen Einflüssen), so verlieren wir pro Vollkreis 60 Meter Höhe! Zeigt es dagegen keinen Höhenverlust oder gar Steigen, so kannst du unter Umständen weitere Übungen fliegen. Nie stur an einem Plan „kleben", wenn das Variometer deutliche Abweichungen (von einem Konzept zugrundegelegten Wert) anzeigt! Flugübungen im Übungsraum sind der Versetzung durch den Wind unterworfen. Ein Kreis in der Luft beschreibt gegenüber Boden dann eine Ellipse. Bei normalen Windverhältnissen (in Start und Landung von vorne), hat der Gegenanflug Rückenwindeinfluss. Schon zwei, drei Vollkreise können dich hinter die Position versetzt haben. Deshalb wird immer wieder bei ausreichender Höhe gegen den Wind in den Übungsteil zurückgeflogen, um erst dann weitere Kurven einzuleiten.

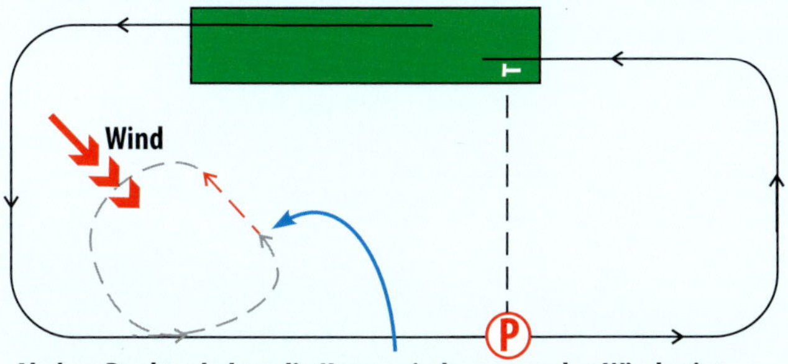

Bild 5.37
Taktik im Übungsraum

Zur Taktik in der Platzrunde gehört aber auch, thermische Einflüsse zu beachten. Da Thermik das Segelflugzeug beim Anschneiden des Aufwindes mit dem äußeren Flügel immer in den Abwindbereich drängt, stören solche „Zwangskurven" die Höheneinteilung. Wir würden immer nur im starken Sinken fliegen. Ein Blick auf das Variometer nützt häufig, denn oft lässt sich ein stärkerer Höhenverlust so leichter erklären und man kann neue taktische Entscheidungen treffen. Taktisches Fliegen verlangt einen gewissen Erfahrungsschatz, ihn kann man ausschließlich nur durch Flüge erwerben.

Zusammenfassung:

–> Die Beherrschung der Steuerung des Segelflugzeuges ist Grundvoraussetzung für taktisches Verhalten in der Platzrunde.

–> Windeinflüsse sind in Richtung und Stärke zu berücksichtigen.

–> Wir verhalten uns taktisch klug, fliegen vorausschauend und vermeiden so Stress.

–> Luftraumbeobachtung!

05

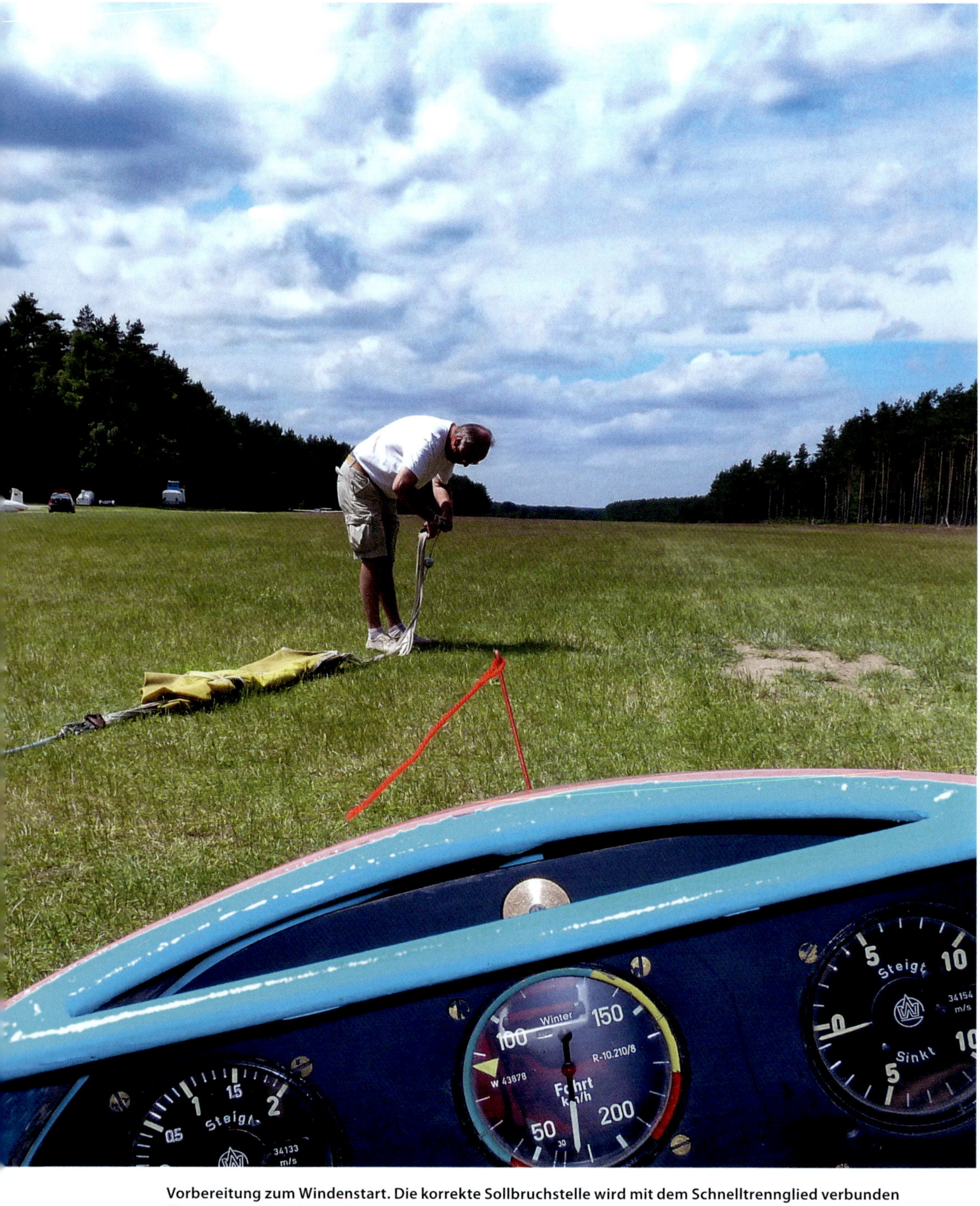

Vorbereitung zum Windenstart. Die korrekte Sollbruchstelle wird mit dem Schnelltrennglied verbunden (Foto: Alexander Willberg)

Kapitel 6
Tipps und Tricks

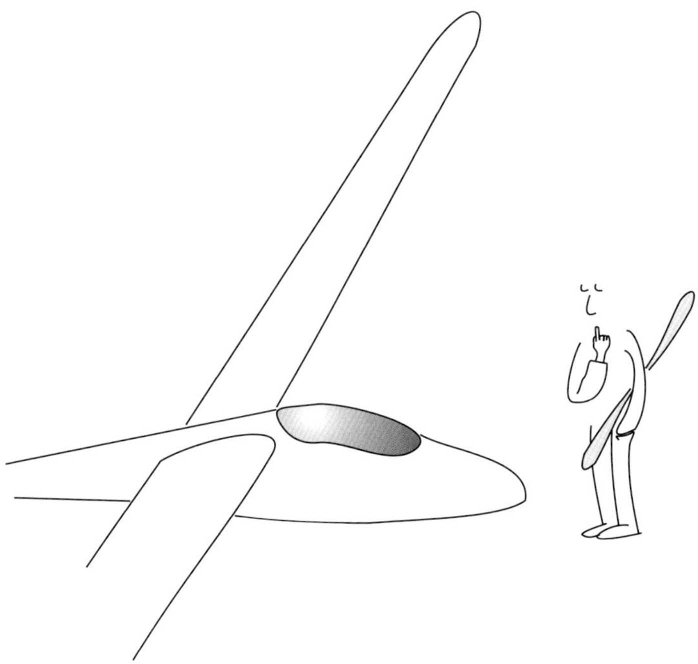

Tipps und Tricks
Kleinigkeiten mit großer Wirkung

Tipp 1
Kann das Wissen um den Kreisdurchmesser bei der Platzeinteilung helfen?

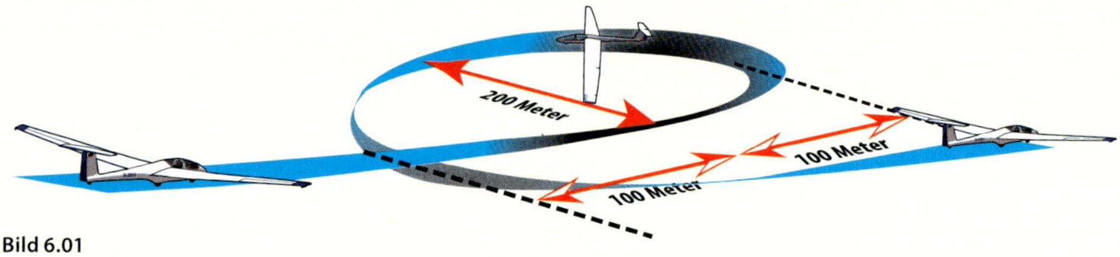

Bild 6.01
Der Standardkreis (1)

Ein Viertelkreis bringt das Segelflugzeug etwa 100 Meter weiter in Verlängerung der ursprünglichen Längsrichtung, nur jetzt in einem Winkel von 90 Grad dazu. Willst du zum Beispiel bei Windstille die Landekurve einleiten, so musst du 100 Meter vor Erreichen des Endteils mit der Kurve beginnen, dann hast du nach Beendigung der Kurve genau das Landefeld voraus. Bei Windeinfluss ist die Kurve entsprechend früher oder später einzuleiten.

06

Tipp 2
Wie kann ich mit dem Wissen um den Kreisdurchmesser die Höheneinteilung im Übungsraum verbessern?

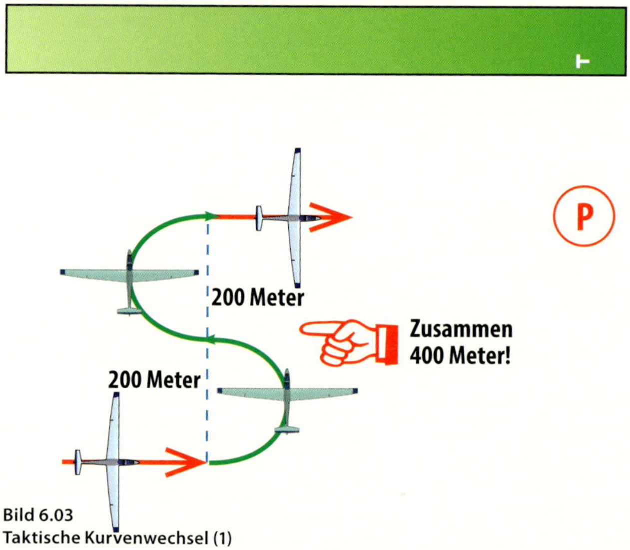

Bild 6.03
Taktische Kurvenwechsel (1)

Zwei Halbkreise, mit verschiedener Richtung hintereinander gelegt, bringen dich 400 Meter weiter an das Flugfeld heran, ohne dass du in Verlängerung der ursprünglichen Längsachse vorwärtsgekommen bist. Dies lässt sich immer dann taktisch einsetzen, wenn du noch Höhe abbauen, aber gleichzeitig näher an das Fluggelände heran möchtest. Die abgebaute Höhe entspricht etwa der eines Vollkreises.

Tipps und Tricks
Nicht nur für Profis

Tipps 1 bis 3
Wissenswertes zum Kreisflug

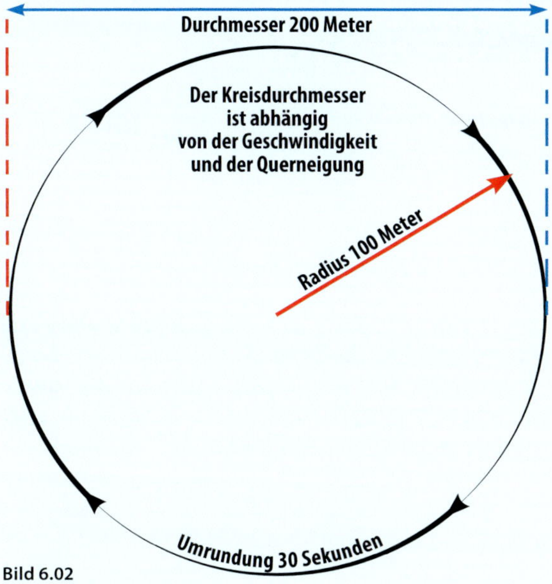

Bild 6.02
Der Standardkreis (2)

Bei einer Querneigung von 30 Grad und einer Geschwindigkeit von 80 km/h (= 22,22 m/s²) beträgt der durchmesser eines Vollkreises etwa 200 Meter. Eine Umrundung dauert ungefähr 30 Sekunden).
100 * 2 * 3,14 = 628 m, 628 : 22,2 = 28,28 Sekunden.

Ein Segelflugzeuges mit einem Eigensinken von einen Meter pro Sekunde verliert pro Kreis ungefähr 30 Meter. Der zusätzliche Höhenverbrauch für das Aus- und Einleiten ist hierin nicht berücksichtigt.

Höheneinteilung ist also keine Zauberei und man muss auch nicht auf das Komma genau rechnen, aber einfaches Überschlagen von Werten beugt einer Fehleinschätzung bei der Platzeinteilung vor. Ist übrigens das Sinken höher (Variometer zeigt starkes Fallen), ist der abgelesene Wert für das Eigensinken anzusetzen.

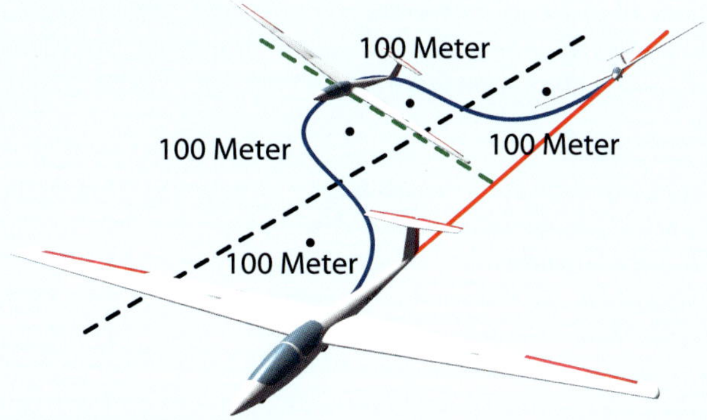

Bild 6.04
taktische Kurvenwechsel (2) , hier mindestens 30 Meter Höhenverlust auf einer Flugstrecke von 400 Metern.

06

Tipp 3
Wie kann ich Höhe abbauen und mich trotzdem der Position nähern?

Vier Viertelkreise hintereinander gelegt (siehe Bild 6.04 rechts) bringen das Segelflugzeug 400 Meter weiter in Flugrichtung, gleichzeitig wird die Höhe eines Vollkreises abgebaut (Kapitel 5: Die Platzrunde). Zeigt während dieser Kurvenwechsel das Variometer verstärktes Sinken, lassen sie sich bei Bedarf bis zu einer Geraden verflachen. Durch geschicktes Hintereinanderfügen und Kombinieren von Kurven kann die Position immer in der vorgeschriebenen Höhe erreicht werden.

Auch die Windrichtung ist wichtig: Treibt mich der Wind zum Platz oder von ihm fort? Kurven gegen den Wind besitzen über Grund einen geringeren Radius, Kurven mit Wind einen größeren.

Tipp 4
Warum muss ich in der Kurve schneller fliegen?

Wie bereits in Kapitel 3 und 5 gezeigt, wirken in jeder Kurve zusätzliche Kräfte auf das Segelflugzeug ein. Besonders augenscheinlich ist die Fliehkraft (auch als Zentrifugalkraft bezeichnet), auch wenn es sich dabei um eine scheinbare Kraft handelt (siehe rechts). Da das Segelflugzeug aber nur dann eine Kurve fliegen kann, wenn es eine Querneigung einnimmt (siehe rechts), wirkt auch seine Massenträgheit (Zentrifugalkraft). Gewicht und Zentrifugalkraft sind abwärts gerichtet. Es muss für entsprechenden Auftrieb (durch leichtes Ziehen des Höhenruders) gesorgt werden. Die Erzeugung des Auftriebs darf aber nicht dazu führen, dass das Segelflugzeug zu langsam wird uns es zum Strömungsabriss kommt.

Mit zunehmender Querneigung wird weiterer Auftrieb benötigt. Ein Flugzeug will sich beim Kurvenflug den Auftrieb von selbst dadurch holen, in dem es die Nase unter den Horizont nimmt und schneller wird. Das ist ein (teilweise) guter Hinweis auf das, was wir mit vergrößerter Querneigung benötigen: Geschwindigkeit!

Nur wollen wir nicht in einer steil abwärts rasenden Spirale fliegen, sondern mit einer konstanten Geschwindigkeit. Wir nehmen also vor dem Einleiten der Kurve die notwendige Fahrt auf und halten dann die Geschwindigkeit. Die Übung ist bekannt: Wir halten den Horizont!

Keinesfalls darf man das Flugzeug in der Kurve sich selbst überlassen: Es nimmt sich Geschwindigkeit und nachfolgend mehr Querneigung. Und mit zunehmender Querneigung wieder mehr Geschwindigkeit. Rechts ist die Formel zur Berechnung des Lastvielfachen wiedergegeben. Schnell ist zu sehen, dass mit einer Annäherung an eine Querneigung von 90 Grad eine unendliche Geschwindigkeit benötigt wird. Diese steile Abwärtsspirale würde uns also eine Geschwindigkeit aufzwingen, die weitaus höher als im senkrechten Sturz ist (denn hier steht uns als Vortrieb nur das Gewicht des Segelflugzeugs zur Verfügung. Aus diesem Grund ist die „Steilspirale“ so extrem gefährlich!

Wie oben und auf der linken Seite vorher zu sehen ist, können Kurven und Kreise jederzeit so miteinander kombiniert werden, dass zum Beispiel die Position genau in der vorgeschriebenen Höhe angeflogen werden kann. Das verlangt vom Piloten, sich den Flugweg räumlich vorzustellen und mit Hilfe des Variometers (Kapitel 5) taktische Entscheidungen zu treffen. Sinnvoll ist, sich vor jedem Kreis einen Plan zurechtzulegen, um bei übermäßigem Sinken, starkem Steigen oder erheblicher Windversetzung nicht in hektischen Aktionismus zu verfallen. Oder, noch schlimmer, darauf zu hoffen, dass es schon „gut gehen“ wird.

Tipp 4
Deshalb muss man in der Kurve schneller fliegen

Das Bild fasst die Kräfte im Kurvenflug zusammen. Der Auftrieb zeigt in Richtung der Zentripetalkraft, die in eine Kreisbahn gezwungene träge Masse des Flugzeugs erzeugt eine scheinbare nach außen gerichtete Kraft (Zentrifugalkraft). Mit Einleiten der Kurve verlassen wir also das bisher relativ stabile System des Geradeausflugs, weil nun Kurvenkräfte auftreten, die ausschließlich von der aktuellen Flugkonfiguration abhängig sind. Zunehmende Querneigung benötigt eine höhere Geschwindigkeit, sie wird aber bewusst herbeigeführt und gesteuert.

06

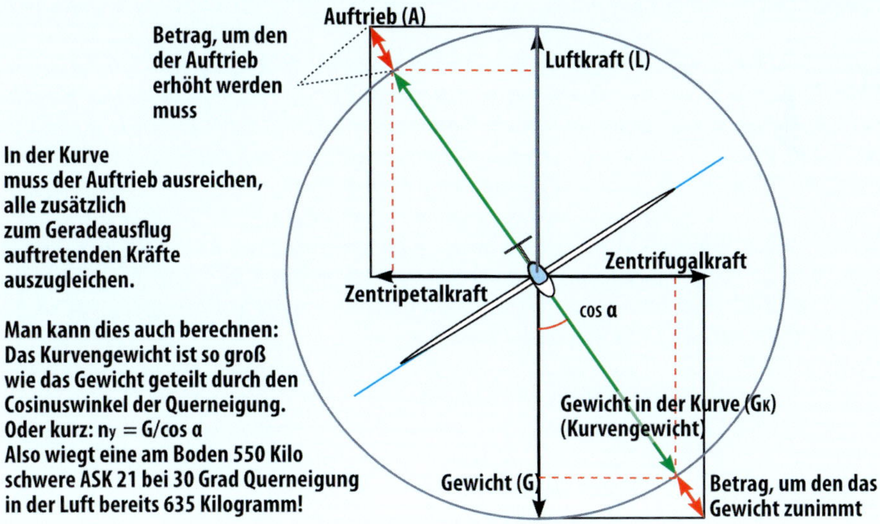

Bild 6.05
Kurvenkräfte

Im Kapitel 5 wurde im Abschnitt Trudeln bereits darauf hingewiesen.

Normalerweise fliegen wir in der Anfängerschulung bereits mit erhöhter Geschwindigkeit. Für Kurven mit kleiner (unter 30 Grad) Querneigung ist es deshalb nicht notwendig, die Fahrt noch weiter zu erhöhen. Dies setzt voraus, dass du mit kontrollierter Geschwindigkeit fliegst.

Von der Querneigung ist hängt der Radius des durchflogenen Kreises ab. Während wir bei Mindestfahrt im Standardkreis von 30 Grad gerade mal einen Radius von 55 Meter benötigen, sind dies bei den bekannten 80 km/h bereits 100 Meter. Wir können also sowohl durch eine Verringerung der Geschwindigkeit, als auch durch die Erhöhung der Querneigung den Radius verkleinern. Es gibt nur einen Haken: Mit zunehmender Querneigung steigt auch der Höhenverlust rapide! Über einer Querneigung von 60 Grad macht es weder mathematisch, noch taktisch Sinn zu kreisen.

Zu guter Letzt sollte das Lastvielfache nicht unbeachtet bleiben. Nicht immer werden wir in einer ASK 21 (zulässiges Lastvielfache 6,5 g!) unterwegs sein. Standardsegelflugzeuge besitzen ein zulässiges Lastvielfaches in Höhe der 4-fachen Erdbeschleunigung (4g). Ein Kreis mit 75 Grad Querneigung ist für ein Segelflugzeug, das nicht für Kunstflug zugelassen ist, bereits am zulässigen Limit! Im Zweifelsfall hilft ein Blick in das Flughandbuch. Und noch ein Nachsatz: Nun wird auch verständlich, weshalb die mehrfach schon beschriebene Steilspirale zu riskant ist. Das Flugzeug kommt schnell an die Grenzwerte, die seine Struktur zusammen halten.

Tipp 5
Mein Lehrer bemängelt, dass ich in Kurven nicht mit korrekter Querneigung fliege

Ein Grund kann sein, dass du nicht aufrecht sitzt und in den Kurven den Kopf verdrehst. Manche Schüler legen sich auch gegen die Bordwand. Versuch dich einmal beim Fahrradfahren mit dem Körper in die Kurve zu legen: Mit Sicherheit fällst du hin! Sitzt du im Segelflugzeug mit aufrechtem Kopf und gerade wie auf einem Fahrrad, lassen sich Horizont, Faden und Querneigung leichter kontrollieren.

Rechts ist beschrieben, dass es im sauberen Kurvenflug physikalisch keinen Grund gibt, sich in einer Kurve dagegen schützen zu müssen, seitlich aus dem Flugzeug zu fallen. Ein Glas Wasser würde zwar schräg stehen, aber auch die Flüssigkeit darin hätte die gleiche Querneigung wie das Segelflugzeug.

Hier eine Übersicht der Querneigung und der daraus sich ergebenden Fahrterhöhung:

Querneigung	Zunahme der Überziehgeschwindigkeit	Erhöhung der Fahrt	Lastvielfaches
10 Grad	1 %	1 km/h	1,02 g
20 Grad	3 %	2 km/h	1,06 g
30 Grad	8 %	5 km/h	1,15 g
45 Grad	18 %	12 km/h	1,41 g
60 Grad	42 %	27 km/h	2 g
70 Grad	72 %	47 km/h	2,92 g
80 Grad	135 %	88 km/h	5,76 g
90 Grad	∞	∞	∞

Die Tabelle ist gerechnet für eine ASK 21 mit einem Gesamtgewicht von 550 kg. Da wir aber nicht mit der Mindestgeschwindigkeit, sondern mit 80 km/h liegen sollen, kann die notwendige zusätzliche Geschwindigkeit bis 30 Grad vernachlässigt werden. Auch hierbei ist eingerechnet, dass der maximale Anstellwinkel noch nicht erreicht wird. In den späteren Ausbildungsabschnitten (Querneigungen bis 45 Grad) ist allerdings eine Fahrterhöhung notwendig, bei Steilkurven (z.B. 60 Grad) muss die Geschwindigkeit bereits 100 km/h betragen. Bei der Bemessung der Geschwindigkeiten rechnen wir immer eine Reserve ein, dies ist aber kein Grund, durch die Kurven zu rasen. Du hast keine Bank (hoffentlich!) überfallen und hinter dir ist auch kein Segelflugzeug mit blauem Blinklicht her.

Tipp 5
Kurven mit korrekter Querneigung fliegen

Etwa bis zu einer Querneigung von 30 Grad versucht das Gehirn, Querneigung durch Angleichen des Horizonts (z.B. durch eine veränderte Körperhaltung auszugleichen. Im fadengeraden Kurvenflug sind aber die Kräfte ausgewogen, Zentrifugalkraft, Zentripetalkraft, Auftrieb, Luftkraft, Widerstand und Gewicht haben in ihrem Schnittpunkt die Summe Null. Genau an diesem Schnittpunkt befindet sich der Druckpunkt. Du bist auf deinem Sitzplatz sehr nahe dran. Von den Kräften im Kurvenflug kann es nicht rühren, ist die eigene Körperhaltung nicht aufrecht. Ein Verdrehen des Kopfes führt zu einer Fehleinschätzung der Querneigung, auch der Faden sieht schief aus, ist er doch gerade.

Dieses kleine Beispiel belegt, dass unsere (menschliche) Leistungsfähigkeit beschränkt ist und bereits kleine Fehleinschätzungen große Auswirkungen im Flug besitzen.

Tipp 6
Grenzen menschlicher Leistungsfähigkeit: Die Tricks der Psyche.

Menschen sind keine Maschinen, sie sind eben „menschlich“. Wenn es um die Wiederholbarkeit von Leistungen geht, sind uns Maschinen mit Sicherheit überlegen, dafür sind wir kreativer und können für ein Problem unterschiedliche Lösungen finden. Zum Fliegen benötigen wir aber eine Maschine, auch wenn die Technik (zumindest beim Segelflug) noch übersichtlich ist.

Maschinen entwickeln keine Eigeninitiative und Phantasie, Menschen dagegen schon. Nur neigen wir in unserer Vorstellungskraft dazu, Ereignisse falsch einzuschätzen weil uns der Organismus unter anderen vor unliebsamen Ereignissen schützen will. Dieses ist (solange es gut geht) recht angenehm.

Beim Segelflug müssen wir aber physikalische Vorgänge als unabwendbare Ereignisse wahrnehmen und diese Wahrnehmung auch zulassen. Hierfür benötigen wir selbst einen hohen Motivationsanreiz. Auch verschiebt sich unsere Wahrnehmung unter Stress.

Kritik des Fluglehrers an Flugmanövern wird als Kritik an unserer Person missverstanden. Die Motivation sinkt und gerade wenn es noch Anmerkungen wenige Tage vor dem wahrscheinlich ersten Alleinflug gibt, geraten viele Schüler unter Stress.

06

Auch Fluglehrer machen Fehler. Einer der häufigsten ist, im Ausbildungsflug in einer Tour auf den Schüler einzureden. Der ist aber gerade mit vielen neuen Sinneseindrücken beschäftigt und hört nur die Hälfte.

Im einem Ausbildungsflug Fehler zu machen ist nicht schlimm! Im Gegenteil, Fehler machen Sinn, denn eine wesentliche Stärke in unserem Lernen besteht in der Fähigkeit zu verbessern und einzuüben. Solange Fehler in ihren Auswirkungen umkehrbar sind, sollte keine Problem entstehen. Über Fehler gleichen wir das Ergebnis mit dem Erwarteten ab. Aus diesem Grund sollte der Fluglehrer auch niemals bei seinen Schüler in einer als schwierig empfundenen Situation das Gefühl des Allein-Gelassen-Seins aufkommen lassen: Die Lernzuversicht ginge verloren. Ein Fluglehrer wird nicht dadurch besser, wenn er Schülern demonstriert, wie wenig sie können.

Ärgster Feind für unser Handeln ist Stress. Unter Zeitdruck handeln Menschen besonders fehlerhaft oder werden sogar handlungsunfähig. Die Situation erfordert eine Lösung und wir haben keine Zeit. Genau hier liegt ein Grund, die Grenzen unserer Leistungsfähigkeit zu kennen und Strategien zu entwickeln, die unsere Schwächen behebt. Wie rechts beschrieben, haben wir ein Problem beim Schätzen von Höhen. Wir brauchen als Hilfsmittel den Höhenmesser. Da alle Instrumente „hinterhergehen“ (siehe Kapitel 2), hat es wenig Sinn, auf den letzten Höhenmetern im Landeanflug noch etwas ablesen zu wollen. Es wäre nur Selbsttäuschung.

Tipp 6
Grenzen menschlicher Leistungsfähigkeit

Da du bereits mit der Flugausbildung begonnen hast, liegt die erste Hürde der medizinischen Untersuchung beim Fliegerarzt hinter dir. Für die Beurteilung der Tauglichkeitsanforderungen nach JAR-FCL maßgeblich. Der Streit darüber, ob diese Richtlinien korrekt aus dem Englischen ins Deutsche übertragen wurden, soll an dieser Stelle außen vor bleiben. Die medizinische Tauglichkeit als eine technische Beschreibung des Systems Mensch zu betrachten, drängt sich zwar beim Studium der Richtlinien auf, sollten wir aber wohlwollend überlesen. Das Thema ist trotzdem wichtig, denn vier von fünf Flugunfällen basieren auf menschlichem Verhalten.[1]

Wichtigstes Hilfsmittel im Segelflug bleibt unsere eigene Wahrnehmung. Ist sie getrübt, kommt es zu Fehleinschätzungen (siehe links). Fehleinschätzungen ziehen falsche Handlungen nach sich. Daher versteht es sich von selbst, wenn wir im Umgang mit verschreibungspflichtigen oder nicht verschreibungspflichtigen Medikamenten sehr genau überprüfen müssen, ob sie in irgendeiner Weise unser Wahrnehmung und Reaktionsvermögen einschränken. Dies gilt natürlich auch für invasive Maßnahmen. Hierunter sind alle ärztlichen Handlungen zur Diagnostik oder Therapie von Erkrankungen zu verstehen, die die körperliche Unversehrtheit eines Menschen verletzen und deren Folgen den Führer eines Luftfahrzeugs... in der Wahrnehmung seiner Aufgaben behindern. Maßnahmen, die in der Regel nicht unter diese Definition fallen, sind:

1. Blutentnahmen
2. Blutspenden
3. Akupunktur
4. Impfungen mit inaktivierten oder Passiv-Impfstoffen
5. Allergietests an der Haut
6. Zahnextraktionen[2]

Vollkommen verständlich dürfte sein, dass Alkohol genau so wie ein Medikament einzustufen ist und fluguntauglich macht. Die Tauglichkeit ist erst wieder hergestellt, wenn der Alkohol vollständig abgebaut ist. Die große Gefahr besteht, dass unser Kritikvermögen eingeschränkt ist und Fehler weder erkannt werden, noch unsere Lernfähigkeit funktioniert.

Sind wir immer in der Lage zu erkennen, ob ein kleines am Horizont auftauchendes Flugzeug sich von uns weg, oder auf zu uns zu bewegt? Starres Blicken auf den Horizont lässt die Bewegungsrichtung von Objekten verschwimmen. Richtiges Sehen bedeutet, den Horizont mit den Augen zu „scannen". Wie hoch sind wir über dem Flugfeld? Leider können wir Entfernungen nur in der Horizontalen schätzen, nicht in der Vertikalen.

1 Selbst durch die Verbesserung der Technik, um stolze 50 % würde nur im Gesamtergebnis zu 3 % weniger Unfällen führen (80 % Mensch, 20 % Maschine).

2 Um Interpretationsfehler zu vermeiden, wurde der Text aus der Internetseite des Luftfahrtbundesamtes übernommen.

Wir entwickeln daher eigene Sicherheitsstrategien. Kleine Flugfehler werden sofort behoben. So wird vermieden, aus vielen kleinen Schwierigkeiten ein großes Problem werden zu lassen. Wir machen uns mit unseren eigenen Grenzen vertraut. Nur so wissen wir, wann es Zeit ist zu handeln. Genau hierfür fassen wir uns einen Plan. So finden es immer wieder Flugschüler als lästig, vor dem Start oder vor der Landung die immer gleiche Checkliste „herunter zu lesen". Es nervt, wenn der Fluglehrer fragt: „Was machst du bei einem Seilriss?" Es geht aber um die Abfassung eines Plans, der im Ereignisfall abgewickelt wird, ohne dass wir noch Zeit für die Reihenfolge der einzelnen Schritte überlegen müssen. Außerdem neigen Menschen in kritischen Situationen zum Vergessen.

Segelfliegen erlernen ist also imitieren, Gesetzmäßigkeiten erkennen, einüben und das Geübte verfestigen. Die Steuerung des Segelflugzeugs unterliegt physikalischen Gesetzen. Es wäre geradezu gefährlich, mit diesen Gesetzen kreativ umgehen zu wollen. Für unseren Lernfortschritt benötigen wird daher auch Disziplin. Und diese ganz besonders in der Ehrlichkeit des Eingeständnisses eigener Grenzen.

Sind wir mit unseren Übungsflügen an der Reihe, müssen wir uns von Stress oder Ärger (außerhalb des Flugzeugs) trennen. Und unterläuft uns in der Luft ein Fehler, so sollten wir uns freuen, das wir ihn so schnell beheben konnten. Keinsfalls aber zum Beispiel einem verpassten Aufwind hinterhertrauern. Während wir noch mit uns selbst beschäftigt sind, fliegt das Segelflugzeug weiter und neue Ereignisse treten ein. So gilt auch für Fluglehrer: Die Manöverkritik findet nach der Landung am Boden statt und keinesfalls in der Luft!

Tipp 7
Bei Linkskurven zu langsam, bei Rechtskurven zu schnell

Einige Schüler (siehe Bild rechts) haben das Problem, dass sie beim Einkurven nach links regelmäßig zu langsam werden, beim Kurven nach rechts zu schnell. Eigentlich sollte ihnen nicht unterlaufen, da sie Horizont kontrollieren (sollen). Wird eingekreist, so werden bekanntlich Quer- und Seitenruder gleichzeitig und gleichsinnig in Kurvenrichtung ausgeschlagen. Dabei wird das Querruder geradlinig in Kurvenrichtung bewegt. Liegt der rechte Ellenbogen dabei auf dem rechten Oberschenkel, so wird aus der Geradlinigkeit eine Drehbewegung um den Ellenbogen: Ein Querruderausschlag nach links hat ein Ziehen des Höhenruders zur Folge, Querruder rechts ein Drücken. Sollte dir der Fehler ebenfalls schon einmal passiert sein, so nimm einfach den rechten Arm etwas hoch, so dass er nicht mehr auf dem Bein liegt und schon lässt sich das Querruder ohne Beeinflussung des Höhenruders bewegen.

Und noch ein kleiner Fehler mit großen Auswirkungen: Statt den Horizont mit dem Höhenruder zu steuern, bewegen manche Schüler den Kopf auf und nieder. Wieder ein kleiner Selbstbetrug, der in die Kategorie menschliche Leistungsfähigkeit gehört. Achte einmal auf dich selbst!

Wären wir als Vögel geboren, könnten wir es besser. Auch ist im Flug ist unser Körper anderen Kräften als am Boden ausgesetzt. Das Segelflugzeug bewegt sich um alle drei Achsen. Sind auch im Kurvenflug (siehe Tipp 4) die Kräfte im Gleichgewicht, erfährt unser Körper eine zusätzliche Beschleunigung: Wir sind tatsächlich schwerer! Unser Gleichgewichtsorgan ist nicht in der Lage, zwischen Schwerkraft und Fliehkraft zu unterscheiden.

Machen wir vor einer Kurve die Augen zu (bitte vorher mit dem Fluglehrer absprechen!), so wird eine anschließende Kurve als Steigen wahrgenommen. Unsere Augen als wichtigstes Sinnesorgan überlagern diese Wahrnehmung, sind die Sichtbedingungen schlecht, wird es ohne entsprechende Instrumente für uns gefährlich!

Gerade beim Training der Grenzflugzustände (Trudeln) darf man den Kopf weder schnell drehen noch nicken. Da die Trudelachse durch den kurveninneren Flügel führt, werden wir einseitig beschleunigt und gegen die Bordwand gedrückt. Falsches Verhalten führt zu fehlerhaften Sinneseindrücken bis hin zu Übelkeit und Erbrechen.

Diese nur kurz angerissenen Faktoren trüben unsere Wahrnehmung. Schwierig ist allerdings, dass unser Organismus darauf angelegt ist uns zu signalisieren, dass er „alles noch im Griff hat“ Das Thema „menschliche Leistungsfähigkeit“ soll unser Bewusstsein dafür sensibilisieren, das wir uns selbst dann noch überschätzen werden! Daher gehört das Thema auch mittlerweile zum Gegenstand der theoretischen Schulung für die Privatpilotenlizenz und ist ein Prüfungsfach. Weitere Hinweise befinden sich im Internet.

06

Tipp 7
Bei Linkskurven zu langsam, bei Rechtskurven zu schnell

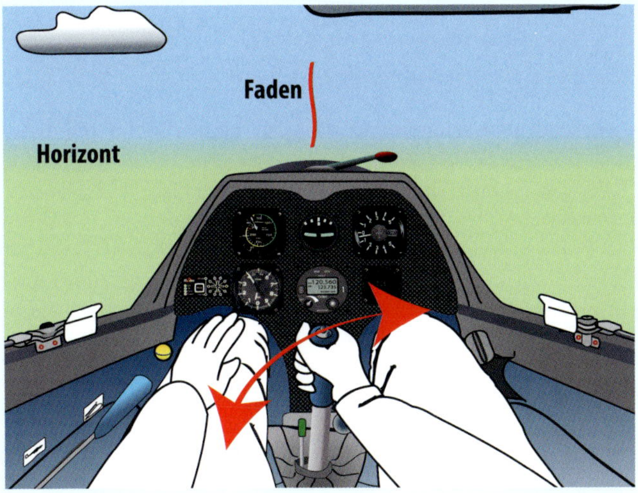

Eigentlich eine Kleinigkeit, das Bild gibt die Erklärung für den weit verbreiteten Fehler. Er entsteht aus einer bequemen Armhaltung.

Bild 6.06
Liegt das Armgelenk auf dem rechten Oberschenkel, gehen Querruder und Höhenruderbewegung ineinander über. Wir bewegen die Ruder nicht einzeln, sondern gemeinsam. Kein Wunder, dass wir unsauber steuern.

Tipp 8
Bei jedem Flug habe ich ein anderes Horizontbild

Die Sitze in Segelflugzeugen sind auf eine bestimmte Pilotengröße ausgerichtet. Kleinere Schüler müssen ihre Sitzposition durch Unterlegen mit Kissen verbessern. Wenn du immer mit den gleichen Sitzunterlagen fliegst, stimmt auch das Horizontbild. Die Kontrolle des richtigen Sitzes gehört genau wie die Überprüfung der korrekten Beladung zum Startcheck!

Wenn du noch einmal zu Kapitel 2 zurückblätterst oder schon mal einen Blick auf das Kapitel über den Alleinflug wirfst, findest du noch einen weiteren Grund für ein verändertes Horizontbild. Fliegst du mit einem anderen Fluglehrer, so bringt dieser wahrscheinlich ein anderes Gewicht mit. Und schon ändert sich der Vortrieb.

Tipp 9
Tagescheck des Segelflugzeuges vor Flugbeginn

Wenn du die Kontrolle der Ruder (siehe Kapitel 1) genau nimmst, kannst du feststellen, dass die sogenannten „K-Typen" (zum Beispiel ASK 13) bei voll gezogenem Höhenruder und dem Querruder in Normalstellung im letzten Teil des Weges beide Querruder leicht nach oben ausschlagen. Dieser (absichtliche) „Konstruktionsfehler" erwies sich im Nachhinein als hilfreich. Im Langsamflug liegt die Strömung durch diese minimale Verringerung des Anstellwinkels länger im Querruderbereich an. Die Firma Schleicher machte daraus eine Tugend und behielt diese Besonderheit bei. Es ist also nichts kaputt!

Sollte dir diese Kleinigkeit selbst aufgefallen sein, bist du ein aufmerksamer Beobachter!

Tipp 10
Was meint der Fluglehrer mit „Flugzeug bei 10 Uhr"?

Stell dir vor, du würdest in der Mitte einer Uhr sitzen, dann wäre genau vor dir 12 Uhr, rechts 3 Uhr, hinter dir 6 Uhr und so weiter. Richtungsangaben lassen sich so mit knapperen Worten beschreiben. „Halblinks vorne" ist nicht so eindeutig wie „10 Uhr", du brauchst nur den Kopf wie ein Stundenzeiger in die Richtung zu bewegen.

Luftbeobachtung gehört auch zu deinen Aufgaben! Besonders wichtig ist die Beobachtung anderer (Segel)- Flugzeuge in der Platzrunde und im Queranflug. Die sichere Luftraumbeachtung des Schülers ist ein Kriterium für den noch anstehenden Alleinflug.

Nicht nur die Richtung des anderen Luftfahrzeugs ist wichtig, sondern auch dessen vertikale Distanz (oberhalb, unterhalb oder auf gleicher Höhe) des eigenen Flugwegs. Fliegt es auf dich zu, von dir fort oder parallel? Was zeigt das FLARM?

Tipp 8
Anmerkungen zum richtigen Sitz

Wenn du Kissen verwendest, dürfen sich diese nicht zusammendrücken lassen. Achte darauf, dass sie nicht die Steuerung beeinträchtigen: Nur zu gerne rutscht ein Sitzkissen beim Festgurten nach vorne und behindert das Höhensteuer! Zusätzlich mitgeführte Bleigewichte (der Pilot ist zu leicht) dürfen sich genausowenig lösen können. Besser sind fest verschraubte Gewichte oder Sitzschalen mit integriertem Zusatzgewicht. Zur Flugvorbereitung gehört auch das richtige Einstellen der Seitenruderpedale. Zwar können sie mit einiger Übung auch während des Fluges verstellt werden, dies ist für den Anfänger jedoch kaum zu empfehlen!

Tipp 9
Tagescheck des Segelflugzeuges

Eine kurze Zusammenfassung des Tageschecks war in Kapitel 1 zu lesen. Gründliche Fluglehrer zeichnen den erfolgreichen Check in einer Klarliste oder im Bordbuch ab. Einige Ausbildungsbetriebe führen den Check am Ende eines Flugtages durch (so in der Jugendbildungsstätte Juist). Das hat den Vorteil, gleich am nächsten Tag mit dem Flugbetrieb beginnen zu können. Auf der anderen Seite ist es um so ärgerlicher, wurde der Check nicht ordentlich durchgeführt und der Startaufbau am nächsten Tag verzögert sich.

Immer wird gecheckt, wenn das Segelflugzeug eine harte Landung hatte oder andere außergewöhnliche Vorfälle vorgekommen sind (so müssen nach einem starken Regen die Druckleitungen der Instrumentenanzeige entwässert werden).

Tipp 10
Was meint der Fluglehrer mit „Flugzeug bei 10 Uhr"?

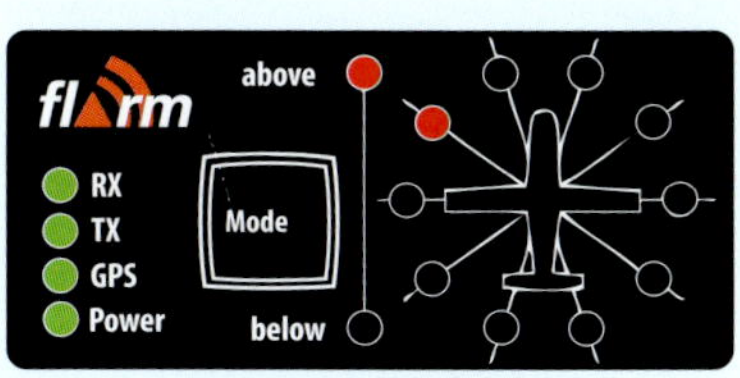

„Zehn Uhr, oberhalb"

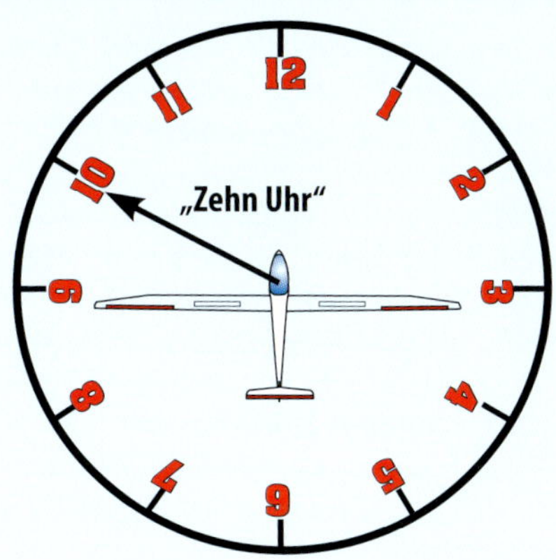

Bild 6.07
Das FLARM zeigt anderes Flugzeug wird bei 10 Uhr

06

Tipp 11
Du bist als Startschreiber eingeteilt

Als Startschreiber und Telefonist bist du für die ordnungsgemäße durchsage der Kommandos zur Startwinde verantwortlich (siehe Kapitel 1), ebenso sollten die Eintragungen in der Startliste von anderen gelesen werden können. Die Startliste enthält die laufende Nummer der Flüge, Namen des Schülers oder Piloten, des Fluglehrers, Startart (Winde oder F-Schlepp) und die Art des Fluges (Schulung, Alleinflug, Übung etc.). Die Startliste ist ein Dokument. Die Abrechnung der Flüge erfolgt nach den Eintragungen in der Liste, du kannst spätere Beschwerden vermeiden, wenn du selbst ordentliche Eintragungen machst und andere Fliegerkameraden dazu anhältst. So wie auf dem Bild rechts wird eine Startliste aussehen, je nach Ausbildungsbetrieb kann das Aussehen leicht verändert sein.

Die gleiche Sorgfalt gilt natürlich für den Ausbildungsnachweis und das eigene Flugbuch. Im Flugbuch werden die Starts dokumentiert. Es ist dein Nachweis für die absolvierten Flüge, wird sowohl vom Verein oder einer Schule, aber auch von der Luftaufsicht kontrolliert.

Tipp 12
Abstellen von Segelflugzeugen

Ruht der Flugbetrieb, wird das Segelflugzeug außerhalb der Startstelle und Landegasse abgestellt, ohne dass es andere startende und landende Luftfahrzeuge behindert. Das Segelflugzeug wird abgestellt, dass der Wind in einem Winkel mit 45 Grad von hinten auf Flügel und Rumpf trifft. Die Bremsen werden ausgefahren, der dem Wind zugewandte Flügel abgelegt und im Bereich des Randbogens zum Beispiel mit Autoreifen beschwert. Ist der Wind stärker, wird zusätzlich auf der dem Wind abgewandten Seite hinter den Sporn ein weiterer Reifen auf den Boden gelegt und die Dämpfungsflosse des Höhenruders ebenfalls beschwert. Eine sinnvolle Methode zum Abstellen der Segelflugzeuge wird an der Schule in Oerlinghausen praktiziert: Mehrere Segelflugzeuge werden in oben beschriebener Weise leicht versetzt hintereinander so positioniert, dass der Luvflügel des jeweils nächsten Segelflugzeuges unter den Rumpf der davorliegenden Maschine zu liegen kommt (siehe Bild rechts).

Besteht allerdings die Gefahr eines aufziehenden Gewitters mit Sturmböen oder ähnlich kritischen Wetterlagen, so wird nicht mehr benötigtes Fluggerät in die Halle gebracht! Noch ein Tipp, den du hoffentlich nie beherzigen musst: Dreht ein abgestelltes Segelflugzeug im starken Wind trotz aller Sicherungsmaßnahmen allein in den Wind und will abheben, versuche erst gar nicht die Haube zu öffnen oder die Nase zu beschweren. Lauf gleich weiter bis zum Schwanz und hebe diesen mit aller Kraft hoch, ausschließlich auf diese Weise hinderst du das Segelflugzeug, sich mit einem Salto nach hinten zu verabschieden. Ich selbst habe so etwas schon einmal erlebt und kann dir sagen, dass es kein schönes Bild ist!

Tipp 11
Die Startliste

Flugplatz................................ Datum................................

Nr.	Lehrer	Schüler	Start	Landung	Kennzeichen	Lfz.-Muster	Startart	Bemerkungen

Bild 6.08
Startliste

Tipp 12
Abstellen von Segelflugzeugen

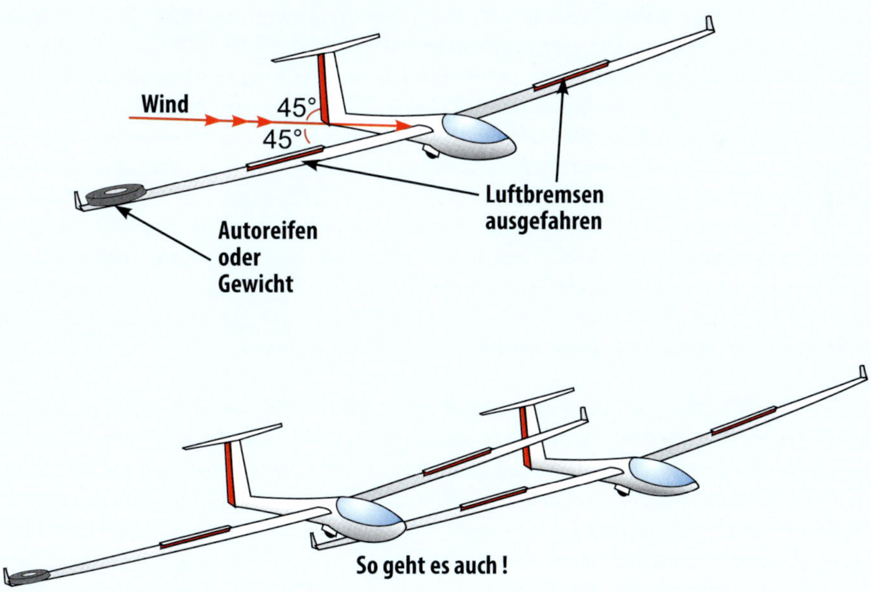

Bild 6.09
Abstellen von Segelflugzeugen

Tipp 13
Halle aus- und einräumen

Die Kommandos beim Aus- und Einräumen sind:

–> „Schwanzwärts!“:
Das Segelflugzeug wird in Richtung der Längsachse nach hinten bewegt.
–> „Schnauzwärts!“: Bewegung in Richtung der Längsachse nach vorne.
–> „Drehwärts (links oder rechts)!“: Drehung um die Hochachse.
–> „Flächenwärts (links oder rechts)!“: Bewegung entlang der Querachse (geht nur mit Kuller unter dem Rad. Kuller nennt man einen kleinen Wagen auf Rollen, auf dem das Segelflugzeug mit dem Hauptrad ruht und so in alle Richtungen bewegt werden kann.

Es versteht sich von selbst, dass nur einer die Kommandos gibt. Bemerkst du, dass das Segelflugzeug irgendwo anzustoßen droht, so rufst du laut und deutlich „Stopp“!

06

Tipp 14
Transport der Segelflugzeuge zur und von der Startstelle

Wie schon beim Aus- und Einräumen wird ein Segelflugzeug nur dann zur oder von der Startstelle transportiert, wenn ein Fluglehrer oder der Startleiter dies bestimmt hat. Geschoben wird ein Segelflugzeug immer nur schwanzwärts, hat es hinten am Rumpf Griffe, so fasst dort mindestens eine Person an. Die anderen Helfer schieben an der Flügelnase, nur einer steuert durch Mitgehen an einem Flügelende. Um den vorderen Knüppel wird ein Gurt gezogen, so dass die Höhenruderstange während des Transportes nicht hin und her schlägt. Manche Fluglehrer wollen, dass der Funk so laut gestellt wird, dass eventuelle Warnungen noch bei geschlossener Haube außerhalb verstanden werden. Ist der Weg leicht abschüssig, werden die Luftbremsen so fixiert, dass sie einen Spalt breit ausgefahren sind (ohne dass die Radbremse schleift!). Droht das Segelflugzeug ungebremst den Händen der Helfer zu entgleiten, so kann durch Herausziehen der aus dem Flügel ragenden Luftbremsen die Radbremse betätigt werden.

Wird das Segelflugzeug mit dem Auto (oder dem Traktor, wie an der früheren Segelflugschule Hornberg) gezogen, so wird das Zugseil in die Bugkupplung eingeklinkt. Eine Person geht vorne neben dem Rumpf, jederzeit in der Lage, durch das offene Fenster der Haube zu greifen und das Seil auszuklinken. Eine Person geht an einem Flügel und führt. Ob schnauz- oder schwanzwärts, gelenkt wird ein Segelflugzeug folgendermaßen: Geht der Flügelmann langsamer, so bewegt sich das Segelflugzeug in einem Kreis auf ihn zu, läuft er mit dem Flügel vor, so dreht es sich von ihm fort. Übrigens, gedreht wird ein Segelflugzeug nur dann, wenn sein Schwanz von einem Helfer hochgehalten wird, ansonsten verdreht sich der Rumpf und es drohen schwere Beschädigungen.

Tipp 13
Halle aus- und einräumen

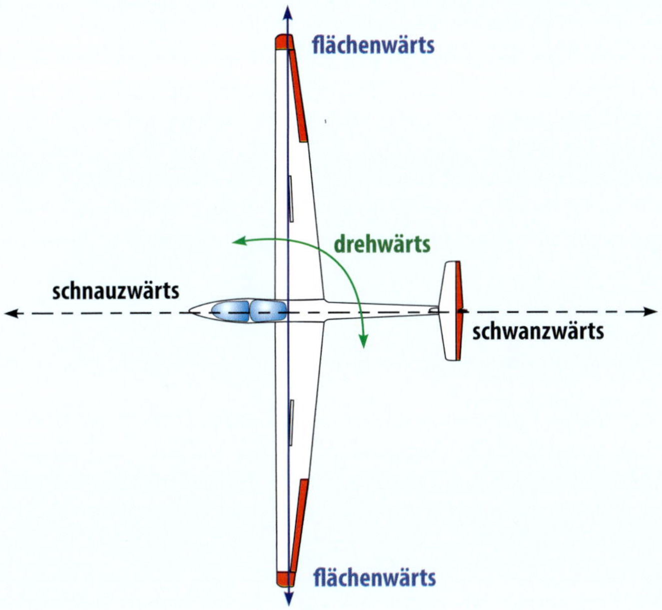

Bild 6.10
Bewegen von Segelflugzeugen

Das Aus- und Einräumen der Segelflugzeuge findet stets unter Aufsicht mindestens eines Fluglehrers oder dazu beauftragten Personen statt. Die kommandogebende Person lenkt einen Flügel, den anderen Flügel kontrolliert ein weiterer Segelflieger, berührt in aber nicht. Mindestens ein Helfer geht am Rumpfende, weitere Kräfte kommen bei Bedarf zum Einsatz. Keinesfalls wird ein Segelflugzeug an beiden Flügelspitzen gefasst und nach vorne gezogen!

Niemals darf ein Segelflugzeug an der Flügelendleiste gezogen oder geschoben werden. Die Konstruktion der Flügel ist in diesem Bereich filigran. Gerade bei Segelflugzeugen mit bespannten Tragflügeln führen schon geringe Kräfte zu schwersten Beschädigungen!

Tipp 14
Transport von Segelflugzeugen

Um zu verhindern, dass das Höhenruder während des Transportes hin- und herpendelt und unter Umständen die Ruderbeschläge beschädigt, wird es durch den Gurt fixiert. Um einen Steuerknüppel wird ein Anschnallgurt gelegt und soweit straff gezogen, dass der Knüppel in gezogener Stellung verharrt.

Manchmal kommen zusätzlich noch Seitenruderscheren zum Einsatz, wird ein Segelflugzeug schwanzwärts geschoben. So soll ein ungewolltes Ausschlagen des Seitenruders verhindert werden. Alle Transportsicherungen und Hilfen müssen unmittelbar nach dem Transport entfernt werden! Man stelle sich nur einmal ein Segelflugzeug vor, dass mit Seitenruderschere oder Spornkuller startet! Leider führt Unachtsamkeit immer wieder zu solchen Unfällen.

Tipp 15
Während des Fluges beginnt es zu regnen und der Faden klebt auf der Haube

Lange Zeit hatten Segelflugzeuge keinen Faden, diese einfache Idee fehlte (und als es ihn gab, meinten einige „Profis", dies sei nur etwas für Anfänger – wie den damals mit Faden fliegenden und auch mitleidig belächelten späteren Segelflugweltmeister Heinz Huth). Sollte der feuchte Faden im Regen auf der Haube „festkleben", wird der Flug mit den geübten Ruderausschlägen fortgesetzt. Es ist deutlich zu hören, wenn das Segelflugzeug extrem schräg angeblasen wird. Sofern im Instrumentenbrett zusätzlich eine Libelle (siehe rechts) eingebaut ist, lässt sich damit das Scheinlot kontrollieren. Klebt der Faden im Regen, kann Flug sicher fortgesetzt werden. Die Fahrt wird leicht erhöht, weil Regen die Strömung am Profil der Flügel beeinträchtigt (siehe Kapitel 8: Verhalten in besonderen Fällen).

Tipp 16
Wenn die Sonne vom Himmel brennt...

Segelfliegen ist an Tagen mit klarer Luft und vereinzelten Cumuluswolken am Himmel besonders schön. Doch ist die Segelflugzeughaube aus Plexiglas und lässt UV-Strahlen ungehindert passieren. Steht das Segelflugzeug startbereit am Boden, so baut sich unter der geschlossenen Haube wegen des fehlendes Fahrtwindes schnell eine hohe Temperatur auf.

06

Eine Kopfbedeckung schützt vor Sonne. An Tagen mit starker Sonneneinstrahlung ist dies wichtig, modische Aspekte sind hier fehl am Platz! Es gab leider schon Unfälle, weil ein Pilot auf einem längeren Flug einen Hitzschlag erlitt. Der Schutz vor Sonne und Hitze gehört zur gründlichen Flugvorbereitung! Bist du Helfer am Segelflugzeug oder Startschreiber, so hilf mit, vermeidbare Verzögerungen zu unterbinden. Sollte der Start sich länger hinauszögern, so gib der Besatzung rechtzeitig eine Nachricht. Dann kann sie das Seil ausklinken und die Haube öffnen. Nichts ist schlimmer für die Insassen, als lange Zeit in brütender Hitze auf den Start warten und rätseln zu müssen, weshalb es nicht weitergeht.

Tipp 17
Windenstart: Seilrissübungen ohne Seil

Der Seilriss wird in Kapitel 8 behandelt. Während der Schulung zum Alleinflug wird er (an Segelflugschulen) in der zweiten Ausbildungswoche trainiert. Die Schüler sollen das rechtzeitige und kräftige Nachdrücken in Normalfluglage lernen. Erst anschließend wird dreimal nachgeklinkt, um einen eventuellen Seilrest abzuwerfen. Das beherzte Nachdrücken in Normalfluglage lässt sich in der Platzrunde trainieren, wenn der Fluglehrer erst das Segelflugzeug soviel Fahrt aufholen lässt, dass er es anschließend ebenso steil wie im Windenstart noch oben ziehen kann. Auf das laute Kommando „Seilriss!" soll der Flugschüler kräftig bis zur Normalfluglage nachdrücken, dabei wird er in der Regel nach oben (deshalb richtig anschnallen) beschleunigt, so dass er in den Gurten hängt.

Tipp 15
Wie funktioniert die Libelle?

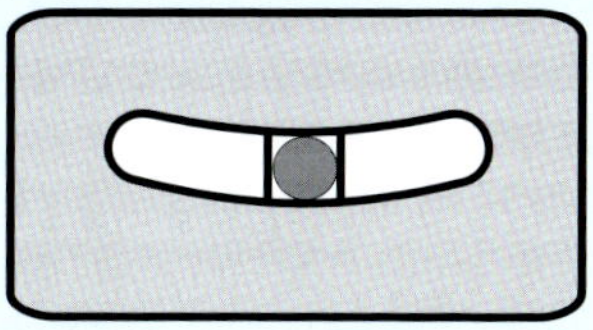

Bild 6.11
Die Libelle

Sind alle Strömungskräfte ausgewogen (Faden wäre gerade), zeigt die Kugel der Libelle lotrecht nach unten. In der Kurve (inkl. der Beschleunigungskräfte) gibt sie das Scheinlot wieder. Kräfte, die einseitig und seitlich auf die Längsachse und Hochachse wirken, werden vom Faden angezeigt. Diese Kräfte stellt auch die Libelle dar, allerdings bewegt sich die Kugel genau entgegengesetzt wie der Faden. Im Geradeausflug kann sie einen Schiebezustand nicht zeigen, da die Flügel waagerecht sind. Schieben in der Kurve (Beschleunigung nach außen) gibt sie aber wieder (Kugel steht nach außen zum hohen Flügel).

Tipp 16
Zweckmäßige Kleidung an warmen Tagen

Auch im Hochsommer wird mit zweckmäßiger Kleidung geflogen! Ein unbekleideter Oberkörper ist ebenso zu vermeiden wie offene Sandalen. Weder möchtest du in den verschwitzten Gurten deines Vorgängers sitzen, noch abends einen kräftigen Sonnenbrand haben. Offene Sandalen können von den Füßen rutschen und die Ruder blockieren.

Verzögerungen sind ärgerlich (siehe links). Bei Sonnenschein sind es im Cockpit schnell 50 Grad und mehr. In so einer Sauna soll man konzentriert einen Start durchführen! Nicht nur der Pilot leidet unter der Hitze, sondern auch der Fluglehrer. Übrigens, es schadet nicht, sollten aufmerksame Schüler nicht nur sich selbst (in einer kleinen Pause) mit kühlenden Getränken versorgen, sondern auch ihrem Lehrer etwas abgeben.

Tipp 17
Windenstart: Seilrissübungen ohne Seil

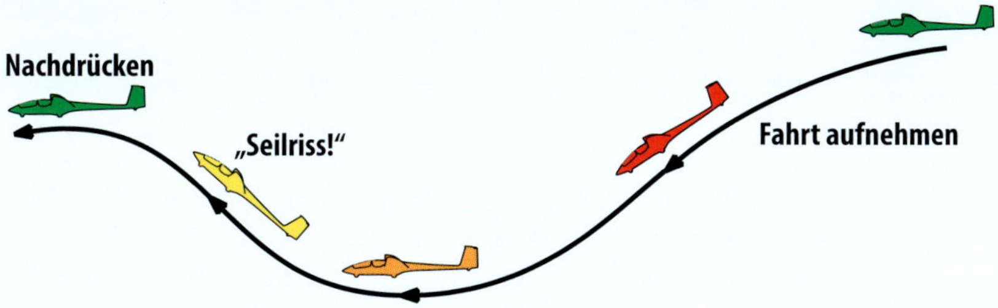

Bild 6.12
Seilrisstraining

Die Seilrissübung im zweiten Ausbildungsabschnitt wird nicht sofort beherrscht. Daher ist es sinnvoll, dass die Schüler die notwendigen Reaktionen bereits im Vorfeld üben können. Denn für den Alleinflug muss das Verfahren bei einem Seilriss „sitzen".

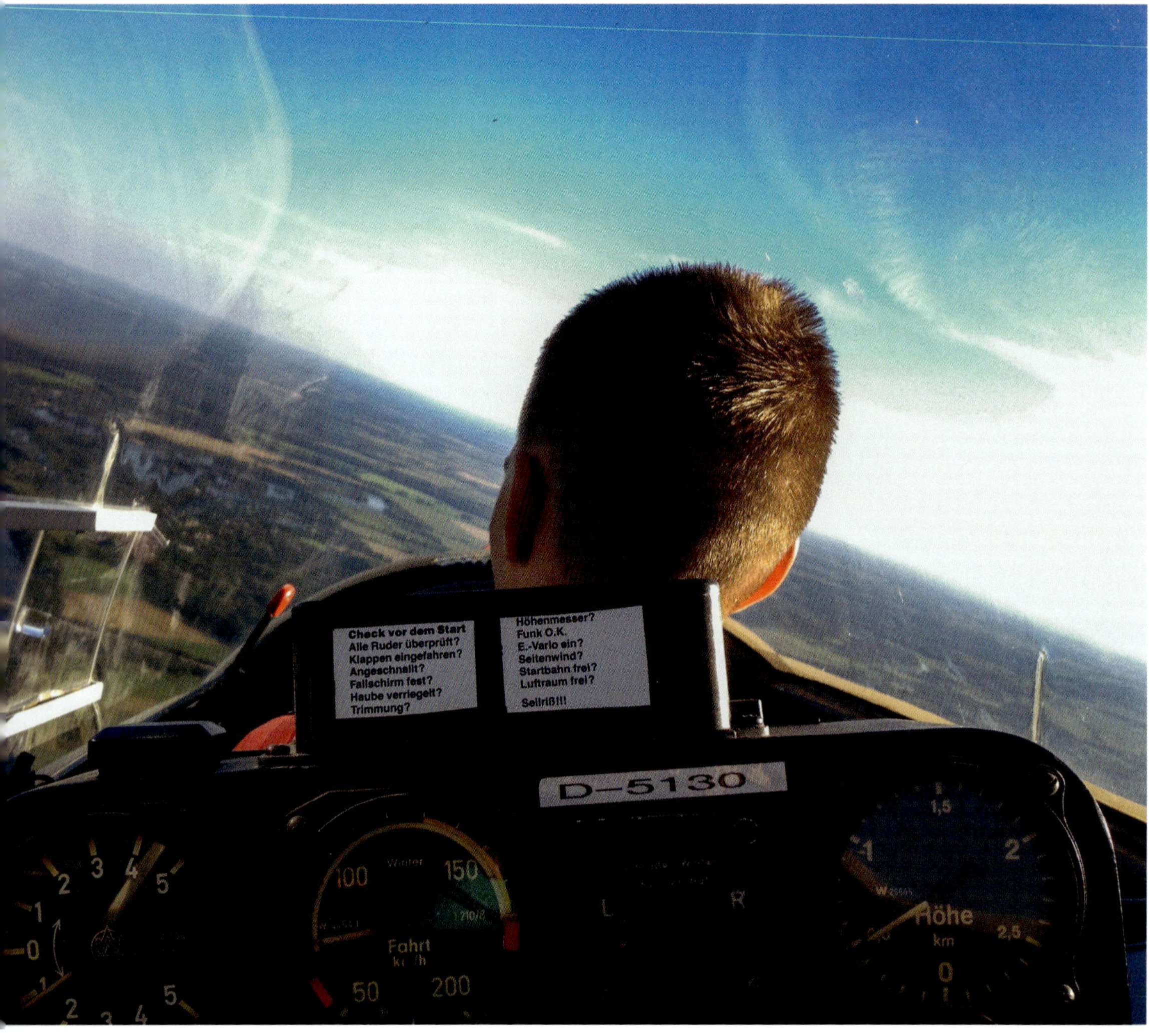

Es wurde bereits im Text (Tipp 5) geschildert: Der typische Anfängerfehler. Statt den Kopf in der Kurve senkrecht zur Flugzeugachse und im Schwerpunkt zu halten, folgt er der Bewegung der Augen und neigt sich mit. (Foto: Alexander Willberg)

Kapitel 7
Die Landung

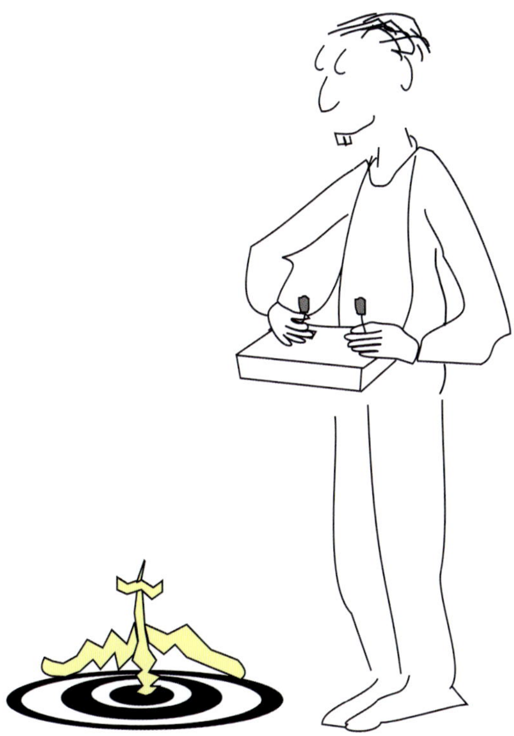

Die Landung
Mit Überlegung fliegen

Es ist sinnvoll, die Landung von Beginn an wichtig zu trainieren. Bei einem Segelflugzeug kommt früher oder später der Zeitpunkt, wo der schönste Flug mit einer (gelungenen) Landung beendet wird. Böse Zungen behaupten, dass die Landung im Prinzip ein kontrollierter Absturz sei.

Ziel ist, das Segelflugzeug so an den Boden heranzuführen, dass Pilot und Flugzeug das Ganze unbeschadet überstehen. Bisher hast du gelernt, fadengerade zu fliegen, nun muss du aber sauber zu Boden kommen. Da ein Flugplatz meist nur zwei mögliche Landerichtungen hat und dem Wind (laut Kompass) noch 358 andere Richtungen zur Verfügung stehen, ist dabei die Chance für einen Seitenwindeinfluss recht groß.

Gelandet wird immer gegen den Wind. Nur im idealen Fall kommt er dabei genau von vorne. Ein Hilfsmittel zur Anzeige der Windrichtung und Stärke ist der Windsack, der innerhalb des Flugplatzes (oft an mehreren Stellen) an einer hohen Stange angebracht ist. Er besteht aus einer an beiden Enden offenen, konisch zulaufenden rot-weiß-gestreiften Tüte. Die kleinere Öffnung zeigt, wohin sich die Luft bewegt, in die große Öffnung (auch Maul genannt) bläst die Luft hinein (Fliegerweisheit: Blickst dem Windsack du ins Maul, ist was faul!). Die mehr oder weniger waagerechte Lage des Windsacks gibt Aufschlüsse über die Stärke des Windes.

07 *Auch wenn die zur Verfügung stehende Flugzeit bis zur Landung ab der Position (siehe Kapitel 5: die Platzrunde) begrenzt ist, so kann dies niemals ein Grund sein, bei der Landung in Hektik zu verfallen. Denn Aufregung und Nervosität sind schlechte Ratgeber! Es gilt im Gegenteil, planvoll und überlegt zu handeln. Die im folgenden erklärten Vorgänge solltest du hintereinander nachvollziehen, um Verständnis für das Verhalten des Segelflugzeugs zu gewinnen und angemessen zu handeln.*

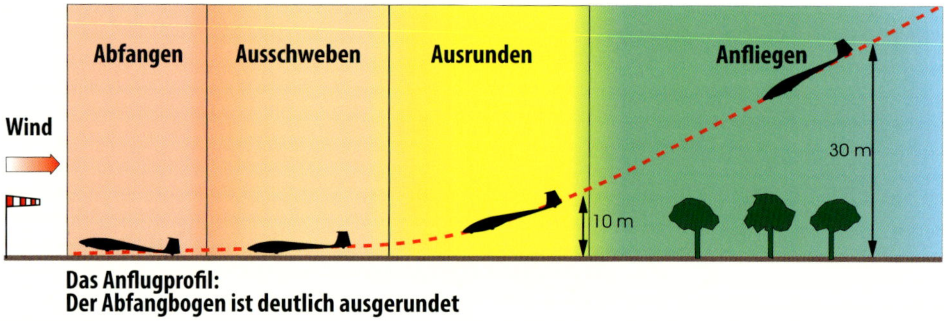

Bild 7.01
Anflugprofil

Die Landung
Warum geht es nicht anders?

Bei der Schulung bis zum Alleinflug gehören Start und Landung zu den wichtigsten Lernzielen, denn Fliegen bedeutet auch Landen. Professionelle Piloten sagen dazu: „Eine schöne Landung ist immer eine sichere Landung“.

Vorweg eine Definition unserer Geschwindigkeiten: Von Fahrt wird immer dann geredet, wenn es sich um eine Geschwindigkeit gegenüber der Luft handelt (dabei ist es zunächst egal, ob es sich um die angezeigte oder die tatsächliche Geschwindigkeit handelt). Im Unterschied hierzu steht die Geschwindigkeit gegenüber Boden. Die Landung erfolgt immer gegen den Wind. Entscheidend ist, dass der Gegenwind die Geschwindigkeit des Aufsetzens verringert.

Die Geschwindigkeit der Luft wird durch ihre Reibung an der Erdoberfläche abgebremst. Die Eigengeschwindigkeit des Segelflugzeuges (gegenüber der Luft) nimmt gleichfalls ab und gleichzeitig verringert sich die (Gegen-)Windgeschwindigkeit.

Windstille am Boden sagt somit nichts über die Luftbewegungen in der Höhe aus! Eine auf kurze Höhendifferenz abnehmende Windgeschwindigkeit führt zu einer deutlichen Reduzierung der Fluggeschwindigkeit. Bei der Landung steht uns aber keine Höhe zu Verfügung, um verlorene Fahrt aufzuholen! Das ist kein Grund, die Geschwindigkeit im Landeanflug nicht zu kontrollieren und wild hinunterzuschießen.

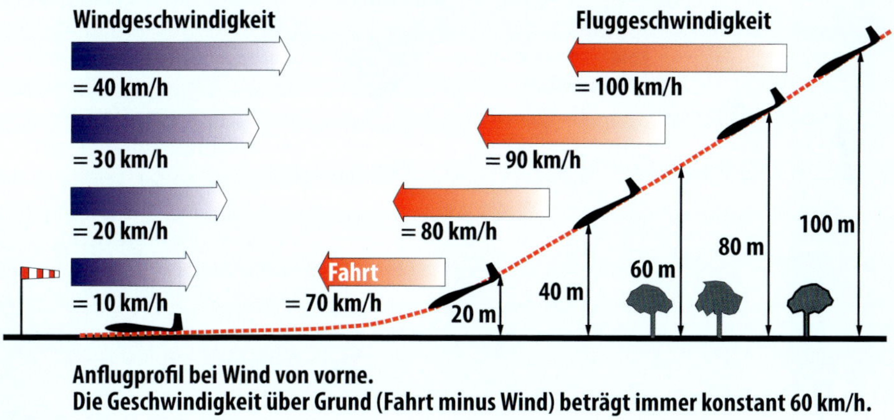

Bild 7.02
Das Windprofil

Unangenehmer ist die Landung (siehe Kapitel 8) bei Rückenwind: Zwar ist das Segelflugzeug mit abnehmender Höhe ***gegenüber dem Boden*** schnell (hat aber gegenüber der Luft wenig Fahrt), aber trotz hoher Rollgeschwindigkeit werden die Flügel nicht mehr ausreichend angeströmt und die Querruder wirken nicht mehr.

Die Landeeinteilung

Die gute und sichere Landung beginnt an der Position (siehe Kap. 5: Die Platzrunde) mit der Landeeinteilung. Denk bitte daran, dass die Platzrunde ein Rechteck ist und als solches geflogen werden muss.

Erste Voraussetzung ist, an der Position (sie befindet sich genau rechtwinklig vom Landefeld mit dem Landezeichen) in der richtigen Höhe (150 bis 200 Meter je nach Platzverhältnissen, der Fluglehrer wird sie dir aber nochmals sagen) und im richtigen Abstand vom Flugfeld anzukommen. Wichtig zur Überwachung der Höhe während des Fluges ist ein richtig eingestellter Höhenmesser (vor dem Start auf Null gestellt? = QFE-Einstellung). Üblicherweise wird das letzte Stück des Anfluges zur Position (verlängerter Gegenanflug) geradlinig zurückgelegt. Da du dir schon vorher die Gegend eingeprägt hast, sind dir nun die Geländemarken bekannt. Ab Position beginnt der Gegenanflug. Der Vorteil ist, dass du erkennen kannst, ob sich noch vor dir Flugzeuge im Quer- oder Endanflug befinden und was sich in der Landegasse tut (es ist auch hilfreich, mit einem Ohr auf den Funk zu hören).

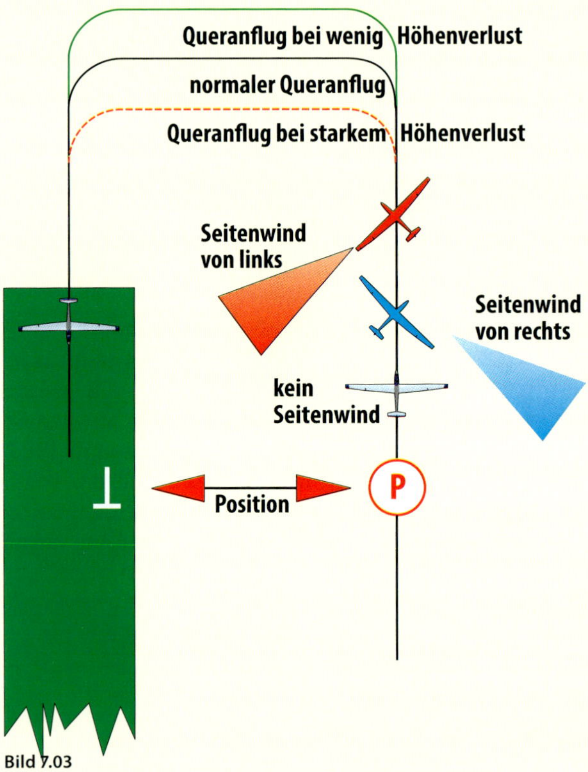

Bild 7.03
Die Landeeinteilung

Die drei Anflugteile (Gegen-, Quer- und Endanflug) liegen genau rechtwinklig zueinander, es lassen sich Rückschlüsse über Richtung und Stärke des Windes ziehen (dies ist nicht zu unterschätzen. Solltest du als fortgeschrittener Flieger einmal auf einem unbekannten Gelände ohne Windsack eine Außenlandung machen müssen, wird dir das helfen).

Ab der Position wird die Fluggeschwindigkeit, je nach Segelflugzeugmuster, leicht erhöht (Fluglehrer fragen!). Das Segelflugzeug wird entsprechend kopflastig getrimmt. Diese Geschwindigkeit wird bis nach Beendigung der Landekurve gehalten! Bitte auch daran denken, dass die im folgenden beschriebenen Flugabschnitte in Bodennähe stattfinden und deshalb in jeder Hinsicht sauber gesteuert werden müssen.

Die Landeeinteilung

Wie der Start, findet der Landeanflug in Bodennähe statt und muss sauber geflogen werden, da uns weniger Höhe für Korrekturen zur Verfügung steht.

Es sollte nicht als Schikane durch den Fluglehrer empfunden werden, wenn die Platzrunde als Rechteck behandelt und geflogen werden muss. Der Verkehr in der Platzrunde unterliegt luftfahrtrechtlichen Bestimmungen. Zugleich lassen sich Rückschlüsse über Richtung und Stärke des Windes ziehen (siehe Kap. 5).

Der Verkehr jedes Fluggeländes konzentriert sich in der Platzrunde. Um einen sicheren Weiterflug zu ermöglichen, sind unter anderem die Anflugteile Position, Gegenanflug, Queranflug und Endanflug einzuhalten. Die zu einem Fluggelände gehörende Platzrunde ist im Luftfahrthandbuch (AIP), Band III ersichtlich. Für Segelflugzeuge gelten zusätzlich folgende Bestimmungen:

Befinden sich zwei Segelflugzeuge im Anflug, so hat (bei gleichem Flugweg bis zur Landung) das Segelflugzeug mit dem schlechteren Gleitwinkel Vorflugrecht, ebenso eines, das tiefer fliegt.
Im Endanflug dürfen Segelflugzeuge weder unter- noch überflogen werden.

Die Einhaltung der Platzrunde dient der eigenen und der Sicherheit anderer!

Mit zunehmender Flugerfahrung lassen sich in der Platzrunde auch wichtige Erkenntnisse gewinnen, welche die Landung erleichtern:

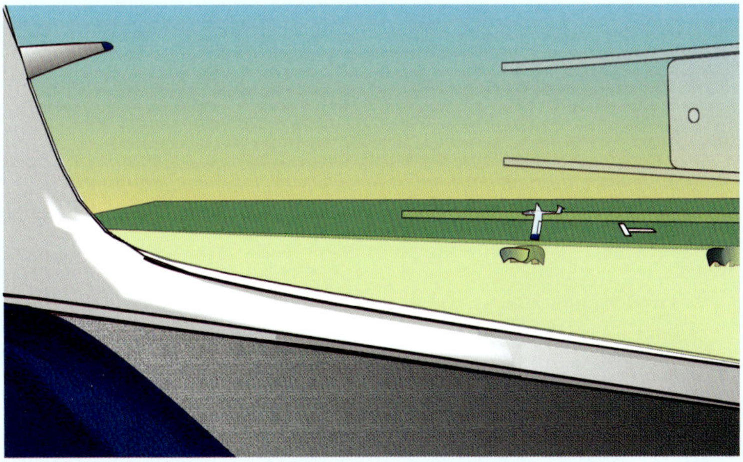

Bild 7.04
Blick aus dem Gegenanflug über die linke Schulter. Wir befinden uns an der Position und sehen links den Aufsetzpunkt mit dem Landezeichen (nicht maßstabsgerecht). Wir können uns so auch darauf vorbereiten, wieviel Platz wir in der Landegasse haben werden.

07

Die Position befindet sich rechtwinklig querab vom Punkt, an dem das Landetuch ausgelegt ist oder wir landen wollen. Von hier aus kann man beobachten, wieviel Segelflugzeuge im Endanflug sind oder bereits in der Landegasse stehen.

An der Position wird der Landecheck durchgeführt:

–> richtige Höhe?
–> fest angeschnallt?
–> Fahrwerk ausgefahren und gesichert?
–> Fahrt erhöht?
–> Meldung im Funk!
–> Landefeld und Anflugbereich frei?
–> Windrichtung und Stärke?

Im Gegenanflug lässt sich die Bewegung des Segelflugzeugs gegenüber dem Boden beobachten. Fliegt es besonders schnell (nicht nach Fahrtmesser, sondern nach Sicht gegenüber Grund!), so muss der Gegenwind bei der Landung stark sein. Treibt es zum Platz hin oder von ihm weg, kannst du auf Seitenwind schließen. (Beachten: im Endanflug kommt der Seitenwind aus der entgegengesetzten Richtung!). Da wir gegenüber dem Boden ein Rechteck fliegen wollen, muss bei Seitenwindeinfluss ein Luvwinkel geflogen werden (siehe Kap. 5: Die Platzrunde). Treibt dich der Wind zum Platz hin, achte darauf, dass du nicht zu nahe an den Platzrand kommst. Sonst gehen Queranflugkurve (jetzt mit Rückenwind) und Landekurve ineinander über und es bleibt zu wenig Zeit für die Landevorbereitungen. Im Endeffekt bist du dann recht gestresst und für ein sauberes Abfangen bleibt keine Zeit.

Treibt dich der Wind vom Platz weg, musst du einen Luvwinkel zum Platz hin fliegen, im Queranflug ist Wind von vorne zu erwarten; du wirst gegenüber Grund schlecht vorankommen und unter Umständen zu viel Zeit benötigen. Das führt zu einem zu tiefen Landeanflug: Entsetzt stellt man fest, wie weit ein Landezeichen entfernt sein kann.

07

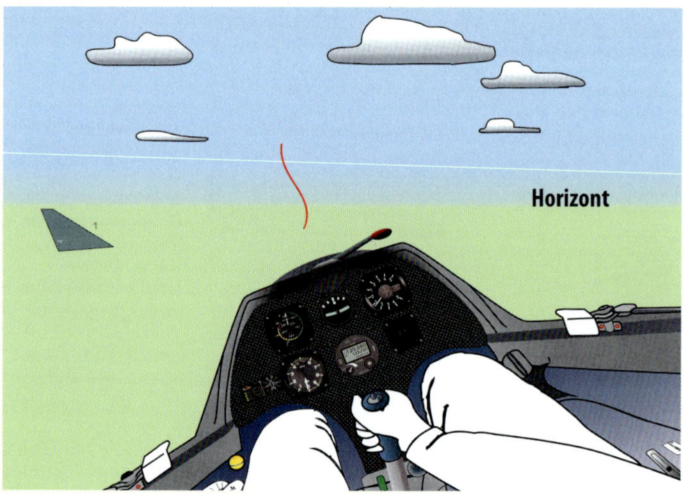

Bild 7.05
Der Landeanflug aus der Sicht des Piloten (1): Blick aus 100 Meter Höhe auf das Landefeld, kurz vor dem Ende der Landekurve. Die linke Hand ist an den Luftbremsen. Sie sind (noch) eingefahren.

Man macht sich einen Plan und legt fest, ob später mehr links oder rechts in der Landgasse aufgesetzt werden soll. So vermindert man den Überraschungseffekt nach der Landekurve, wenn plötzlich große Ratlosigkeit aufkommt, wo denn ein Fleck zum Landen übrig ist. Im anschließenden Gegenanflug lässt sich gut beobachten, wieviel Luftfahrzeuge vor uns im Anflug sind. Oft sind Segelfluggelände mit Motorflugplätzen kombiniert, deshalb müssen wir auch auf Motorflugzeuge achten!

Ab Position wird die Fluggeschwindigkeit leicht erhöht (mindestens gelbes Dreieck auf dem Fahrtmesser), da der weitere Flugweg in Bodennähe verlaufen wird und die Wirbel von Bodenhindernissen stärkeren Einfluss gewinnen. Der Ruderdruck ist höher, es kann schneller auf Störungen durch Windeinfluss reagiert werden. Da wir unsere Geschwindigkeit über Grund kennen, können wir im Gegenanflug feststellen, ob wir:

- gegenüber Grund besonderes schnell sind
  (wir werden bei der Landung kräftigeren Gegenwind haben),
- Normalfluggeschwindigkeit fliegen
  (wenig Gegenwind bei der Landung)
  oder
- langsamer als gewöhnlich fliegen
  (Rückenwind bei der Landung!).

Es schadet nicht, wenn wir an der Position bereits einen Landecheck durchführen (siehe links). Diese Punkte sind dann abgehandelt und wir können uns auf den weiteren Anflug konzentrieren. Doch nicht nur der Windeinfluss auf die Geschwindigkeit über Grund ist wichtig, sondern auch unsere seitliche Abdrift (siehe links).

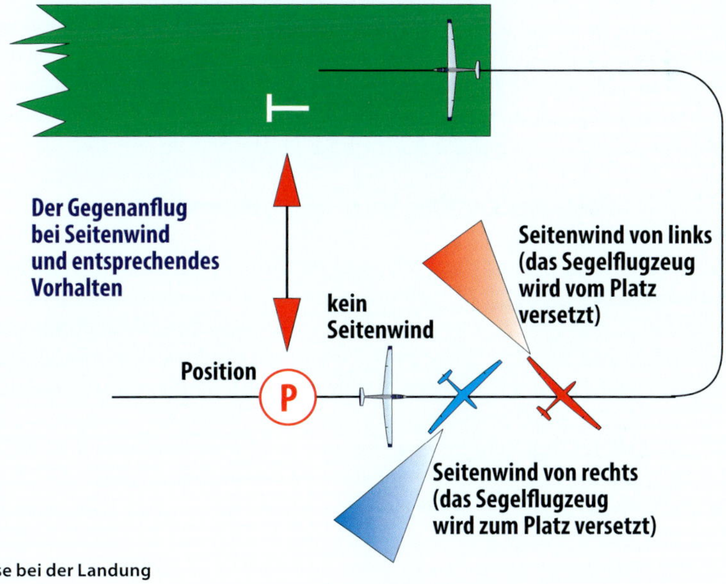

Bild 7.06
Windeinflüsse bei der Landung

Oft kommt es vor, dass wir im Gegenanflug – wie auch im Queranflug – durch Thermikeinflüsse entweder zu viel oder zu wenig Höhe verlieren. Das Variometer nützt nicht nur in der Thermik, es gibt auch Hilfen bei der Flugwegplanung. Verlieren wir wenig Höhe, so verlängern wir unseren Gegenanflug ein wenig, sind wir zu tief, verkürzen wir entsprechend. Da du aber einen langen und überlegten Gegenanflug machst, kannst du alles ohne Schwierigkeiten beobachten und rechtzeitig das Richtige tun. Wichtig ist dabei, dass du Herr oder Frau der Situation bist und nicht ein Gehetzter, der lediglich den Ereignissen hinterher arbeitet!

Nach dem Gegenanflug drehst du in den Queranflug. Auch hier wird ein Stück geradeaus geflogen. Du brauchst nun einige Zeit für Beobachtungen:

An erster Stelle steht die Luftraumbeobachtung: Wer befindet sich außer uns im Anflug?. Darauf folgt die Kontrolle, ob die Geschwindigkeit noch stimmt. Nun greift die linke Hand an den Hebel für die Luftbremsen und lässt diesen nicht mehr los, bis das Segelflugzeug auf dem Boden stehen (!) wird.

Auch im Queranflug wird der Windeinfluss beobachtet. Etwa hundert Meter (bei Windstille) vor Erreichen der Bahn des Endanfluges wird die Lande- oder Endanflugkurve bei gleichbleibender Geschwindigkeit eingeleitet. Dies muss nun die sauberste aller Kurven werden! Da wir rechtzeitig begonnen haben, laufen wir keine Gefahr „eng herum" zu müssen. Solche „Krampfkurven" führen immer wieder zu Unfällen, da zu steil, zu unsauber und zu langsam geflogen wird. Bei Unterschreiten der Mindestfluggeschwindigkeit erfolgt ein Strömungsabriss, das Segelflugzeug trudelt. Weil keine Höhe mehr vorhanden ist, wäre ein Aufschlag unvermeidlich.

07

Wie alle Kurven fliegen wir auch die Endanflugkurve mit 30 Grad Querneigung, eher etwas weniger. Der Faden ist in der Mitte und langsam dreht sich der Horizont. Das Flugfeld taucht vor dir auf. Wegen der normalen Querneigung hast du keine Probleme die Kurve zu beenden, so dass nach Abschluss das Landefeld gerade voraus liegt. In aller Regel ist das Segelflugzeug nach der Landekurve noch 90 bis 100 Meter hoch.

Der Landeanflug (auch Endteil genannt)

Ist die Landekurve beendet, wird die Fahrt auf die Landegeschwindigkeit (gelbes Dreieck auf dem Fahrtmesser - es gilt für die maximale Beladung) erhöht (bei vielen Schulflugzeugen auf rund 100 km/h). Die genau zu wählende Geschwindigkeit hängt vom aktuellen Wind ab (siehe rechts). Diese Fahrt musst du nach wenigen Sekunden auf dem Fahrtmesser ablesen können. Das Horizontbild prägen wir uns ein und behalten es bei.

Sollte die Längsachse des Segelflugzeuges noch nicht in Landerichtung zeigen, so kommt dies als nächster Schritt. Dies machst du allein mit dem Seitenruder, der Faden spielt ab diesem Moment keine Rolle mehr. Wir fliegen zwar etwas unsauber, aber dafür hast du schließlich die Geschwindigkeit erhöht! Sicherlich sinkt das Segelflugzeug wegen des erhöhten Widerstandes auch etwas mehr, aber wir wollen ja landen.

An den (hoffentlich erfolgreichen) Gegenanflug schließt sich der Queranflug an. Die Geschwindigkeit wird beibehalten. Die Kurve in den Queranflug soll über Grund einen Winkel von 90 Grad beschreiben.

Nach der Queranflugkurve kommt die linke Hand an den Hebel für die Luftbremsen und lässt diesen bis zum Stillstand auf dem Boden nicht mehr los (siehe links). Das heißt aber nicht, dass die Luftbremsen ausgefahren werden sollen! Es ist eine reine Vorsichtsmaßnahme, denn ich habe schon viele Schüler erlebt, die vor Aufregung während der Landung die Luftbremsen vergessen haben.

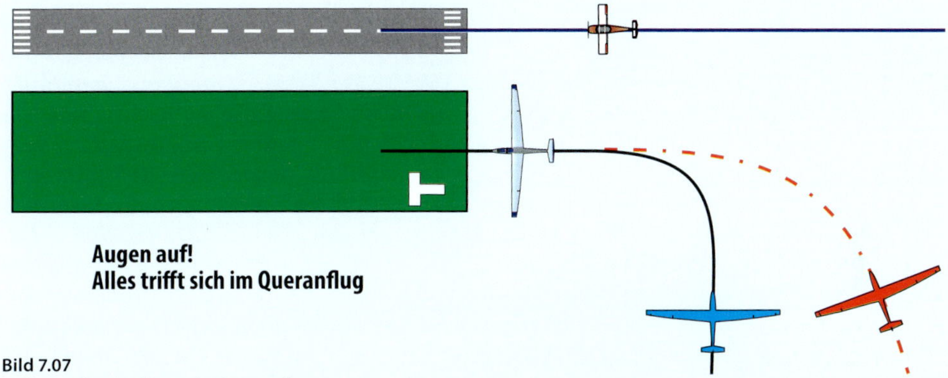

Bild 7.07
Luftraumbeobachtung im Queranflug

Weil wir unsere ganze Konzentration für die Luftraumbeobachtung und die weitere Planung der Landung in jedem Augenblick brauchen, müssen wir alles vermeiden, was unsere Aufmerksamkeit nachhaltig ablenken könnte. Aus diesem Grund ist die konstante Fahrt wichtig, so dass wir zu ihrer Kontrolle nur wenig Zeit brauchen und nicht unsicher werden.

07

Der Landeanflug (auch Endteil genannt)

Etwa 100 Meter vor Erreichen des Endanfluges (Windeinfluss beachten!) beginnt die Lande- oder Endanflugkurve, mit der wir den Endanflug beginnen (zur Begründung der 100 Meter siehe Kapitel 6: Tipps und Tricks). Das Horizontbild wird nicht verändert, die Kurve hat eine (maximale) Querneigung von 30 Grad. Die Fahrt während der gesamten Kurve (einschließlich Ausleiten!) bleibt konstant! Wie jeder Viertelkreis dauert die Endanflugkurve etwa 7 Sekunden. Diese Zeit kannst du nutzen, um dich innerlich auf den Endanflug einzustimmen und allen Ärger über eventuell missratene Manöver im Übungsteil abzuschütteln. Nach dem links beschriebenen Schema wird die Landung durchgeführt. Hier soll verdeutlicht werden, wie die Gleitwinkelsteuerung mit den Luftbremsen funktioniert und was du dabei beobachten kannst.

Erst wenn die Nase des Segelflugzeuges in Landerichtung zeigt, kannst du erkennen, ob und wie es seitlich versetzt wird (natürlich hast du dich schon darauf eingestellt, weil du im Gegen- und Queranflug entsprechende Beobachtungen gesammelt hast). Da du aber nicht schiebend aufsetzen willst, musst du (bei Seitenwind) etwas gegen die seitliche Abdrift unternehmen. Deshalb lässt du mit dem Querruder den Wind-zugewandten Flügel hängen, eben nur soviel, dass die Abdrift kompensiert wird. Die Nase des Segelflugzeuges bleibt dabei in Landerichtung! Im Gegensatz zum normalen Flug stellst du fest, dass Seitenruder (für die Richtung) und Querruder (für die Querneigung) in ihrer Position stehen bleiben müssen.

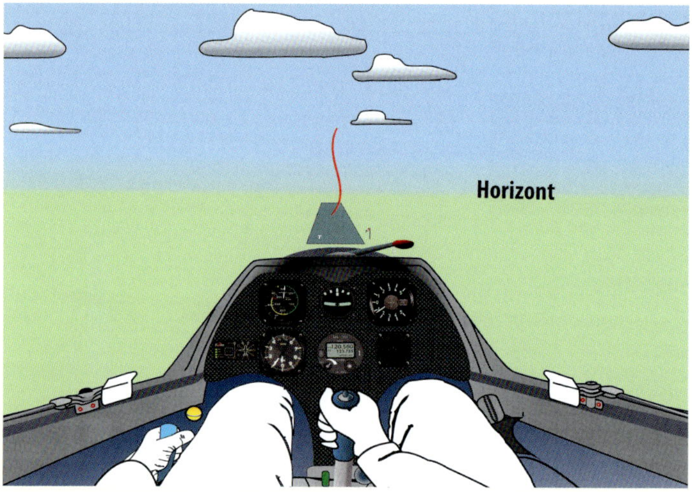

Bild 7.08
Der Landeanflug aus der Sicht des Piloten (2).
Das Landefeld liegt gerade voraus und die Fahrt ist erhöht.

So, nun hast du schon einen großen Teil der Landung geschafft. Aber noch bist du nicht unten, deshalb fährst du spätestens jetzt die Luftbremsen (siehe rechts) aus. Bitte nicht herausreißen, sondern gesteuert ausfahren. Sollte die Fahrt geringer werden, so wird sie wieder auf das alte Maß erhöht. Richtung und hängender Flügel werden beibehalten. Du steuerst den Gleitwinkel, damit das Segelflugzeug nicht vor oder viel zu weit hinter dem Landezeichen aufsetzt (siehe rechts). Ab etwa 30 Meter über Grund werden die Bremsen in die endgültige Landestellung gebracht und dann ***nicht mehr bewegt****. Unser Blick richtet sich jetzt weit vor das Segelflugzeug, damit wir die ganze Bahn im Auge haben.*

Ungefähr 5 bis 10 Meter über Grund entsteht der Eindruck, dass das Flugfeld deutlich breiter wird. Dieser Effekt kommt daher, dass du in den Augenwinkeln rechts und links von unten in den Rand des Blickfelds hineinkommend unscharf das Landefeld erkennst (der Effekt ist übrigens weg, sobald du nach unten auf den Boden guckst). Zur Orientierung können dir auch Bäume seitlich des Flugfeldes dienen. Lass dir mal von deinem Fluglehrer demonstrieren, welches Blickfeld du hast, wenn du noch 10 Meter hoch bist.

07

Ein zu flacher Endanflug hat den Nachteil, dass unter Umständen die notwendige Hindernisfreiheit nicht mehr gewährleistet ist. Vielfach wird dann versucht, einen solchen Anflug durch geringere Geschwindigkeit zu strecken. Das ist jedoch in Bodennähe sehr gefährlich, weil das Segelflugzeug nur mit Mindestfahrt fliegt. Die Gefahr eines Strömungsabrisses ist hoch, auf der anderen Seite können wir plötzlich auftretende Böen schlecht aussteuern. Der Ruderdruck ist zu gering und das Segelflugzeug reagiert für unsere Zwecke zu träge.

Die Luftbremsen werden behutsam eingesetzt und nicht gleich bis zum Anschlag herausgerissen (gerade Segelflugzeuge mit einer schwergängigen Luftbremsenverriegelung neigen hierzu). Eine wichtige Markierung ist das Landetuch. Wir steuern den Anflug so, dass der Gleitflug ohne Abfangvorgang kurz vor dem Landezeichen enden würde. Wandert das Zeichen während des Endanfluges nach unten fort, so kommen wir zu weit, die Luftbremsen müssen also ein Stück mehr ausgefahren werden. Wandert das Landetuch nach oben aus, so kommen wir zu kurz und müssen sie etwas einfahren. Die Beobachtung des Landetuch darf uns nicht verführen, auf den Boden zu starren.

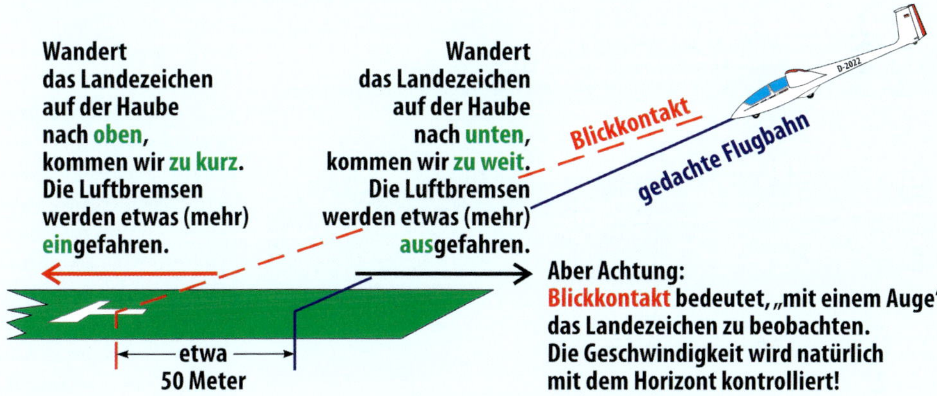

Bild 7.09
Das Landetuch

Um etwa beim Landezeichen oder dahinter aufzusetzen, wird der Anflug so durchgeführt, dass unsere gedachte Flugbahn (ohne Ausrunden) etwa 50 Meter vor dem Landezeichen enden würde. Die während des Ausrundens und Abfangens überflogene Strecke wird hinzugerechnet, so dass wir tatsächlich hinter dem Landezeichen aufsetzen.

Der bei Seitenwind hängende Flügel (siehe links) bewirkt ein Rutschen des Segelflugzeuges zum tieferen Flügel. Dies führt zu einer Parallelverschiebung unserer Flugbahn, jedoch nur soviel, dass sich seitliche Versetzung (durch den Wind) und Rutschen über den Flügel gegen den Wind einander aufheben! Der Anflug wird mit hängendem Flügel (bei Seitenwind) konstant fortgesetzt und die Landerichtung konsequent mit dem Seitenruder gesteuert.

07

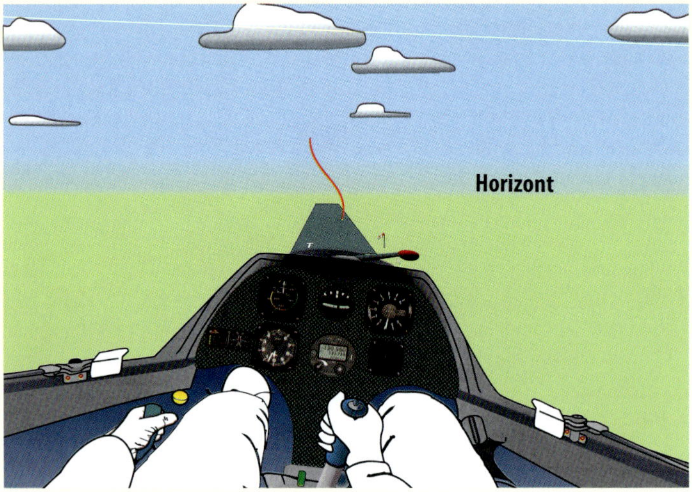

Bild 7.10
Der Landeanflug aus der Sicht des Piloten (3):
Blick aus 60 Metern Höhe, die rechte Fläche hängt gegen den Wind, die Fahrt ist leicht erhöht. Mit dem Seitenruder wird die Landerichtung gehalten. Die Luftbremsen sind etwas ausgefahren.

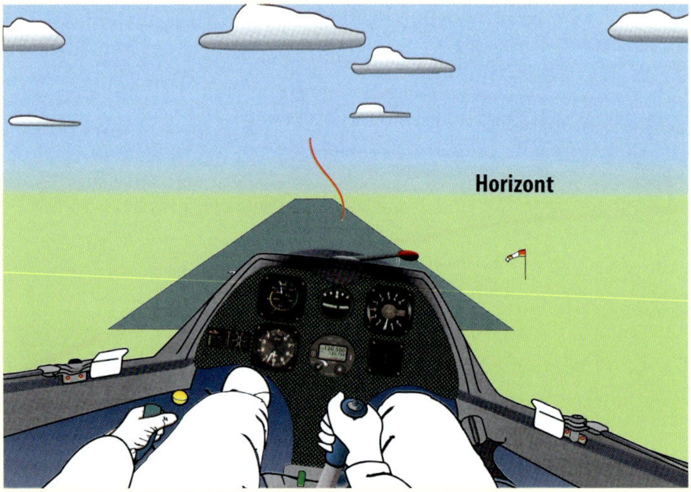

Bild 7.11
Der Landeanflug aus der Sicht des Piloten (4):
Das Segelflugzeug ist noch 30 Meter hoch, der Anflug wird konstant fortgesetzt.

Unwillkürlich will man den steilen Anflug abflachen. Das müssen wir nun auch ausführen, wollen wir nicht am Boden aufschlagen (Fliegerweisheit: Abfangen ist feige!). Schließlich fliegt das Segelflugzeug in einer Höhe von einem Meter parallel zum Boden (willst du wissen, in welcher Perspektive du das Flugfeld sehen musst, wenn unter dem Segelflugzeug noch ein Meter Platz ist? Dann stell dich nach dem Flugbetrieb einfach auf einen Hocker oder Stuhl und blick weit weg). Perspektiven spielen bei der Landung eine wichtige Rolle. Unser Sinn zum Schätzen von Höhen ist im Gegensatz zu Vögeln viel schlechter ausgeprägt. Horizontale Entfernungen können wir leichter zuordnen. Grundsätzlich müssen wir uns darüber bewusst sein, dass das menschliche Leistungsvermögen Grenzen besitzt.

Das Querruder steht zum tiefen, das Seitenruder zum hohen Flügel. Diesen Flugzustand kann man als einen kleinen Slip (siehe Kap. 10) bezeichnen, nur bleibt unsere Flugzeuglängsachse in der Landerichtung. Beide Ruder müssen ausgeschlagen bleiben, da nach Fortfall des negativen Wendemoments das Segelflugzeug in eine Schmierkurve über den hängenden Flügel gehen möchte. Das Seitenruder verhindert diese Kurve!

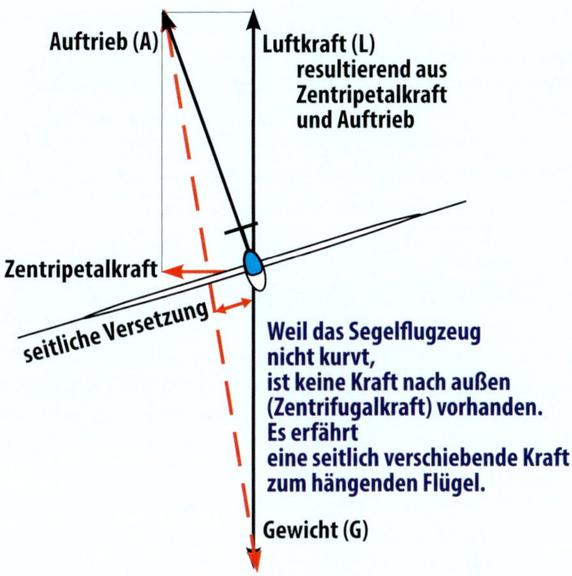

Bild 7.12
Die seitliche Versetzung

Auf den linken Seiten ist beschrieben, dass es nicht sinnvoll ist, während des Anfluges die Höhe durch einen Blick nach unten schätzen zu wollen. Das Schätzen von Höhen bedarf einer gewissen Übung, ein Ablesen des Höhenmessers auf den letzten Metern liefert keine brauchbaren Ergebnisse, da alle unsere Instrumente „nachhinken". Eine Anzeige bei einem derart steilen Anflug eines Segelflugzeuges gibt nur wieder, was vor ein bis zwei Sekunden war!

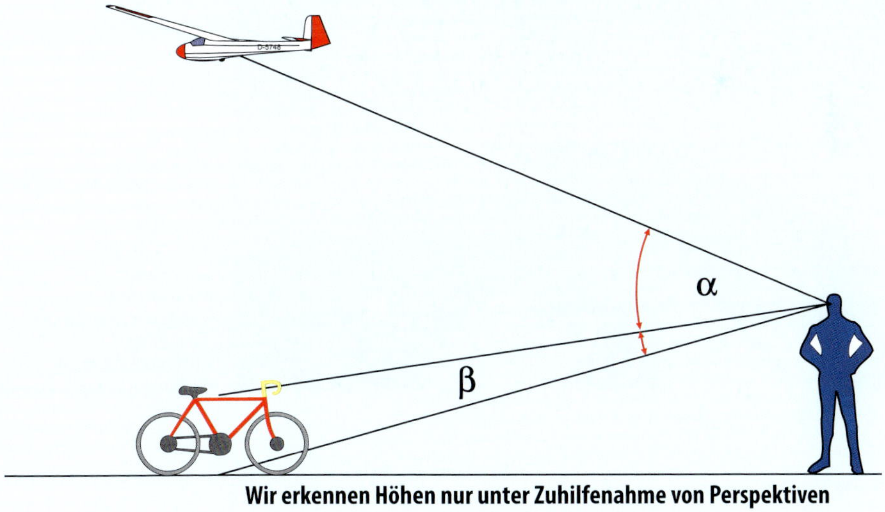

Bild 7.13
Höhen über Perspektiven schätzen

Bei der Landung gibt es noch andere Hilfen, die eine genauere Beobachtungsgabe voraussetzen. Im Verlauf der Ausbildung wirst du den für dich besten Weg finden. Deine Handlungen solltest du von Beobachtungen abhängig machen und nicht von mechanischen Vorgaben wie: „Einundzwanzig, zweiundzwanzig, ausrunden". Auch wenn das zehnmal gut geht, stimmt beim elften Mal eine Kleinigkeit nicht und die Landung wird zum Einschlag! Als ich noch Schüler war machte ich den gleichen Fehler und setzte gleich acht mal zur Landung an.

Während des Anfluges (konstante Fahrt, Richtung und hängender Flügel) erkennst du das Sinken des Segelflugzeuges aus der Veränderung der Perspektive. dein Höhenmesser ist jetzt unnütz, da er (wie alle Instrumente) nachhinkt. Außerdem wäre es zu schwierig, einen Verlust von zehn Meter Höhe oder weniger ablesen zu wollen. Viele Flugschüler sind in diesem Stadium versucht, über die Flugzeugnase direkt vor das Segelflugzeug zu blicken. Dabei kann man aber außer einem unscharf wahrzunehmenden, rasch vorbei flitzenden Boden wenig erkennen. Nur der Fluglehrer merkt, dass das Segelflugzeug immer schneller wird, denn stets geht automatisch die Hand dahin, wohin die Augen blicken! Leider ist beim Menschen kein Sinn für das Schätzen von Höhen vorhanden. Stell dich mal auf einen Tisch und sage spontan, in welcher Höhe sich deine Augen über dem Boden befinden. Das Richtigste ist und bleibt: **Weit voraus in die Landebahn blicken!**

Das Abfangen (Ausrunden und Landen)

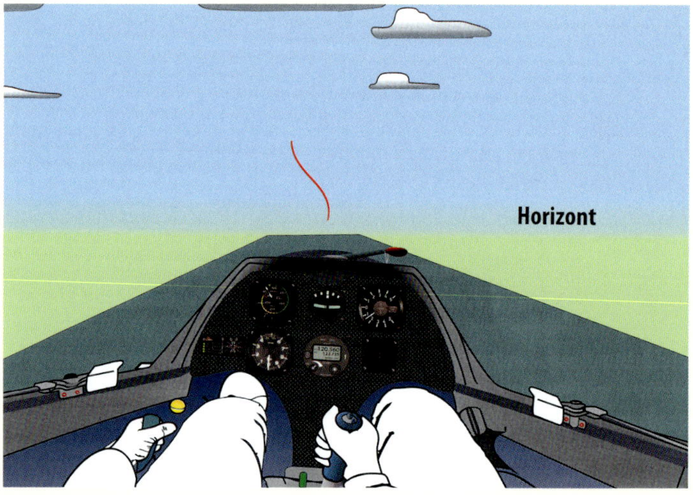

Bild 7.14
Der Landeanflug aus der Sicht des Piloten (6): Blick nach dem Ausrunden. Nun ändert sich die Höhenperspektive nicht mehr, der Horizont wandert beim Abfangen nach unten. Nicht mehr so stark den Flügel hängen lassen!

Wir schätzen Höhen über den Umweg der Perspektive. Es lässt sich besser schätzen, je weiter wir blicken. Während eines konstanten Anfluges merkst du, dass der Horizont nahezu konstant bleibt, während die Perspektive flacher wird. Dies zeigt dir das Sinken des Segelflugzeuges an! Willst du noch ein zusätzliches Hilfsmittel haben, so kannst du ganz kurz seitlich hinaus blicken.

Der Abfangvorgang (Ausrunden und Landen)

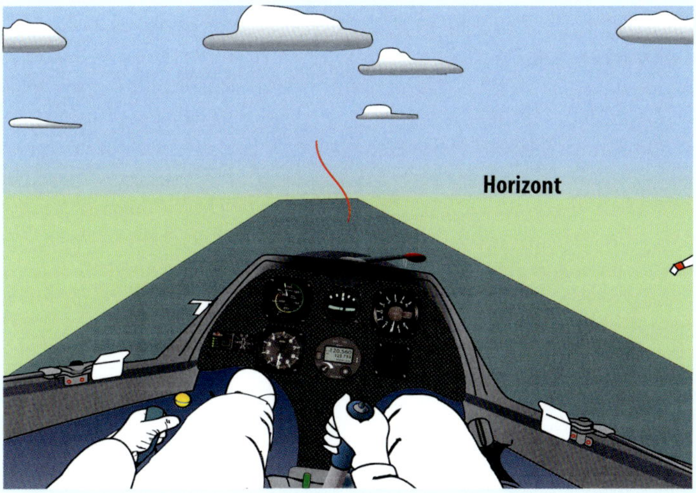

Bild 7.15
Der Landeanflug aus der Sicht des Piloten (5): Das Ausrunden (auch Abfangbogen genannt) beginnt nun. Guckt man zum Horizont, hat man unscharf am Rande des Blickfelds den Eindruck, dass der Boden näher kommt.

Etwa in 5-10 Meter Höhe (je nach gewählter Anfluggeschwindigkeit) beginnt der Abfangvorgang. Je schneller das Segelflugzeug anfliegt, desto früher beginnt das Abfangen, da wir uns bei hoher Geschwindigkeit auch schneller dem Erdboden nähern. Der Abfangbogen soll ohne Ecken oder Kanten sein und weich erfolgen. Besser verständlich wird der Vorgang, wenn hier vom Ausrunden gesprochen und der Begriff Abfangen sich ausschließlich auf den Landevorgang selbst bezöge. Nach dem Bogen befindet sich das Segelflugzeug auf einer parallelen Flugbahn zum Boden in etwa ein Meter Höhe. Im untenstehenden Bild ist dies durch eine blaue Linie markiert.

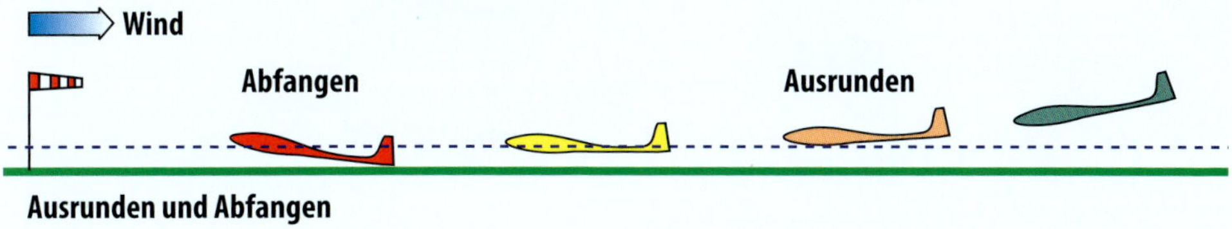

Bild 7.16
Die Spornlandung (1)

Im Abfangbogen (besser als Ausrunden bezeichnet – siehe rechts) ändern sich Perspektive und Horizontbild gleichermaßen. Dies geschieht solange, bis die Horizontlinie (nun gleich dem Flugplatzende) an dem Punkt angekommen ist, an dem die Flugzeuglängsachse parallel zum Boden ist. Lass dir diesen Blick einmal vom Fluglehrer demonstrieren und präge dir den Punkt ein. Hilfreich ist auch, wenn du dich in das am Boden stehende Segelflugzeug setzt und von einem Helfer die Flügel waagerecht halten lässt. Ein zweiter drückt dann den Schwanz der Maschine nach unten.

Nach dem Ausrunden bleibt die Perspektive beim Abfangen gleich(!), während der Horizont weiter nach unten wandert. Der Blickwinkel bleibt erhalten, da du bis zum Aufsetzen die Höhe über Grund halten willst. Mit abnehmender Fahrt erhöhst du weiter den Anstellwinkel (du braucht den hohen Auftrieb), das Segelflugzeug bewegt sich um seine Querachse. Dabei erfolgt das Zurücknehmen des Steuerknüppels zu Beginn noch recht langsam. Mit abnehmender Fahrt musst du ihn immer zügiger nach hinten bewegen, da die Steuerkraft des Höhenruders auch nachlässt. Der Sporn (am Heck) kommt immer weiter nach unten. Irgendwann hast du keine Möglichkeit mehr, den Anstellwinkel zu erhöhen, da der Knüppel am hinteren Anschlag ist. Der maximale Anstellwinkel und die Mindestgeschwindigkeit ist erreicht. Das Segelflugzeug berührt mit dem Hecksporn zuerst den Boden und setzt sich hin.

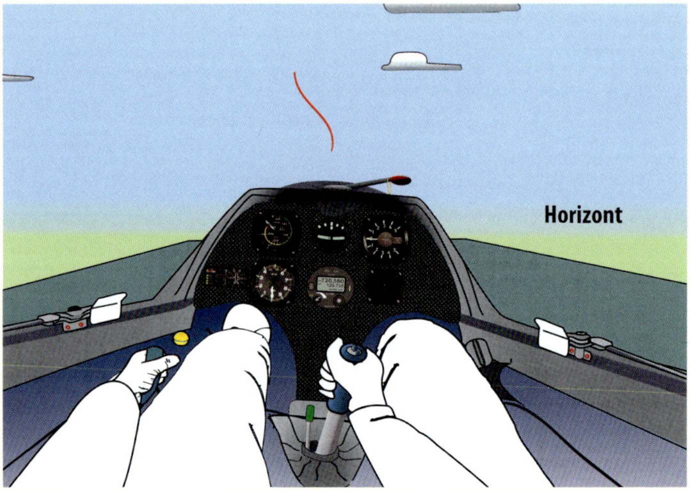

Bild 7.17
Der Abfangvorgang aus der Sicht des Piloten (7): Die Nase ist deutlich über dem Horizont. Man kann ihn nur noch seitlich sehen. Die Perspektive des Landefelds bleibt nun gleich. Das Segelflugzeug ist weder weg gestiegen, noch hat es zu früh aufgesetzt. Weil auch am Boden Seitenwind herrscht, wird die rechte Fläche bis zum Stillstand (!) hängen gelassen.

Sollte das Segelflugzeug während des Abfangens steigen, so hast du das Höhenruder zu schnell gezogen. In diesem Fall das Höhenruder ruhig halten und warten, bis die Maschine wieder zu sinken beginnt (siehe rechts), dann ganz normal weiter abfangen. Ein Wegsteigen der Maschine erkennt man an dem steiler werdenden perspektivischen Blick. **Merke: Man kann kaum zu stark abfangen, sondern nur zu schnell!**

Neben dem links beschriebenen Ablauf des eigentlichen Landevorganges wird aber regelmäßig die Strecke unterschätzt, die das Segelflugzeug jetzt noch bis zum Aufsetzen zurücklegt. Während es im Parallelflug zu Beginn nur wenig Geschwindigkeit verliert, weil der Fortfall der Randwirbel in Bodennähe den Widerstand verringert, reduziert sich die Geschwindigkeit mit zunehmender Anstellwinkelerhöhung rapide (großer Anstellwinkel = großer Widerstand). Mit abnehmender Geschwindigkeit verringert sich ebenfalls die Steuerkraft des Höhenruders, so dass es immer stärker gezogen werden muss.

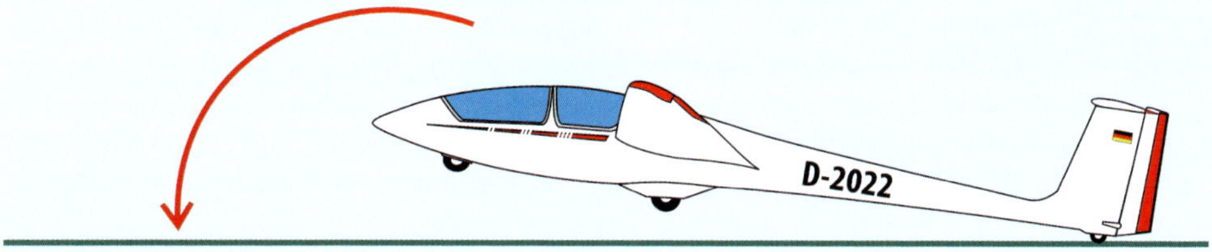

Bild 7.18
Die Spornlandung (2):
Das Segelflugzeug berührt den Boden zuerst mit dem Sporn.
Erst danach setzt das Hauptrad auf, der Anstellwinkel wird gleichzeitig kleiner.
Es kann nicht mehr abheben.

Die Geschwindigkeit des Segelflugzeuges nimmt nach den Ausrunden nicht linear, sondern progressiv ab. Einschließlich des Bogens zum Ausrunden (bis zum Aufsetzen am Ende des gesamten Abfangvorganges) legt das Segelflugzeug deutlich mehr als 100 Meter zurück. Dabei ist die zurückgelegte Strecke natürlich von der Anfluggeschwindigkeit und der Gegenwindkomponente abhängig. Diese Strecke (plus Ausrollstrecke) muss geflogen werden! Also kann die Landung nicht dann erfolgen, wenn das Ausrunden beendet ist, sondern erst dann, wenn alle Geschwindigkeit durch das Abfangen verbraucht ist. Da das Segelflugzeug mit dem maximalen Anstellwinkel (= minimaler Fluggeschwindigkeit) aufsetzen soll, ergibt sich zwangsläufig eine Spornlandung. Die Belastung für das Segelflugzeug durch Landestöße ist geringer, die Ausrollstrecke bleibt kurz. Sollte die Längsachse der Maschine während des Landevorganges nicht ganz in Flugrichtung gewesen sein (Schiebeflug), so würde der zuerst aufsetzende Sporn die Maschine wieder in Richtung ziehen.

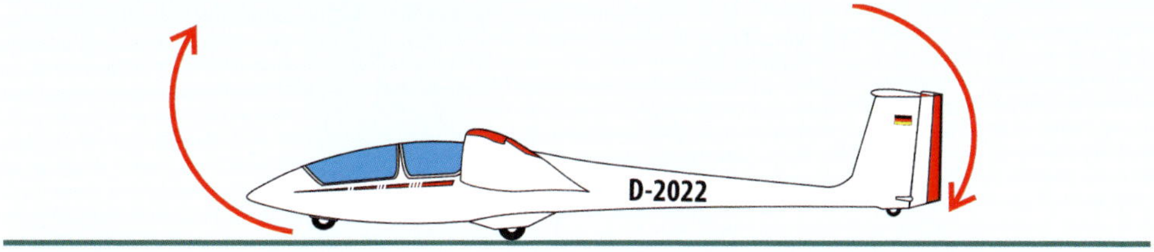

Bild 7.19
Die Radlandung:
Das Segelflugzeug berührt den Boden zuerst mit dem Hauptrad.
Erst danach setzt der Sporn auf, der Anstellwinkel wird gleichzeitig größer.
Es besteht eine große Gefahr wieder abzuheben!

Der Steuerknüppel bleibt bis zum Stillstand hinten, da das Segelflugzeug noch mit gut 50 km/h rollt und wir keinen Kopfstand riskieren wollen. Mit dem Seitenruder wird gelenkt. Stell dir nur mal ein Auto vor, das mit dieser Geschwindigkeit führerlos durch die Gegend fahren würde!

Und was ist mit dem hängenden Flügel? Er ist auch während des Ausrollens etwas tiefer, da der Seitenwind am Boden geringer wird, aber nicht aufhört. Leicht geneigt bedeutet nicht, dass er den Boden berührt und das Segelflugzeug um den Randbogen des tiefen Flügels geschleudert wird. Ein solcher „Ringelpiez" kann den Rumpf hinter den Flügeln abdrehen, sofern der Profi nicht durch beherztes Nachdrücken den Schwanz in die Luft bringt. Als Anfänger steuerst du, wie beschrieben, bis zum Stillstand und kommst keinesfalls auf die Idee, an dieser Stelle eine Extraeinlage zu bieten! Schließlich wird beim Stillstand der Maschine der windzugewandte Flügel abgelegt (siehe Seite zuvor rechts).

Die Landung nochmals im Überblick:

1) Position (Höhe?, Fahrt?, Abstand vom Platz?)
2) Gegenanflug (Wind?, Verkehr?)
3) Queranflug (Wind?, Verkehr?, Höhe?, Fahrt?, Hand an den Bremsen?)
4) Landekurve (richtige Höhe?, Fahrt?, Richtung zum Landefeld?)
5) Fahrt erhöhen (Horizont?, Fahrtmesser?)
6) Segelflugzeugnase in Landerichtung?
7) Flügel hängenlassen (Wind?)
8) Luftbremsen (stimmt noch alles andere?)
9) Konstant weiter anfliegen, weit vor das Segelflugzeug sehen
10) Ausrunden
11) Abfangen und aufsetzen
12) Ausrollen, steuern bis das Segelflugzeug steht.

Wie beim Start hilft es, bei der Landung einen Landecheck zu machen. Der ruhige, konstante und überlegte Handlungsablauf hilft bei jeder Landung. Übrigens: Eine schöne Landung ist auch eine sichere Landung!

Betrachten wir nun die Nachteile einer Radlandung: Setzt das Segelflugzeug mit dem Rad zuerst auf, so sind wir vorher nicht mit maximalem Anstellwinkel geflogen. Der nach dem Rad aufsetzende Sporn vergrößert sogar den Anstellwinkel, sobald er den Boden berührt. Unter ungünstigen Bedingungen hebt das Segelflugzeug noch einmal ab! Dann finden wir uns plötzlich in zwei Meter Höhe wieder, diesmal aber ohne Fahrt. Setzt dagegen der Sporn zuerst auf (danach das Hauptrad), so verkleinert sich der Anstellwinkel und das Segelflugzeug ist nicht mehr flugfähig. Wir sehen, dass die Spornlandung viele Vorteile hat und kein Weg an ihr vorbeiführen sollte.

Es gibt aber keine Regel ohne Ausnahmen. Deshalb soll an dieser Stelle der Vollständigkeit halber angeführt werden, dass in anderen Ländern auch andere Gepflogenheiten herrschen. In den USA zum Beispiel ist die Spornlandung verpönt und man erwartet Radlandungen. Die oben aufgezeigte Logik der Spornlandung bleibt davon aber unberührt. Es gibt nur einen einzigen Fall, in dem eine Radlandung sinnvoll wäre: Ist der Bodenwind so stark, dass das Segelflugzeug bei einer Spornlandung langsamer als die Windgeschwindigkeit (einschließlich Böen) werden könnte, so muss natürlich mit einer höheren Geschwindigkeit aufgesetzt werden. Eine höhere Aufsetzgeschwindigkeit bedeutet immer eine Radlandung! Wer in den Alpen bei Föhn oder Mistral Flüge unternehmen möchte, muss auf diese Weise bei der Landung den hohen Windgeschwindigkeiten Tribut zollen.

Wir bleiben jedoch bei der Spornlandung. Wegsteigen kann ein Segelflugzeug beim Abfangen nur, wenn der Anstellwinkel zu schnell vergrößert wurde. Die gleichzeitige Widerstandszunahme reichte nicht aus und der Auftrieb wurde zu groß. Wird das Höhenruder zu schnell bewegt, muss das Segelflugzeug steigen. Sollte das Segelflugzeug (wie hier beschrieben) im Abfangvorgang wegsteigen, dann niemals in einer solchen Situation drücken! Wir fliegen nur noch, weil der Anstellwinkel sehr hoch ist. Ein Drücken des Knüppels bewirkt ein sofortiges durchsacken des Segelflugzeuges, da ihm durch die Verkleinerung des Anstellwinkels die Fähigkeit zum Fliegen genommen wird. Auch als Schüler sollte man nicht erwarten, dass die Flugphysik gnädig sein wird und dem Anfänger einen Bonus einräumt.

Wenn die Maschine zu sinken beginnt (bzw. auf die alte Höhe gesunken ist), kann der Anstellwinkel wieder kontinuierlich erhöht werden. Die Landung gerät jetzt vielleicht etwas zu deutlich auf den Sporn, es besteht aber keine Gefahr!

Die Landung ist sicherlich die schwierigste aller Übungen, es gibt aber keinen Grund, nervös zu reagieren. Man wird nicht erwarten, dass du jeden Schritt gleich zu Beginn fehlerfrei ausführst. Übe zuerst die Abschnitte, die dir leicht fallen und baue hierauf bei den schwierigen Teilen auf. Während der Ausbildung sind Fehler erlaubt, sofern du sie erkennst und entsprechend handelst. Du benötigst jederzeit einen kühlen Kopf und musst den Ärger über vorangegangene Fehler während der übrigen Flugübungen abschütteln.

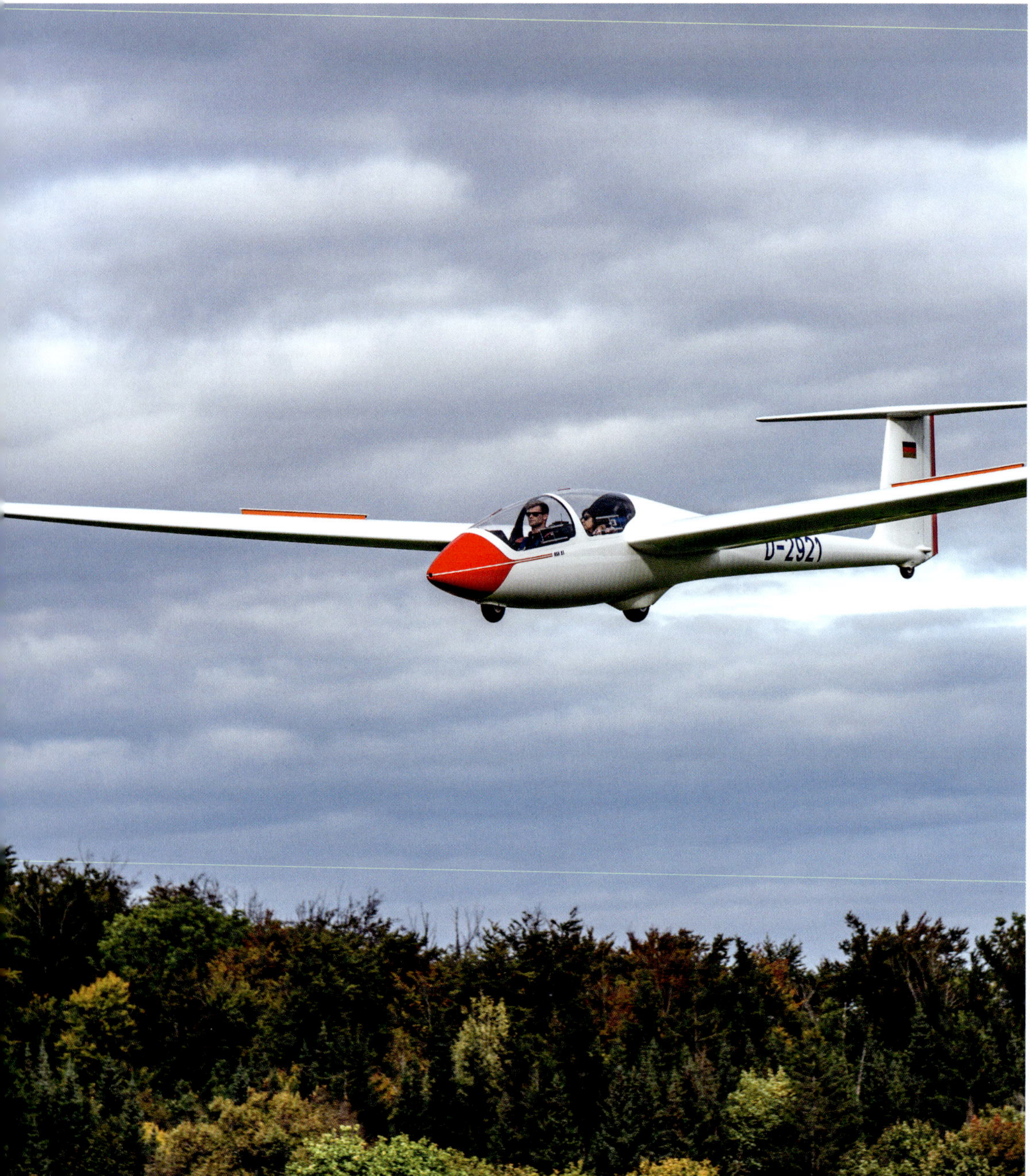

Ein Doppelsitzer vom Typ ASK 21 im Landeanflug auf dem Flugplatz Aalen-Elchingen. Die Luftbremsen sind teilweise ausgefahren und das Segelflugzeug ist bereits beim Ausrunden kurz vor dem Abfangen. (Foto: Alexander Willberg)

Kapitel 8
Verhalten in besonderen Fällen

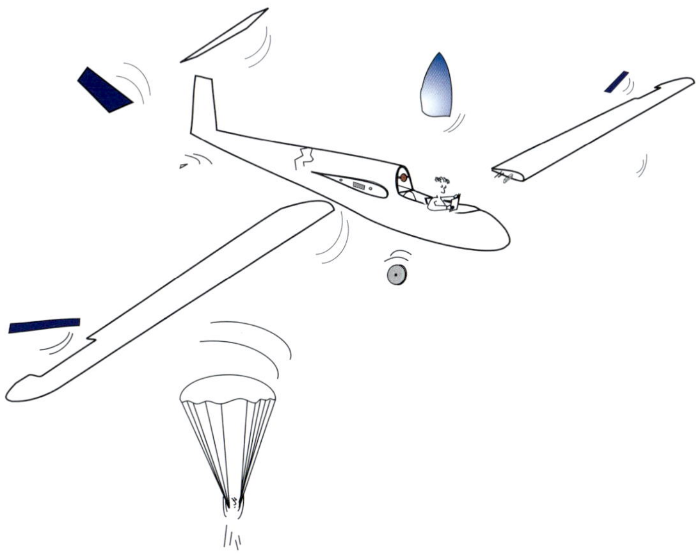

Verhalten in besonderen Fällen
Training hilft!

Dieses Kapitel beschäftigt sich mit den Maßnahmen, die wir in außergewöhnlichen Situationen ergreifen müssen. Uns interessiert nicht, was zu tun ist, wenn das Segelflugzeug in der Luft auseinanderfällt, da diese Gefahr recht unwahrscheinlich ist. Vielmehr müssen wir uns mit Störungen im Betriebsablauf auseinandersetzen und mit Zuständen, die aufgrund eigener Fehler entstanden sind.

Viele Punkte hast du im Verlauf des Buches bereits kennen gelernt. Sie werden nicht mehr gesondert aufgeführt (so zum Beispiel, dass unbedingt auszuklinken ist, sollte das Segelflugzeug beim Start das Seil überrollen oder im Startvorgang ein Flügel den Boden berührt). So wurde in Kapitel 6 (Tipps und Tricks) bereits die Seilrissübung erwähnt. Hier werden wir uns mit dem Verhalten bei einem Seilriss genauer auseinandersetzen. Denn sowohl im Flugzeugschlepp als auch im Windenstart ist jederzeit diese Gefahr vorhanden. Nicht umsonst wird die Möglichkeit des Seilrisses in den Startcheck aufgenommen.

Seilriss im Windenstart

Böse Zungen behaupten, ein Windenseil reißt überall, nur nicht an der Sollbruchstelle. Die Gefahr eines Risses lässt sich vermindern, beobachtet der Windenfahrer beim Seilauszug das Windenseil, es bei sichtbaren Mängeln sofort abbremst und die Schadstellen behebt. Als Mitglied einer Bodenmannschaft kannst du mithelfen und kontrollieren, ob zum Beispiel das Vorseil schadhaft ist. Bei Mängeln unterrichtest du Pilot und Startleiter. Solange der Schaden nicht repariert ist, werden keine Starts an diesem Seil durchgeführt!

Im Kapitel über den Start wurde mehrfach auf die Gefahr eines Seilrisses hingewiesen und beschrieben, dass ein sogenannter „Kavalierstart" ungemein gefährlich ist. Ein steiler, abrupter Start ist für das Windenseil eine extreme Belastung. Ein vorgeschädigtes Seil muss dabei reißen!

Typische Signale für einen Seilriss im Windenstart sind:

- *das Segelflugzeug macht im Schlepp einen Sprung nach oben,*
- *das Höhenruder „wird weich" (es lässt sich leicht ziehen),*
- *die Fahrt nimmt rapide ab (auch das Fahrtgeräusch wird leiser).*

Der Start (siehe Kapitel 4) wird jederzeit so ausgeführt, dass die Reserven ausreichen, das Segelflugzeug im Notfall in Normalfluglage zurück zu steuern. Reißt das Seil, wird unmittelbar das Höhenruder (je nach Fluggeschwindigkeit unter Umständen bis zum Anschlag) zügig nach vorne gedrückt, bis das normale Horizontbild sichtbar ist. Keinesfalls wird das Segelflugzeug „in den Boden hineingedrückt".

Verhalten in besonderen Fällen
Mitdenken und handeln!

Dieses Kapitel setzt sich mit Startunterbrechungen und anderen außergewöhnlichen Situationen auseinander. Der Seilriss ist die am häufigsten vorkommende Störung im Betriebsablauf. Die Verfahren und Handlungsweisen hierauf lassen sich aber trainieren. Unterschätzt werden leider oft die auftretenden Kräfte gerade im Windenstart. Die Angst vor einem Seilriss ist überhaupt kein Grund im Windenstart zu langsam zu fliegen, denn dann reicht der Auftrieb nicht mehr. Zahlreiche Unfälle belegen dies.

Seilriss im Windenstart

Das Windenseil kann zu jedem Zeitpunkt – vom Anrollen bis zum Ausklinken über der Winde – reißen. Es wäre falsch auf ein leichtes Segelflugzeug oder ein neues Seil zu vertrauen oder sich für einen besonders erfahrener Pilot zu halten. Jedes Teil eines Windenseils ist beständigen Belastungen und einem entsprechenden Verschleiß unterworfen. Reißt es, sind zwei wichtige Maßnahmen zu ergreifen:

1. Nachdrücken (in Normalfluglage)
2. Ausklinken (3 mal)!

Anschließend ist die (rasche) Entscheidung zu treffen, wie der Flug mit der noch zur Verfügung stehenden Höhe fortgesetzt wird. Links unten ist beschrieben, dass sofort und solange nachgedrückt wird, bis das Segelflugzeug in Normalfluglage ist. Dies ist keinesfalls die Sturzfluglage, ein „nur Drücken" des Höhenruders genügt jedoch nicht. Im Windenstart behält das Segelflugzeug nur die Fluggeschwindigkeit, weil ihm beständig über das Windenseil vom Windenmotor eine Vortriebskraft zugeführt wird. Bei einem Seilriss fällt diese Kraft schlagartig fort und das Segelflugzeug verliert wegen der nach oben weisenden Flugzeuglängsachse rapide an Geschwindigkeit.

Der Auftrieb der Flügel im Steigflug ist gegenüber der Horizontalen rückwärts gerichtet (wie der Widerstand), die Fahrt muss schnell abnehmen. Da das Höhenruder im Windenstart leicht gezogen ist, besteht die Gefahr, das Segelflugzeug bis in die Senkrechte zu ziehen. Es reicht keinesfalls aus, das Höhenruder in die Normalstellung zu bringen, sonst wird die Steigfluglage beibehalten.

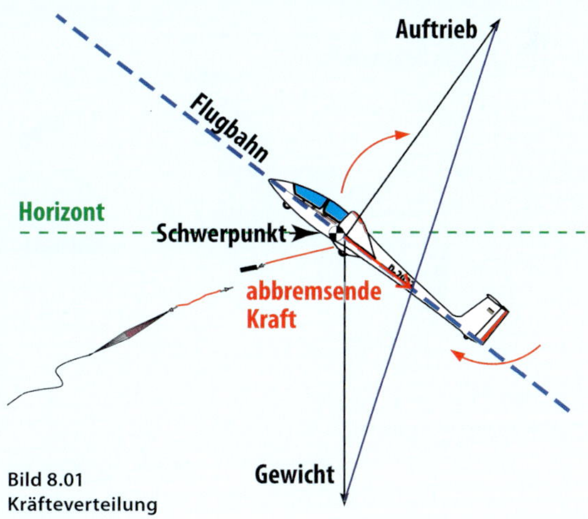

Bild 8.01
Kräfteverteilung beim Seilriss

Das Höhenruder kommt also sofort wieder in Normalstellung, wenn du das bekannte Horizontbild siehst.

Reißt das Seil in der Nähe des Segelflugzeuges, ist dies durch einen kräftigen Ruck im Höhenruder spürbar. Da im Startvorgang der Fahrtmesser mit einem Auge beobachten soll, wirst du die rapide Fahrtabnahme bemerken. Aber Achtung: Eine Reparaturstelle im Seil verursacht oft einen ähnlichen Stoß, läuft sie durch den Seileinlauf der Winde. Die Fahrt nimmt hierbei aber nicht ab! Ich habe schon viele Flugschüler erlebt, die in einer solchen Situation ausklinkten, weil sie annahmen, das Seil sei gerissen. Es ist dann ein Überraschungsmoment für den Fluglehrer, der nun wieder einmal zeigen darf, dass er sicher landen kann (oft wieder an der Startstelle).

Reißt das Seil dagegen an der Winde, ist eine Erschütterung kaum wahrnehmbar. Und bleibt der Motor des Startgeräts gar stehen (es gab schon schwere Unfälle, weil Windenfahrer das Tanken vergessen hatten), dann hat das den gleichen Effekt wie ein Seilriss. Nur läuft der Vorgang der Startunterbrechung ganz allmählich und weich ab. Das Höhenruder lässt sich leicht führen. Es besteht die Gefahr, das Segelflugzeug bis in die Senkrechte zu ziehen, besonders im vollen Steigflug, wenn das Höhenruder mit Kraft gezogen wird. Fällt die Gegenkraft des Seilzuges fort, will die eigene Armkraft das Höhenruder bis zum hinteren Anschlag ziehen!

Ausschließlich durch zügiges Nachdrücken in Normalfluglage bleibt die notwendige Fahrt erhalten! Ein Nachlassen der Seilkraft führt immer zu einer Fahrtabnahme. Lediglich bei extrem hoher Startgeschwindigkeit brauchst du im Falle des Seilrisses das Höhenruder nicht blitzartig zu drücken, sondern kannst einen etwas weicheren Übergang steuern. Ist das Segelflugzeug in Normalfluglage, wird dreimal ausgeklinkt, um einen eventuell noch anhängenden Seilrest abzuwerfen. Weil kein Seilzug vorhanden ist, kann sich im ungünstigen Fall das Seil nicht gleich beim ersten Ausklinken lösen. Am Ende jedes Windenstarts klinken wir (obwohl das Seil sich alleine löst) dreimal nach, um diese mechanische Bewegung „in Fleisch und Blut“ übergehen zu lassen.

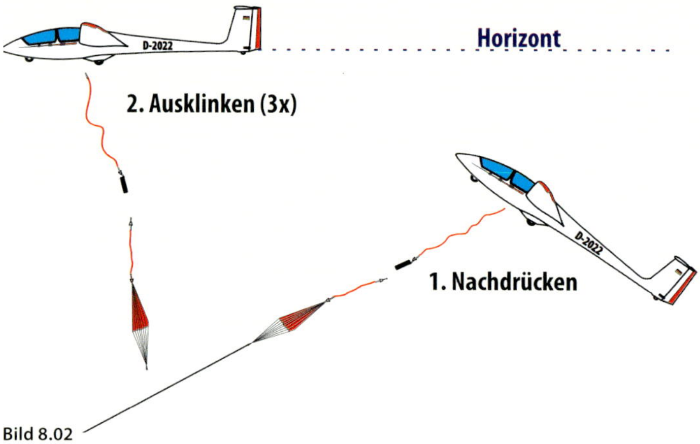

Bild 8.02
Der Seilriss im Windenstart

Wie in Kapitel 4 beschrieben, ist während des Windenstarts der Fahrtmesser (neben allen anderen dort beschriebenen Punkten) zu beobachten, da vorwiegend dank ihm ein Seilriss erkannt werden kann. Links ist beschrieben, dass ein deutlicher Ruck nur dann spürbar ist, reißt das Seil in der Nähe des Segelflugzeuges. Die Verwechslungsgefahr mit anderen Erschütterungen, so zum Beispiel beim durchlauf von Reparaturstellen im Seil nahe beim Seileinlauf der Winde, ist hoch!

Vollkommen gleichgültig, in welcher Phase des Windenstarts das Seil reißt, es wird nur bis in die Normalfluglage (zügig) nachgedrückt. Bild 8.03 soll verdeutlichen, wie stark in der jeweiligen Phase des Windenstarts nachgedrückt werden muss. Reißt das Seil während des Anrollens (1), so braucht nicht nachgedrückt zu werden, da der Knüppel noch in leicht gedrückter Stellung ist. Das gleiche gilt, hebt das Segelflugzeug gerade ab, denn die leicht gedrückter Knüppelstellung bewirkt (wie in Kapitel 4 beschrieben), dass das Segelflugzeug „in sich" abhebt. In diesem Fall ist aber darauf zu achten, dass wir das Segelflugzeug nicht „in den Boden hinein" drücken.

Im anschließenden Übergang (2) ist der Knüppel noch unterwegs aus der gedrückten in die Normalstellung. Wir drücken etwas nach, der Knüppel wird sofort in Normalstellung gebracht, ist das übliche Horizontbild sichtbar.

In etwa 50-80 Metern Höhe (3) (auf dem Höhenmesser angezeigt) ist der Knüppel in Normalstellung. Bei einem Seilriss wird zügig in Normalfluglage nachgedrückt.

Das Segelflugzeug ist in voller Steigfluglage (4), bei Seilriss sofortiges Nachdrücken in Normalfluglage.

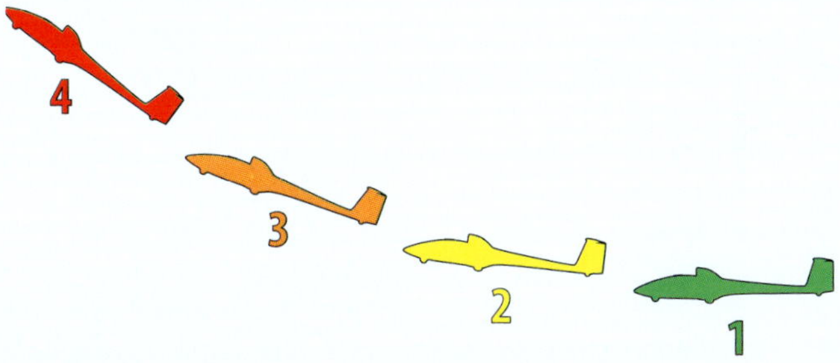

Bild 8.03
Die Phasen im Windenstart

Nach jedem Nachdrücken auf einen Seilriss wird dreimal ausgeklinkt. Das ist ebenso notwendig wie das Nachdrücken selbst, da wir unter Umständen mit einem 1000 Meter langen Seilrest fliegen (wir wissen ja nicht, wo das Seil gerissen ist). Und den wollen wir weder über Hindernisse schleppen noch als Gewicht mittragen. Die Möglichkeiten des taktischen Handelns nach einem Seilriss hängen vom Fluggelände und dem herrschenden Wind ab. Immer legen wir unseren Plan für einen eventuellen Seilriss **schon beim Startcheck** fest. So kann bei mäßigem bis starkem Wind noch aus größeren Höhen geradeaus gelandet werden. Im Zweifelsfall ist eine Landung geradeaus sicherer als ein fragwürdiger Vollkreis, kostet doch eine unsaubere und unsichere Kurve meist mehr als 50 Meter Höhe.

Mit dem erfolgreichen Nachdrücken und Nachklinken ist der Flug nicht beendet, sondern damit sind erst die Voraussetzungen für eine sichere Platzeinteilung geschaffen! Erst jetzt blickst du auf den Höhenmesser und legst den weiteren Flugweg fest. Während des Nachdrückens ist ein Ablesen des Höhenmessers sinnlos, da er wie alle Instrumente „nachgeht". In Abhängigkeit vom Fluggelände und dem herrschenden Wind (vor dem Start auf den Windsack geblickt?) sind folgende Entscheidungen zu treffen:

- *Hast du nach Nachdrücken und Ausklinken eine Höhe von weniger als 100 Metern, wird Landefahrt aufgenommen und das Segelflugzeug unter Verwendung aller Landehilfen geradeaus gelandet.*

- *Beträgt die Höhe zwischen 100 und 150 Metern, so wird ein Vollkreis (Achtung, vor dem Einkreisen Fahrt kontrollieren!) mit dem Wind geflogen (sofern Seitenwind vorhanden) und anschließend in der ausgewiesenen Landerichtung gelandet. Kreise mit dem Wind, damit du die letzte, bodennahe Kurve gegen den Wind fliegen kannst. Es gibt viele Flugplätze, auf denen die Richtung des Wegkurvens nach einem Seilriss unabhängig vom Wind festgelegt ist, weil bestimmte Platzteile nicht überflogen werden dürfen (z.B. Oerlinghausen). Je höher du nach einem Seilriss bist, desto größer darf der Kreis werden. Dies kann bis zu einer verkürzten Platzrunde ausgeweitet werden.*

- *Ab 150 Meter Höhe wird eine verkürzte Platzrunde geflogen.*

- *Über 200 Meter wird eine Platzrunde geflogen. Je höher du bist, kannst du den Flug bis zur normalen Platzrunde ausweiten.*

Eine Landung mit Rückenwind ist bei Seilriss im Windenstart nicht zu empfehlen. Lediglich in ganz seltenen Fällen kann eine Umkehrkurve geflogen werden, dies ist jedoch von der Lage des Flugfeldes abhängig. Über die Regeln auf deinem Fluggelände erkundige dich bei deinem Fluglehrer, je nach Windverhältnissen können sich seine Anweisungen unterscheiden. Der Seilriss muss solange geübt werden, bis er in verschiedenen Höhen beherrscht wird (siehe Kapitel 6). Ein Alleinflug ohne dieses Notfalltraining ist nicht denkbar. Seilrisstraining ist auch für fortgeschrittene Piloten und Flugscheininhaber immer wieder angebracht. Keinesfalls ist nach einem Seilriss die Landung am Landekreuz zu erzwingen! Es ist besser, heil in der äußersten Ecke des Flugplatzes zu landen, denn als Bruch mit dem Vogel am Landekreuz zu liegen! Und noch ein kleiner Tipp: Willst du nach einem Seilriss geradeaus landen, so ist es nicht notwendig, direkt auf die Seilwinde oder einen Lepo zuzusteuern, daneben ist grundsätzlich auch Platz!

Es ist übertrieben, aus Furcht vor weiteren Seilrissen nach einer Übung nur flache Steigflüge durchzuführen. Du sollst keine Angst vor dem Seilriss bekommen, sondern Respekt und Vertrauen in deine Reaktionen. Geringe Ausklinkhöhe führt nur zu neuen Schwierigkeiten, und die hast du in den Übungen leidlich kennengelernt.

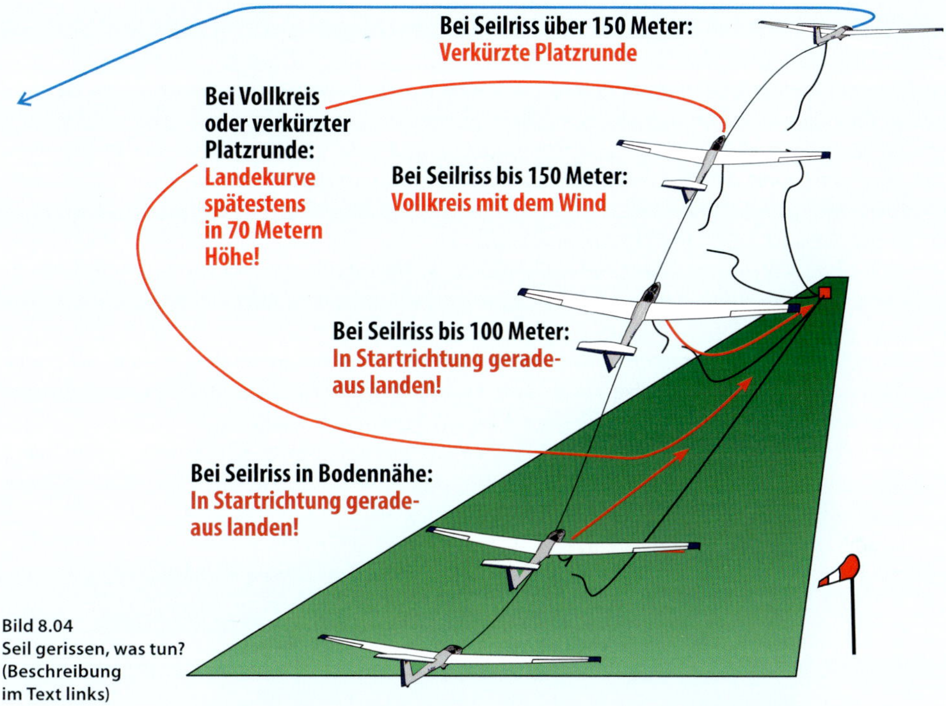

Bild 8.04
Seil gerissen, was tun? (Beschreibung im Text links)

Hast du dich zu einem Vollkreis oder einer verkürzten Platzrunde entschieden, so beachte, dass weder ein zu weiter Querabflug ausgeführt werden darf, noch ein zu langer Gegenanflug, da die Landekurve in spätestens 70 Metern Höhe geflogen wird! Eine Landung in der Platzmitte ist sicherer als ein Bruch am Landetuch! Bild 8.05 zeigt die Möglichkeiten:

Zwischen 100 und 150 Metern wird ein Vollkreis (1) mit dem Wind geflogen, über 150 Meter (2) erfolgt eine verkürzte Platzrunde. Bei Bedarf wird der Querabflug (3) abgekürzt, (4) zeigt die normale Platzrunde mit der Position. Kurven werden keinesfalls hastig eingeleitet und selbstverständlich fadengerade gesteuert. Weil du bereits vor dem Start am Boden einen Plan gefasst hast, ist dieser nur noch abzuarbeiten.

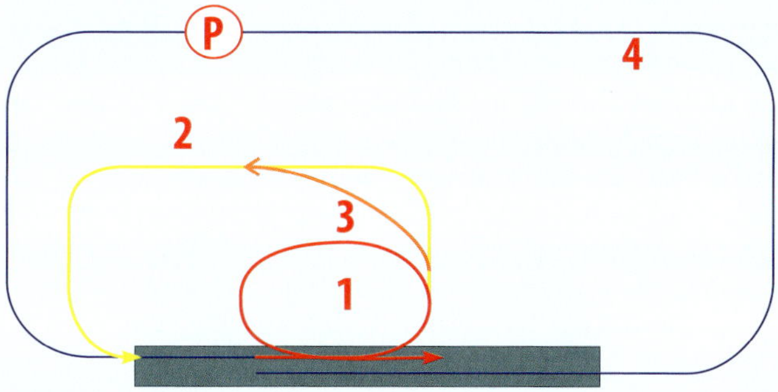

Bild 8.05
Möglichkeiten des Weiterfluges nach einem Seilriss

08

Seilriss im Flugzeugschlepp

Im Flugzeugschlepp besteht zwar keine Gefahr, nach einem Seilriss zu langsam zu werden, doch ist es für den Segelflieger immer besonders schwierig, wenn das Schleppseil in wenigen Metern Höhe reißt. Die erste Minute des Schlepps findet noch in Bodennähe statt, während sich der Schleppzug gleichzeitig vom Flugfeld entfernt. Die Handlungsmöglichkeiten hängen deshalb vom jeweiligen Fluggelände und dessen Umgebung ab.

Das Risiko des Seilrisses lässt sich im F-Schlepp reduzieren, wenn du einen Seildurchhang vermeidest (zumindest aber eine sich anschließende plötzliche Beschleunigung). Seitliche Ablagen dürfen ebenfalls nicht zu groß werden, weil dann das Seil – bei einem Motorflugzeug mit Seileinzugsvorrichtung – unter Umständen im Seileinlauf scheuern oder knicken kann. In Kapitel 4 wurde bereits angesprochen, dass auch der Schlepppilot jederzeit ausklinken kann, falls ihn dein Flugstil gefährden sollte.

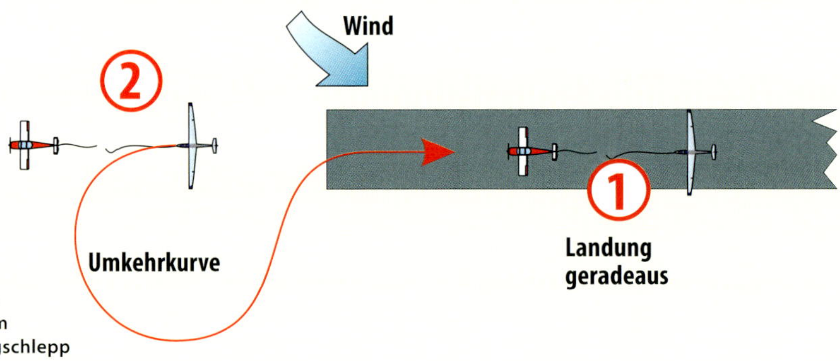

Bild 8.06
Seilriss im
Flugzeugschlepp

Reißt das Seil zu Beginn (1) der Startphase, so sollte es keine Schwierigkeiten bereiten, sofort auszuklinken und in Verlängerung der Startrichtung geradeaus zu landen. Schwieriger wird es, wenn der Schleppzug (2) sich schon in einiger Höhe (bis 100 Meter) befindet. Zwar hat das Segelflugzeug, wie bereits angesprochen, eine Fahrtreserve, jedoch verliert der Segelflugzeugführer das Flugfeld schnell aus den Augen, da ein Schlepp in Verlängerung der Startbahn zuerst einmal ein Stück geradeaus führt. Deshalb ist (wie in allen anderen Flugabschnitten) folgende Frage wichtig: **„Wo ist mein Flugplatz?“**. *Bei einem Seilriss* **über 50 Meter Höhe** *(darunter ist es ein zu hohes Risiko) wirst du wohl oder übel eine Umkehrkurve fliegen und gegen die Startrichtung* **mit Rückenwind** *landen müssen. Die Segelflugschulen in Deutschland üben den Seilriss im Flugzeugschlepp. Du wirst im Verlauf der Ausbildung in die jeweiligen Verfahrensabläufe eingewiesen. Lassen es die Platzverhältnisse zu, wird (wie beim Seilriss im Windenstart) die Umkehrkurve mit dem Wind eingeleitet. Sofern es dein Flugweg erlaubt, wird der am Segelflugzeug verbleibende Seilrest über unbewohntem Gebiet, spätestens aber über der Flugplatzgrenze, abgeworfen.*

Keinesfalls darf mit anhängendem Seilrest über Hindernisse hinweggeflogen werden, da die F-Schleppkupplung nicht über eine Sicherheits-Ausklinkvorrichtung verfügt!

Seilriss im Flugzeugschlepp

Das größte Problem bereitet beim Seilriss im F-Schlepp jener Teil der Startphase, bei dem sich der Schleppzug kurz hinter der Platzgrenze befindet. Im Gegensatz zum Windenstart gewinnt ein Schleppzug nur langsam an Höhe.

Eine Umkehrkurve nach dem Seilriss (wie links beschrieben) ist nur unter folgenden Bedingungen sinnvoll und möglich:

- Die zur Verfügung stehende Fahrtreserve des Segelflugzeuges reicht aus (die Fluggeschwindigkeit im F-Schlepp liegt deutlich über der Normalfahrt!), um eine Umkehrkurve ohne Hindernisberührung fliegen zu können und

- der Rückenwind beim anschließenden Landeanflug lässt eine sichere Landung zu.

Windrichtung und -stärke sind entscheidende Größen. Bei mäßigem bis starkem Wind ist kaum eine Rückenwindlandung nötig. Denn der Schleppzug legt bis zum (hoffentlich nicht eintretenden) Seilriss gegenüber Grund keine große Strecke zurück, gewinnt aber mehr Höhe (im Verhältnis zu einem Schlepp bei Windstille). Die sichere Höhe für eine Umkehrkurve beträgt ***mindestens 50 Meter***, vorausgesetzt, wir nutzen die Überfahrt im F-Schlepp so, dass wir in der Kurve nicht sinken!

Schwieriger wird es an Tagen mit warmer und stehender Luft. Jetzt hat der Schleppzug über der Platzgrenze nur wenige Meter Höhe. Reißt an dieser Stelle das Seil, so bleibt nur eine Landung geradeaus auf einem halbwegs landbaren Gelände. Nimm dir zu Herzen: Eine kontrollierte Landung mit unvermeidbarem Sachschaden ist immer besser als ein unkontrollierter Absturz mit Verletzungen. ***Ein Segelflugzeug kann man ersetzen, dich nicht!*** Dein Fluglehrer wird dich in die Verfahrensweisen für deinen Flugplatz einführen.

Noch eine Anmerkung zu den heißen Tagen des Jahres: du erkennst während der Startphase, dass der Motorflugzeugpilot Schwierigkeiten hat, Höhe zu gewinnen. Oft stellt sich das Ganze für den Segelflieger so dar, dass die ersten Hindernisse hinter dem Flugfeld unüberwindbar erscheinen. Hier gilt es Nerven zu behalten und sich weiter schleppen zu lassen. Selbst im (nicht eintretenden) Fall, dass das Motorflugzeug eine Hindernisberührung bekäme, könnte der Segelflugzeugführer immer noch sicher ausklinken, da er 40-60 Meter hinter dem Motorflugzeug fliegt. Bei dichtem Hindernisüberflug hätte ein Ausklinken des Segelflugzeuges zur Folge, dass das Motorflugzeug leicht nach vorne kippt und so erst recht Hindernisberührung bekommt!

Ein Seilriss in größeren Höhen erlaubt generell eine Rückkehr zu Flugplatz. Da wir uns aber vor dem Start einen Plan gefasst haben, was wir in welcher Höhe bei einem Seilriss machen, sollten wir nach dem ersten Schreck in der Lage sein, planvoll zu handeln. Selbst wenn das Seil unmittelbar am Seileinlauf der Schleppmaschine reißt besteht für uns keine direkte Gefahr, anschließend noch ein Stück mit dem Seilrest weiterzufliegen.

Beim Seilriss unterhalb der Höhe zur normalen Fortsetzung des Segelfluges, doch oberhalb der Notwendigkeit einer Umkehrkurve, wird in die Platzrunde eingeflogen und eine normale Landung, zur Not mit einer verkürzten Platzrunde, ausgeführt. Es versteht sich von selbst, dass du nach dem ersten Schreck über den Seilriss und dem Ergreifen der notwendigen Maßnahmen über Funk informierst, dass du zum Platz zurückkehrst und gegebenenfalls eine Rückenwindlandung ausführst. Dies dient deiner eigenen Sicherheit, damit du nicht im Landeanflug einem entgegenkommenden Schleppzug begegnest. Der Fluglehrer wird dich einweisen, falls auf dem Fluggelände getrennte Start- und Landebahnen ausgewiesen sind.

Zwei Probleme bei der Rückkehr nach einem Seilriss im Flugzeugschlepp bleiben: Die Rückkehr zum Flugplatz findet in relativ geringer Höhe statt (Anflug aus ungewohnter Position), manchmal ist eine Landung mit Rückenwind auszuführen (bei einer Umkehrkurve).

Landung mit Rückenwind

Eine Außenlandung ist einer Landung mit Rückenwind immer dann vorzuziehen, falls dieser so kräftig ist, dass eine sichere Landung zweifelhaft wäre. Du musst dir vergegenwärtigen, dass bei einer Landung mit Rückenwind der Fahrtmesser eine geringere Geschwindigkeit zeigt, als du dich tatsächlich über Grund fortbewegst. Selbst wenn die Mindestfahrt des Segelflugzeuges (gegenüber Luft) erreicht ist, muss die Windgeschwindigkeit noch hinzuaddiert werden. Zur Verdeutlichung dient auch Bild 8.07 auf der rechten Seite. Mit Unterschreiten der Mindestfahrt (bzw. dem maximalen Anstellwinkel) ist keine Steuerbarkeit mehr gegeben. Stell dir nur einmal vor, du würdest mit 50 Stundenkilometern in einem Auto steuerlos über eine Straße rasen!

Der Landeanflug mit Rückenwind erfolgt mit gering erhöhter Landefahrt. Die Landung ist frühzeitig anzusetzen, da das Segelflugzeug wahrscheinlich ohnehin viel später aufsetzen wird. Die Ausrollstrecke wird mit Sicherheit sehr lang geraten. Schnell kann ein Flugfeld zu kurz werden. Mir selbst passierte es einmal, dass während des Landeanfluges unmittelbar vor einem Gewitter der Wind drehte und ich eine Landestrecke von über einem Kilometer benötigte (gottlob war der Flugplatz lang genug!).

Keinesfalls wird eine Landung schiebend ausgeführt, sonst bricht das Segelflugzeug nach dem Aufsetzen aus. Bei jeder Rückenwindlandung ist damit zu rechnen, dass das Segelflugzeug bereits bei hoher Rollgeschwindigkeit steuerlos wird. Der Luvflügel muss entsprechend der Windrichtung etwas hängen (wie in jeder anderen Landung, siehe Kapitel 7), da der Leeflügel frühzeitig fallen will.

Fällt der Leeflügel trotzdem während des Rollens bei höherer Geschwindigkeit unbeabsichtigt und berührt den Boden, so vollführt das Segelflugzeug einen „Ringelpiez" um den bremsenden Randbogen (siehe rechts). Sollte dies passieren, drück das Höhenruder! Dann ist (hoffentlich) das Heck bei der Drehung in der Luft und bricht nicht ab.

Wir haben durchaus Zeit, den Seilrest über unbewohntem Gebiet, spätestens aber vor der Platzgrenze, abzuwerfen. Keinesfalls riskieren wir, dass sich der Seilrest in einem Hindernis verfängt und uns zu Boden reißt. Ebenso sollten wir die Ruhe besitzen, eine Landung nach einer Startunterbrechung über Funk anzukündigen (D-1234 kommt zur... Umkehrlandung... verkürzten Landung usw.).

Landung mit Rückenwind

Der Fahrtmesser zeigt nur Geschwindigkeiten gegenüber der durchflogenen Luftmasse an, nicht die Eigengeschwindigkeit der Luft selbst. Kommst du mit Rückenwind zur Landung, wirst du eine schnelle Vorwärtsbewegung gegenüber dem Boden feststellen. Die eigene Fahrt darf keinesfalls unter die notwendige Sicherheitsgeschwindigkeit reduziert werden!

Wie links beschrieben wird die Schwebephase während des Abfangens länger ausfallen. Der Wind treibt dich vorwärts. Das Segelflugzeug setzt anschließend mit einer relativ hohen Rollgeschwindigkeit auf. Seine gesamte Struktur wird stark belastet. Jede Bodenunebenheit wird mit erhöhtem Tempo genommen. Deshalb ist es unbedingt notwendig, die Landung wirklich mit Mindestfahrt (Spornlandung!!!) auszuführen. Sofern du es beherrschst, kannst du die Luftbremsen kurz vor dem Abfangbogen 1-2 Zentimeter einfahren, um wirklich mit dem maximalen Anstellwinkel aufzusetzen. Dies gilt natürlich nur dann, wenn das zur Verfügung stehende Landefeld lang genug ist. Sollte die Landung härter als gewöhnlich ausfallen, muss das Segelflugzeug vor dem nächsten Start gründlich gecheckt werden (siehe Kapitel 1).

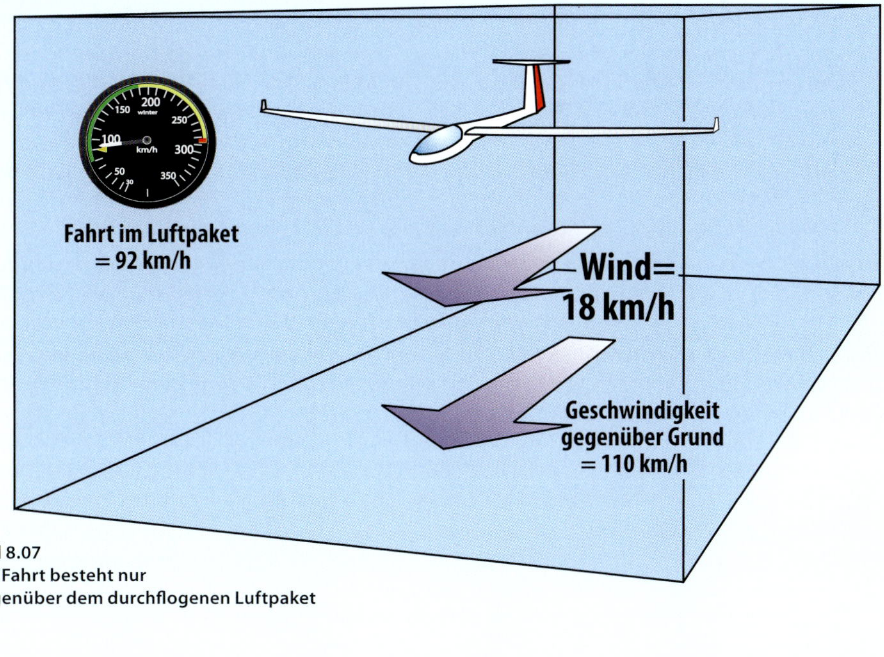

Bild 8.07
Die Fahrt besteht nur gegenüber dem durchflogenen Luftpaket

Du siehst, eine Landung mit Rückenwind ist riskant und hat mit Sicherheit in der Anfängerausbildung nichts zu suchen. Du verfügst nicht über die Erfahrung fortgeschrittener Segelflieger, auf der anderen Seite neigen gerade Fortgeschrittene zu einer Überschätzung ihres Könnens.

Zu schnell in der Landung

Es ist leicht möglich, trotz bester Vorsätze im Endanflug zu schnell zu werden. Im ersten Teil des Landeanfluges, noch vor dem Ausfahren der Luftbremsen, ist es kein Problem, das korrekte Horizontbild wiederherzustellen (siehe Kapitel 7). Nach dem Ausfahren der Luftbremsen würde jeder Fluglehrer zu Recht ungehalten, willst du entstandene Überfahrt durch Ziehen verringern. Rechts kannst du nachlesen, weshalb dies nicht vorteilhaft ist.

Es bleibt nichts anderes übrig, als mit der erhöhten Geschwindigkeit und dem dazugehörenden Horizontbild den Anflug fortzusetzen. Weil wir aber schneller sind, muss das Ausrunden (siehe Kapitel 7) in etwas größerer Höhe beginnen; wegen der hohen Fahrt gerät der Bogen größer. Nach dem Ausrunden lassen wir das Segelflugzeug genau so ausschweben, wie dies bei einer normalen Landung geschehen sollte.

Nur wird es diesmal weiter schweben, da die erhöhte Geschwindigkeit zuerst abgebaut werden muss. Auch der Abfangvorgang erfolgt wie üblich (beginnt aber ein klein wenig später). Solltest du beobachten, dass das Segelflugzeug zu Beginn leicht wegsteigen möchte (Perspektive beachten, siehe Kapitel 7), so musst du auch hier etwas mehr Zeit mitbringen. Aber Achtung: Ist die Geschwindigkeit durch das Ausschweben verbraucht, will sich das Segelflugzeug zügig auf den Boden setzen! Zahlreiche Landungen missraten, weil Flugschüler oder Flugschülerin zu lange mit dem Abfangen warten. Selbst wenn man im Landeanflug zu schnell ist, unterscheidet sich der Abfangvorgang nicht von einer normalen Landung! Wichtig ist nur, dass du (wie bei jeder Landung) das Segelflugzeug keinesfalls zum Aufsetzen zwingst, sondern statt dessen solange fliegst, bis der Anstellwinkel nicht mehr erhöht werden kann. Die Strecke bis zum Aufsetzen wird entsprechend länger.

Ein Fluglehrer, den ich sehr schätze (Ulli Buch) erklärt das Abfangen seinen Schülern folgendermaßen: „Stell dir vor, voraus ist eine riesengroße Pfütze, schwebst du über sie hinweg, bekommst du beim Aussteigen keine nassen Füße". Übrigens wird in der Schulung für Fortgeschrittene gelehrt, einen Abfangvorgang ohne Luftbremsen fehlerfrei auszuführen. Beobachtest du in der Landung (besonders beim Abfangen) konsquent, dass sich die Perspektive nicht ändert, gleichzeitig aber die Nase fällt (siehe Kapitel 7), gelingt dir jede Landung, gleich wie schnell zu bist oder wie stark die Luftbremsen ausgefahren sind.

Bodenberührung eines Flügels bei hoher Rollgeschwindigkeit lässt das Segelflugzeug um den bremsenden Randbogen schleudern („Ringelpiez“, siehe links). Dabei kann es zu einem Bruch des hinteren Rumpfes kommen. Sofern das Höhenruder noch wirkt, wird es (nur in diesem Fall) bis zum Anschlag nach vorne gedrückt, um den Sporn zu entlasten. Dies wird aber mit der Gefahr eines Überschlags erkauft. Diese riskanten Manöver sind hier nur der Vollständigkeit halber beschrieben und sollen nicht zur Nachahmung anregen!

Zu schnell in der Landung

Im gesamten Landeanflug kontrollieren wir die Geschwindigkeit sowohl mit dem Horizontbild als auch mit dem Fahrtmesser. Eine Verringerung der Geschwindigkeit ist im Endanflug grundsätzlich problematisch, da wir wissen, dass der Fahrtmesser die veränderte Geschwindigkeit erst nach einigen Sekunden anzeigt. Währenddessen hat sich das Segelflugzeug bereits ein ganzes Stück dem Boden genähert, dabei nahm der Gegenwind ab, was unter Umständen zu einer weiteren Fahrtreduzierung führt. Wenn überhaupt, ist die Korrektur einer Überfahrt nur im oberen Teil des Endanfluges zulässig, denn sind die Luftbremsen ausgefahren, wird die Anzeige des Fahrtmessers noch träger! Eine zuverlässige Aussage über die Fahrt ist nicht mehr gegeben.

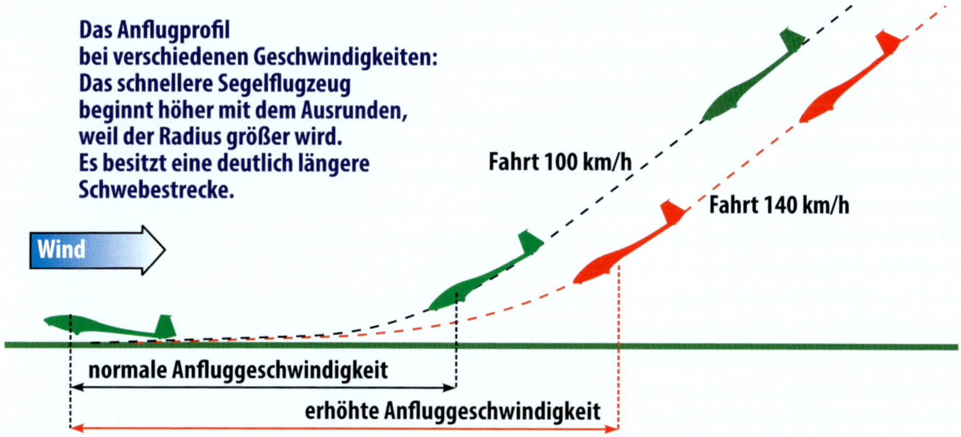

Bild 8.08
In der Landung zu schnell

Die Landung (Ausrunden, Ausschweben und Abfangen) gerät länger als sonst. Das Ausrunden hat in einer etwas größeren Höhe zu erfolgen, da der Bogen größer gerät und wir uns schneller dem Boden nähern. Bild 8.08 zeigt außerdem, dass es sogar bei erhöhter Geschwindigkeit möglich ist, nahe dem Landezeichen aufzusetzen. Man legt den gedachten Endpunkt der Anflugbahn weiter vor (je nach Geschwindigkeit 70–100 Meter).

Flug und Landung im Regen

Über den Flug im Regen kannst du in Kapitel 6 nachlesen, dass ein auf der Haube festklebender Faden nicht besonders schlimm ist. Leider perlt Regen oft nur unvollständig von der Haube ab und kann die Sicht erheblich einschränken. Weil Lufteuchtigkeit in den Innenraum eindringt, kann das Plexiglas teilweise beschlagen. In diesem Fall öffnest du das seitliche Fenster.

Aber auch auf den Flügeln bleiben die Tropfen haften und die Flugleistungen sinken. Die Oberfläche der Flügel wird rauh. Die Strecke der laminaren Strömung verkürzt sich und der Umschlagpunkt (zur turbulenten Strömung) wandert auf dem Profil nach vorne (siehe rechts). Die Mindestfahrt liegt jetzt wesentlich höher. Deshalb muss beim Flug im Regen die Geschwindigkeit um 10% erhöht werden. Dies gilt für alle Flugabschnitte.

Die einzelnen Segelflugzeugmuster verhalten sich bei Regen unterschiedlich. Lass dir das Verhalten des Musters, auf dem du ausgebildet wirst, von deinem Fluglehrer erklären. So gibt es selbst Segelflugzeuge in Gemischtbauweise mit einem Laminarprofil (lange laminare Laufstrecke), dies führt bei Regen zu einem abrupten Abriss der Strömung unterhalb der (erhöhten) Mindestfahrt. Bei Regen muss jede Landung mit größerer Geschwindigkeit ausgeführt werden. Die Luftbremsen werden (je nach Heftigkeit des Regens) nur gering ausgefahren. So verhinderst du, dass das Segelflugzeug bereits beim Ausrunden, statt zu landen, einfach herunterfällt. Bitte beachte, dass unter Umständen beim Abfangen früher als sonst der maximale Anstellwinkel erreicht ist.

Ist die Landefläche nass, neigt das Segelflugzeug gerade bei einer Schiebelandung zum Ausbrechen. Auf glatten Oberflächen niemals mit gebremstem Hauptrad aufsetzen. Dies kann nicht geschehen, wenn du die Luftbremsen, wie beschrieben, nur wenig ausgefahren hast. Ist der Bodenwind ungünstigerweise nur gering und/oder kommt von der Seite (beziehungsweise sogar von hinten), kann das Segelflugzeug schnell die beabsichtigte Landerichtung verlieren. Besonders Muster mit Heckrad und schwerem Leitwerk neigen eher zum Ausbrechen.

Zusammenfassung:

- *Vor jedem Start wird ein Plan gefasst, was im Falle eines Seilrisses zu tun ist.*
- *Bei einem Seilriss im Windenstart wird zuerst nachgedrückt, dann (dreimal! ausgeklinkt, anschließend der Höhenmesser abgelesen und dann planvoll der weitere Flug fortgesetzt. Wird gekurvt, so wird die Kurve mit dem Wind eingeleitet (vorausgesetzt, die Platzverhältnisse lassen es zu).*
- *Landeanflüge aus ungewohnter Situation oder bei ungewissen Wetterlagen werden unter größtmöglicher Beachtung der Sicherheit durchgeführt.*
- *Wir fliegen mit einer der Situation angemessenen Geschwindigkeit.*
- *Wir vermeiden jede Hektik.*

Flug und Landung im Regen

Regentropfen bleiben auf dem Flügelprofil haften, die Oberfläche wird rauher. Die Grenzschicht (zwischen der unbeschleunigten Luft auf der Profiloberfläche und der beschleunigten Luft = Geschwindigkeit des Segelflugzeuges) wird dicker. So wandert der Umschlagpunkt (laminare Strömung geht in turbulente Strömung über) ebenso wie der Ablösepunkt (turbulente Strömung geht in abgelöste Strömung über) nach vorne. Die einzelnen Begriffe kannst du in Kapitel 2 nochmals nachschlagen. Durch die veränderten Strömungsverhältnisse steht am Profil weniger Auftrieb zur Verfügung, weshalb im Regen das Eigensinken des Segelflugzeuges stark zunimmt (Variometer beachten!). Beim Flug im Regen müssen die Höheneinteilungen in der Platzrunde (wie die Position) größer gewählt werden, da dem verstärkten Sinken Rechnung zu tragen ist. Es ist nicht besonders ungewöhnlich, dass bei Regen ein Segelflugzeug mit mehr als drei Meter pro Sekunde sinkt.

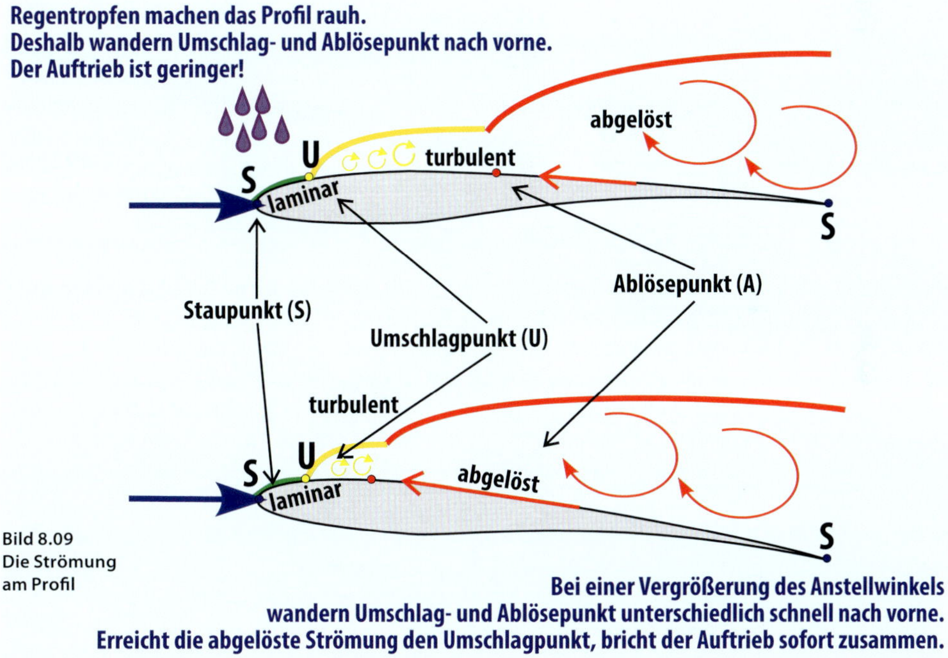

Bild 8.09
Die Strömung am Profil

Die Flugeigenschaften des Flügelprofils ändern sich. Um die notwendigen Sicherheitsreserven für die Geschwindigkeit wiederherzustellen, wird die Fahrt um 10% erhöht, auch wenn dabei das Sinken weiter zunimmt. Zu beachten ist, dass der maximale Anstellwinkel beim Abfangen in der Landung früher als sonst erreicht ist. Deshalb werden die Luftbremsen nicht so weit wie üblich ausgefahren. Das Segelflugzeug sinkt ohnehin wegen der rauheren Oberfläche schneller (je nach Segelflugzeugmuster die Luftbremsen etwa nur noch halb bis ein Viertel ausfahren).

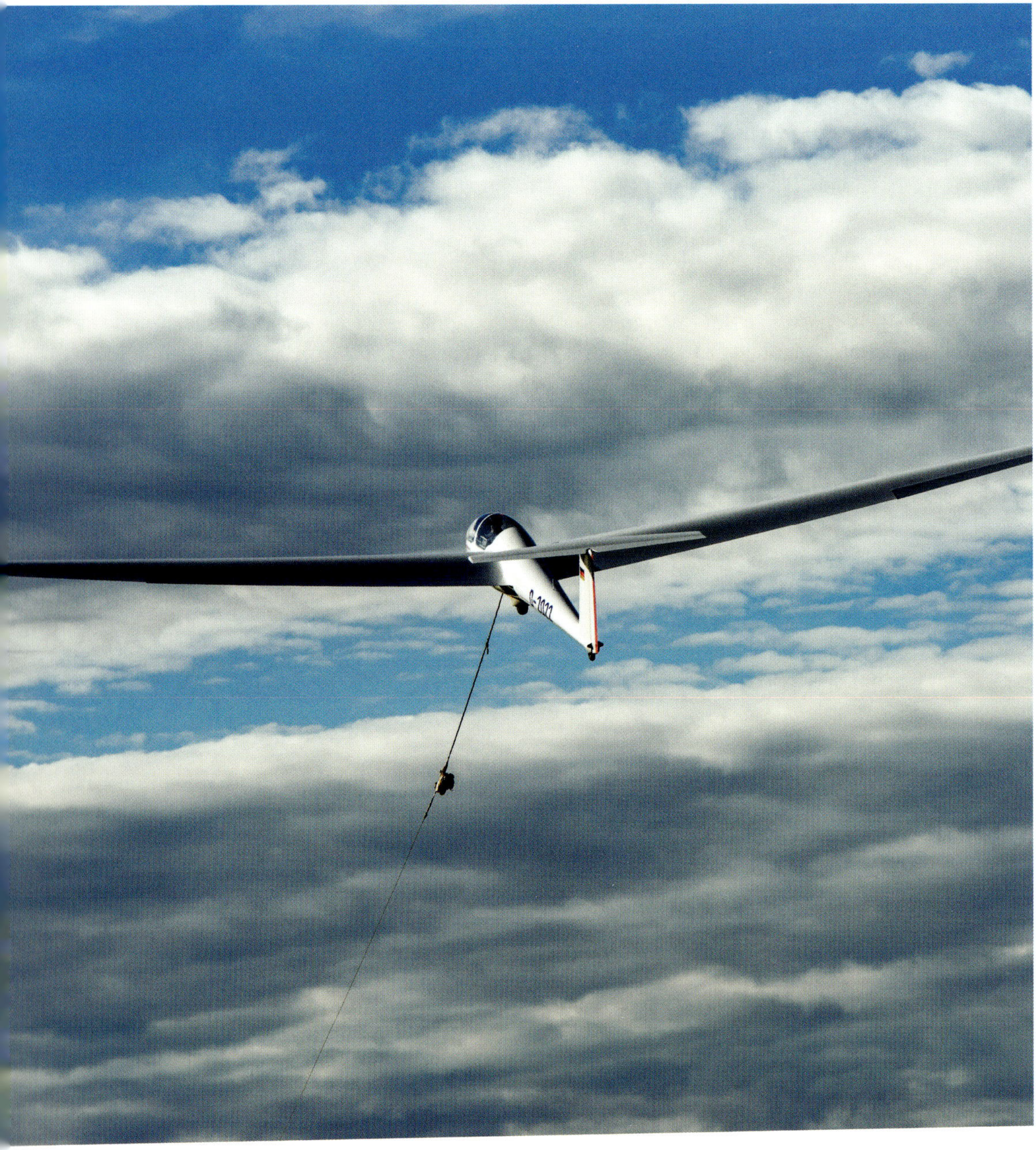

Abheben im Windenstart
(Foto: Alexander Willberg)

Kapitel 9
Der Alleinflug

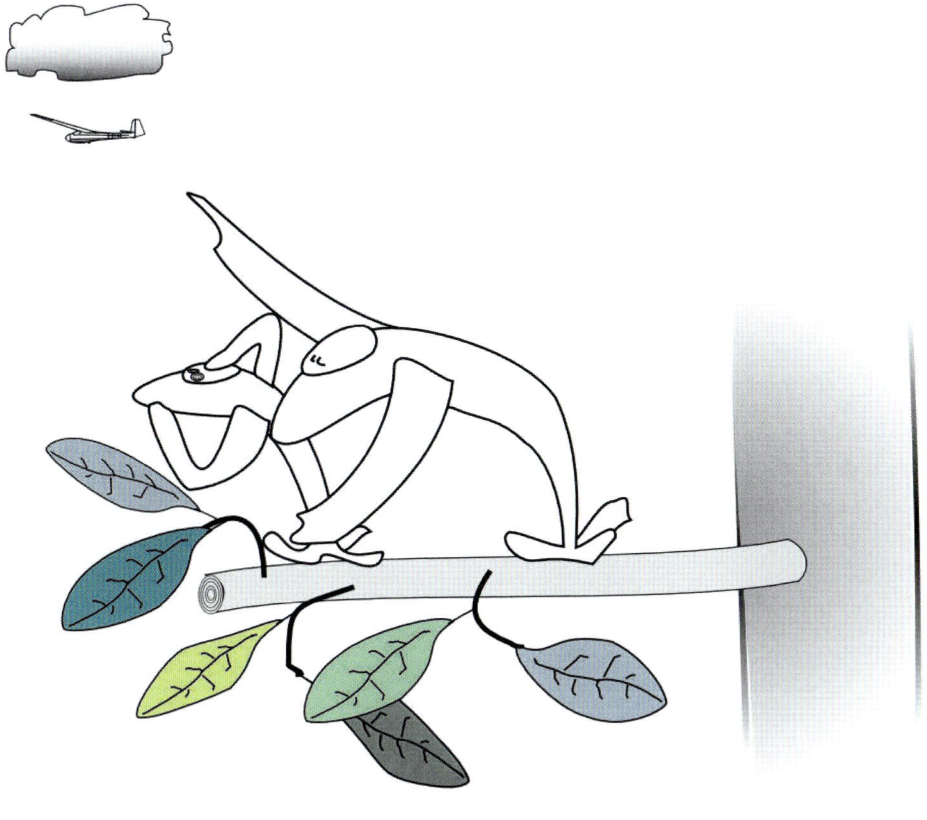

Der erste Alleinflug
Endlich allein

Die letzten Seiten vorm Alleinflug sind erreicht. Ich hoffe, die bisherigen konnten dir in der Segelflug-Grundausbildung eine gute Hilfe sein. Es ist nachvollziehbar, dass mancher Schüler diesem mit gemischten Gefühlen gegenübersteht. Deine Fluglehrer können jedoch mit Sicherheit deine fliegerischen Fähigkeiten einschätzen. Sie werden auch den Alleinflug nicht gegen deinen Willen durchsetzen, aber dich auch nicht aus einer „Gnade" heraus fliegen lassen, wenn noch Zweifel an der Alleinflugreife bestehen. Sollten sie gar der Ansicht sein, dass noch ein paar Schulstarts am Doppelsteuer sinnvoll sind, solltest du ihnen vertrauen, denn es geht ja schließlich um deine Sicherheit.

Gibt es besondere Bedingungen, die im Alleinflug anders sind? Du hast in den vergangenen Kapiteln immer wieder erfahren, wie wichtig die Fahrt ist und dass sie ganz wesentlich vom Fluggewicht abhängt. Steigt nun der Fluglehrer für deinen Alleinflug aus, verringert sich das Fluggewicht. Bist du bisher zum Beispiel mit 90 km/h (das vertraute Horizontbild) geflogen, so musst du dich nicht wundern, wenn auf einmal bei gleicher Fluglage nur 75 km/h auf dem Fahrtmesser abzulesen sind. Weil du aber gelernt hast, jederzeit das zu einer Geschwindigkeit gehörende Horizontbild wiederherstellen zu können, sollte der fehlende Fluglehrer aus diesem Grund kein großes Problem darstellen.

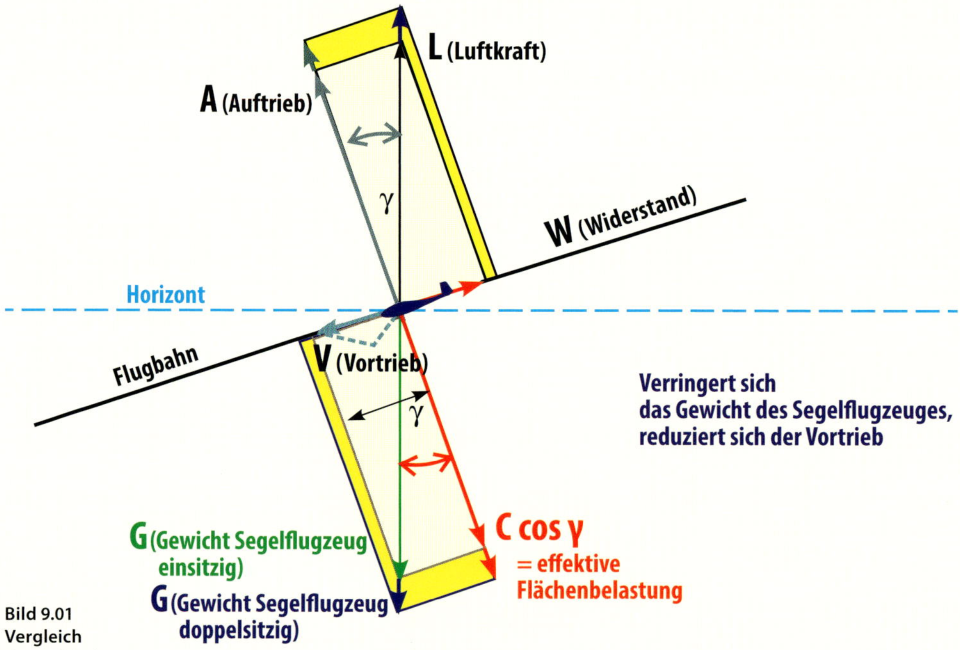

Bild 9.01
Vergleich doppelsitzig zu einsitzig

09

Der erste Alleinflug
Anmerkungen zur Pädagogik

Einige wenige Seiten werden kaum ausreichen, die komplexen Anforderungen und Aufgaben der Pädagogik darzustellen. Dennoch möchte den Versuch unternehmen, zumindest eine Nachvollziehbarkeit und Einheitlichkeit unserer Lehr- und Lernweise herzustellen. Dies soll nicht in die Ausbildungsformen von Vereinen eingreifen, gleichzeitig jedoch verdeutlichen, welche Chancen und Risiken unser Handeln oder Unterlassen besitzt. Irgendwann wird dieses Thema zu einem eigenen Buch werden.

Auf den gegenüberliegenden Seiten wird behandelt, welche Sorgen und Bedenken, aber auch möglicherweise Fehleinschätzungen Flugschüler besitzen und unterliegen. Ich habe mich stets bemüht nie zu vergessen, wie ich selbst gelernt habe. Auf der anderen Seite habe ich in langjähriger Berufserfahrung als Sozialpädagoge gelernt, dass Bescheidenheit trotz vielfacher Erfahrung angebracht ist. Lernen besitzt immer einen Empfänger und einen Sender. Was wirklich ankommt, hängt oft nicht von uns ab, sondern anderen einflüssen und dem Eigeninteresse der Empfänger. Im günstigsten Fall beträgt unser Einfluss auf unser Gegenüber 50 Prozent, in der Realität wird dies weniger sein. Zu diesen anderen Einflüssen gehört auch die Überfrachtung der Schüler mit Zusatzanforderungen, wir können uns den Lehrvortrag daher selbst schwer machen. Für den Alleinflug bedeutet dies -zumindest juristisch- dass wir 100 Prozent Verantwortung auch für die Teile übernehmen, auf die wir keinen Einfluss besitzen. Halten wir diesen Spagat aus?

Die Verantwortung unterscheidet uns von vielen Lehrern anderer Herkunft. Wer steht dafür ein, dass „Luft keine Balken hat“, dass Fehler schwerste Folgen haben können? Dagegen unterscheidet sich die Ausbildung von Fluglehrern prinzipiell nicht von der Lehrerausbildung für allgemeinbildende Schulen. Was ist gemeinsam? Hohe fachbezogene Kompetenz, (fliegerisches) Können, Leistungsbereitschaft, Durchsetzungsvermögen (wenn es um die eigene Fachlichkeit geht) und Vieles mehr. Ein wesentlicher Unterschied mag darin liegen, dass es für die Zulassung zur Fluglehrerausbildung keinen Numerus Clausus gibt, aus dem -fälschlich- abgeleitet wird, welches Studium „geeignet“ erscheint. Und eben der zweite Unterschied, dass wir die Lehre tatsächlich verantworten müssen.

In der Fluglehrerausbildung wird in erster Linie die flugfachliche Kompetenz (in Theorie und Praxis) erweitert, die Pädagogik wird mit Sicherheit nicht aus der Sicht unserer Schülerinnen und Schüler behandelt. Zwar ist -wie auch für Schulen erforderlich- eine Lehrprobe abzugeben, jedoch bezieht sich diese in der Regel auf eine theoretische Unterweisung. Reicht das, um eine gute Fluglehrerin oder ein guter Fluglehrer zu sein? Reicht es ebenfalls aus, in die von uns unterwiesenen Menschen das Zutrauen zu besitzen, dass sie mit dem von uns vermittelten Wissen sicher den Alleinflug absolvieren werden?

An die neue Horizontallage wirst du dich schnell gewöhnen. Sie wird aber ausschließlich für den Flug vom Ausklinkpunkt bis zum Ausrunden im Endteil benötigt! Ausschweben und abfangen führst du genau so aus, wie du es bisher gelernt hast. Das Ausschweben in der Landung (mit oder ohne Lehrer) erfolgt immer parallel zum Boden! Wenn überhaupt, wirst du den einzigen Unterschied daran merken, dass das Segelflugzeug geringfügig länger ausschwebt. Denn mit verringertem Gewicht sinkt gleichzeitig die Überziehgeschwindigkeit.

Ein geringeres Fluggewicht hat aber auch seine Vorteile. Das wirst du im Alleinflug feststellen, wenn die Ruder viel leichter zu bewegen sind, als dies doppelsitzig der Fall war. Bisher mussten die Flügel ein größeres Gewicht tragen (höhere Flächenbelastung) und dementsprechend eine höhere Ruderkraft aufgebracht werden. An diesen Steuerdruck hast du dich im Lauf der Ausbildung gewöhnt. Bewegst du jetzt bei geringerer Flächenbelastung ein Ruder, so geht das erheblich leichter. Im Alleinflug fliegt sich das Segelflugzeug angenehmer. Der Effekt wird um so geringer, je schwerer das Segelflugzeug und je größer seine Spannweite ist.

Dem ersten Alleinflug muss ein zweiter Fluglehrer zustimmen. In der Praxis bedeutet das, dass ein anderer Lehrer mit dir (mindestens) einen Checkflug durchführt. Der Begriff „Checkflug“ wird von den Flugschülern oft missverstanden. Die Überprüfung erfolgt zweckmäßigerweise nicht unmittelbar vor dem Alleinflug, sondern ein- bis zwei Tage vorher (an einer Schule). Das Missverständnis besteht darin, dass Schüler meinen, die Zustimmung zum Alleinflug zu verspielen. In Wirklichkeit handelt es sich um einen ganz normalen Ausbildungsflug, er dient nur der Überprüfung des Schulungsstandes. Andererseits bereitest du dir selbst ganz schönen Stress, wenn du auf diesen Checkflug „wie das Kaninchen auf die Schlange starrst“.

Nachdem etwa drei Viertel der Grundausbildung abgeschlossen sind, meinst du feststellen zu können, dass du „das Fliegen verlernt hast“. Vieles, was du vorher noch gut konntest, funktioniert auf einmal nicht mehr. Die Ruderabstimmung wird unsauber, Kurven sind nicht mehr fadengerade. Zu Beginn der Ausbildung musstest du dich auf jede Einzelheit genau konzentrieren. Mit der Zeit wiederholen sich Ausbildungsinhalte, nicht für jeden ausgewehten Faden benötigst du alle gelernte Theorie, um ihn wieder in die Mitte zu bekommen. Bestimmte Steuerbewegungen funktionieren „automatisch“. Genau zu diesem Zeitpunkt macht dir der kluge Kopf einen Strich durch die Rechnung, weil er langsamer als eine aus dem Gefühl entstandene Ruderbewegung ist. Anschließend bewegt der Kopf die Ruder noch einmal, und schon stimmt nichts mehr.

Diese Phase soll dich nicht in Verzweiflung stürzen, sondern ist ein Hinweis, dass bestimmte Teile langsam „in Fleisch und Blut“ übergehen. Die „Übersetzungsschwierigkeiten“ hören nach einigen Flügen auf. Du kannst davon ausgehen, dass Fluglehrer dieses Phänomen kennen.

Großer Vorteil zu unseren Schulkolleginnen und Kollegen ist, dass wir keine Noten vergeben. Zumindest nicht schriftlich. Aber ist uns immer verständlich, dass verteilte Noten darauf basieren, dass sie nicht eine Leistung bezeichnen, sondern ein Lebensgefühl vermitteln? „Wenn du eine “2“ hast, darfst du dich “2“ fühlen, mit einer “5“ eben nicht.“ Also lautet meine erste Empfehlung, unseren Schülern ehrliche Hilfestellungen zu geben und keine Werturteile zu vermitteln. „Schlechte“ Flugschüler werden nicht dadurch besser, dass sie mit „guten“ konkurrieren.

In der Regel kommunizieren wir mit unseren Schülern auf einer Sachebene: Wir loben oder kritisieren gezeigte (oder unterlassene) Handlungen wie „Stimmt der Faden?“, „Was ist mit der Luftraumkontrolle?“, sprechen objektiv Sichtbares an.

„Bist du blind? Siehst du nicht den Faden?“ bewertet die Person und würdigt sie herab – es ist nicht unsere Aufgabe, Personen zu bewerten, sondern deren Lernen. Uns hilft eine klare Sprache, machen deutlich, was wir wann tun: „Du bedienst jetzt das Höhenruder“ oder „Du kontrollierst jetzt den Horizont, den Rest mache ich“. Weil das Segelfliegen auf der Basis flugphysikalischer Grundlagen basiert, sollte es eigentlich leicht fallen, auf der Ebene von Sachvorgängen zu bleiben. Mein dringender Rat ist daher, dass wir Schülern eine wertschätzende Grundhaltung entgegenbringen. Können wir dies nicht, sollten wir nicht unterrichten!

Zur eindeutigen Absprache gehört auch zu verdeutlichen, warum ein Fluglehrer (zu Beginn) mehr steuert (damit ein Flugschüler die Feinfühligkeit der Ruderführung übernehmen kann) und wann ein Flugschüler steuert. Niemals lassen wir aber eine Situation zu, in der ein Flugschüler überfordert ist und nicht mehr weiß, was die richtige Maßnahme ist. Greifen wir ein, sagen wir dies vorher!

Aus meiner Sicht ist eine wertschätzende Grundhaltung zentral, wenn wir mit Schülern umgehen und unterrichten. Wir wollen sie für den Segelflug gewinnen und begeistern, nicht uns auf ihre Kosten profilieren. Klappt dies auch in der Praxis? Wer fliegt, wer bestimmt den Thermikflug, sagen wir niemals: „Lass mich mal?“

Die Ausbildungsmethodik spricht davon, dass „der Fluglehrer ... am Ende des Lernprozesses, den er systematisch steuert, ein präzises, gewünschtes Verhalten des Flugschülers erreichen (muss).“ Die Kunst der Pädagogik liegt darin, dass ein Flugschüler nicht das Produkt unserer Anweisungen und Steuerung ist, sondern selbst in sich das Gelernte aufnimmt. Flugschüler, die sich fremdbestimmt in der Ausbildung fühlen, werden wir wahrscheinlich für den Segelflugsport für immer verlieren. Auf der anderen Seite ist aus Unfalluntersuchungen bekannt, dass Flugschüler später angaben, sie hätten ihren Fluglehrer im Funk nicht gehört, obwohl nachweislich das Funkgerät an und laut eingestellt war. Wahrnehmung ist selektiv, subjektiv und von der Situation abhängig. In kritischen Momenten verengt sich Wahrnehmung, fremdbestimmte in nicht verinnerlichte Anweisungen „fallen“ aus der Wahrnehmung heraus.

Während der letzten Ausbildungsflüge vor dem Alleinflug hörst du kaum einen Kommentar vom Lehrer hinter dir. Er gibt dir vor den Starts einen jeweils klar umrissenen Flugauftrag und wird auf Eingriffe oder mündliche Verbesserungen verzichten. Als Faustregel gilt, dass mindestens drei zusammenhängende Schulflüge ohne Eingriff eines Lehrers durchgeführt werden sollen. Wenn es dir hilft, betrachte den Fluglehrer hinter dir als Fluggast, dem während des Fluges erklärt wird, was du gerade vorhast.

Noch eine Bitte an dich als Schüler: Fluglehrer sehen es zu Recht nicht gerne, wenn die Schüler sich untereinander „Ratschläge" für den Alleinflug geben. Sie führt nur zu einer Nervosität des Alleinflugkandidaten.

Schlägt der Lehrer dir vor, die nächsten Platzrunden alleine zu fliegen, hält er dich reif für den Alleinflug. Im Verlauf der Ausbildung hat er dich einzuschätzen gelernt. Die Angst der Schüler vor dem Alleinflug ist zwar verständlich, aber aus welchem Grund sollte man nach zahlreichen Flügen vollkommen anders steuern als bisher? Wenn du ehrlich bist, so traust du dir den Alleinflug ebenfalls zu. Schließlich wusstest du schon zu Beginn der Segelflugausbildung, dass in der Regel am Ende der Alleinflug steht.

Steigt der Fluglehrer aus, um dich alleine fliegen zu lassen, wird er die einzelnen Flugabschnitte mit dir durchsprechen. Du erhältst einen klar umrissenen Flugauftrag, der auch die Möglichkeiten eines Seilrisses einschließt. Unter Berücksichtigung der Windrichtung und -stärke wird dir gesagt, bei welcher Höhe (der hoffentlich nicht eintretenden Startunterbrechung) du was ausführst.

Während der Alleinflüge stehst du mit dem Lehrer in Funkkontakt. Dadurch hast du eine zusätzliche Sicherheit, falls etwas Unvorhergesehenes passiert. In der Praxis sind Funksprüche eher die Ausnahme, weil du nicht „ferngesteuert" um den Platz fliegen sollst. Er oder sie wird den Flug von Start bis zur Landung beobachten. Bei Bedarf erhältst du nach der Landung kleine Tipps, wenn du noch etwas verbessern könntest.

Doch nach welchen Kriterien wird die Alleinflugreife beurteilt? Die folgende Liste zeigt dir, was beherrscht werden muss. Mit ihr kannst du jederzeit deinen Wissens- und Kenntnisstand überprüfen und gegebenenfalls noch üben.

09

- *Flugvorbereitungen und Startcheck müssen sorgfältig durchgeführt werden.*
- *Beim Anziehen im Windenstart Richtung halten, Höhenruder in Startstellung. Kontinuierlichen Übergang in die Steigfluglage. Ab Sicherheitsmindesthöhe bei Seitenwind fadengerade bis zum Ausklinken vorhalten, dabei die zulässige Querneigung nicht überschreiten. Nach dem Ausklinken dreimal nachklinken und Horizontlage herstellen.*

Im Gegensatz zur allgemeinbildenden Schule kommen die meisten Flugschüler aus Eigeninteresse. Sie wollen etwas. Dieses Eigeninteresse dürfen wir aber nicht überschätzen, denn unser Sport konkurriert mit den Anforderungen von Ganztagsschule, Egoshootern, Facebook und co. Mit fortschreitender Ausbildung nehmen für Flugschüler die Belastungen zu, nicht alles klappt aus Anhieb, manches ist rein „kopfgesteuert" und noch lange nicht verinnerlicht. Und wenn dann innerhalb der Ausbildung kognitive Steuerung in eine verinnerlichte (also automatische) Steuerung übergeht, kommt es zu Beginn häufig zu „Übersetzungsfehlern". In solchen Momenten ist die Motivation unserer Schüler tief verunsichert und ihr Aufgeben greifbar.

Segelfliegen besitzt viele Elemente der Erlebnispädagogik. Zu ihr gehört auch, dass wir durch die gemeinsame Erinnerung an erfolgreiche Flüge und die damit verbundenen positiven Gefühle wieder eine neue Lernbasis herstellen können und so Krisen auffangen können. Wenn mal eine Übung nicht gut läuft, kann das gemeinsame Erinnern an frühere positive Erlebnisse stark motivieren (aber nicht: „das hast doch schon mal besser gemacht!").

Flugschüler wollen etwas. Diese -zu Beginn fragile- Motivation gilt es von uns auszubauen und zu verstärken. Mit ihrer zunehmenden Kompetenz nehmen die fliegerischen Anforderungen zu, unsere Aufgabe ist darauf zu achten, dass die Motivation zu jedem Zeitpunkt der Ausbildung immer etwas größer als die Belastungen sind. Auch in der größten Enttäuschung (zum Beispiel die wieder misslungene Landung nach einem ansonsten fehlerfreien Flug) muss ihre (nicht unsere!) Motivation groß genug sein, sich wieder dem nächsten Flug zu stellen. Dieser muss sich ja nicht unmittelbar anschließen, aber niemanden an einem Tag gehen lassen, ohne sich gemeinsam auf die nächsten Schritte zu vereinbaren.

Motivation braucht Struktur. Die einzelnen Übungsabschnitte müssen genau vorbesprochen werden, die Ziele sind klar. Die Sprache ist ebenfalls klar. So sollten Fluglehrer in Vereinen angehalten werden, dass jeder und jede die gleichen Begriffe verwendet. Sehr bewusst habe ich in diesem Buch im Kurvenflug zwischen Normalstellung und Neutralstellung der Ruder unterschieden. Unterschiedliche Vorgänge können nicht gleich bezeichnet werden. Wie soll es ein Flugschüler verstehen, wenn einmal im Slip und einmal beim Einleiten des Trudelns von „gekreuzten Rudern" gesprochen wird, haben doch beide Ruderstellungen vollkommen verschiedene Resultate?

Motivation benötigt Verlässlichkeit. Mein Vorschlag ist, dass sich (in Vereinen) die Schüler zum Unterricht anmelden (zum Beispiel den Ausbildungsleiter unterrichten, wer am nächsten Wochenende kommen wird und wer nicht). So kann auf der Internetseite des Vereins (oder im Ausbildungsbereich auf „vereinsflieger.de") ein interner Bereich für Schüler eingerichtet werden. Hier hinein gehört ein Ausbildungskalender. Ebenso klar muss sein, wer an diesem Tag für den Unterricht verantwortlich ist. Jeder sollte sich auf den anderen einstellen können. Auch Fluglehrern kann es passieren, dass sie in ein eigenes Motivationstief geraten. Es ist nur fair, dies unter den Kollegen zu vermitteln und für diesen Zeitraum eine Pause einzulegen.

Beim Flugzeugschleppstart das Segelflugzeug in der Anrollphase gerade hinter der Schleppmaschine halten, kein Flügel berührt den Boden! Vor dem Motorflugzeug abheben und unter Beachtung des eventuellen Seitenwindes mit Luvwinkel konstant in 2–3 Metern Höhe hinter der Schleppmaschine in Verlängerung ihrer Längsachse fliegen. Nach dem Abheben des Schleppflugzeuges in gerader Linie hinterher fliegen. Fluglage nach Horizontbild und Lage des Schleppflugzeuges kontrollieren. Alle Kurven mit dem gleichen Radius wie der Schlepper steuern, keine seitliche Ablage entstehen lassen. Eventuellem Seildurchhang durch entsprechende Maßnahmen gegensteuern, nach dem Zeichen zum Ausklinken unter Beibehaltung des Horizontbildes nach rechts wegkurven. Meldung im Funk nach dem Ausklinken.

Im Windenstart nach dem Ausklinken die Normalfluglage nach Horizontbild einstellen und mit dem Fahrtmesser überprüfen. Vor jeder Kurve Richtungspunkt suchen, Luftraumbeobachtung!!! Kurven unter Beibehaltung des Horizontbildes fadengerade einleiten, fliegen und ausleiten. Kurven mit konstanter Querneigung steuern. In jedem Flugabschnitt Fahrtschwankungen nicht mehr als + / - 10 Kilometer.

Die Flugübungen innerhalb des Übungsraumes selbständig einteilen. Luftraumkontrolle! Ab der vorgeschriebenen Höhe über den verlängerten Gegenanflug zur Position fliegen. An der Position in der richtigen Höhe, Meldung mit Funkgerät.

Im Gegenanflug unter Beachtung der zur Verfügung stehenden Höhe und des aktuellen Luftraumes mit leicht erhöhter Geschwindigkeit fliegen. Beobachtung des Luftraumes und der anfliegenden Luftfahrzeuge. Queranflugkurve fadengerade mit konstanter Querneigung und Geschwindigkeit in der richtigen Position zum Landeplatz.

Im Queranflug linke Hand an die Luftbremsen, Luftraumkontrolle und Beachtung des aktuellen Windes.

Endanflugkurve fadengerade mit konstanter Querneigung und Geschwindigkeit. Nach der Endanflugkurve liegt das Landefeld gerade voraus. Erst nach der Landekurve wird die Geschwindigkeit erhöht.

Im Endanflug eventuellen Seitenwindeinfluss kompensieren und in der vorgeschriebenen Landegasse anfliegen, erhöhte Landegeschwindigkeit. Gleitwinkelsteuerung mit den Luftbremsen, ab 30 Meter Höhe Luftbremsen in Landestellung.

Ausrunden und anschweben unter Beachtung eventuellen Seitenwindes. In der richtigen Höhe abfangen bis zur Spornlandung, dann Steuerung des Segelflugzeuges bis zum Stillstand. Ablegen des luvseitigen Flügels.

Du reagierst auch in schwierigen Situationen nicht kopflos und bleibst besonnen und ruhig. Du bist dir der Risiken bewusst und kennst deine Leistungsgrenzen.

Es ist eine Selbstverständlichkeit, dass sich die Lehrer untereinander über die Lernfortschritte der Schüler informieren. Sicherlich hat jede Schülerin, jeder Schüler einmal einen „schlechten Tag“. Aber Lernfortschritte zu ignorieren, weil das Wissen über die vorangegangene Ausbildung fehlt, ist mindestens unhöflich und es demotiviert.

Motivation ist kein Entertainment. Wir dürfen etwas von unseren Schülern erwarten. Dazu gehört, dass sie mit einem klaren Plan in den Ausbildungstag gehen. Wie wäre es, wenn der Verein für die verschiedenen Flugabschnitte schriftliche Flugaufträge erstellt, auf denen die Schüler eintragen, was sie an diesem Tag lernen wollen? Das hier abgebildete Beispiel soll nur als Vorlage dienen und kann natürlich ergänzt oder verändert werden.

Flugauftrag

....
Name, Vorname (Schüler) Name, Vorname (Lehrer)

....
Flugtag Fluggelände

Eigene Ziele (selbst ausführen):

Start

Ziel:	Ergebnis: war gut	noch üben	
◯	◯	◯	Anrollen
◯	◯	◯	Flügel nicht zu Boden fallen lassen (wie ist der Seitenwind heute?)
◯	◯	◯	Abheben
◯	◯	◯	Übergang in den Steigflug
◯	◯	◯	Steigflug
◯	◯	◯	Vorhalten Übungen (wie wird das Seitenruder und der Faden bedient?)
◯	◯	◯	Vorhalten (richtiger Winkel und Faden gerade)
◯	◯	◯	Seilriss (Übung)
◯	◯	◯	3x Nachklinken, wenn das Seil sich gelöst hat
◯	◯	◯	Nachdrücken im Ausklinkraum (woran erkenne ich, wann der Schlepp zu Ende ist?)
◯	◯	◯	3x Nachklinken, wenn das Seil sich gelöst hat
◯	◯	◯	Finden des richtigen Horizontbildes

Flugtag war für mich ok◯ nicht ok◯

weil ....

Unterricht war ok◯ nicht ok◯

weil ....

09

Die Liste ganz schön lang, enthält aber ausschließlich Punkte aus deiner Segelflugausbildung. Wenn du alle aufgezählten Elemente beherrscht, gibt es auch keinen Grund, an der Alleinflugreife zu zweifeln. Auf der anderen Seite soll es auch Schüler geben, die Fehler lieber wegdiskutieren als beheben möchten. So erlebte ich in meiner Praxis immer wieder Schüler, die allen Ernstes meinten, sie hätten nicht die Zeit den Luftraum zu kontrollieren, weil sie so sehr mit dem Faden beschäftigt seien. Weil sie das aber so schön könnten, solle ich sie jetzt bitte alleine fliegen lassen. Von solchen „Verhandlungen" kann ich nur abraten, denn sie führen unter Garantie nicht zum Alleinflug.

Der erste Alleinflug birgt sicher etwas Stress, weil dass Gefühl, allein zu fliegen, noch ungewohnt ist. Viele Flugschüler berichteten mir aber, dass ihnen der Fluglehrer hinten gar nicht so sehr gefehlt habe, weil sie in jedem Flugabschnitt gewusst hätten, was „der da hinten" dazu gesagt hätte. Man sieht, der Lehrer ist „im Geiste" dabei. Der dritte Alleinflug bereitet die größte Freude, da man als Schüler nun wirklich selbst erkennt, dass man eine neue Fähigkeit erworben hat. Nur bitte dabei nicht zu übermütig werden, so dass man vom Lehrer nach dem zweiten Alleinflug aus dem Segelflugzeug geholt wird.

Nach überstandenen Alleinflügen wird dir von allen Segelfliegern am Platz der Hintern versohlt. Dies als Erinnerung daran, dass du die Thermik ab sofort im Sitz spürst, wenn sie das Segelflugzeug hebt. Eine andere Version lautet: Ein Segelflugschüler erzählte seinen Eltern, er würde mit seinem Freund eine Fahrradtour unternehmen. Er gab diesem Freund einen Stapel vorgeschriebener Postkarten mit, die dieser an verschiedenen Orten in die Briefkästen werfen sollte. Und als der Urlaub zu Ende war, gestand er seinem Vater, dass er in Wirklichkeit seinen Alleinflug gemacht habe. Daraufhin, so die Geschichte, hätte dieser ihn ordentlich versohlt...

Die Alleinflugreife musst du dir allerdings auch erhalten. Falls du nun eine längere Pause einlegst, so wirst du sie dir erneut erarbeiten müssen. Alle neu erworbenen Fähigkeiten sind solange zu üben, bis sie in Fleisch und Blut übergehen. Der beste Zeitpunkt zum Trainieren und Vertiefen ist direkt im Anschluss an die neu erworbene Qualifikation. Hast du die Ausbildung an einer Segelflugschule gemacht, so ist es nicht verkehrt, noch einige Tage „dran zu hängen".

Wie geht es nach dem Alleinflug weiter? Die Segelflugausbildung ist mit dem Alleinflug keinesfalls zu Ende. Einen guten Überblick für das Lernfeld gibt dir die Internetseiten der Bundeskommission Segelflug in Deutschen Aeroclub e.V. (siehe Anhang). Nun gilt es, die Fähigkeiten über die reine Platzrunde hinaus zu erweitern. Nach einigen weiteren Übungsflügen (Faustregel: etwa 10 Alleinflüge) im Alleinsteuer auf dem Schuldoppelsitzer erfolgt die Umschulung auf einen Einsitzer. Du wirst nun lernen, verschiedene Wetterlagen zu beherrschen und selbständig in der Thermik „oben zu bleiben". Solltest du an einer Schule gelernt haben, ist es ab diesem Zeitpunkt sinnvoll, sich um einen Verein zu kümmern. Die weiteren Vorbereitungen auf dem Weg zum Pilotenschein (Ausbildungsabschnitte B und C) folgen in den nächsten beiden Kapiteln.

Der Fragebogen geht von der Voraussetzung aus, dass Flugausbildung Eigenleistung erfordert. Flugschüler sollen die Verantwortung für ihr Lernen übernehmen. Damit verbunden ist ihre Verantwortung für Handeln, Unterlassen oder Nichtbeachten. Auf dem Weg zur vollen Verantwortung müssen wir sie begleiten, anleiten und ermutigen. Diese Verantwortung wird nicht durch eine Anhäufung von Wissen, Verordnungen und Vorschriften erhöht. Verantwortung bedeutet die selbstständige Umsetzung und das Handeln aufgrund realistischer und vernünftiger Entscheidungsgrundlagen innerhalb erfüllbarer Zeitrahmen. Haben sie die volle Verantwortung erreicht, steht der Alleinflug an. Nur dann können wir ebenfalls verantworten, dass unsere Schüler ohne uns fliegen.

Umgekehrt sollen Flugschüler auch Fluglehrer bewerten. Wer ist motivierend, erzeugt ein positives Lernklima und nachhaltige Verinnerlichung physikalischer Zusammenhänge? Aus dem Qualitätsmanagement abgeleitet schlage ich vor, dass sich jeder Verein oder jede Schule eine interne Zielvorgabe erstellt und überprüft, ob diese Ziele auch von den Schülern bestätigt werden. Ergibt diese Abfrage, dass in einzelnen Bereichen Verbesserungsbedarf besteht, kann man gemeinsam auf der abgefragten Grundlage daran arbeiten und sich verbessern. Gerade für Vereine ist dies interessant, ist es doch ein Wettbewerbsvorteil um neue Piloten zu gewinnen. Beständige Qualitätskontrolle und Qualitätssicherung dient letztendlich auch der Flugsicherheit.

Diese Abfrage sollte als Fragebogen mindestens jährlich durchgeführt werden. Die Schüler antworten auf einem vorgegebenen anonymen Fragebogen, die einzelnen Fragen werden vom Ausbildungsleiter und den Lehrern formuliert und die Schwerpunkte selbst gesetzt. Natürlich geht es hierbei nicht um eine Bewertung von Personen, sondern um die Qualität, Effektivität und damit auch die vermittelte Sicherheit von Flugunterricht.

Strukturierte Lernatmosphären sind nicht „kühl“, sie sind die Grundlage für ein positives Lernklima. Dazu gehört Verlässlichkeit und Planbarkeit, es nützt wenig, an wenigen Tagen im Jahr einen besonders guten Lehrbetrieb zu besitzen und an den anderen Tagen unklare, unzuverlässige Strukturen. Anders ausgedrückt, es ist kein Ausgleich für die vielen Ampeln, die wir bei „rot“ überquert haben, einmal bei einer „grünen“ anzuhalten.

Fluglehrer sind die Botschafter des Sport, der Vereine, der Flugschulen. Und Pädagogik ist der innere Motor, die eigene Motivation mit der wir Fußgänger zu Piloten ausbilden. Denn nach dem Alleinflug folgen die nächsten Ausbildungsabschnitte, irgendwann die Prüfung zum Pilotenschein. Ich habe es immer als Bereicherung empfunden, wenn mein Schulungsbeitrag ein kleines Mosaiksteinchen sein durfte auf dem Weg zu erfolgreichen Piloten oder sogar Wettbewerbsfliegern. Und wenn ich selbst daraus wieder Neues lernen durfte.

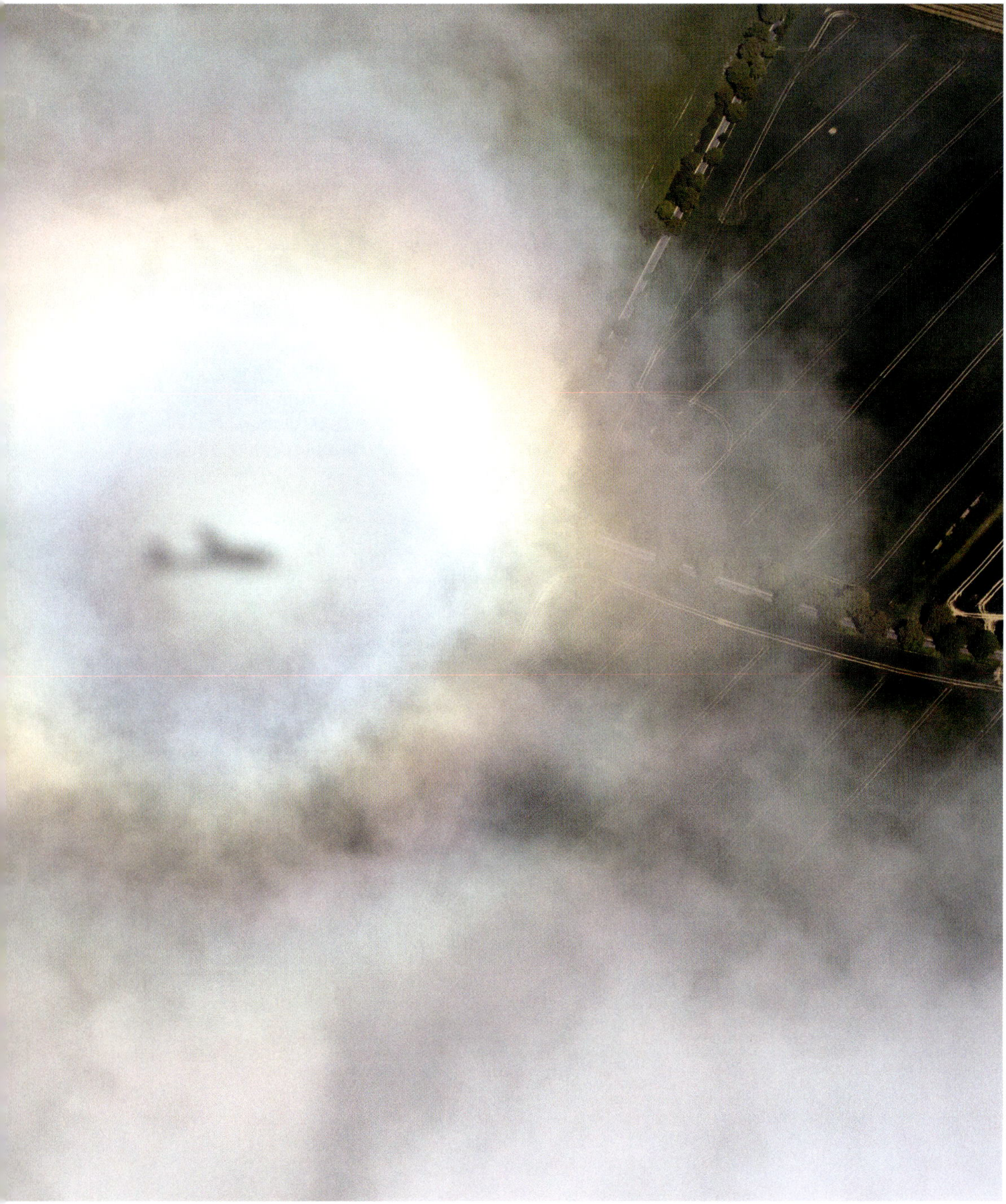

Traumhafte Momente: Das Segelflugzeug konnte höher als die Wolkenbasis steigen und im Regenbogen sieht man den eignen Schatten. Weil ihn hier oben keine Erde abschneidet, ist der Regenbogen kreisrund…
(Foto: Alexander Willberg)

Kapitel 10
Schulung für Fortgeschrittene: Die B-Prüfung

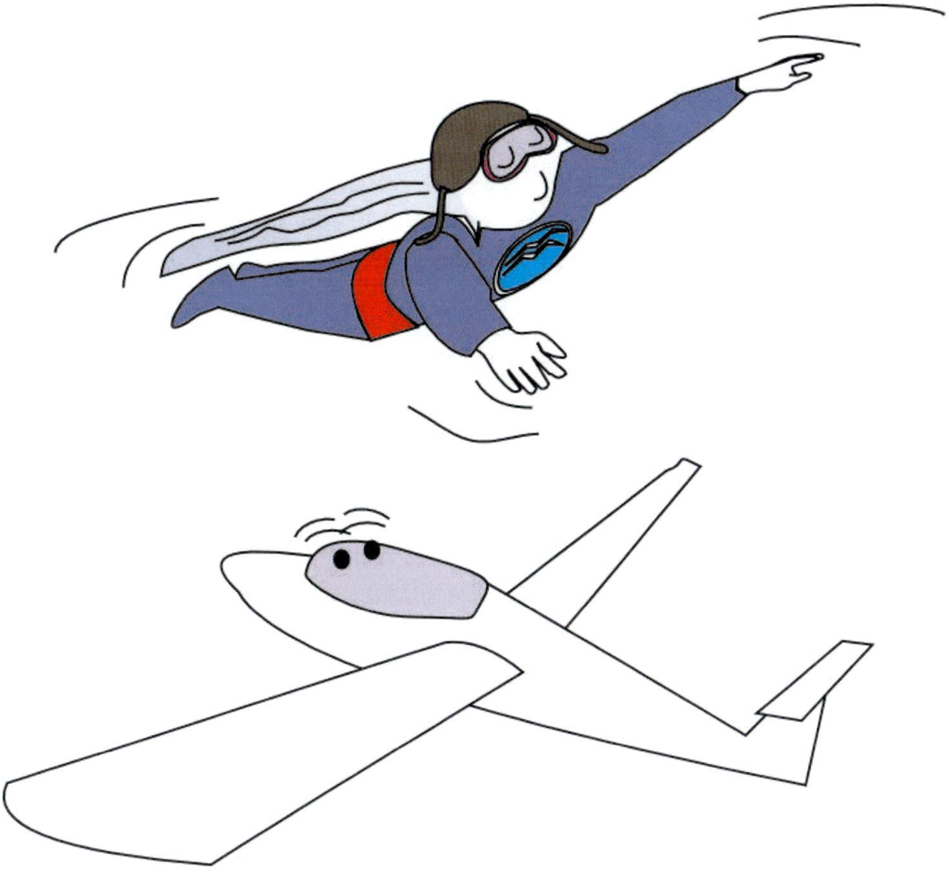

Die Schulung für Fortgeschrittene
Übung macht dem Meister

Der erste Alleinflug liegt hinter dir. Vielleicht hattest du bereits die Gelegenheit, dein Wissen in weiteren Flügen alleine zu verfestigen. Dies Kapitel soll dich auf die sogenannte „B-Prüfung“ vorbereiten. Der Aufbau dieses Abschnitts orientiert sich an der Methodik der Segelflugausbildung des DAeC, sie wird um einige Punkte ergänzt. Wie im bisherigen Verlauf bilden die Abbildungen die Brücke zwischen Theorie und Praxis.

Gleichbleibende Kreisflüge mit 30 bis 45 Grad Querneigung

Bereits in der Grundschulung bist du Kurven und Kreise bis 30 Grad Querneigung geflogen. Unser „Motor“ um oben zu bleiben ist die Kraft der Sonne, die den Boden und die aufliegende Luft erwärmt. Sie wird leichter und steigt auf. Diese Steigzonen besitzen nur eine begrenzte Ausdehnung. Segelfliegen bedeutet deshalb Kreise fliegen, will man zusammen mit der aufsteigenden Luftmasse „Kraft“ tanken. So ist es verständlich, dass in erster Linie auf die Perfektion des Kreisfluges Wert gelegt wird.

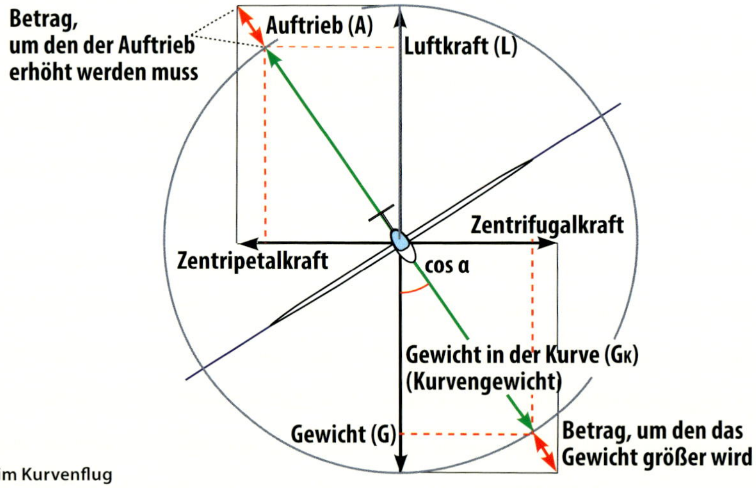

Bild 10.01
Die Kräfte im Kurvenflug

Zum Kurvenflug selbst kannst du noch einmal im Buch zurück blättern. Im eigenen Interesse möchtest du jede Kurve (in der Thermik) so fehlerfrei wie möglich fliegen, denn Fehler bedeuten einen unsauberen Flug. Schieben oder Schmieren in der Kurve führt zu mehr Widerstand. Das Eigensinken des Segelflugzeugs nimmt zu und ein Teil des in der Thermik gewonnenen Steigens geht überflüssig verloren.

Größte Probleme im konstanten Kreisflug sind neben den genannten Punkten die nicht konsequent eingehaltene Geschwindigkeit sowie schlechte (oder gar keine) Luftraumbeobachtung. Und: Weißt du noch, wo der Flugplatz ist?

Die Schulung für Fortgeschrittene
Noch mehr Training...

Der erste Alleinflug liegt hinter dir. Bald wirst du auf ein anderes Segelflugzeug, einen Einsitzer, umsteigen. Grundsätzlich wird dieser Typ genau so wie ein Doppelsitzer gesteuert. Ein Blick in das Flug- und Betriebshandbuch ist wichtig, die Einweisung nimmt ein Fluglehrer vor. Die Ruderabstimmung lernt man am besten durch Rollübungen und Kurvenwechsel.

Gleichbleibende Kreisflüge mit 30 bis 45 Grad Querneigung

Zur Erinnerung zeigt Bild 10.01 auf der linken Seite noch einmal die Kräfte im Kurvenflug. Bei konstanten Kreisen (wie sie in der Thermik immer benötigt werden) ist es wichtig, nur so schnell zu fliegen, wie es der Geschwindigkeit des geringsten Sinkens in der Kurve entspricht.

Fliegt man mit konstanter Geschwindigkeit, so kann der Kurvenradius nur durch eine Vergrößerung der Querneigung reduziert werden. Fliegt man mit konstanter Querneigung, so geht dies nur unter Verringerung der Geschwindigkeit. Zu jeder Kreisbahn gehört entweder nur eine Geschwindigkeit oder nur eine Querneigung! Umgekehrt bedeutet dies: Vergrößert man bei gleichbleibender Querneigung die Fahrt, wird der Radius größer, das Eigensinken steigt. Genau dieses herauszufinden ist das Ziel der konstanten Kreisflüge bei Querneigungen bis 45 Grad.

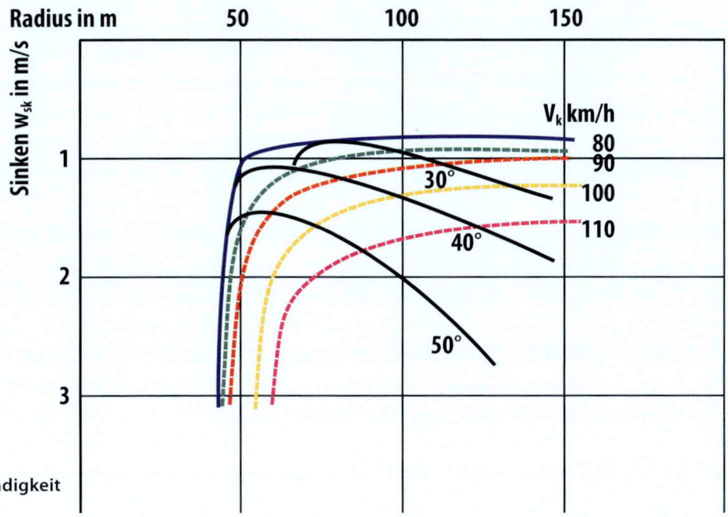

Bild 10.02
Sinkgeschwindigkeit im Kreisflug

Zu schnelle Kreisflüge kosten überflüssig Höhe. Übrigens: Jeder Segelflieger hat beim Kreisflug seine Schokoladenseite. So kreise ich lieber links herum. Wie ist es bei dir?

Kurvenwechsel bei 30 bis 45 Grad Querneigung

Rechts ist beschrieben, dass jedes Segelflugzeug nur eine maximale Rollgeschwindigkeit besitzt. Ziel dieser Übung ist die Koordination der notwendigen Ruderausschläge. Ganz wichtig ist die konstante Geschwindigkeit.

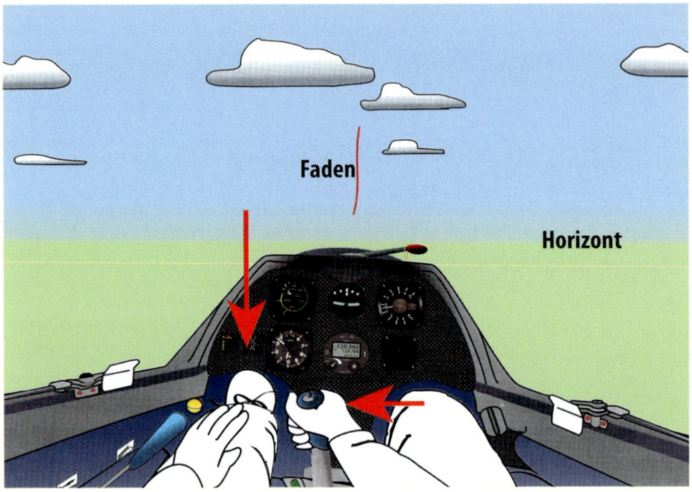

Bild 10.03
Optimale Rollgeschwindigkeit, hier rollen aus der Rechtskurve nach links

Kurvenwechsel zu fliegen bedeutet in erster Linie, den Horizont konstant zu halten. Da das Höhenruder in der Kurve leicht gezogen werden musste, ist es beim Verringern der Querneigung nachzulassen und gleich beim Einkurven in die Gegenkurve wieder nach hinten zu führen. Das Horizontbild hat immer gleich zu bleiben!

Wie lassen sich nun Kurvenwechsel mit der optimalen Rollgeschwindigkeit fliegen? Bekannt ist, dass jeder Querruderausschlag gleichzeitig zu einem Drehen in die Gegenrichtung um die Hochachse führt. Dieses negative Wendemoment wird mit gleichzeitigem Seitenruderausschlag in die gleiche Richtung bekämpft. Es hat nur Sinn soviel Querruder zu geben, dass ein zugehöriger Seitenruderauschlag ausreicht, dass der Faden gerade gehalten wird! Deshalb mein Vorschlag für die Praxis:

Immer gilt: Die Ruder werden gleichzeitig geführt. Wechselst du zum Beispiel von einer Rechts- in eine Linkskurve, so gib sehr viel Seitenruder (unter Umständen Vollausschlag). Mit einem Querruderausschlag zum Faden hältst du diesen gerade. Schneller als bei dieser Methode kann kein Segelflugzeug um die Längsachse rollen. Zum Beherrschen dieser Methode (wirklich nur für Profis!) ist viel Übung notwendig. Achte auf das Horizontbild, auch wenn die Übung dir viel Konzentration abnötigt: Immer wird der Luftraum nach anderen Luftfahrzeugen abgesucht!

Kurvenwechsel bei 30 bis 45 Grad Querneigung

Kurvenwechsel können nur gelingen, wenn der Horizont im gesamten Vorgang beibehalten wird. Häufigster Fehler ist dabei, dass das Segelflugzeug zwischen zwei Kreisen im Übergang „losschießt".

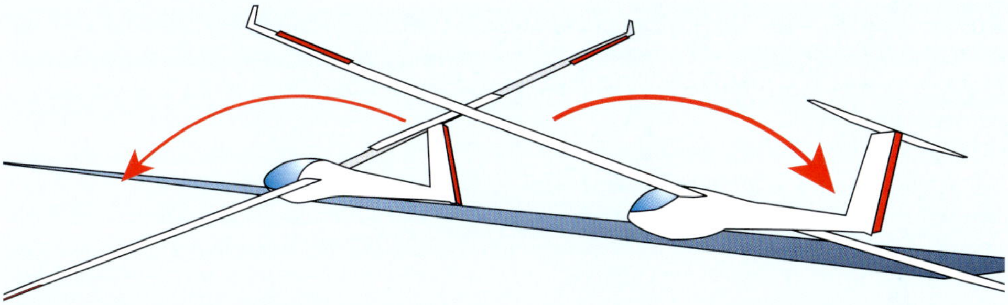

Bild 10.04
Kurvenwechsel von rechts nach links

Die Rollwendigkeit jedes Segelflugzeugmusters wird von seiner Bauart bestimmt. Grundsätzlich bedeutet eine große Spannweite eine geringere Rollwendigkeit, aber auch relativ „weiche" Flügelkonstruktionen begrenzen das maximal mögliche. So kann ein zu großer Querruderausschlag in erster Linie zu einer Verwindung der Flügel führt, erst danach beginnt das Segelflugzeug zu drehen. Bitte beachte, dass die links beschriebene Übung nur innerhalb der grünen Fahrtmessermarkierung durchgeführt werden darf. Bei zu hohen Geschwindigkeiten kann mit einem zu großen Querruderausschlag ein unsymmetrisches Flattern auftreten. Dies ist besonders bei Segelflugzeugen mit außerhalb des Rumpfs liegenden Massen (T-Leitwerk) gefährlich.

Die Rollwendigkeit wird durch Rollübungen für jedes Muster erfolgen. Rollübungen gehören zum Handwerkszeug jedes Segelfliegers. Mit zunehmender Erfahrung möchtest du auf ein andere Segelflugzeugmuster umsteigen und musst sie kennenlernen.

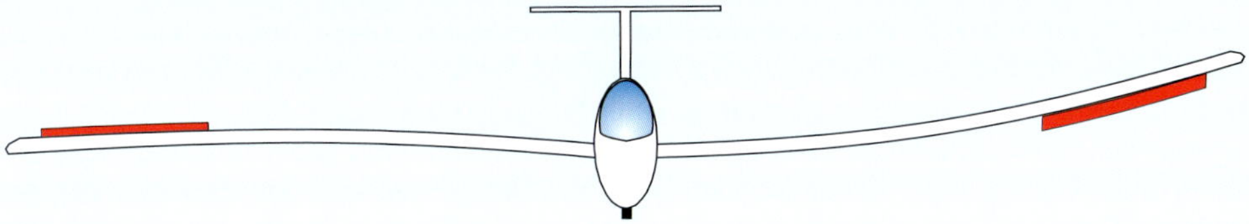

Bild 10.05
Verwindung der Flügel durch den Querruderausschlag

Bei den modernen Profilen mit langer laminarer Laufstrecke besitzen die Querruder nunmehr eine geringe Tiefe und sind doch sehr wirksam. Die Rudertiefe liegt meist zwischen 20-25% der Profiltiefe, die Flügeltiefe ist viel kleiner als bei „alten" Typen wie K 7 oder ASK 13. Diese sehr dicken Profile sind im Querruderbereich stärker verwirbelt und besitzen einen höheren Widerstand.

Schnellflug und Sollfahrt

Ziel der fortgeschrittenen Segelflugausbildung ist in weiten Teilen die Vorbereitung auf den Überlandflug. Dabei wird es abwechselnd zwischen Kreisflügen in der Thermik und dem schnellen Vorflug hin zum nächsten Aufwind kommen.

Der Schnellflug muss zunächst trainiert werden. Ruderwirkungen verändern sich mit der Geschwindigkeit. Ist diese höher, sind sie schwergängiger und deutlich wirksamer. Die Kräfte bei einem Ruderausschlag auf die gesamte Konstruktion des Segelflugzeugs nehmen deutlich zu.

Wir wollen nun mit erhöhter Geschwindigkeit fliegen und diese Fahrt beibehalten. Dazu fixieren wir einen neuen Horizontpunkt oberhalb des Punktes für die Normalfahrt an. Das Höhenruder wird kontinuierlich (und keinesfalls hastig) nach vorne gedrückt und bleibt dort. Bitte erinnere dich daran, dass zu jedem Horizontbild nur eine Fahrt gehört. Ein ruckartiges Steuern ist zu vermeiden, da sonst das Segelflugzeug nur um eine Schwingung um die Querachse gebracht wird.

Steigern wir die Geschwindigkeit. Du steuerst aus der Normalfahrt (z.B. 80 km/h) allmählich auf 100 km/h, fliegst 10 Sekunden mit dieser Geschwindigkeit. Jetzt steigern wir weiter auf 150 km/h. Manche Fluglehrer lassen dich auch bis in den Geschwindigkeitsbereich des Fahrtmessers fliegen, der gelb markiert ist. Der Horizont ist deutlich nach oben gekommen! Die Fahrtgeräusche sind hörbar angestiegen. Der Druck auf alle Ruder hat sich vervielfacht. Das Variometer zeigt ein deutliches Sinken.

Die Handkräfte am Höhenruder sind auf Dauer unangenehm. Entweder am Steuerknüppel oder rechts von dir befindet sich ein grüner Hebel. Es ist die Höhenrudertrimmung. Bewegst du den Hebel nach vorne, wird eine Kraft in Richtung Drücken ausgeübt (nach hinten in Richtung Ziehen). Die Trimmung soll so eingestellt werden, dass immer noch ein leichter Ruderdruck nach vorne notwendig ist.

Nachdem du weitere 10 Sekunden mit der hohen Geschwindigkeit geflogen bist, wird die Fahrt wieder auf die Normalgeschwindigkeit reduziert. Das Horizontbild wechselt, anschließend veränderst du wieder die Trimmung. Sie wird so eingestellt, dass nun das Segelflugzeug leicht schneller fliegen möchte. Hintergrund beider Einstellungen ist, im Schnellflug nicht unbeabsichtigt zu schnell und im Normalflug nicht unbeabsichtigt zu langsam zu werden. Schon mehrfach wurde darauf hingewiesen, dass wir immer auf der sicheren Seite bleiben wollen.

Die Dynamik unterschiedlicher Geschwindigkeiten wird deutlich, wenn man sich mit der Sollfahrt beschäftigt. Die Sollfahrt ist die Geschwindigkeit, bei der wir unser Flugvorhaben optimal erfüllen. Auch wenn erst im dritten Ausbildungsabschnitt der Streckenflug ansteht, ist dies ein gutes Beispiel für die Variabilität des Segelflugs.

Schnellflug und Sollfahrt

Die durchschnittliche Überlandfluggeschwindigkeit eines Segelflugzeug ist die Zeit, in der eine bestimmte Strecke zurückgelegt wird. Die Summe aus Kreisen im Aufwind und der zurückgelegten Strecke summieren sich zur Reisefluggeschwindigkeit. Um Strecken optimal zurückzulegen reicht es nicht aus, nur gut in einem Aufwind kreisen zu können.

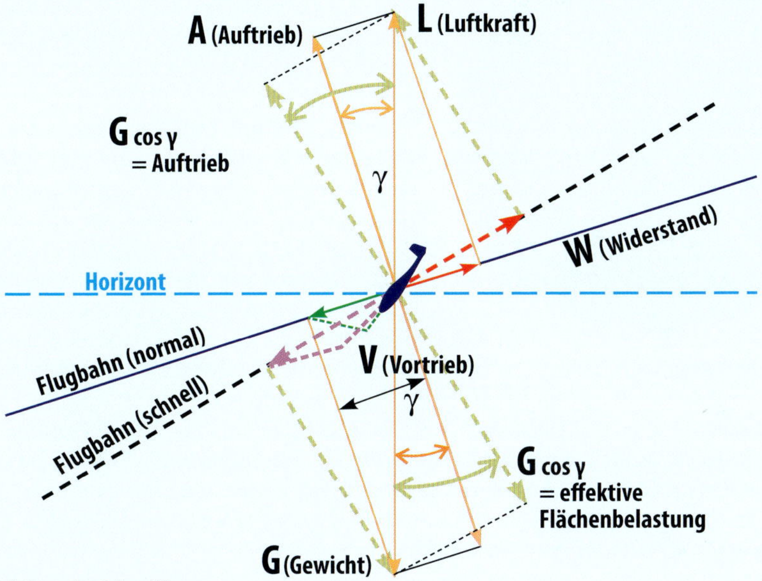

Bild 10.06
Kräfteverschiebung im Schnellflug
(Werte für Vortrieb sind übertrieben)

Der Auftrieb am Flügel ist das Produkt aus dem (dimensionslosen) Auftriebsbeiwert, der halben Luftdichte, dem Quadrat der Geschwindigkeit und der Flügelfläche. Steigt die Geschwindigkeit, reduziert sich der Auftriebsbeiwert. Der Vortrieb erhöht sich ebenso wie der Widerstand, den du jetzt in den Rudern spürst. Bei genauem Betrachten von Bild 10.06 kann man erkennen, dass die Lage des Flugzeugs steiler als die tatsächliche Flugbahn ist. Beim Schnellflug muss der Horizont deutlich oberhalb des bekannten Horizontbildes zu sehen sein (und dort konstant bleiben).

Erfolgreich bestanden hast du die Übungen zum Schnellflug, wenn du die Ruder ruhig führst, den Horizont beibehältst und die Trimmung sinngemäß bedienen kannst. Und: Sind da noch andere Flugzeuge?

Das Steuern des Segelflugzeugs in unterschiedlichen Geschwindigkeitsbereichen ist keine Übung, die für sich alleine im Raum steht. Unterschiedliche Fahrt bewusst zu steuern ist eine notwendige Vorbereitung für den Streckensegelflug. Während des Streckensegelflugs ist leider keine Zeit, sich mit früheren Übungsabschnitten zu beschäftigen.

Ziel im Überlandflug ist, eine geplante (erreichbare) Strecke in einer optimalen Zeit zurück zu legen. Mt diesem Übungen wird deutlich, dass es nicht ausreicht, ein Segelflugzeug konstant mit verschiedenen Geschwindigkeiten fliegen zu können. Die Qualität stellt sich erst ein, wenn du jederzeit die erforderliche Geschwindigkeit planvoll und sicher fliegen und nutzen kannst.

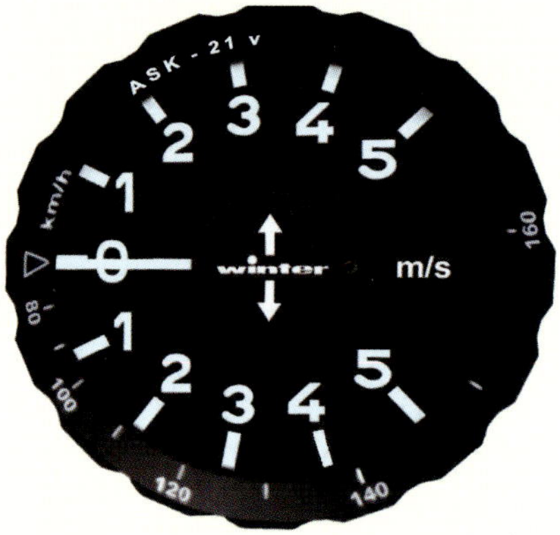

Bild 10.07
Variometer mit Sollfahrtring

In vielen Schuldoppel- und Einzelsitzern ist um das Variometer ein drehbarer Ring gesetzt. Dieser Ring (MacCready-Ring) ist je nach Segelflugzeugtyp und Gewicht verschieden.

Nur bei „Thermik Null" wird die 0-Marke (Dreieck) auf kein Steigen gesetzt. Dies bedeutet, wir erwarten auf der vor uns liegenden Strecke keinen Höhengewinn. Wollen wir mit dem besten Gleitverhältnis eine Strecke über Grund zurücklegen, müssen wir die Polare des von uns geflogenen Segelflugzeugtypen berücksichtigen. Vom Nullpunkt des Koordinatensystems legen wir die Tangente an die Polare und erhalten des beste Gleitverhältnis bei Windstille (siehe rechts). Du kannst auch noch einmal in das Kapitel 2 zurückblättern. Aus den folgenden Erläuterungen solltest du jedoch nicht schließen, dass du mit hektischen Fahrtänderungen der Anzeige im Ring folgen solltest. Sie ist allenfalls eine Unterstützung, du kannst dich nach der Tendenz richten. Bitte denk daran, dass du nie schneller steuerst, als das Segelflugzeug deinen Ruderausschlägen folgen kann.

Aus den auf der rechten Seite beschriebenen Zusammenhängen zwischen Geschwindigkeit und Sinken lassen sich für den Flug praktische Konsequenzen ziehen. Der markierte Punkt (4) zeigt das geringste Sinken (hier auf der Kurve für das schwere mit zwei Personen besetzte Segelflugzeug). Es wäre schon ideal, wenn wir in einem Aufwind mit diesem Tempo kreisen, da wir ihn am besten ausnutzen.

In der Thermik wollen wir nicht schnell vorankommen. Was aber, wenn wir das obere Ende der Thermik erreicht haben und wegfliegen wollen? Die Luft wird mit Sicherheit absinken. Sich hierin lange aufzuhalten erscheint nicht sinnvoll! Falls wir den Sollfahrtring unverändert (Dreieck = 0) lassen, zeigt uns der Variometerausschlag nach unten im Außenring die neue Fahrt für bestes Gleiten. Nur diesmal bei einer deutlich höheren Geschwindigkeit. Auf dem Bild rechts kannst du sehen, dass der Gleitwinkel aber gleichzeitig deutlich schlechter wird. Es wäre aber vollkommen sinnlos, im Sinken langsam unterwegs zu sein: Wir gewinnen keine Strecke und verlieren nur Höhe.

Kleiner Nachsatz: Guck dir mal im Bild rechts die gestrichelte Polare an. Sie gilt für den einsitzigen Flug und zeigt, dass bei geringerem Gewicht bei höheren Geschwindigkeiten das Sinken größer ist. Ein schwereres Segelflugzeug legt weitere Strecken zurück!

Wir haben bereits im ersten Teil des Buchs gelernt, dass es nicht sinnvoll ist in der Thermik zu schnell zu fliegen. Die Kreise werden zu groß und wir fliegen nur um die aufsteigende Luft herum. Das Polardiagramm kennen wir bereits. Man kann dies auch bezogen auf die Geschwindigkeit als Geschwindigkeitspolare darstellen.

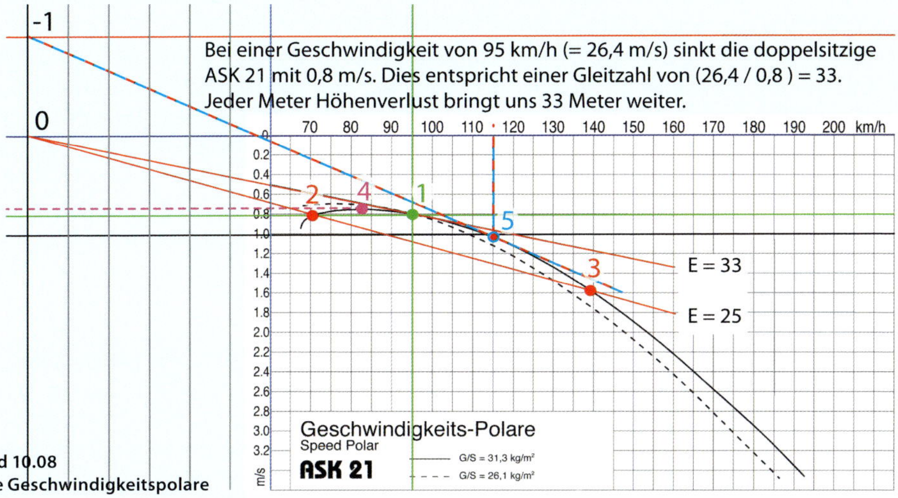

Bild 10.08
Die Geschwindigkeitspolare

Waagerecht ist die Geschwindigkeit in km/h aufgetragen, senkrecht das Sinken in m/s. Da der Nullpunkt in der Regel nicht dargestellt ist, müssen wir das Diagramm nach links erweitern.

Vom Nullpunkt aus ziehen wir nach rechts eine Tangente. Dort wo die Kurve (für unser Fluggewicht) berührt wird (1), lesen wir oberhalb die Geschwindigkeit und links das Sinken ab. Bei ca. 95 km/h finden wir das beste Verhältnis aus Geschwindigkeit und Höhenverlust. Dies wird als „Bestes Gleiten" bezeichnet. Eingebürgert hat sich die Bezeichnung „Gleitzahl" (E) statt „Gleitverhältnis". Hier also E = 33.

Verändern wir nun vom Nullpunkt aus die Linie und lassen sie die Polare bei etwa 70 km/h (2) schneiden und verlängern sie bis zum zweiten Schnittpunkt (3). Für ein Tempo von 70 km/h errechnen wir einen Gleitwinkel von etwa 25. Diesen haben wir auch bei knapp 140 km/h. Das bedeutet, dass außer beim besten Gleiten andere Gleitverhältnis bei zwei verschiedenen Geschwindigkeiten gelten. Allerdings sind wir bei 140 km/h wesentlich weiter vorangekommen. Wie links beschrieben können wir mit der erhöhten Geschwindigkeit Gebiete sinkender Luft schneller durchqueren.

Wie hat sich unsere Gleitzahl in der absinkenden Luftmasse verändert? Ein Sinken von 1 Meter pro Sekunde müssen wir auf der Polare zu unserem Eigensinken oben addieren (siehe Bild 10.08). Waren wir bei Thermik Null mit 95 km/h noch optimal unterwegs (0,8 m/s Eigensinken), verlieren wir nun pro Sekunde 2 Meter. Das beste Gleitverhältnis (5) liegt

Das Koordinatensystem der Geschwindigkeitspolare gilt nur für ruhige Luft, die keine eigene Bewegung vertikal oder horizontal besitzt. In der Praxis wird das eher selten vorkommen. So ist Sinken oberhalb zu addieren, Rückenwind links und Gegenwind rechts vom Koordinatenkreuz.

Das rechte Beispiel zeigt, dass es sinnvoller ist, bei Sinken schneller, bei Steigen langsamer zu fliegen. Diese generell richtige Aussage bedarf nur einer wichtigen Ergänzung: ***Wir müssen auch dorthin zu steuern, wo Aufwind zu erwarten ist (z.B. eine Wolke)!*** *Das Bild 10.09 zeigt als Prinzipbild den Streckenflug. Allerdings nicht mit der Polare der ASK 21. Für die Distanz von je 20 Kilometern benötigen wir 10 Minuten. Wir fliegen von Punkt A bis zum Punkt E in zwei Streckenteilen und zwei Aufwinden. Für beide Strecken zusammen benötigen wir 20 Minuten, für beide Aufwinde ebenfalls 20 Minuten. Rechts ist dies im Bild auf der Polare eingetragen. Die Reisegeschwindigkeit beträgt 60 km/h.*

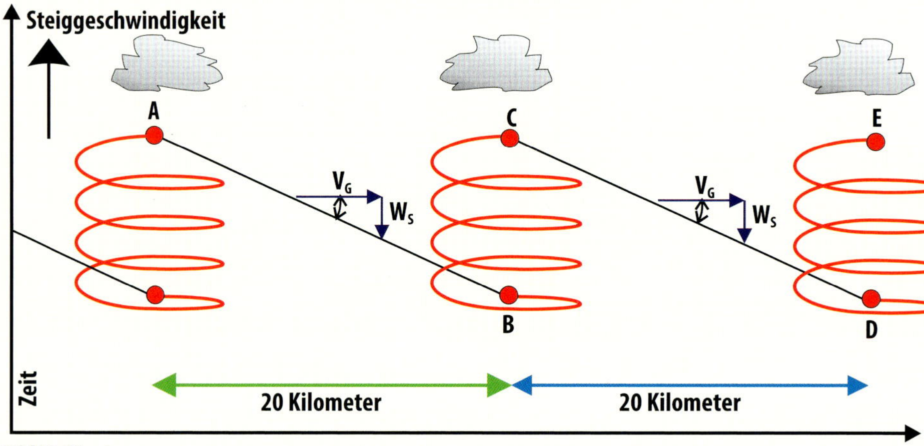

Bild 10.09
Reiseflug besteht aus Kreisen und Vorflug.

Wird die Thermik (z.B. in der Nähe der Wolkenbasis) schwächer, kreisen wir nicht länger, sondern machen uns auf den vor uns liegenden Weg und fliegen mit Sollfahrt ab. Nicht zu lange in einem schwächer werdenden Aufwind kreisen!

Welches Steigen stellen wir nun am MacCready-Ring ein? Es lohnt sich nur ein gemittelter Steigwert, der tatsächlich auch in der Praxis erzielt wird. Ein zu geringer Wert kostet uns auf unserem Streckenflug nur Zeit (wir sind zu langsam), ein zu hoher Wert lässt uns zwar schnell fliegen, jedoch kommen wir zu tief unter der nächsten Wolke an. Wir müssen länger in der Thermik fliegen, um Höhe zu gewinnen. Im schlechtesten Fall haben wir beim Vorflug soviel Höhe verloren, dass wir den Anschluss an die Thermik verpassen.

Faustregel: Sinkt die Luftmasse ab, müssen wir dieses Gebiet schneller durchqueren nunmehr bei ca. 115 km/h. Die Gleitzahl beträgt bei 115 km/h nur noch (≈32 m/s / (1+1)) = 16. Bei 95 km/h wäre es noch schlechter (≈26 m/s / (1+0,8)) = 14. Bei 140 km/h hätten wir die gleiche Gleitzahl, nur sind wir viel schneller (und kürzer im Sinken) unterwegs.

Der Reiseflug über Land setzt sich aus Phasen des Kreisens und des Vorflugs zur nächsten Thermik zusammen. Berücksichtigen wir (in diesem Beispiel links) nicht den Wind, so kommen wir eine Zeit lang nicht vom Fleck. Die Reisegeschwindigkeit (Strecke geteilt durch Zeit) setzt sich aus Thermikflug und Streckenflug zusammen.

In Bild 10.10 ist das erwartete (oder mittlere) Steigen in der Thermik (in diesem Fall ein Meter pro Sekunde) rot eingezeichnet. Wir haben den Sollfahrtring (Dreieck) auf das erwartete Steigen von einem Meter eingestellt, bei einem Meter Sinken gibt er uns eine Fahrt von 120 km/h vor. Die rote Linie ist die Tangente für das beste Gleiten bei einem mittleren Steigen von einem Meter, die blaue Linie schneidet den Tangentenpunkt in der Sollfahrt. Dort, wo die rote Linie die Koordinate der Polare schneidet, kann man die Reisefluggeschwindigkeit ablesen. Diese grobe Übersicht zur Sollfahrt zeigt, dass verschiedene Flugphasen mit unterschiedlicher Geschwindigkeit zurückzulegen sind.

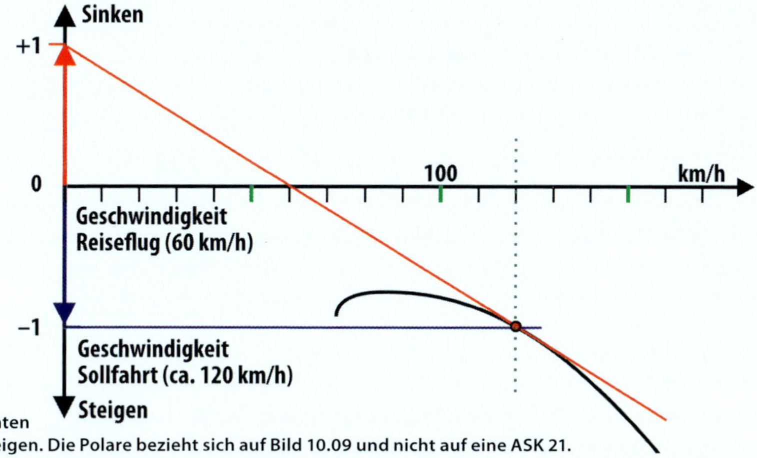

Bild 10.10
Polare mit nach unten angetragenem Steigen. Die Polare bezieht sich auf Bild 10.09 und nicht auf eine ASK 21.

Stellt sich im Verlauf des Streckenflugs heraus, dass das mittlere Steigen besser oder schlechter als angenommen ist, passen wir die MacCready Einstellung entsprechend an. Unsere Taktik kann sich während des Fluges verändern, natürlich auch die von uns zu fliegende Geschwindigkeit! Der MacCready-Ring selbst zeigt an, dass sich Steig- oder Sinkwerte des Segelflugzeugs mit den Bewegungen der Luftmasse addieren. Er ist ein Hilfsmittel und überträgt die Polare in praktische Empfehlungen.

10

Faustregel: Auch wenn unser Gefühl widerspricht: Sinkt die Luftmasse ab, müssen wir die Geschwindigkeit erhöhen (und halten).

Fliegen in der Thermik

In vielen bisherigen Flügen hattest du die Thermik (oder den Aufwind) kennen gelernt. Mehr oder weniger zufällig bist du hineingeraten und wieder heraus gefallen. dein Fluglehrer wird ein- oder mehrere längere Flüge in der Thermik mit dir unternommen haben und du hattest Gelegenheit, deine Kurventechnik zu verbessern. Vielleicht ist es dir auch schon einmal gelungen, selbst Höhe zu gewinnen.

Rechts ist zu sehen und zu lesen, dass eine Möglichkeit Thermik zu erkennen das Vorhandensein von „Schönwetterwolken", besser Cumuli (Mehrzahl von Cumulus = Haufenwolke) ist. Thermik beginnt am Boden. Für uns endet der Aufwind unter den Wolken, ein Hineinsteigen ist verboten und gefährlich! Wir halten genügend Abstand unter der Wolkenbasis (i.d.R. 300 Meter), da wir beim Vorfliegen zur nächsten Wolke jederzeit in der Lage sein müssen, den Luftraum zu beobachten. Im vorigen Kapitel hast du einiges über Sollfahrt gelernt und du würdest einen gehörigen Schrecken bekommen, wenn du nach dem Abflug unter der Wolke auf einmal ein anderes Segelflugzeug (hoffentlich nicht zu spät) entdecken würdest.

Aufwinde zu entdecken setzt voraus, dass man sich sinnvolle Gedanken macht, wo der Aufwind am Boden beginnt und zu welcher Wolke er führt. Leider ist da keine Linie in der Luft eingezeichnet, daher wird deine gesamte Vorstellungskraft gefordert. Dies kostet Konzentration und deshalb musst dir die Steuerung des Segelflugzeugs keine Probleme mehr bereiten.

Diese räumliche Vorstellungskraft musst du in zahlreichen Übungsflügen dir selbst beibringen bzw. vertiefen. Doch wie findest du einen Aufwind an Sonnentagen? Du siehst Wolken und machst am Boden Abrisskanten (siehe rechts) aus. Nun steuerst du in die Richtung der vermuteten Thermikquelle. Bist du nicht sehr hoch, sucht du in erster Linie nach möglichen Thermikquellen am Boden, bist du bereits relativ hoch, orientierst du dich eher nach den Wolken.

Es gibt auch weitere Anzeichen für einen Aufwind. Damit ist nicht der Fluglehrer gemeint, den du suchen sollst, weil er mit einem Schüler in der Thermik kreist. Vielmehr sind (Raub-) Vögel ein guter Hinweis. Die kreisen oft im Zentrum des Aufwinds. Vielleicht hast du auch mal die seltene Gelegenheit mit Störchen zu kreisen. Ich habe es selbst mehrfach erlebt, sie blieben immer über der gegenüberliegenden Seite des Kreises und ließen es sich nicht nehmen, zwischendurch mitleidsvoll hinüber zu blicken.

Kurz vor dem Einflug in einen Aufwind nimmt die Fahrtanzeige auf dem Fahrtmesser trotz gleichbleibendem Horizontbild zu. Tatsächlich ist ein Fahrtmesser auch ein „Energieanzeiger". Verringert sich der Sinkflug durch aufsteigende Luft, zeigt dies der Fahrtmesser als Energiegewinn vor dem Variometer an. Die spürst du kurz danach im Sitzdruck. Die Erklärung zeigt Bild 10.14 auf der rechten Seite.

Fliegen in der Thermik

Wie bereits mehrfach gelesen, ist die Sonne unser Motor beim Segelfliegen. Ihre Strahlen erwärmen die Oberfläche der Erde. Die darauf liegende Luft wird von diesen Oberflächen wiederum erwärmt, eine direkte Erwärmung der Luft durch die Sonne findet nicht statt. Verschiedene Oberflächen erwärmen sich unterschiedlich gut durch die Sonneneinstrahlung. Sind solche Gebiete besonders ausgeprägt, spricht man von Thermikquellen. Trockene Bereiche mit großer Oberflächenreibung halten die erwärmte Luft besonders lange am Boden fest. Feuchtigkeit unterbindet Thermikentwicklung, da zum Verdunsten der Feuchtigkeit eben diese Wärme selbst benötigt wird.

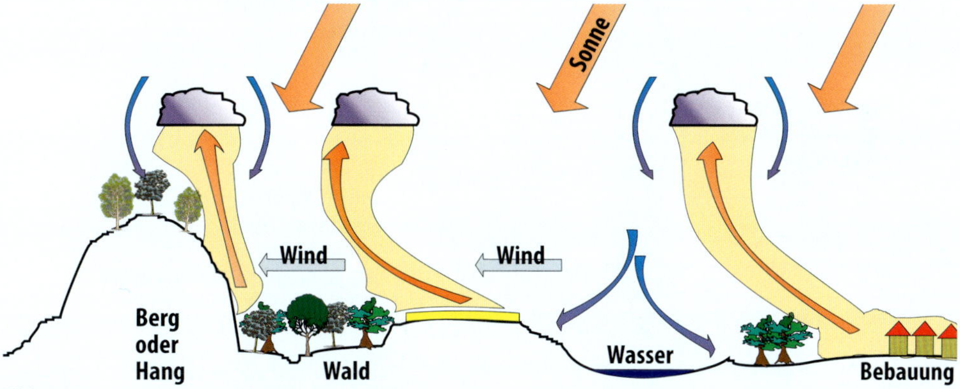

Bild 10.11
Unterschiedliche Thermikquellen

Horizontale Luftbewegungen (also der Bodenwind) drückt die erwärmte Luft gegen Hindernisse, so dass sie vom Boden abreißt. Diese Hindernisse werden deshalb als Abrisskanten bezeichnet. An ihr steigt die warme Luft auf, dehnt sich beim Aufsteigen aus und kühlt ab. Sie steigt solange auf, wie sie wärmer als die sie umgebende Luft ist. Hat sie sich soweit ausgedehnt und abgekühlt, dass der in ihr enthaltene Wasserdampf kondensieren muss, setzt die Wolkenbildung ein.

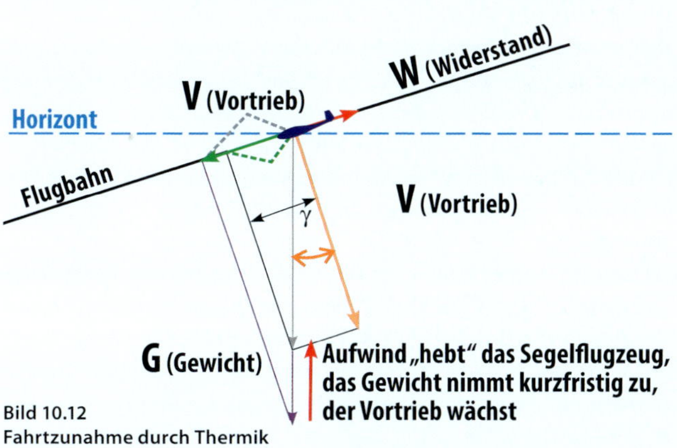

Bild 10.12
Fahrtzunahme durch Thermik

Der Einflug in die Thermik führt in der Übergangszone zwischen sinkender und steigender Luft zu einer kurzfristig veränderten Geschwindigkeitsanzeige.

10

Bitte beachte die Reihenfolge der Ereignisse: Erst nimmt die Fahrtmesseranzeige (stimmt nur, solange das Horizontbild gleich blieb) kurzfristig zu, danach spürst du den erhöhten Sitzdruck, sobald das Segelflugzeug tatsächlich steigt.

Hast du einen Aufwind gefunden, gilt es den Vögeln gleich zu tun und einzukreisen. Die überschüssige Sollfahrt wird in der Kurve abgebaut. Selten wirst du einen Aufwind direkt in der Mitte treffen. Dies wäre tatsächlich überhaupt nicht so günstig, denn jede Kreisrichtung würde uns aus der Thermik hinaus führen.

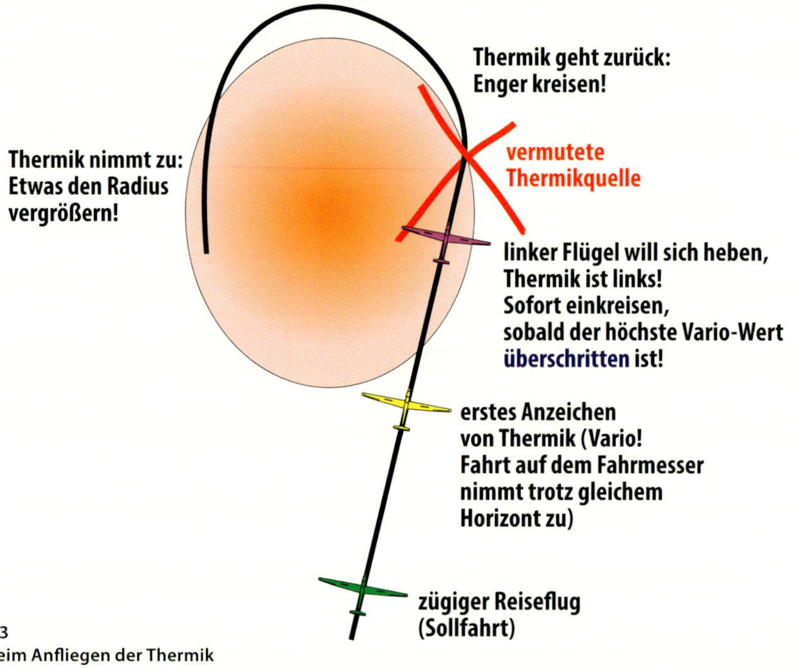

Bild 10.13
Taktik beim Anfliegen der Thermik

Schneiden wir einen Aufwind tangential an, kreisen wir zu der Seite ein, deren Flügel sich heben will. Den Kreis beginnen wir aber erst, nachdem der Variometerausschlag einen höchsten Punkt überschritten hat. Würdest du am höchsten Ausschlagspunkt einkreisen, führte dich der Kreis zwar kurz durch das Zentrum des Aufwinds, dann aber wieder weit hinaus. Sollte sich kein Flügel heben wollen, dann wird es wahrscheinlich die Seite sein, in die der Seitenruderausschlag schwerer zu steuern geht.

Kreise verbessern, den Aufwind „rund" zu bekommen, wird als „zentrieren" bezeichnet. Auf der rechten Seite ist ein Beispiel dafür zu sehen. Innerhalb des Aufwinds kann das Variometer leicht in den Steigwerten schwanken. Erst mit weiterem Training wirst du erkennen, ob hier noch einmal verbessert werden muss oder nicht. Mein Tipp: Ist der Aufwind einigermaßen stabil, nicht mehr zu sehr verbessern (außer der Erprobung des Kreisradius, siehe rechts), denn schnell hat man einen Aufwind wieder verloren.

Ist der Aufwind gefunden und erkannt, wird eingekreist. Doch nicht immer stimmen unsere Annahmen (und Wünsche) über einen Aufwind mit der Realität überein. So müssen wir unseren Kreis (wahrscheinlich mehrfach) verbessern.

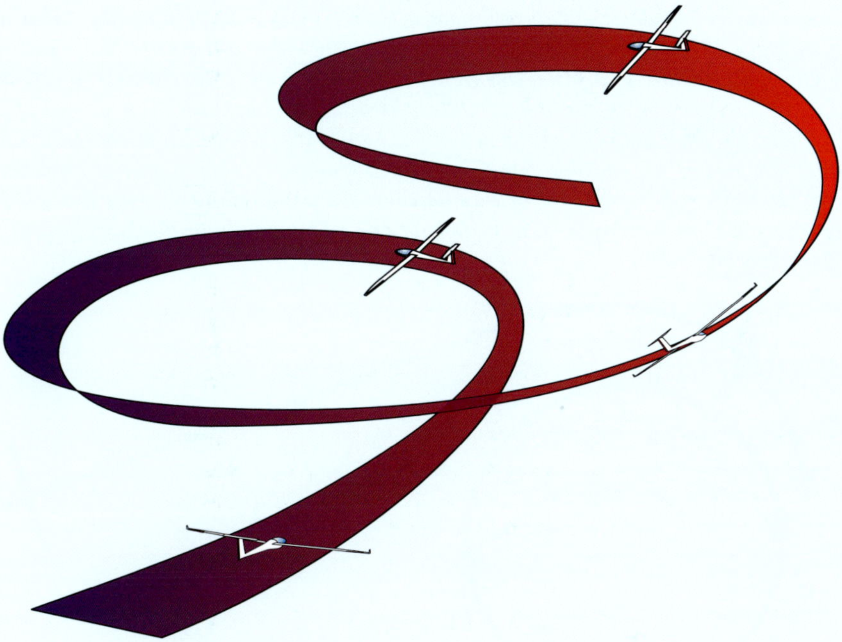

Bild 10.14
Verbessern durch zentrieren

Das obige Bild zeigt, wie wir mit zu frühem Einkreisen aus der Thermik heraus fliegen. Lila ist sinken, rot stellt steigen dar. Nimmt das Steigen wieder zu, vergrößern wir den Kreis wieder. Sobald sich die Steigwerte wieder verkleinern, wird noch einmal mit einem engeren Kreis verbessert. Ziel ist, nach möglichst kurzer Zeit im nutzbaren Zentrum des Aufwinds zu sein.

Innerhalb des Aufwinds gilt es zu erproben, welche Querneigung optimal ist. Wir fliegen mit einer der Querneigung angepassten Fahrt. Immer ist zu berücksichtigen, zu jeder Querneigung und Fahrt gehört nur ein Radius. Und dieser soll so klein wie möglich sein. Optimal sind meist Querneigungen von 40 Grad. Bei böigem Wind und „ruppiger" Thermik kann es auch schon einmal sinnvoll sein, mit größerer Querneigung zu fliegen. Allerdings muss dies als zusätzliches Steigen auf dem Variometer sichtbar sein. Denn mit zunehmender Querneigung verstärkt sich auch das Eigensinken des Segelflugzeugs. Eines ist aber mit Sicherheit verkehrt: durch die Thermik mit viel zu hoher Fahrt zu rasen. Da hilft auch kein Zentrieren mehr!

Verhalten beim Thermikfliegen

Wie schon erwähnt, werden Fluglehrer mit Schüler, die unter einer Wolke kreisen, als „lebendige Thermikbojen" allzu oft angesehen. Im Prinzip wäre dagegen nichts einzuwenden, wenn der tiefer einkreisende Schüler oder die Schülerin einige Verhaltensgrundregeln beachten würde. So gilt beim Segelflug grundsätzlich, dass die eigene Sicherheit und die Sicherheit der anderen wichtiger als Thermik ist!

Suchen wir Thermik oder steigen wir in einen Aufwind ein, so muss man sich eventuell dort mit bereits kreisenden Segelfliegern abstimmen. Dazu benötigt man kein Funkgerät, sondern die Beobachtung dessen, was wir vorfinden. So gibt das höchste Segelflugzeug für alle anderen sich in der gleichen Thermik befindlichen Segelflugzeuge die Drehrichtung vor.

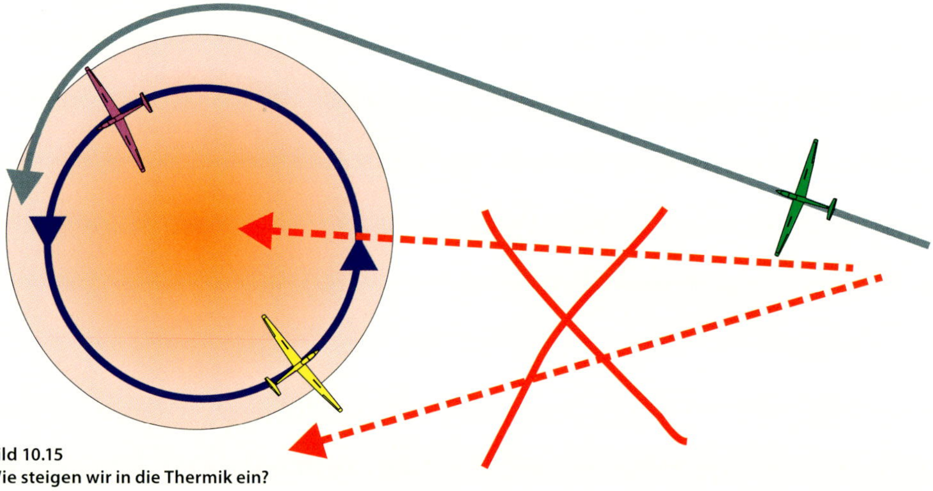

Bild 10.15
Wie steigen wir in die Thermik ein?

Den Einstiegspunkt in den Aufwind wählen wir so, dass der Aufwind tangential angeschnitten wird. Keinesfalls darf ein anderes Flugzeug behindert werden, noch dürfen wir uns ihm zu sehr nähern. Für alle Segelflugzeuge in der Thermik gilt, dass sich alle jederzeit beobachten können! Hier kann (soll) das FLARM unterstützen. Es reicht nicht aus, dass du die anderen siehst, sondern sie müssen dich auch sehen können. Denn verlierst du ein mitkreisendes Flugzeug aus den Augen, wird es gefährlich! In diesem Fall bleibt nichts anderes übrig, als den Aufwind im Geradeausflug zu verlassen, eine abrupte Richtungsänderung könnte zu einem Zusammenstoß führen.

Nur mit gegenseitiger Unterstützung ist der gemeinsame Kreisflug für alle auch erfolgreich. Ich selbst kann mich in Südfrankreich an die letzte Wolke kurz vor Ende eines Streckenflug erinnern. Gemeinsam kreisten wir mit 20 Flugzeugen. Alle benötigten ihre gesamte Aufmerksamkeit, sich gegenseitig zu beobachten. In einem kurzen, günstigen Moment streifte mein Blick das Variometer. Und es zeigte Sinken!

Verhalten in der Thermik

Fliegen wir gemeinsam mit anderen in der Thermik, muss unser Verhalten für andere Segelflieger in der Nähe planbar sein. Es ist gut, wenn du weißt was du möchtest, andere Segelflieger müssen aber dein Verhalten richtig interpretieren können. Zur Erinnerung: Für alle Abschnitte des Segelflugs (Ob Platzrunde, Thermik am Platz oder Überlandflug) gilt, Luftraumbeobachtung schützt uns und andere. Der Fallschirm auf deinem Rücken ist nur für Notfälle und nicht die Berechtigung zum rücksichtslosen Fliegen.

Viele Aufwinde wirst du alleine finden. Die Sollfahrt dorthin wurde bereits behandelt. Lässt sich die erhöhte Geschwindigkeit gewinnbringend beim Einkreisen in den Aufwind einsetzen? Ein Einkurven mit hohem Tempo führt zu einem großen Radius. Wir wollen aber nicht am Aufwind vorbei fliegen, sondern uns möglichst nah an dessen Zentrum befinden. Diesen Zweck erfüllt die „hochgezogene Fahrtkurve". Ein schnelles Reduzieren der Fahrt wird verbunden mit gleichzeitigem Kurvenflug.

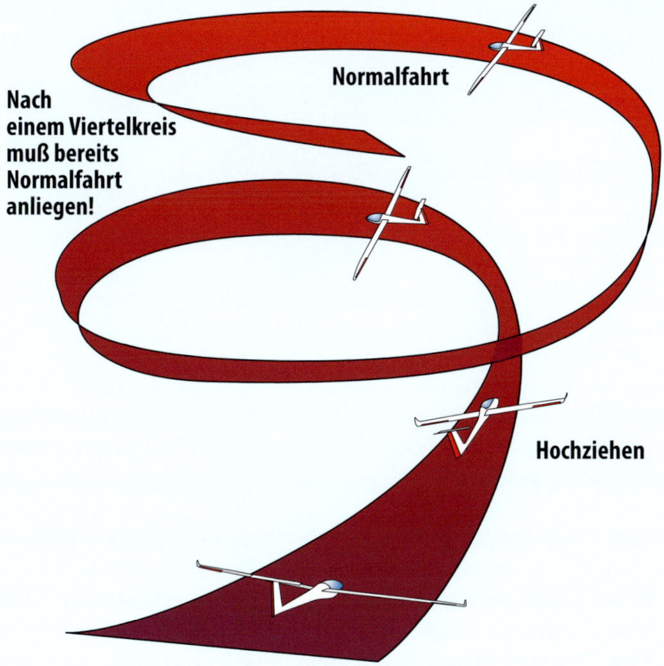

Bild 10.16
Die hochgezogene Fahrtkurve

Man muss sie mehrfach üben. Zunächst vergewisserst du dich, dass der Luftraum frei ist. Je nach Geschwindigkeit (Sollfahrt) wird das Segelflugzeug in einem maximalen Winkel von 45 Grad nach oben gezogen. Gleichzeitig wird nach links oder rechts (Schokoladenseite?) eingekreist. Mit dem Einkurven wird das Höhenruder wieder so in die Normalstellung gebracht, dass spätestens nach einem Viertelkreis der Horizont für den regulären Kurvenflug zu sehen ist. Die Gefahr besteht, zu langsam zu werden, zu überziehen und nach unten heraus zu fallen. Passiert dies, wirst du wahrscheinlich diese Thermik nicht wieder finden.

Hangflug

Segelfluggelände in Nähe eines Berghangs sind bevorzugt. Der Wind kann durch Hänge nicht hindurch fließen. Steht er günstig, weht er nicht vorbei, sondern die Luft wird durch den Hang zum Aufsteigen gezwungen. Das klappt sogar bei bedecktem Himmel.

Selbst an Tagen ohne Sonne kann dort über viele Stunden Segelflug betrieben werden. Es gibt einheitliche Regeln, die in Deutschland innerhalb des Deutschen Aero Club in der Segelflugbetriebsordnung (SBO, Anlage 2) festgelegt sind.

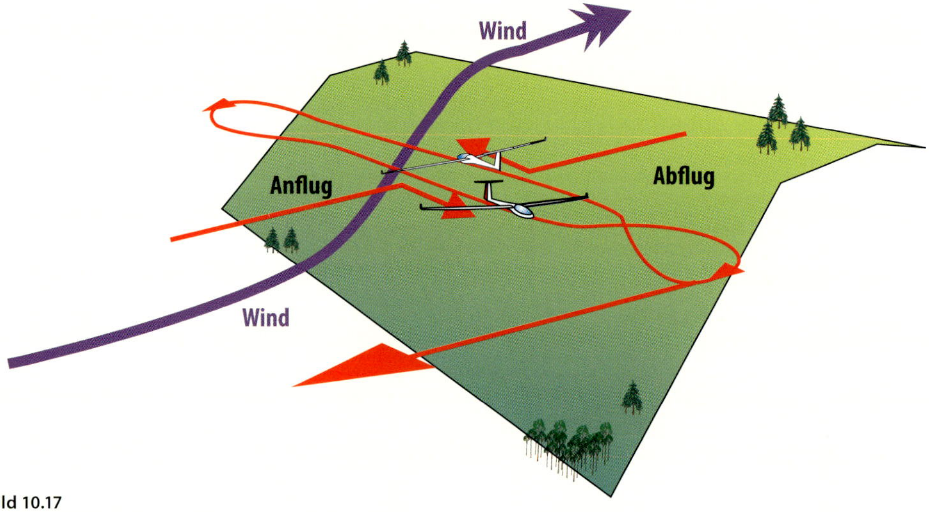

Bild 10.17
Regeln beim Hangflug (1)

Auf der rechten Seite sind die Hangflugregeln zusammengefasst. In der Praxis müssen wir immer davon ausgehen, dass die Luft am Hang (stark) verwirbelt ist. Daher wird im Hangflug mit Überfahrt (etwa 15 km/h über Normalfahrt) geflogen. Zu jedem Zeitpunkt muss das Segelflugzeug voll steuerbar sein!

Gebiete mit größerem Sinken werden natürlich schneller durchflogen. Hast du genügend Überfahrt, so kannst du durchaus recht nah (als Ungeübter zwei Spannweiten) an den Hang heranfliegen. Selbst wenn du die maximale Höhe im Hangflug erreicht hast, lass dich niemals hinter die Hangkante versetzen. Denn dort sinkt die Luft wieder sehr schnell ab und der Rückweg zum Segelflugplatz ist versperrt.

Es sollte selbstverständlich sein, am Hang fadengerade zu fliegen. Schiebeflugzustände kosten nicht nur Höhe, sondern beinhalten die Gefahr, dass bei heftigen Turbulenzen ein Flügel seinen maximalen Anstellwinkel überschreitet. Der Boden ist uns sehr nah, es gibt eine Höhe für Korrekturen. Aber Hangflug ist auch bequem: Berücksichtigst du die Hinweise, ist das Segelfliegen dort nicht schwierig.

Hangflug

Ähnlich wie in der Platzrunde gelten im Hangflug feste Verkehrsregeln. Die wichtigsten sind in der untenstehenden Abbildungen zusammengefasst: Immer hat das Segelflugzeug mit dem rechten Flügel am Hang Vorflug! Es kann nicht ausweichen, da es zum Hang kurven müsste. Für alle Flugzeuge ist das Tal der „Fluchtweg", er darf niemals versperrt werden, noch darfst du so fliegen, dass du (auch nur kurzzeitig) hinter Vorsprünge (z.B. Felsen) am Hang kommen kannst.

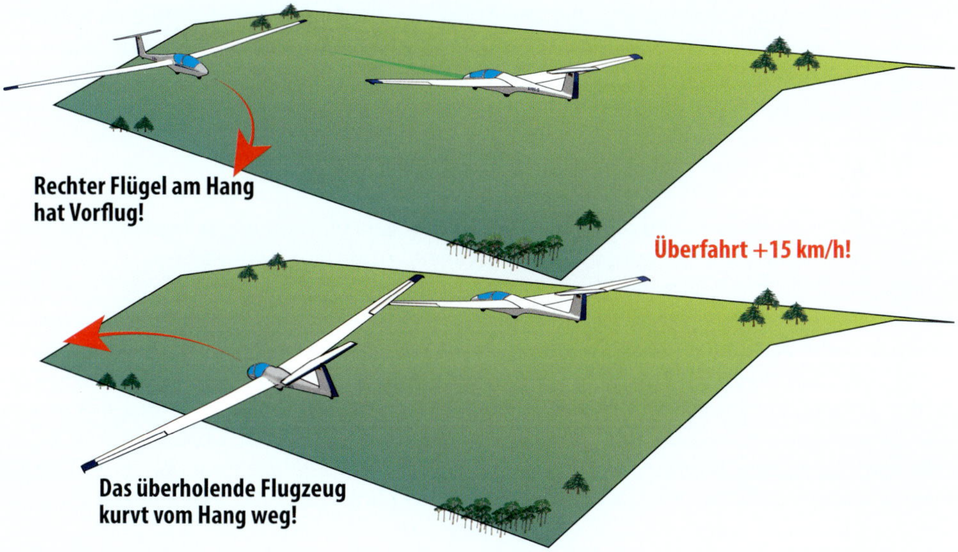

Bild 10.18
Die wichtigsten Vorfahrtsregeln am Hang (2)

Restlos verboten ist am Hang zu kreisen oder eine Kurve in Richtung Hang auszuführen. Thermik dürfen wir erst fliegen, wenn wir so hoch sind, dass der Verkehr am Hang in keiner Weise mehr beeinträchtigt werden kann und nicht die Gefahr besteht, hinter die Hangkante (siehe links) versetzt zu werden. An den Wendemarken wird immer vom Hang weg gekurvt. Nähern sich ein oder mehrere Segelflugzeuge dem Kreuzungspunkt, so haben die Segelflugzeuge in der Wendemarke durch weites Ausholen talwärts den Weg frei zu geben.

Startest du von einem Segelfluggelände in der Nähe eines „Hausberges" oder eines Hangs, liegt dort eine auf die Besonderheiten abgestimmte Hangflugordnung aus. Sie ist verbindlich, schau dir die festgelegten Wendemarken an. Die Segelflieger vor Ort kennen ihr Gelände genau, es wäre unklug neue Regeln einführen zu wollen.

10

Der Seitengleitflug (Slip)

Mehrmals ist der Seitengleitflug (Slip) schon erwähnt worden. In Kapitel 7 taucht er bei der Landung leicht abgewandelt auf, dort ist das Anflugverfahren mit einem gegen den Wind leicht hängenden Flügel beschrieben. Entgegen aller bisher beschriebenen Steuerungsvorgänge werden im Slip die Ruder in nachstehender Folge nacheinander benutzt:

1. Einleiten des Slips mit Querruderausschlag in Luvrichtung.

Der Seitengleitflug wird immer gegen die Seitenwindrichtung im Endanflug ausgeführt. Durch Einleiten mit dem Querruderausschlag (1/2 bis Vollausschlag) wird die Nase des Segelflugzeuges durch das auftretende negative Wendemoment entgegengesetzt gedreht. Kommt zum Beispiel der Seitenwind (wie auf dem Bild 10.21) von links, wird das Querruder links ausgeschlagen, die Rumpfnase dreht nach rechts. Das Segelflugzeug befindet sich in einem Schiebeflugzustand zum hängenden Flügel.

2. Beibehalten der aus der Richtung gedrehten Längsachse mit Seitenruderausschlag entgegengesetzt zum Querruder.

Ist die Nase des Segelflugzeuges durch das negative Wendemoment bis zu ihrem weitesten aus der Längsachse zeigenden Punkt um die Hochachse gedreht, wird sie durch einen (gegensinnigen) Seitenrudervollausschlag dort gehalten. Der Seitenruderausschlag erfolgt erst, nachdem der Schiebeflug durch den Querruderausschlag hergestellt wurde, was rund zwei Sekunden dauert. Ich lasse meine Schüler immer zählen: „Einundzwanzig, zweiundzwanzig", was sehr hilft. Will das Segelflugzeug die beabsichtigte Flugrichtung verlieren, wird das Querruder leicht (¼ bis ½) zurückgenommen.

3. Halten des (nun seitlich liegenden) gewohnten Horizontbildes mit dem Höhenruder.

Wegen des stark zugenommenen Widerstandes will das Segelflugzeug Fahrt aufnehmen. Dies wird mit einem Ziehen des Höhenruders verhindert, jedoch nur soweit, dass das vor Beginn des Slips geflogene Horizontbild beibehalten wird. Das bekannte Horizontbild ist wegen der Querneigung und der damit verbundenen gegensinnigen Drehung um die Hochachse seitlich voraus zu suchen.

4. Im Slip wird die Flugrichtung mit dem Querruder gesteuert, die Geschwindigkeit mit dem Höhenruder.

10

Eine Vergrößerung der Querneigung lässt das Segelflugzeug stärker zum hängenden Flügel rutschen, eine Verringerung bewirkt eine Versetzung zum hohen Flügel. Zu keiner Zeit darf während des Slips das Querruder über die Mittelstellung (Normalstellung) hinaus in Richtung des ausgeschlagenen Seitenruders bewegt werden, da dies sofort zu einem Abkippen in Seitenruderrichtung führt. Wird die Fahrt mit dem Höhenruder weiter als notwendig verringert, so wird aus dem geradlinigen Schiebeflug eine Kurve über den hängenden Flügel.

Der Seitengleitflug (Slip)

Im Slip dreht man den Rumpf des anfliegenden Segelflugzeuges quer zur Flugbahn. Das erzeugt einen hohen Widerstand und bewirkt ein starkes Sinken. Bei Segelflugzeugen älterer Bauart war das sinnvoll, da sie entweder über keine, oder nur über geringe widerstandserhöhenden Landehilfen wie Luftbremsen oder Landeklappen verfügten. Der Slip wird auf einen markanten Richtungspunkt hin oder entlang einer Bodenlinie (Landebahn) gesteuert.

Im Slip werden die Ruder in nachstehender Folge nacheinander benutzt:

1. Einleiten des Slips mit Querruderausschlag in Luvrichtung.

Der Seitengleitflug wird immer gegen die Seitenwindrichtung (luvwärts) gesteuert, weil der Wind das Segelflugzeug leewärts versetzen will. Das negative Wendemoment ist bereits in Kapitel 3 beschrieben und wird hier benutzt, um mit einem Ruderausschlag zwei Bewegungen auszuführen.

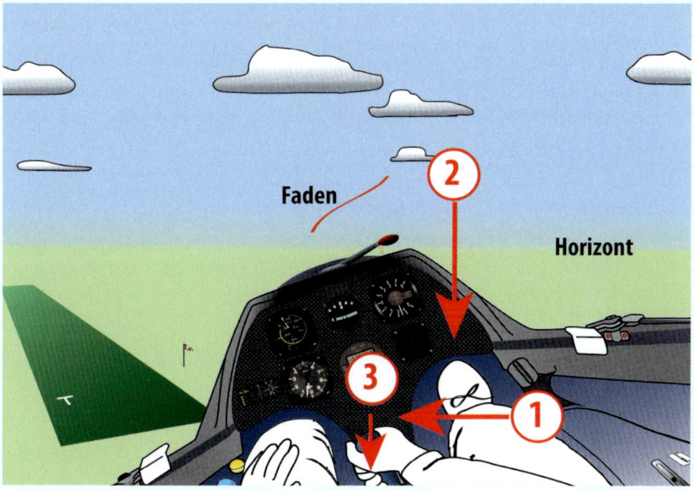

Bild 10.19
Der Slip (die ASK 21 slipt etwas besser, fährt man die Luftbremsen aus)

2. Beibehalten der aus der Flugrichtung gedrehten Längsachse mit Seitenruderausschlag entgegengesetzt zum Querruder.

Nimmt das negative Wendemoment ab (also der Impuls auf die Hochachse), dreht sich das Segelflugzeug langsam zurück zum hängenden Flügel. Dies verhindert nun ein Seitenruderausschlag, um die Flugzeugnase in der verdrehten Position zu halten. Will das Segelflugzeug trotzdem zum hängenden (tieferen) Flügel einkurven, muss der Querruderausschlag reduziert werden. Alle sinnvollen Querruderausschläge bis kurz vor die Normalstellung sind erlaubt, das bedeutet im Rechtsslip, dass sich das Querruder immer rechts von der Normalstellung befinden muss.

10

Das Beenden erfolgt in der Reihenfolge **Höhenruder – Querruder – Seitenruder** *in ausreichender Höhe deutlich oberhalb des Ausrundens im Landevorgang. Das Höhenruder muss zuerst nachgelassen werden, um bei Beendigung des Seitengleitfluges nicht zu überziehen. Zu lernen ist, dass die Fahrtaufnahme bei der sich anschließenden Landung nicht zu einem stark verlängerten Schwebeflug in Bodennähe führt und dass die Längsachse wieder mit der Flugrichtung übereinstimmt. Der Vollständigkeit halber sei angemerkt, dass es Segelflugzeuge gibt (wie die Muster der Firma Grob), bei denen Quer- und Seitenruder gleichzeitig zurückgenommen werden sollen, wenn man den Slip mit der Längsachse auf den Blickpunkt hin beenden möchte.*

Diese Erklärungen verdeutlichen, dass der Slip zu Recht in die Fortgeschrittenen-Ausbildung gehört. Wir hingegen lassen bei unseren leichten Seitengleitflugzuständen (siehe Kapitel 7: Die Landung, hier speziell bei Seitenwind) nicht die Längsachse aus der Flugrichtung wandern. Zur Abrundung sei gesagt, dass wir immer dann von gekreuzten Rudern (siehe Kap. 5) sprechen, wenn das Querruder zum hohen, das Seitenruder zum tiefen Flügel zeigt. Im Slip verhält es sich genau umgekehrt! Gekreuzte Ruder leiten das Abkippen (Trudeln) ein, der Slip ist ein stabiler Flugzustand.

In der Praxis wenden wir den Seitengleitflug nur dann an, wenn die mechanischen Landehilfen nicht ausreichen, den Landeanflug entsprechend der Notwendigkeit und unserer Vorstellung zu verkürzen. Wir sollten den Slip deshalb nur mit ausgefahrenen Luftbremsen üben, zumal es sich so einfacher steuern lässt.

Erfliegen von Kompasskursen und die Kompassdrehfehler

Das Erfliegen von Kompasskursen gehört zu den fliegerischen Grundfertigkeiten. Als fortgeschrittener Schüler auf dem Weg zum Pilotenschein steht nach erfolgreicher Ablegung der theoretischen Prüfung für den Luftfahrerschein nicht nur der 50-Kilometer-Überlandflug im Alleinflug bevor. Auch in den Übungsflügen um das Segelfluggelände wird sich immer wieder die Frage stellen, wo denn der eigene Flugplatz ist. Manchen Schülern geht bereits nach zwei Vollkreisen die Orientierung verloren. Als Fluglehrer kann man verblüffende Ergebnisse mit der einfachen Frage erzielen „Und wo ist jetzt der Flugplatz?“

Die gebräuchlichen Kompass-Baumuster sind flüssigkeitsgefüllt. Kreisel- oder alternative Instrumente sind selten vertreten, da sie eine zusätzliche Stromquelle benötigen. Auch sind sie für den Einsatz in Schulflugzeuge schlicht zu teuer.

Die erste Übung besteht darin, aus einem konstanten Geradeausflug auf einen vorgegebenen neuen Kurs zu drehen. Dabei sind die Kompassdrehfehler (siehe Bild und die Beschreibung auf der rechten Seite) zu beachten und entsprechend zu handeln.

Kurven wir von einer östlichen oder westlichen Richtung nach Norden, so hinkt die Kompassnadel hinterher, wir müssen die Kurve 30 Grad vorher beenden, die Kompassnadel dreht nach.

3. Halten des (seitlich liegenden) gewohnten Horizontbildes mit dem Höhenruder.

Wie links beschrieben, will das Segelflugzeug Fahrt aufnehmen. Der benötigte Auftrieb ist aber bereits vorhanden, wir wollen geradeaus fliegen und unterliegen keinen Fliehkräften einer Kurve. Andernfalls laufen wir Gefahr, nach Beendigung des Slips während des Abfangens eine so hohe Geschwindigkeit zu haben, dass das stärkere Sinken mit einer erheblich längere Schwebestrecke in Bodennähe mehr als ausgeglichen wird. In diesem Fall wäre unsere Landestrecke weiter als dies ohne Slip der Fall gewesen wäre.

4. Im Slip wird die Flugrichtung mit dem Querruder gesteuert, die Geschwindigkeit mit dem Höhenruder.

Eine genaue Fahrtanzeige zur Geschwindigkeitskontrolle ist unmöglich, da die Fahrtmesserdüse wegen des seitlichen Luftstromes schräg angeblasen wird und häufig falsche Ergebnisse (siehe das vorangegangene Bild) zeigt.

Ein Überziehen des Segelflugzeuges ist im Slip dagegen unmöglich, solange die Querneigung beibehalten wird. Im Slip heben sich Quer- und Seitenruderausschlag gegenseitig auf. Um das Sinken zu erhöhen, können zusätzlich die Luftbremsen ausgefahren werden, gerade moderne Segelflugzeuge mit hinter dem Flügelende stark eingeschnürtem Rumpf zeigen ein stabileres Flugverhalten. Aber Vorsicht: Einige Muster haben die Neigung zu Leitwerksflattern und Rumpfschwingungen bei Geschwindigkeiten über 100 km/h, obwohl das Betriebshandbuch hierüber keine Auskünfte gibt.

Erfliegen von Kompasskursen und die Kompassdrehfehler

Anders als beim Motorflug orientieren sich Segelflieger nach den thermischen Verhältnissen, die unterwegs (zu einem Ziel) angetroffen werden. Zwar wird bei einem Überlandflug der Kurs berechnet, in der Praxis weichen wir von der vorgegebenen Kurslinie laufend ab. Gerade deshalb müssen Segelflieger viel häufiger überprüfen, wo sie sich befinden und in welche Richtung (und Entfernung) ihr Ziel liegt. Lassen sich zwei Richtungslinien mit Hilfe des Kompass auf der Karte eindeutig bestimmen, so befindet sich an deren Schnittpunkt das Segelflugzeug.

Leider unterliegt der Kompass durch die Krümmung der Magnetfeldlinien einigen Einschränkungen. In unseren Breiten weisen diese Magnetfeldlinien bereits sehr stark in die Erde hinein. Würde ein Kompass tatsächlich exakt entlang dieser Feldlinien ausgerichtet sein, so wäre er für uns unbrauchbar. Wir könnten nichts mehr ablesen. Daher ist eine Nadel mit einem Gewichtsausgleich versehen. Zwar liegt nun die Kompassnadel wieder eben, jetzt treten aber Trägheits- und Beschleunigungseffekte ein. Um doch noch den Kompass für die Navigation nutzen zu können, müssen wir die entsprechenden Regeln lernen. Diese Dreh- und Beschleunigungsfehler sind um so ausgeprägter, je höher unsere Kurvendrehung ist. Motorflugzeuge erfliegen sich daher Kompasskurse immer nur mit flachen Querneigungen (maximal 15 Grad). Ab 30 Grad Querneigung ist der Kompass für eine Kursaufnahme aus einer Kurve heraus nicht mehr brauchbar.

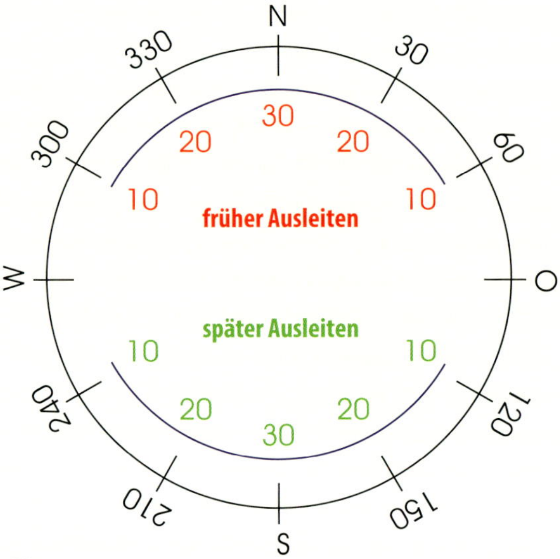

Bild 10.20
Kompassdrehfehler

Kurven wir dagegen nach Süden, so eilt die Nadel vor. Jetzt wird die Kurve 30 Grad später beendet, die Kompassnadel bleibt zurück.

Beschleunigen wir auf Ost- oder Westkurs, wandert die Kompassnadel nach Norden, verringern wir die Geschwindigkeit (zum Beispiel in einer hochgezogenen Fahrtkurve) dreht sich die Kompassnadel nach Süden.

Wollen wir genaue Richtungen steuern, empfehlen sich kleine Querneigungen, oberhalb 30 Grad Querneigung ist ein Einkurven auf einen Kurs nicht mehr möglich.

Der Kompass misst das Magnetfeld der Erde. Aber auch zahlreiche Gegenstände in unserem Segelflugzeug sind aus Metall und oft magnetisch. So wird der Kompass auch deren Magnetismus aufnehmen.

Ein Funkgerät, jedes Instrument oder auch nur der Metallrahmen der Haube reichen aus, die Anzeige zu verfälschen. Diese Abweichung (siehe rechts) wird jährlich gemessen und in einer Deviationstabelle eingetragen. Um einen genauen Kurs zu halten, wird nicht mit dem angezeigten Kompasskurs, sondern mit den Werten der korrigierten Tabelle gesteuert. Die Tabelle wird auf dem Instrumentenbrett befestigt.

Für	N	30	60	E	120	150	S	210	240	W	300	330
Steuere	1	32	63	93	122	151	S	209	238	258	299	330

Bild 10.21
Deviationstabelle

Aus diesem Grund ist ein Kompass nur innerhalb bestimmter Breitengrade auf der Erde nutzbar. Ein Kompass für europäische Länder wäre am Äquator ebenso nutzlos, wie ein dort gültiger Kompass bei uns.

Wie links beschrieben führen andere magnetische Gegenstände im Segelflugzeug zu Fehlanzeigen des Kompass. Bitte denk daran, auch das eigene Mobiltelefon so weit wie möglich vom Kompass entfernt zu halten.

Jährlich wird die Fehlanzeige des Kompass überprüft. Dazu wird das Segelflugzeug auf einem Kompensierplatz jeweils um 30 Grad gedreht und die Messwerte in einer Tabelle (siehe Abbildung) eingetragen. Der Kompass ist dann noch technisch in Ordnung, wenn die gemessenen Werte in der Tabelle eine Sinuskurve ergeben.

Die Messwerte der Kompensationstabelle werden in die Deviationstabelle (siehe links) übertragen, sie ist am Instrumentenbrett gut sichtbar anzubringen.

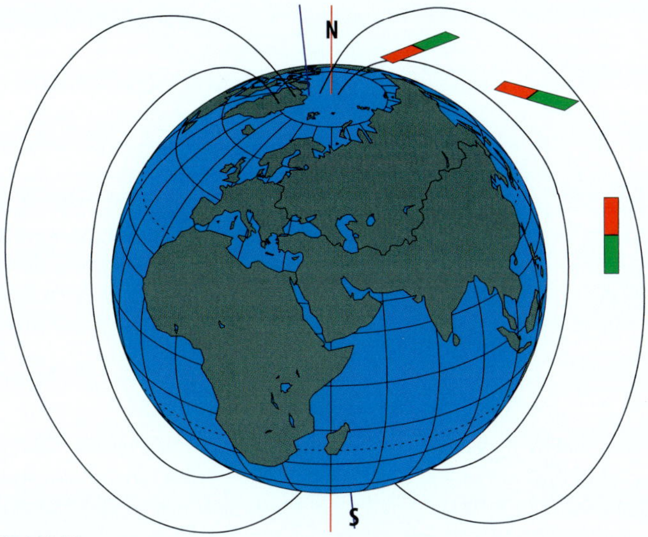

Bild 10.22
Die Magnetfeldlinien

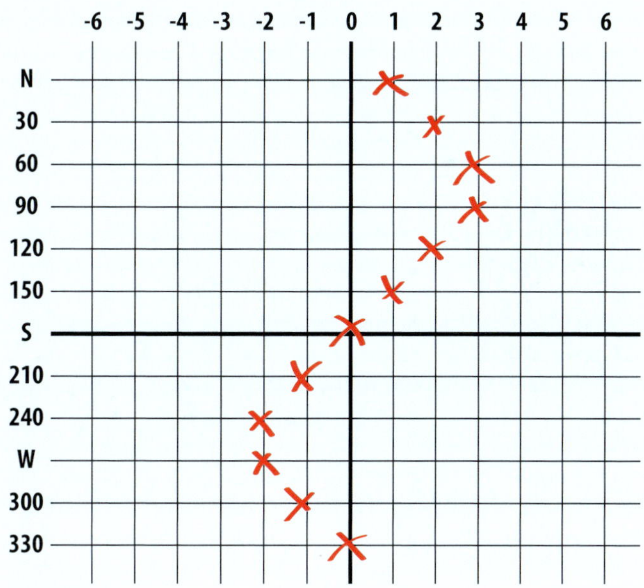

Bild 10.23
Kompensationstabelle

Anflug aus ungewohnter Position

Alle Anflüge, die nicht nach gewohntem Verfahren ablaufen, gehören in diese Kategorie. Entsprechend den Richtlinien des Deutschen Aero-Clubs erfolgt diese Schulung erst im dritten Ausbildungsabschnitt. Aber es kann selbst in der Anfängerschulung passieren, dass du eine besondere Landeeinteilung machen musst, weil ein Seilriss dazu zwingt. Zumindest kannst du im Folgenden erkennen, dass sich Anflüge aus ungewohnter Position planvoll und sicher durchführen lassen. Uns interessiert in erster Linie, wie ein Anflug und eine Platzeinteilung bei knapp bemessener Höhe vorzunehmen sind. Vor allen weiteren Ausführungen sei angemerkt, dass die Luftraumbeobachtung extrem wichtig ist und wir andere per Funk über unser Flugvorhaben benachrichtigen (ohne dabei in Hektik zu verfallen).

Eine von zahlreichen Fliegerweisheiten sagt: „Fahrt ist das halbe Leben". Die andere Hälfte wäre die zur Verfügung stehende Höhe, die wir aber nicht haben. Flüge in Bodennähe werden deshalb mit erhöhter Geschwindigkeit (ca. 1,3 fache Landegeschwindigkeit) durchgeführt, um jederzeit die volle Steuerbarkeit des Segelflugzeuges zu gewährleisten. Wie in Kapitel 7 (Die Landung) beschrieben, kann ein Anflug nicht durch geringe Fahrt gestreckt werden.

Hindernisse können nur überflogen werden, führt der geplante Flugweg bei erhöhter Geschwindigkeit sicher über sie hinweg. Die öfters erwähnte Methode, vor einem Hindernis Fahrt aufzunehmen und dann darüber hinwegzuziehen, ist höchst fragwürdig. Eine sichere Außenlandung auf einem geeigneten Gelände ist allemal besser als ein Bruch innerhalb des Flugplatzes!

Zum Problem der Fahrterhöhung solltest du wissen, dass wir natürlich mit der größeren Fluggeschwindigkeit mehr Höhe als gewöhnlich verlieren. Auf der anderen Seite werden Gegenwindeinflüsse um so geringer, je mehr wir uns in einer bodennahen Luftschicht befinden. Zu beachten ist immer, dass Kurven in Bodennähe kritisch sind, da die kurveninnere Flügelspitze dem Erdboden einige Meter näher als du in deinem Cockpit kommt! Bei einer ASK 21 (17 Meter Spannweite) befindet sich die Flächenspitze des kurveninneren Flügels bei 30 Grad Querneigung bereits 4,25 Meter tiefer als du in deinem Cockpit!

Dein Fluglehrer wird dir für den Fall eines Seilrisses (zum Beispiel beim Alleinflug) einen Flugauftrag erteilen, der festlegt, was du bei welcher Flughöhe zu tun hast. Keinesfalls dient ein Anflug aus ungewohnter Position dazu, anderen zu zeigen, wie riskant du fliegen kannst!

Selbst bei einer vom üblichen Bild abweichenden Platzeinteilung wird eine planvolle Landeeinteilung vorgenommen. Du sagst dir zum Beispiel: „Bei 120 Meter Höhe, spätestens aber über dieser Baumreihe beginne ich meinen Queranflug, dort beginnt mein Endanflug".

Anflug aus ungewohnter Position

Wenn das Seil nicht gerade in großen Höhen gerissen ist (Windenstart oder F-Schlepp), erfolgt ein Landeanflug der Not gehorchend aus einer ungewohnten Position heraus. Alle Flüge in Bodennähe werden mit erhöhter Geschwindigkeit durchgeführt. Besonders dann, wenn Gegenwind herrscht. Weil Hindernisse mit abnehmender Höhe durch Reibung die Luft abbremsen, nimmt die Windgeschwindigkeit ab.

Keinesfalls ist ein Landeanflug unter besonderen Bedingungen dazu da, Mitschülern zu zeigen, was „Du noch alles darauf hast". Segelfliegen ist ein schöner Sport, der aber immer so betrieben wird, dass wir auf „der sicheren Seite" bleiben. Es gibt mutige Piloten und es gibt alte Piloten, aber es gibt keine mutigen alten Piloten!

Die beiden Sicherheitsreserven beim Segelflug sind Höhe und Geschwindigkeit. Nach einem Seilriss kann leicht Höhe fehlen. Eine Rückkehr zum Fluggelände darf nur angestrebt werden, wenn der Überflug über Hindernisse jederzeit gefahrlos möglich ist!

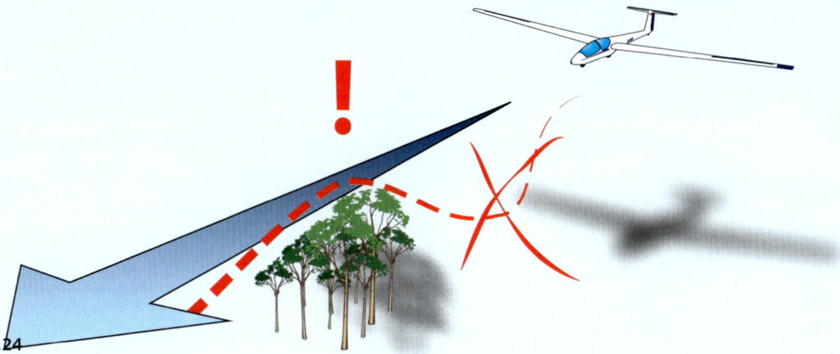

Bild 10.24
Anflug über Hindernisse

Über und hinter emporragenden Hindernissen wie Bäumen, Häusern usw. muss mit einer Verwirbelung der Luftschichten gerechnet werden. Das ist wieder ein Grund, die Fahrt zu erhöhen. Wie links beschrieben, können Hindernisse nur überflogen werden, wenn der Gleitpfad bei erhöhter Fahrt sicher über sie hinwegführt. Ein Andrücken und Hochziehen ist riskant, weil es schnell zu einer Unterschreitung der Mindestgeschwindigkeit kommen kann. Übrigens ist es schon zu Unfällen gekommen, weil Flugschüler beim Hochziehen vergessen haben die Luftbremsen einzufahren.

Lässt sich dieses Verfahren nicht vermeiden, dann muss früh genug die Nase hochgenommen werden, weil beim Ziehen der Schwanz des Segelflugzeuges nach unten geht und das Cockpit (hoffentlich) frei von Hindernissen bleibt.

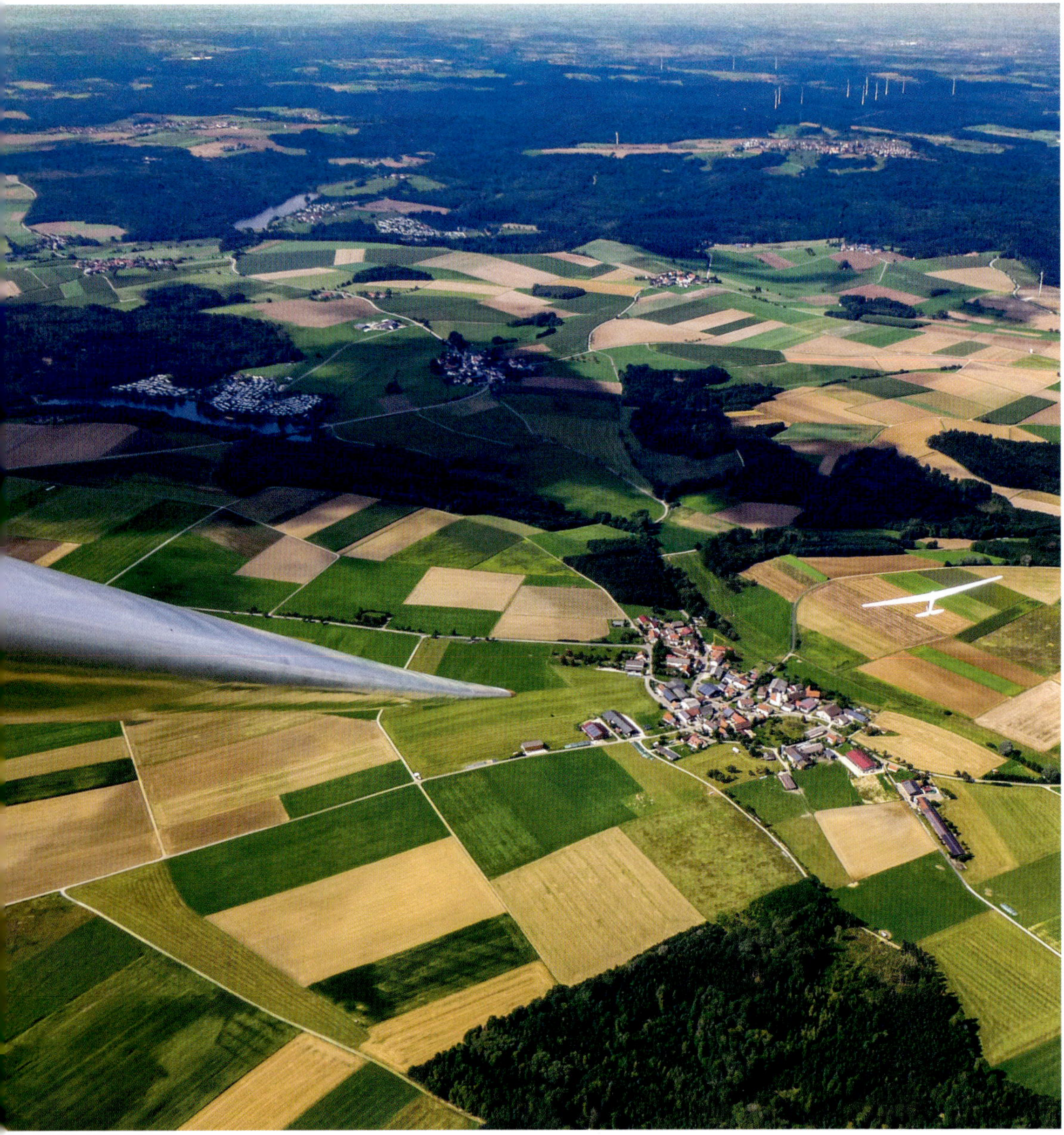

So schön kann Thermik-Fliegen sein! Ein Foto über die linke Tragfläche im Spätsommer 2021. Gemeinsam mit einem historischen Segelflugzeug „Weihe“ in der Thermik nahe Ellwangen im Ostalbkreis. Deutlich ist zu erkennen, dass beide Segelflugzeuge die gleiche Kreisrichtung steuern. Die warme aufsteigende Luftmasse hatte sich auf den hellen Feldern gebildet und war vom Wind gegen die Waldkante gedrückt worden. Dort löste sie sich ab und stieg auf. (Foto: Alexander Willberg)

Kapitel 11
Schulung Streckenflug: Die C-Prüfung

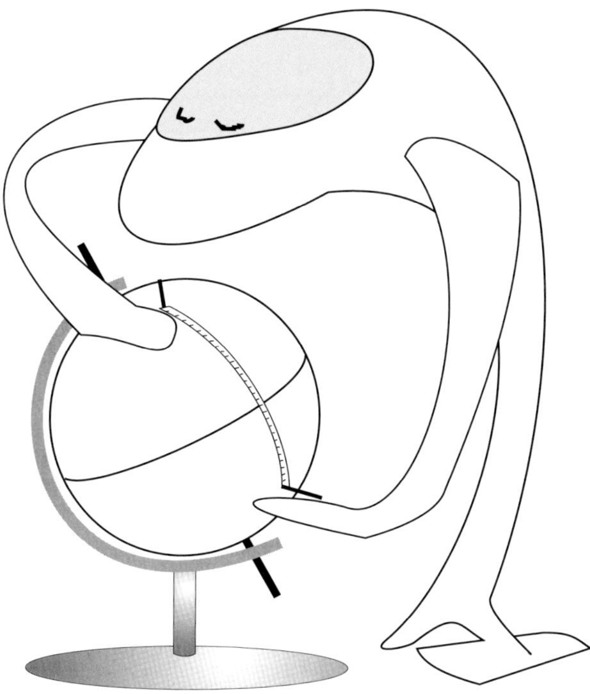

Die Ausbildung zum Überlandflug
Wo bitte ist mein Flugplatz?

Ziel des letzten Ausbildungsabschnitts vor der Prüfung zum Pilotenschein die Nutzung der Kenntnisse im thermischen Flug für deren Umsetzung in einem Flug, der über die Umgebung des Segelfluggelände hinausführt. In vielen Fällen wird die Überlandflugeinweisung mit einem Motorsegler durchgeführt. Dennoch wird der Flug in der Thermik simuliert, den wie du bereits mehrfach gelesen hast, ist die räumliche Orientierung nicht immer leicht.

So gilt es, die aus dem Segelflugzeug (oder Motorsegler) betrachtete Umgebung mit dem Bild in der Luftfahrtkarte zu finden und zu vergleichen. Nur mit praktischem Training lässt sich Kenntnis über bessere oder weniger geeignete Navigationsmerkmale erwerben. Ein anderer Sonnenstand verändert die bisher vertraute Gegend restlos. Dies kennst du schon aus deinen Übungen im Thermikflug: Sah eben noch eine entfernt liegende Wolke in Flugrichtung eher fragwürdig aus, zeigt dir der Blick zurück in die Richtung, aus der du gekommen bist, ein vollkommen überzeugendes Wolkenbild.

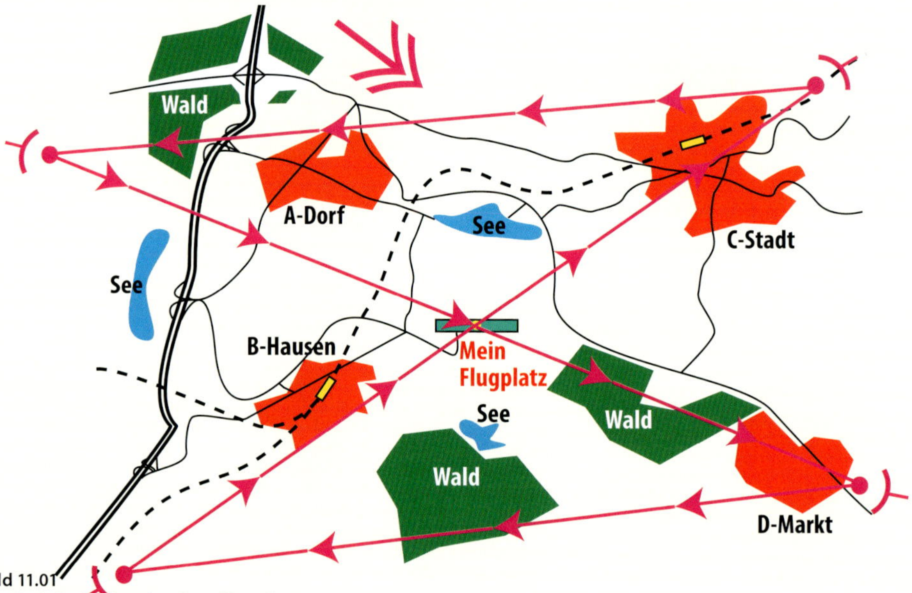

Bild 11.01
Ein Cat's Cradle um den Segelflugplatz

Eine gute Übung als Vorbereitung auf den 50 Kilometer Überlandflug sind Übungsflüge (natürlich mit schriftlichem Flugauftrag) im Gleitflugbereich des Flugplatzes. In der Summe der Strecken um festgelegte Wendepunkte soll allerdings 50 Kilometer erreicht werden. Gleichzeitig kannst du üben, die unterschiedlichen Abschnitte mit verschiedenen Windeinflüssen zu erfliegen und die eigene Taktik zu verbessern.

11

Die Ausbildung zum Überlandflug
Fliegen, fliegen, fliegen!

Im dritten Ausbildungsabschnitt gilt es, alles bisher gelernte für das Ziel eines Streckenflugs sinnvoll miteinander zu kombinieren. Längst bist du kein Anfänger mehr. Aber das gelernte, erprobte und vertiefte Wissen situationsbedingt abzurufen, braucht noch einige Übung.

Der Überlandflug im Flachland gestaltet sich anders als im Mittelgebirge oder den Alpen. In einem Tal liegende Geländemerkmale verbergen sich hinter einem Berg. Die Luftfahrtkarte zeigt die direkte Sicht von oben, du blickst aber tangential auf Berge, Täler und Hindernisse.

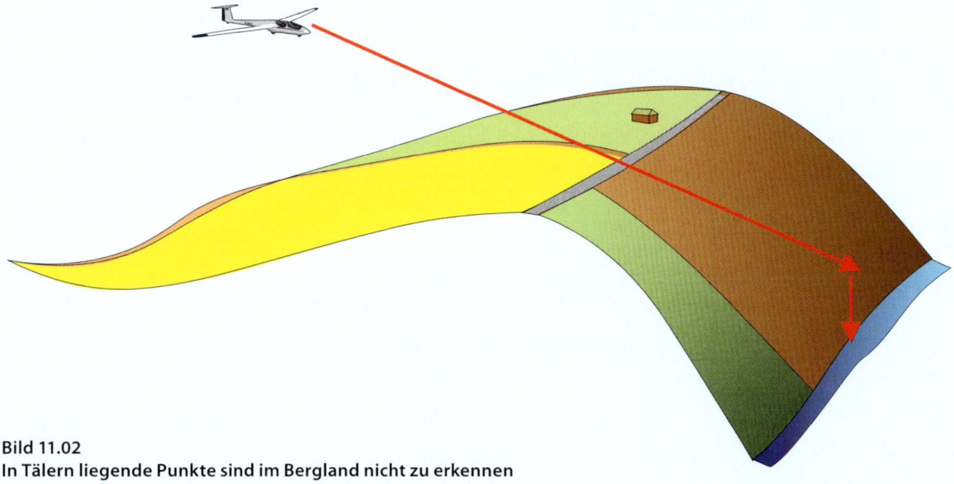

Bild 11.02
In Tälern liegende Punkte sind im Bergland nicht zu erkennen

Wie links erwähnt sollte es dir gelingen, beobachtetes Gelände und Kartenbild in Einklang zu bringen. Ganz wichtig ist dabei der Vergleich des aktuellen und des geplanten Kurses mit der Kompassanzeige. Überland fliegen beinhaltet gerade für Segelflieger, mehrere Aufgaben (Navigation, Steuerung, Thermiksuche, Luftraumbeobachtung, Funkverkehr) abhandeln zu müssen. Überlandflugtraining ist daher das Kennenlernen und Einüben von Arbeitsvorgängen. Dein Fluglehrer wird dich hierin unterstützen, wenn die Menge der Eindrücke zwischenzeitlich eine Überforderung darstellen sollten, sag dies ruhig, denn zum Einüben und Trainieren ist die Überlandflugeinweisung da!

Schaff dir zwischendurch „Zeitinseln“, um Vorgänge abzuarbeiten, für die sonst im Flug zuwenig Zeit bleibt. Dies geht im zum Beispiel im konstanten Thermikflug. Wenn das Steigen nachlässt, nicht das Abfliegen vergessen!

11

Im Überlandflugtraining sollen nun alle in den früheren Ausbildungsabschnitten gelernten Teil sinnvoll miteinander kombiniert werden. Die Grundfunktionen der Steuerung sind dir längst in „Fleisch und Blut" übergegangen. Überlandfliegen bedeutet, nicht irgendwann beim nächsten Aufwind angekommen zu sein, sondern ein Strecke möglichst zügig mit geringem Höhenverlust (besser Höhengewinn) zurück zu legen.

Das bedeutet:
–> Finden der Thermik,
–> richtig einkurven, das Steigen zentrieren (bei welcher Querneigung und dazu passender minimaler Fahrt steigt das Segelflugzeug am besten?),
–> rechtzeitig abfliegen, wenn das Steigen nachlässt,
–> mit Sollfahrt zur nächsten vermuteten Thermikquelle vorfliegen,
–> Luftraumbeobachtung (was sagt das FLARM?),
–> sobald die neue Thermik gefunden ist, mit hochgezogener Fahrtkurve im richten Sinn einkurven.

Auch wenn du mit dem Segelflugzeug bei einem Überlandflug nicht in Bodennähe fliegst, ist das Erkennen von Hindernissen eine wichtige Übung. Höhenhindernisse und Höhenangaben sind in der Luftfahrtkarte eingezeichnet, ihre genaue Erläuterung würde aber den Rahmen dieses Buchs überschreiten. Nicht eingezeichnet sind aber „normale" Windkrafträder, sie besitzen nicht nur eine Höhe, sondern auch eine horizontale Ausdehnung durch die Rotorblätter.

Hindernisse befinden sich auch direkt am Boden. Als Segelflieger musst du einen Blick dafür entwickeln, welche Oberflächen für eine mögliche Landung (selbst der Geübteste kann den Anschluss an die Thermik verlieren und muss außenlanden) geeignet sind. Vergleiche einmal die Eindrücke aus der Luft mit den Beobachtungen, wenn du das nächste mal mit dem Auto oder einem anderen Verkehrsmittel in der Gegend bist. Welcher Acker wäre nutzbar, wo sind Hochspannungsleitungen und Zäune?

Wie erkennt man die Windrichtung und dessen Stärke aus der Luft? Die ursprüngliche Windrichtung am heimischen Segelfluggelände kann sich nach einer Stunde Segelflug geändert haben, geländebedingt können sich auch Windrichtungen verschieben. Nicht überall sind Rauchfahnen zu sehen.

Du musst lernen, dir deine Zeit einzuteilen. Wieviel Zeit steht dir für die Suche nach Aufwinden, wieviel für die Navigation zur Verfügung? Nur „wolkenorientiert" zu fliegen, würde nach wenigen Kilometern Orientierungsverlust bedeuten. Kurzum: Es gibt viel zu lernen, damit du diese praktischen Erkenntnisse auf dem später allein durchzuführenden Überlandflug abrufen kannst.

Noch einige Anmerkungen zur Thermik. Es gibt in der Luft weder Berge, noch Löcher. Luft ist kein Schweizer Käse. Mittlerweile weißt du, dass „Löcher" in Wirklichkeit starkes Sinken sind. Die Summe der Luftmenge, sie aufsteigt, ist genau so groß wie die Menge, die absteigt. Dies wird als Kontinuitätsbedingungen bezeichnet. Wir dürfen durchaus erwarten, dass an Tagen mit einer kräftiger Thermik ebenso starke Abwindfelder vorhanden sind.

Das bedeutet umkehrt, dass mit schwächer werdendem Steigen auch das Sinken schwächer ausgeprägt sein wird. Aber bitte beachten: die Annahme von Kontinutitätsbedingungen ist sicher ein hilfreiches Modell, kann aber nicht alle Ausnahmen erklären. Dann, wenn man es nicht mehr erwartet, ist ein Aufwind (und eben auch der Abwind) stärker. Ausnahmen bestätigen eben die Regel.

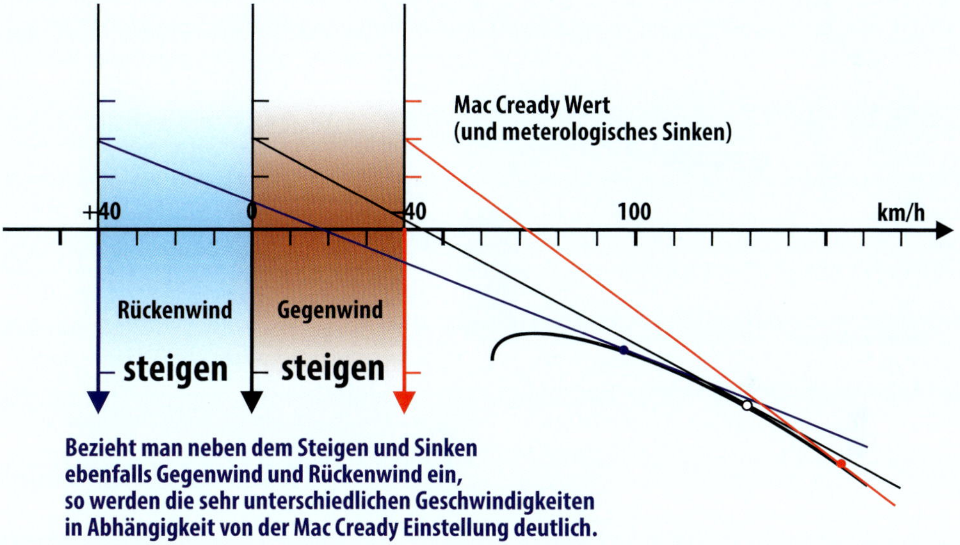

Bild 11.03
Die Geschwindigkeitspolare und die unterschiedlichen Geschwindigkeiten

Es wird schnell deutlich, dass zu hohe MacCready Einstellungen zu außerhalb des Steigens zu sehr hohen Geschwindigkeiten führen. Dabei darf nicht vergessen werden, dass auch das Sinken rapide zunimmt. Ermittelt wird es, in dem man von der Senkrechten (bei Gegen. Rücken- oder keinem Wind) eine waagerechte Linie dort auf die Polare zieht, wo die Tangente die Polare berührt.

Hohe MacCready-Einstellungen bedeuten konsequent betrachtet, dass du einen Aufwind dann verlassen musst, wenn das tatsächliche Steigen unter den eingestellten Wert sinkt. Es hat sich bei Leistungswettbewerben herausgestellt, dass eher eine vorsichtige Einstellung angebracht ist und nicht wesentlich zu Geschwindigkeitsverlusten führt. Auf keinen Fall darf (selbst bei der Einstellung „0") ein Abwind mit Normalfahrt durchflogen werden.

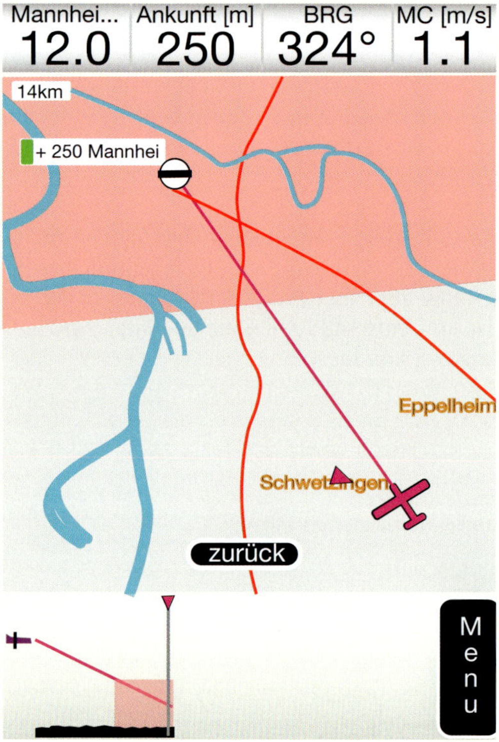

Bild 11.04
Der Bildschirm von iGlide für den Endanflug

Der Endanflug

Ein erfolgreicher Überlandflug muss nicht damit abgeschlossen werden, dass du in 1000 Metern Höhe über dem Ziel ankommst. Wenn sichergestellt ist, dass du deinen Zielflugplatz erreichen wirst, benötigst du keine Thermik mehr und kann gerade mit der bestmöglichen und hohen Geschwindigkeit darauf anfliegen.

Das Buch soll und kann nicht die empfehlenswerte Literatur zum Streckenflug ersetzen (mein Tipp: Helmut Reichmann, Streckensegelflug, Motorbuch Verlag). Die maximal zulässige Geschwindigkeit ergibt sich aus der Geschwindigkeitspolare unter Berücksichtigung von Wind und mittlerem Steigen. Nun können nur ganz wenige im Segelflug komplizierte Formeln „nebenbei" berechnen. Dafür gibt es eingebaute oder mobile Rechner. Ich möchte als Beispiel iGlide für das Smartphone vorstellen. Die „Light" Version ist erschwinglich und reicht für unsere Ansprüche vollkommen aus.

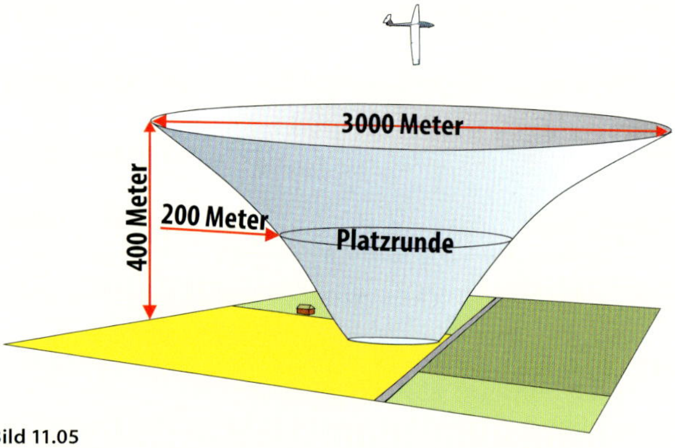

Bild 11.05
Der Aktionsradius ist abhängig von der Flughöhe über Grund

Die Außenlandeübung

Ein Segelflugzeug besitzt keinen Motor, so ist eine Außenlandung immer mit einzuplanen. Die Suche nach einem geeigneten Gelände beginnt rechtzeitig. Je tiefer du bist, desto kleiner wird der Aktionsradius. Unterhalb von 400 Metern über Grund sollte die Wahl für ein geeignetes Gelände festliegen. Du musst noch Windrichtung und Platzeinteilung (siehe rechts) festlegen.

Der Endanflug

Betrachtest du den MacCready-Ring um das Variometer genauer, wirst du unterhalb des Dreiecks Fahrtangaben sehen. Ein solcher Ring stimmt nur für jeweils ein Flugzeugmuster. Die Fahrtangaben beziehen sich auf die „Sollfahrt", also die Geschwindigkeit, die in Abhängigkeit vom erwarteten mittleren Steigen geflogen werden muss. Dies sind jedoch nur Näherungswerte, die sich in der Praxis kaum erreichen lassen. Bestenfalls kannst du daraus eine Tendenz ablesen.

Bevor iGlide benutzt werden kann (ein Smartphone mit GPS ist notwendig), müssen im Menü die Polare für dein Segelflugzeugmuster eingestellt werden. Weiterhin die Sicherheitsmindesthöhe am Zielort. Nur die Profiversion lässt eine automatische Windermittlung zu, ansonsten kann Wind und Stärke ebenfalls eingestellt werden. Im oberen Fensterausschnitt (Inhalte sind frei wählbar) werden Entfernung, Höhe am Zielort, Kurs und evtl. der MacCready-Wert angezeigt. Recht einfach wird mit dem Finger ein Punkt zum Zielort gezogen.

Noch einfacher ist auf ein Punkt auf der Karte zu klicken und im aufgehenden Fenster „Direct to" auszuwählen.

Das Flugzeugsymbol wandert nur (dank GPS im Smartphone) auf der Kurslinie mit. Durch die optische Anzeige wird die Flugsituation leicht erkannt. Die Karten können im Punkt „Menü" auf die jeweilige Region geladen werden. Obwohl sie recht genau sind, stellen sie keinesfalls einen Ersatz für die ICAO-Luftfahrtkarte dar.

Im unteren Fenster werden auf der linken Seite durchflogene Lufträume dargestellt. Das Bild links zeigt, dass der Zielpunkt sich innerhalb einer Kontrollzone befindet. Auf der rechten Seite gelangt man in das Menü mit seinen zahlreichen Einstellungen.

Die Außenlandeübung

Mit dem Motorsegler wird eine Außenlandung simuliert. Wahrscheinlich bist du in der Beurteilung geeigneter Außenlandefelder geübter geworden. Beim Überlandflug kommt eine weitere Schwierigkeit hinzu: Die Höhe deines Flugplatzes kennst du. Aber welche Höhe hat das vorgesehene Außenlandefeld?

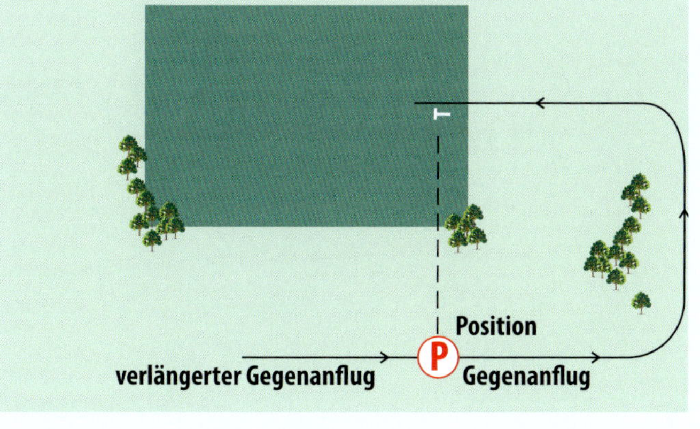

Bild 11.06
Platzeinteilung beim Außenlandefeld

11

Die Außenlandung ist kein „Betriebsunfall“, sie wird gewollt und geplant durchgeführt. Außenlandeunfälle entstehen immer dann, wenn bis zum unvermeidlichen Landemanöver nach Thermik gesucht wird.

Die Außenlandeübung mit dem Motorsegler geflogen kann mehrfach wiederholt werden. Häufige Fehler sind zu kleinräumige Platzeinteilung (Queranflug zu nah am Gelände). Ist die Platzeinteilung großzügig genug, kann es nicht zu einem zu hohen Anflug kommen.

Der schriftliche Flugauftrag

Bist du bis zum schriftlichen Flugauftrag gekommen, steht der Überlandflug bald an. Ist das Wetter günstig, schiebe ihn nicht heraus! Die zu erfüllenden Bedingungen stehen rechts. Zuvor musst du theoretischen Unterricht in den Fächern Luftrecht, Navigation, Meteorologie, Aerodynamik, Technik, Verhalten in besonderen Fällen und menschlichem Leistungsvermögen absolvieren. Manche Segelflugschulen bieten hierzu auch Module im Fernunterricht an. Den offiziellen Fragenkatalog kann man kaufen. Derzeit wird er überarbeitet. Auf den Seiten der Akaflieg Berlin findet man einen „abc-Fragenkatalog“.

Es gibt eine kostenpflichtige Version im Internet bei AviationExam, einige Luftsportverbände in den Bundesländern arbeiten mit aircademy.com/ecqb-ppl.

Ein Außenlandefeld ist nichts anderes als ein Flugplatz. Auch hier wird eine Platzrunde eingeteilt, eine Position festgelegt. Die Landecheckliste ist besonders sorgfältig zurück zu lesen. Die Platzrunde ist ja auch deshalb ein Rechteck, da sich in ihr Windrichtung und Stärke so feststellen lassen. Stell dir vor, quer ab der Position würde das Landetuch liegen.

Mit der richtigen Platzeinteilung wird die Landung gelingen. Ein zu hoher Anflug ist immer die Folge einer zu knappen Platzrunde.

Der schriftliche Flugauftrag

Bereits vor dem Überlandflug kannst du in der Umgebung deines Segelfluggeländes längere Übungsflüge unternehmen. Fluglehrer, -lehrerin erteilen ihn unter den Voraussetzungen des § 117 Abs. 2 und 3 der Verordnung für Luftfahrtpersonal (LuftPersV). Die folgenden Kriterien sind zu erfüllen:

1. Die theoretische Prüfung zum Luftfahrerschein ist bestanden,

2. Eine theoretische und praktische Unterweisung in besonderen Flugzuständen (siehe Kapitel 8) und das Verhalten in Notfällen ist erfolgt und

3. Es wurden mindestens zwei Überlandflugeinweisungen durchgeführt.

Der schriftliche Flugauftrag ist immer notwendig, wenn dein Flugweg vom Fluglehrer nicht mehr beobachtet werden kann.

Ausgewählte Linkliste zu speziellen Themen:

Die Liste erhebt keinen Anspruch auf Vollständigkeit, sie stellt lediglich eine kleine Hilfe für Interessierte dar.

Bundeskommission Segelflug im Deutschen Aeroclub
Segelfliegen Grundausbildung

www.segelfliegengrundausbildung.de

Hier steht in Deutschland erstmals der gesamte aufbereitete Stoff der theoretischen Segelflugausbildung insbesondere den Segelflugschülern und Segelfluglehrern zur Verfügung. Die Vorbereitung der Segelflugschüler auf die theoretische SPL-Prüfung und die Gestaltung des Theorieunterrichtes durch die Segelfluglehrer werden damit erheblich erleichtert.

Segelflugbetriebsordnung (SBO)

www.daec.de/sportarten/segelflug/download/
Die SBO stellt die Grundlage für den Betrieb auf Segelfluggeländen dar.

Regelbuch Segelflug

www.daec.de/sportarten/segelflug/sailplane-rule-book/

Das Referat Ausbildung und Lizenzen sowie das Referat Europa der Bundeskommission Segelflug haben gemeinschaftlich die Akzeptierten Nachweisverfahren (AMC - Acceptable Means of Compliance) und das Leitmaterial (GM - Guidance Material) zum Teil-SFCL übersetzt. SFCL steht für „Sailplane Flight Crew Licensing“ und regelt die Ausbildung und Lizenzierung der Segelflieger.

Flugmedizin
http://www.lba.de/DE/Luftfahrtpersonal/Flugmedizin/Flugmedizin_node.html

Liste der Fliegerärzte
http://www2.lba.de/webdb/showtab.jsp?table=flareg

Flugphysik – hier: Aerodynamik
http://tu-dresden.de/die_tu_dresden/fakultaeten/fakultaet_maschinenwesen/ilr/tfd/studium/dateien/Flugmechanik_U.pdf

Die Segelflug-Seite im Internet
www.segelflug.de

Empfohlene Bücher:

Auch diese Liste ist nur eine kleine Auswahl der zur Verfügung stehenden Literatur.

Reichmann	Segelfliegen. Die praktische Ausbildung, 127 Seiten, Motorbuch, Stuttgart
Reichmann	Streckensegelflug, 266 Seiten, Motorbuch, Stuttgart
Kassera	Flug ohne Motor. Ein Lehrbuch für den Segelflieger, 328 Seiten, Motorbuch, Stuttgart
Willberg	Akaflieg. Die berühmten Flugzeuge der akademischen Fliegergruppen, 223 Seiten, Motorbuch, Stuttgart

Über den Autor

Alexander Willberg, Jahrgang 1955, war fast 25 Jahre Geschäftsführer einer kommunalen sozialen Einrichtung. Unter seiner Leitung entstand die Jugendbildungsstätte „JuBi“ in Ratzeburg, die lange Jahre als einmaliges Projekt mit europäischen Mitteln über das Land Schleswig-Holstein gefördert wurde. Der studierte Diplom-Sozialpädagoge war zuvor mehrere Jahre als hauptamtlicher Fluglehrer an verschiedenen Flugschulen in Deutschland tätig. Ein Ergebnis ist das im Motorbuch Verlag erschienene Lehrbuch »Segelfliegen für Anfänger – Vom ersten Schritt bis zum Alleinflug«.

Seit dem ersten Erscheinen 1996 wurde das Buch mit Flugschülern und Lehrern diskutiert, verbessert und weiterentwickelt. Die Aufteilung zwischen Praxis und Theorie auf gegenüberliegenden Seiten ist ein besonderes didaktisches Modell und wird von allen als sehr sinnvoll angesehen.

Der begeisterte Pilot kann auf über 20.000 Ausbildungsstarts mit Schülern zurückblicken. So setzt sich Alexander Willberg vehement für eine zeitgemäße und offenere, aber transparente Ausbildung ein. Seit einigen Jahren ist er der Vorsitzende des Bundesausschuss Historie und Technik im Deutschen Aeroclub e.V. und kümmert sich um die Erhaltung historischer Segel- und Motorflugzeuge.

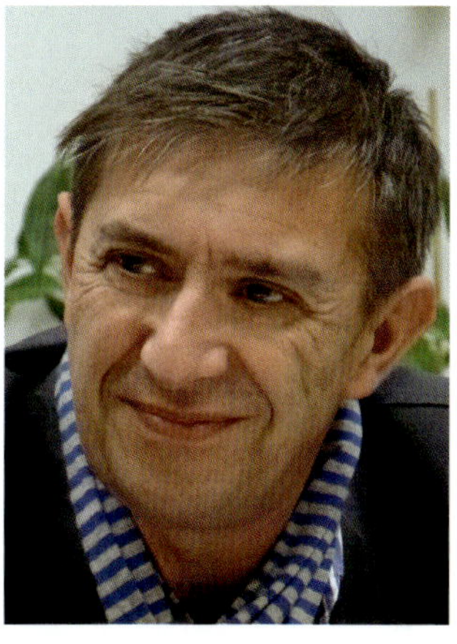

Alexander Willberg (Foto: Joachim E. Baisch)

Aus seiner Feder stammen im Motorbuch Verlag auch die Bücher »Die berühmtesten Segelflugzeuge« und in der Reihe Typenkompass »Deutsche Segelflugzeuge seit 1964«. 2021 erschien sein Buch „Akaflieg“ mit der Schilderung der studentischen Fliegergruppen, die eigene Konstruktionen entwerfen, bauen und fliegen. Die meisten dieser darin dargestellten Baumuster sind gleichzeitig die Blaupausen der meisten bekannten Segelflugzeuge.

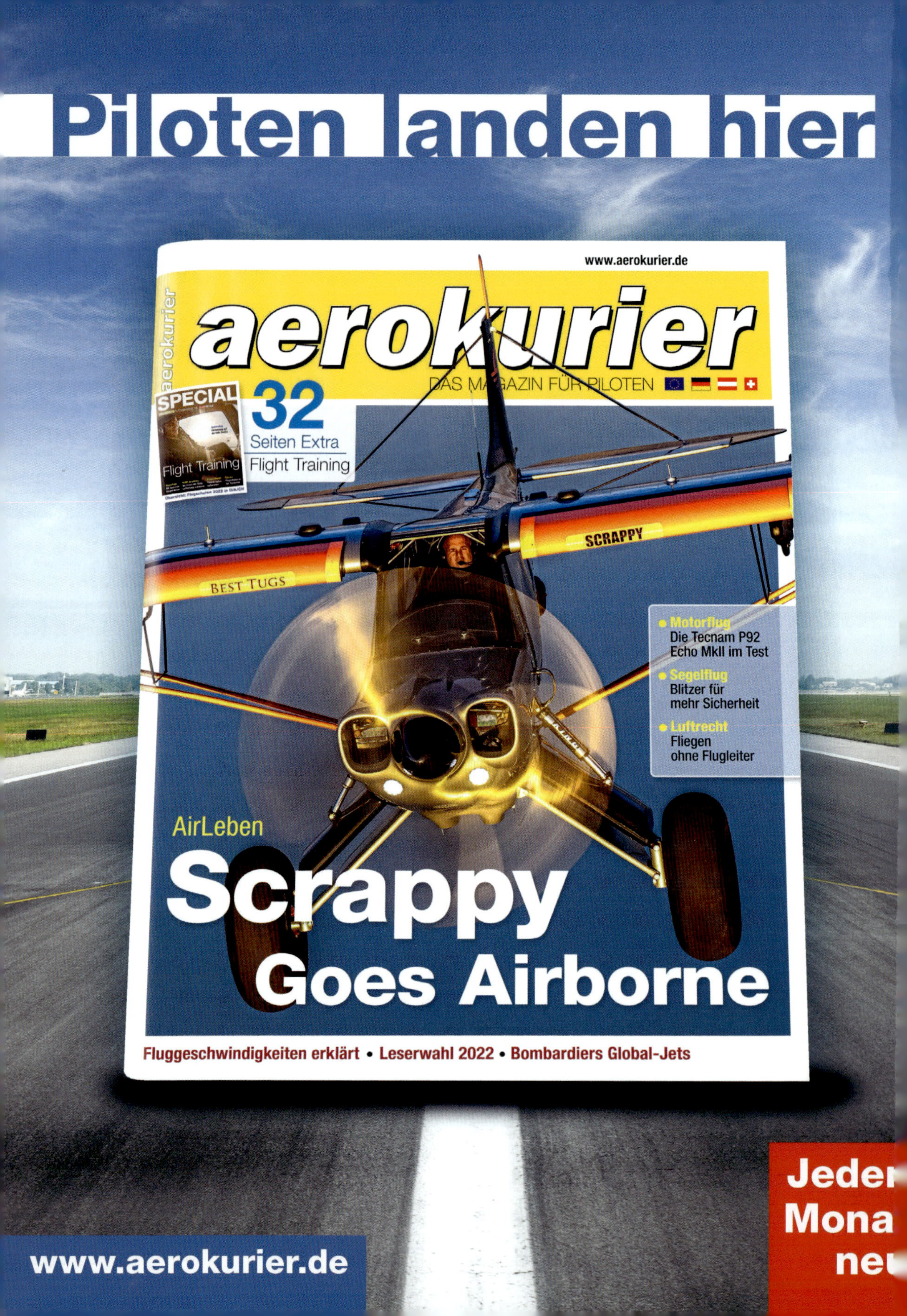

Piloten landen hier
www.aerokurier.de
aerokurier
DAS MAGAZIN FÜR PILOTEN
SPECIAL
Flight Training
32
Seiten Extra
Flight Training
SCRAPPY
BEST TUGS
Motorflug
Die Tecnam P92
Echo MkII im Test
Segelflug
Blitzer für
mehr Sicherheit
Luftrecht
Fliegen
ohne Flugleiter
AirLeben
Scrappy
Goes Airborne
Fluggeschwindigkeiten erklärt • Leserwahl 2022 • Bombardiers Global-Jets
www.aerokurier.de